U0009017

機緣力

創造好運的技巧與科學

The
Serendipity
Mindset

The Art and Science of Creating Good Luck

Christian Busch

克里斯汀・布胥 著

韓無垢 譯

目次

Contents

「機緣力思維」：設計與應用

《自己的力學》作者、大學老師　洪瀞

　　人們至少都會部分的意識到「機緣（serendipity）」之存在（i.e. 偶然機會下發生的好事），也普遍認同它在人生這條路上的重要性。舉例來說，在頒獎典禮，你應該曾聽過獲獎人們是如何在熱烈的掌聲中，以謙卑的態度歸咎自己的成功於「機緣」、「好運」；與之相對的，你當然也可能聽過其他人們，如何歸咎自己的懷才不遇於「機緣」的欠缺。

　　以上述為例，或許，我們該感到好奇的是：「為什麼『機緣』只發生於這些成功人士，而非其他人們的身上。成功者們是如何思考，以便能創造出那些看似不相關的契機，再進一步將其編織在一起的呢？」

　　本書作者想深究的核心問題就在於此。

　　本書的作者，克里斯汀‧布胥博士（Dr. Christian Busch）擁有倫敦政經學院（LSE）的博士、碩士學位，兼具組織管理學、社會學以及商學等專業背景。目前，他同時在紐約大學（NYU）以及倫敦政經學院教授以目標為導向的領導力、新創以及創業。在產學方面，我們也能看到他持續致力透過更科學的「機緣力」來協助個人與企業提升競爭力。而從他的許多學術著作亦可以觀

察到，他相當擅長研究那些在資源稀缺、草創與高度不確定的情境，透過「機緣槓桿」來找到突破點的案例——那些是會帶給你無限驚奇的故事與案例。

因此，你會在這本書裡找到大量關於「機緣」的核心議題，進而刺激你的想像力。你當然也能從作者精心設計的「脈絡」，由淺至深去領略「機緣」的奧妙。老實說，這點也是我認為本書富含嚴謹科學精神、價值，並值得收藏的第一個要素。

其二，大多數的人們，或者還未有機會去深究與覺察何謂「機緣」，又或者忽視了它的重要性，所以對於它的「認知」會顯得抽象。作者告訴我們：「機緣力思維是世界上最成功且快樂的人們為了創造有意義的人生，所訴諸的生命哲學，同時，它也是我們每一個人都能夠加以培養的能力。」

為了展示「機緣」的奧妙以及它的實際應用，我們可以看到布胥博士咀嚼了大量的文獻、整合了當代的著名案例。他輔以科學的濾鏡來放大「機緣」裡的要素，先以「後見之明」的角度來協助讀者們釐清「機緣」裡的細節。接著，布胥博士再提供一系列的練習、積分表等，能策略性的幫助你提升自己的「機緣力」，做到「先見之明」。只要跟著實際練習，你將進入一個良性的循環裡。

其三，今年的「普立茲克建築獎」首次頒發給了一位非裔建築師——弗朗西斯・凱雷（Diébédo Francis Kéré）。非常難能可貴的是，弗朗西斯的家鄉在布吉納法索，那是個資源極度稀缺的國家。他以此條件開始拓荒、引領，從反饋貧瘠社會資源的窘困開始，逐步獨創出劃時代的永續建築物，一步一步讓自己配得起

建築界的最高榮耀「2022普立茲克建築獎」。我相信你也很難不欽佩這種實至名歸的非凡成就。從這個例子，你或許可以注意到趁早領會「機緣力」的重要性。不論未來稀缺的資源是什麼，你都將能從中找到契機、樂趣以及目標，為社會做出更多的貢獻。

最後，我非常欣賞布胥博士希望向讀者傳遞關於「創造好機緣」的思維模式與技巧。這一方面和「成長型思維」類似，另一方面則更進一步提醒我們重視「良好人際情誼」的重要性。那亦是「機緣力」的基礎。

讀這本書時，你一定會感受到作者的熱情，以及他的真誠，因為布胥博士將自己的一切努力與親身經驗都寫進去了。

你上一次感覺到「機緣」的降臨，是什麼時候呢？

誠心的推薦這本好書《機緣力：創造好運的技巧與科學》給你！

導論

我看過一些成功人士……他們完完全全相信，他們的成功是由於自己的聰明才智。對此，我感到很驚訝。我常常這麼說，好的，我也很努力，我也有些才能，但是世界上還有很多很多努力且有才能的人啊。……成功裡面有種因素是屬於機會的……屬於機緣的。而你會想看看，自己有沒有可能搞清楚，要如何將這種星塵魔法灑到其他人身上。

—— 巴拉克・歐巴馬（Barack Obama），
美國第四十四任總統

　　我們所有人都覺得，自己就是自己命運的主人 —— 我們可以控制自己的未來，而且知道要怎麼達成自己的目標與志向。簡單來說，我們都喜歡有計畫。

　　規劃未來似乎是人類本有的欲望，這件事情幾乎反映在現代生活的每個層面上。組織、團體、政府以及我們每一個人，全部都是根據計畫、策略、設定的目標在安排自身的行動。我們會設定慣例、原則與程式 —— 從設定鬧鐘到組織全國大選 —— 來確保那些規劃能夠開花結果。

但是，我們真的在控制自己的人生嗎？除卻我們做的所有計畫、模型、策略以外，好像還有另外一項因素在作用著，那便是意料之外的「意外」（the unexpected）。事實上，意想不到的事件、偶然的相遇、看似奇怪的巧合，並不只是令人分心的小問題，或者是運轉良好的人生機器裡的小石頭。意外經常是一個關鍵性的要素，它是造成我們人生或未來變得大大不同的力量。

　　你也許也碰過意料之外的事，或許你是「湊巧」遇到你的另一半？或者「意外」找到你的新工作或新公寓？或者「偶然」碰上自己未來的共同創辦人或投資者？或者你曾經「隨機」拿起一本雜誌，卻發現裡面的內容剛好可以解決你目前面臨的問題？無論大或小，這些時刻是怎麼改變你的人生的呢？如果所有的事情全都依循計畫、按部就班達成，你的人生會是怎樣一幅光景呢？

　　戰爭有勝有敗，企業有盛有衰，愛情有得有失，這全都是在意料之外的轉折中發生。無論我們的人生志向是什麼，不管是追求事業成功、愛情、快樂或生命意義，我們都容易碰見巧合的遭遇。人生最平淡無奇的片刻——例如在體育館碰見某人——就有可能會改變你的一生。

　　即便是在科學研究的嚴謹世界裡，意外的力量（幾乎）始終在作用著。研究顯示，重大的科學突破當中，有 30 ～ 50% 都是意外或巧合的結果：例如某種化學物質濺到另一種化學物質，或者細胞在骯髒的培養皿中結合，或者是偶然相遇的專家學者們，他們之間的次要談話卻激發出新穎的見解。個人與團體都一樣，最重大的機會經常是一件屬於「機緣力」（serendipity）的事情[1]。

　　所以，多數的成功是不是都能簡化說成是「狗屎運」呢，難

道成功或失敗只是因為機率，而不是因為我們自身的行動嗎？不！不是的，我們直覺上知道這也不是真相。我們固然意識到，人生當中最巨大的轉捩點與大改造的機會似乎是偶然發生；可是，有些人似乎就是比其他人擁有更多的運氣，也因此更加成功且快樂。

這並不只是一個現代的現象。化學家兼生物學家路易・巴斯德（Louis Pasteur）認為，機運較為眷顧有所準備的心靈。軍事領袖兼皇帝拿破崙（Napoléon Bonaparte）曾說過，與其擁有好將領，他寧願擁有幸運的將領。羅馬文人兼政治家塞內卡（Seneca）相信，所謂的運氣，就是要準備好面對機會的出現。

前面這些人的觀點全都反映出一個概念，那就是，機運確實是股真實的力量，而這不僅僅是走狗屎運而已。事實上，fortune 這個詞，同時具有「成功」和「運氣」的意思。常見的片語也會這麼說：「你造就了自己的運氣」（You make your own luck），或者「他是一個眼光放在重大機運上的人」（He's a man with an eye for the main chance）[2]。這些話全都指向一個概念，人生的成功必須仰賴純粹機遇與人事努力的交互作用，也就是兩者的結合。

這到底是在指什麼呢？是否有些人比別人更有能力創造出讓正向巧合較容易發生的條件呢？這些人是否比較能夠把握住或瞄準正向巧合出現的時刻，並將其轉化為正向的成果呢？我們所受的教育，或者我們面對工作或人生的態度，能不能讓我們獲得最重要的技巧 —— 探索巧合意外並造就自己「聰明」運氣的能力呢？

這本書,是一本關於巧合、人生志向、想像力三者交互作用的書籍,是一本關於「機緣力」的書。所謂機緣力的最佳定義,是計畫之外的時刻所導致的意外好運,在其中,積極的決定則導引出正向的結果。機緣力是**世界上的一股隱藏力量**,機緣力就存在於我們的周圍,從最小的日常瑣事到改造人生的大事,甚至是改變世界的大突破。

　　然而,只有少數人能夠解讀這個密碼,並且培養出能將意外轉變為成功與為善力量的永久思維。機緣力並不只是個剛好發生在我們身上的巧合,而是一個實際上「找出各點並且將點相連」的過程,一旦我們能夠理解這件事,我們便能開始在別人眼中的鴻溝上看見橋梁。[3] 到達這個境界時,機緣力就會隨時發生於我們的人生當中。

　　倘若這個情況成真,那些出乎意料之外的事情,將會從一種威脅轉化成持續的快樂、驚奇、意義之源頭,以及長久成功的源頭。戰鬥或逃跑(fight-or-flight)反應的「蜥蜴腦」(lizard brain),是受到恐慌、民粹主義、不確定性所宰制,在一個蜥蜴腦運作的世界中,我們所習慣的思維與環境都變得無效、無用。對於我們自己、我們的孩子、我們的團體組織而言,培養「機緣力思維」(serendipity mindset)以及形塑相關的環境條件,成為了非常重要的人生技能與能力。

　　想像一個不是受到恐懼、困乏與嫉妒所驅使的世界,而是受到好奇心、機會與連結感所驅動的社會。充滿巨大挑戰如氣候變遷與社會不平等問題充斥的世界,如果可以有能夠因應挑戰的解決之道存在,想像一下那會是什麼景象。在我們這個急速變遷的

世界當中，許多新出現的問題極其複雜，因此，我們的未來有很大程度會被意料之外的事物所驅使。

　　機緣力是一個流行的課題，數以百萬計的網站網頁都曾經提到它。事實上，許多全世界最成功的人士都曾經將自己成功背後的祕密歸諸於機緣力。[4] 可是，我們可以採取什麼精確的、有科學依據的方法，在我們的生命中為機緣力創造出環境條件呢？對此，我們所知道的，卻是驚人的稀少。

　　本書的目標就是要為各位讀者填補這個落差。以科學研究解釋機緣力是如何開展，並藉由全球各地具有啟發性的案例與故事，呈現我們如何在自己與他人當中滋養機緣力；由此，本書所提供的架構與練習，將會對你的追求 —— 也就是你對於幸運驚喜能夠更頻繁地發生，並且帶來更好果實的期望 —— 有所幫助。這種對於機緣力的積極觀點，你可以稱之為「聰明運氣」，而這顯然就跟那種沒有付出努力卻降臨於我們身上（例如生在一個條件好的家庭）的「全憑運氣」或「狗屎運」不同了。雖然未來是無法預測的，但是，如果你想要形塑自己的未來以及你周遭人員的未來，那麼這本書就是屬於你的，這本書就是為你而寫的。本書會整體剖析，如何促進、借力使力地促成並延續幸運（或歹運）的巧合 —— 但是這樣的巧合不能被全然複製或模仿。這本書是第一本以有科學根據的方法論，來討論如何培養機緣力思維與相關環境條件的綜合性著作。

　　機緣力思維是世界上最成功且快樂的人們為了創造有意義的人生，所訴諸的生命哲學，同時，它也是我們每一個人都能夠加以培養的能力。

書中收錄有我與許多被我稱為「機緣力者」（serendipitor）的談話，由此，這本書是我十年來作為研究者、企業顧問、大學講師、倫敦政經學院創新實驗中心（London School of Economics Innovation Lab）與紐約大學（New York University）全球經濟計畫（Global Economy Program）共同主持人的成果，也是十五年來我在自己人生中深究機緣力的成果。作為「沙盒網絡」（Sandbox Network）——一個啟發年輕人而活躍於二十多個國家的社群——的共同創辦人，以及「有志領袖」（Leaders on Purpose）——一個孕育具高度影響力的主管及政策制訂者的全球組織——的共同創辦人，這本書也是我的志趣與追求所在。我曾為大量企業、組織、團體及個人擔任顧問工作，從中國最大企業到全球各地的小社群組織都是我的對象，這個工作讓我能夠觸及各式各樣的人們，也讓我有機會能夠目睹各式各樣環境與背景之下的機緣力作用。我曾經在許多不同的環境下生活，住過莫斯科、墨西哥市等地，這種生活經驗賦予我對於環境細微差異的深刻理解能力，而這也將是本書探討的課題之一。

　　《機緣力》也會納入我個人與同事們在倫敦政經學院、哈佛大學（Harvard University）、世界經濟論壇（World Economic Forum）、斯特拉斯摩爾商學院（Strathmore Business School）、世界銀行（World Bank）的研究，以及在神經科學、心理學、管理學、藝術、物理、化學方面的最新研究。本書的基礎有數百篇學術論文，還有與世界各地不同人們的兩百多份面談與對話。本書將會提供各行各業、各色人等的第一手故事與經驗，裡頭有開普敦赤貧地區赤貧「平地區」（Cape Flats）昔日癮君子變成的

教師，有紐約的製片人，有肯亞的企業家，有倫敦的服務生，有休士頓的學生，還有十幾位世界上最成功的執行長。[5] 我們在其中將會看到，每個接納和影響「意外」的故事都非常不一樣，但是其型態與模式卻是非常相似的。

與命運相撞

固然現在的我能夠從不同立場來討論機緣力，我進入機緣力的旅程實是開始於一起個人事件，那是一個自大青少年碰上壞運氣的故事。

十八歲那年，我以時速超過八十公里的速度，開車撞向幾輛停在路邊的汽車。幸好，我活下來了，但我自己的車以及那些被我撞上的車，狀況都慘不忍睹。我從來就不相信所謂的瀕死經驗，但是在撞擊發生前的瞬間，我的人生跑馬燈確實在我眼前閃過，當時我的車已經不受控制，我感到全然無力，蠻肯定自己應該死定了。

後來的幾天，我自己問自己，問了很多問題。「如果我死了，有誰會來參加我的葬禮？」「有誰會真的在乎這件事情？」「人生真的值得活嗎？」我發現，我長期以來都忽略了人生之中一些最重要的部分，例如珍惜深厚而持久的關係，或者肯定自己做過什麼有意義的事情。我僥倖死裡逃生的經歷讓我去思考，我的死會意味著哪些失去的機會：我未來將要認識卻沒認識的人；我永遠沒機會探索的思想與夢想；那些我將錯失的（機緣巧合的）事情與場合。從這裡，我對於人生到底是什麼的探索就此展開。

我是在海德堡長大的，這座位於德國南部歷史悠久而浪漫的城市，美則美矣，但對於一個想要體驗人生是什麼的青少年來說，實在有點無聊。就我記憶所及，我一直都覺得自己不屬於這裡。我們搬過幾次家，所以我總是幼稚園與學校裡面「新來的孩子」，在足球俱樂部裡面則是那個「新來的」。當時，我的皮膚問題更是雪上加霜的因素。

　　我的避風港是咖啡店，我從十六歲開始在咖啡店打工，在那裡，我逐漸覺得自己找到歸屬。我在店裡當服務生，從中我學到很多人類行為與團體動力學（group dynamics）。如果人們認定你「只是個服務生」，他們會怎麼對待你呢？這番經歷讓我學到，從早上八點到晚上九點——中途幾乎沒有休息——從事勞動工作的價值。我的老闆是個企業家，我很快就著手幫他推動不同業務，其中包括賣進口 T 恤，在我滿十八歲考取駕照之後，我也開始送蛋糕。大概在那個時候，我也同時為市場調查公司兼差，在海德堡大街上詢問人們，他們偏好購買哪種尺寸的香腸，理由是什麼？他們願不願意因為價格便宜的緣故，捨棄燻牛肉而改買薩拉米臘腸？

　　青少年時期的我活力十足，但是從來不確定要把精力用在什麼地方。為了讓精力有處可去，我無所不用其極地追尋刺激，試探過各方面的極限。我在各種極端當中遊走：我曾經與左翼行動派分子一起混（這是在我當雷鬼樂團追星族的階段），我會去夜店，同時我還曾經把薪水投進股票市場，我父母雖對此有所遲疑，但終究授權銀行進行小額交易（直到今日我還是很欽佩我的父母，他們以通情達理的態度面對我的叛逆性格），而我待在學

校地下室裡面講電話買賣股票的時光，漸漸超出我待在教室裡的時間。我一直很享受在這幾個不同的世界中逍遙進入，但我雖然覺得享受，卻始終沒有真正找到根的感受。

很自然地，那些不同的探索對於我的成績沒什麼幫助，我是一個很糟糕的學生，我在班上是造就前95％的那後5％。我弄到得留級，而學校「提供我一個轉學的機會」，換句話說，我被驅逐了。幸好，下一間學校對於我的叛逆性格擁有比較多的包容性。

滿十八歲時，我獲得了自己的第一輛車子。我感到很興奮，而且將快樂主義與過分樂觀的態度轉移到我的駕駛方式上，或許我曾打破這座城市一週內單一駕駛人收到的違停告發單數量紀錄，也許我是上學途中撞倒最多垃圾桶的紀錄保持人。

我感覺自己全然掌控著人生和命運。

然後，某一天，我做得太過了。那場車禍摧毀我的信心以及我的掌控感。

那天天氣晴朗，我與兩個好友在海德堡內卡河畔（Neckarwiese）閒晃，我感到很解放。這兩位朋友事後對於我的行徑很震驚，但也對於我沒有成為一項數據感到鬆了口氣。當時，我和朋友們正要去弄東西吃，我們開了兩輛車，而我企圖要超越朋友的車；我依然記得，我在超車瞬間盯著我的朋友看，而他拚命向我揮手，指著我沒看見的前方道路中央分隔島。回憶至今還是很鮮明：為了避免撞上分隔島，我大力轉動方向盤，車子數度打滑，然後撞向一排停在路邊的車輛。

我那輛Volvo的雙層車門拯救了我的性命，乘客座那側全

毀，我事後得知，如果撞擊角度有任何不同，我很可能就此送命。坐在另一輛車乘客座上的另一位朋友，原本是想要坐我的車，但是他想起自己把外套落在另一輛車裡，所以真的可以說他是在「最後一秒」的片刻改變心意。如果按照原議坐我的車，他就會坐在那個全毀的乘客座上。

我還記得自己爬出車外，很驚訝自己居然還能走路。我和朋友們講了幾句，企圖搞清楚剛才發生什麼事，我們對此都還難以置信。我們該怎麼跟員警說？該怎麼跟爸媽說？

等待政府人員抵達現場的期間，我坐在駕駛座上，頭昏腦脹、筋疲力竭。到達現場的警官檢查車體殘骸之後，對於我居然還活著，而且除了輕微頸部扭傷之外別無其餘傷勢，感到頗為驚訝。

當天晚上，我在城裡遊蕩，處在一種苦樂參半的奇異狀態中，我不想回家。我倖存下來了，但我始終不能不去想：如果我死了呢，我可能會讓我家變成活生生的地獄；如果我朋友坐了我這輛車，他非常可能會被我害死。究竟怎麼會這樣子？我怎麼會讓事情變成這樣呢？

古諺有云：「死亡是生命最大的驅策力。」我開始對這句諺語體悟良多。當你面臨死亡之際，你不會擔憂自己銀行帳戶裡有多少錢、車庫裡有幾輛車、昨晚去夜店感覺有多棒。這一切都變得沒有意義，而你會試圖去了解事情真相是什麼，人生到底是什麼。

也許你在自己的生命當中也有過類似經驗。也許那是另一個改變你想法的反省點，或者是漸進的、或者是激烈的。或許那是

一段你想要了結的糟糕關係、是一場病或你想要辭掉的工作？

　　那次車禍事故幫助我開始翻轉自己的人生，並且給予我某種方向感。我申請了幾十所大學（但由於我慘不忍睹的在校紀錄，四十多份申請只得到四所大學的回應），我開始將自己的精力導引到讀書、人際關係與我的工作上。我與其他人共同創辦了幾個以讓人們活出有意義人生為宗旨的社群與組織。

　　這些行動本身經常都是機緣巧合的結果。當我變得愈來愈積極的時候，我就愈來愈能看清自己與他人生命的型態，後來也包括我自身研究的型態。

　　我於二〇〇九年開始在倫敦政經學院攻讀博士，最初從事博士研究時，我認為這與培養我個人生命中的機緣經驗一事沒什麼關連。我的研究重點在於個人或組織團體要如何提振自己的社會影響力與意義，這個課題起初似乎與機緣力扯不上關係；但讓我感到驚喜的是，機緣力這個概念一次又一次地出現。我在研究過程中面談過的最成功與最快樂的人，其中有很多人都是憑著直覺在培養一種領域：「機緣力領域」（serendipity field），機緣力領域讓他們在類似的條件下，能夠比別人獲得更為正向的生命成果。

　　我從這些案例中將「點」連起來，從後見之明看來，我了解到，要將這些川流與熱情綜合起來的方法就是寫作一本書，書中涵蓋我所深信的生命哲學以及關於人生如何真實展開的模式──遠比目前教育體制提供給我的更加真實。

　　現在，最讓我感到快樂的一件事情，莫過於兩種思想或兩種性格意外地「激」出火花，這就是機緣力的喜樂所在。我曾經以

非常美好的方式體驗這件事情,那就是協助別人釋放他們真正的潛能,並在一個我們可以扮演許多不同角色、活出許多不同生命的世界中,去探索有什麼可能性。這就是培養機緣力的要義所在——幫助人們去探索將定位調整到最好的可能自我。

《機緣力》一書是要讓人們認識,我們可以敞開自我面對意外。這本書也是要讓人做好準備,不要受到那些會使我們成為好運或夕運的犧牲者或受益人的成見所拘束。我們可以培養運氣、塑造運氣,讓它成為人生的工具。在機緣力的科學當中,運氣是可以被捕捉、訓練、創造的;[6] 這件事情意味著,我們可以將我們的學習、技巧、教育與訓練,加以運用來影響或駕馭上述的過程。

部分來說,這包含在我們的思考過程、我們的生活與工作環境中,掃除通往機緣力的障礙。我們從本能上就全都知道這些實際的障礙是什麼,也知道這些障礙會如何扼殺熱情,諸如沒意義的會議、多到爆炸的郵件、沒重點的備忘錄等等。另外,同等重要的是培養出一種心態,容許我們使用自己的技能與可用資源,來將意外的發現轉化為具有真正價值的結果。

這並不是指我們要發展出一項特殊才幹,而是要培養一種持續演進的能力。這是要讓我們從一個被動的接受者,轉變成與我們聰明運氣之間的積極媒介角色;這是要讓我們準備好將意外的變化,造就為成功的契機,並找尋到意義與快樂。下一步要做的,是在我們的家庭、社群、團體當中孕育**環境條件**,讓機緣力可以在其中獲得滋養,讓機緣力可以被用來創造機會和價值。這麼做能夠使我們增強並且駕馭我們的**機緣力領域**,如此一來,在

潛能上，所有的「點」都能夠被連結起來。

這本書將會引導你一步一步學習這個解密的過程、創造與培養機緣力的過程。書中也會處置「房間裡的大象」，也就是那個明明存在卻被大家視而不見的問題：如果機緣本質上是隨機的，我們怎麼能夠影響它呢？

在今天這個時代，想要變得成功而快樂，不是要去試圖規劃所有事情。在一個我們難以預測明天會怎樣的世界中，我們能做到的最好狀態，就是接納出乎意料之外的環境條件，並盡可能運用人生的隨機性。本書就是關乎我們能夠控制些什麼，這個意思其實是指，要怎麼為自己與他人培養機緣力。這個能釋放人類潛能的強大機制，所顯示出的是（聰明）運氣比較會發生在準備好的人身上，此外，有（科學上支援的）方法可以幫助我們加速、培養、駕馭我們人生中的正向巧合。我們絕對不能拋棄或輕視，隨機、機會、巧合在人生或事業之中的重要性，這本書將會教你如何將隨機、機會、巧合這種不可控制的力量，轉化為可以增進個人益處或更大良善的工具。至此，你就會開始隨時隨地看見機緣力、創造機緣力。

當然，我們都很忙碌，很少人擁有充分的時間，畢其功於一役地全面改造人生；這也是為什麼，這本書裡面準備了一些立即小調整的範例，可以直接讓你日常生活有所不同，並且幫助你活出更有意義、更喜悅、更有活力、更成功的人生。

註釋

1. Denrell et al., 2003; Dunbar and Fugelsang, 2005.

2. 譯註：這句話在英語中有「善用任何機會」或「隨時唯利是圖」的意涵，此處採直譯。

3. Burt, 2004; de Rond and Morley, 2010. 機緣力往往被理解為一種品質或歷程（McCay-Peet and Toms, 2018）。機緣力乃是根據意義上的相關性，將看似毫無共通處的觀察「配對」，所以，將機緣力視為純粹「盲目運氣」的定義其實並不準確（de Rond, 2014）。觀察或許只是機運，但正是對機運產生的反應，也就是觀察者的睿智，讓機緣力從機運之中誕生出來。這就是為什麼我會將「聰明運氣」相對於「盲目運氣」的道理。

4. De Rond and Morley, 2010; Gyori, Gyori and Kazakova, 2019.

5. 我搜尋過 serendipity、coincidence、luck、exaptation 等詞彙來從事文獻回顧，並且在過程中使用滾雪球法納入額外的論文（Flick, 2009）。我專注在那些意義上似有相關的論文，並且用觀察、檔案庫資訊、訪談結果來加以補充。在訪談及觀察當中，我會尋找成形的模式，並且將累積起來的成形見解納入主題當中（參見 Flick, 2009; Yin, 2003）。這本書整合了不少我自己的研究計畫、近期論文及研究，包括來自於「有志領袖」研究的見解，其中我與同事 Christa Gyori、Leith Sharp、Maya Brahman、Tatjana Kazakova，訪談過來自 BMW、海爾、MasterCard、PayPal、飛利浦等企業的三十一位世界頂尖主管人員（亦可參見 Busch, 2019; Gyori et al., 2018; Kazakova & Gyori, 2019; Sharp, 2019）。我在整個計畫項目當中遵循相似的編碼邏輯，以找出潛在模式。我根據自己耕耘機緣力十五年光陰的經驗，以及和全球啟發人心的人物們進行之對話，完成各種資料收集工作。

6. Brown, 2005; de Rond, 2014; Napier and Vuong, 2013.

第一章

「機緣力」不只是走運

雖然這件事情有可能傷害人們的自尊，但我們必須認知到，文明的進展乃至於文明的延續，都是依靠意外發生的最大可能性。

—— 海耶克（Friedrich Hayek），一九七四年
諾貝爾經濟學獎得主，《自由的構成》
（*The Constitution of Liberty*）

機緣力簡史

上古「機緣迪普」（Serendip）王國（斯里蘭卡的古波斯文名字）的賈佛王（King Giaffer），擔心自己的三個兒子太過嬌生慣養、養尊處優，沒準備好要面對統治王國的挑戰，因此，賈佛王決定派他們出去旅行，在這趟旅程中，三位王子將會學到人生的重要教訓。

其中有個故事是，王子們遇見一位商人，這個商人丟了一頭駱駝。王子們藉由旅程中的觀察，對於這頭駱駝的描述維妙維肖，商人聽了之後，認定一定是王子偷走駱駝。商人將機緣迪普

國的王子帶去見國王。國王問道，如果王子們從來沒有見過那頭駱駝，何以能描述得那麼清楚逼真。王子們解釋道，他們知道那頭駱駝是瘸腳，是因為他們觀察到那頭駱駝三隻腳的足印清晰，第四隻腳的足跡則是在地上拖行；此外，他們知道這頭駱駝一側揹奶油、另一側揹蜂蜜，是因為蒼蠅被吸引到路的一邊，而螞蟻則聚集到路的另一邊，如此這般。最後，有另一位旅人前來告知他找到那頭駱駝了，而王子們因為描述詳實而背負的偷駱駝嫌疑，於是一掃而空。

王子們在進行觀察的過程中，並不知道這頭揹著蜂蜜的跛腳駱駝走失了。可是當他們得知有駱駝走失的時候，他們便將自己稍早所作的觀察與這條資訊連結起來──他們「將點連起來」了。

一七五四年，英國文人兼政治家荷拉斯‧渥波爾（Horace Walpole）曾寫信給朋友，談起自己一個意外的發現，其中他使用了三位王子的故事打比喻。由此，渥波爾塑造了「機緣（力）」（Serendipity）這個詞來形容這些王子，是「經由意外或機智，一直能造成某些自己本來沒有在追求的發現」的那種人。因此，這個字詞就這麼進入英語當中，雖然許多人把這個詞簡化成「好運」的意思，但是渥波爾使用這個詞彙時，顯然是著重於更微妙的意義。

「機緣（力）」雖然也有其他的定義，但多數是在指這樣的現象：機運與人類行動之間的互動，並且導致出一種（通常是正向的）結果。這也是我在本書所使用的定義。[1]這個著重於行動的觀點，讓我們得以了解如何發展出一個我們可以掌握的領域──「**機緣力領域**」──而機緣將在其中出現。

根據定義，機緣是無法被控制的，更不要說加以預測。但是，確實有實際可行的方法能夠造成讓機緣出現的環境條件，並且確保當潛在具有轉變力量的巧合發生時，我們可以辨認出來，並且用雙手緊緊把握住它。機緣力是關於能夠看見別人所看不見的東西，是能對預期之外的事物進行觀察，並將其轉變為機會。當一些顯然無關聯的觀點或事件在你面前一起出現的時候，機緣力需要你進行有自覺的努力，對於這些時刻予以促成或施力，使它們成為一種新的形態。更白話來講，機緣力就是關於如何將「點」連起來。

火山與世界冠軍

　　二〇一〇年四月的某個晴朗星期六，名字不知道該怎麼發音的冰島火山 Eyjafjallajökull 爆發，火山灰造成歐洲地區數千架飛機停飛，這座火山因此進入流行文化圈之中。同一天早上，我的電話上面出現了一個未知號碼，我接起電話，對方是個我不認識的陌生人，而他開始很有自信地講起話來：

　　「嗨，克里斯汀。我們還不認識彼此，但是我們有個共同的朋友把你的電話號碼給了我。我想要請你幫個忙。」

　　昨晚我在外面待了很久，現在坐在早午餐前面的我依然感到有點睏倦，但我的興趣已經被引起了。

　　我回答：「嗯，請繼續說吧。」

　　企業家兼部落客納撒尼爾‧惠特莫爾（Nathaniel Whittemore）就是這麼走進我的人生。納撒尼爾向我解釋，他從倫敦到南加州

的飛機班次剛被取消，他與好幾位「斯柯爾世界論壇」（Skoll World Forum）的與會人士都因為這樣而卡在倫敦。斯柯爾世界論壇是為社會企業家（social entrepreneur）與思想領袖在牛津大學（Oxford University）所舉辦的重大年會。這些人在倫敦認識的人不多，他們的行程因此都空出來了。納撒尼爾想：「所以，為什麼不善用這個情況，組織一個活動讓這些人可以聚在一起呢？當時，納撒尼爾已經根據這個想法寫電子郵件給他幾年前短暫會面過的 TED 團隊。[2]

在三十六小時之內，納撒尼爾已組織好第一屆、可能也是最後一屆的 TEDxVolcano 會議，是盛行的 TED 會議的自發性版本。納撒尼爾在一點經費都沒有的情況下——而且在倫敦還沒幾個認識的聯絡人——只用了一個週末，就將一個困難的處境轉變成一個兩百位頂尖人士參與的盛事，還有幾百人在候補名單上等著參加，講者包括了 eBay 第一任總裁傑夫・斯柯爾（Jeff Skoll），網路直播影片觀看人數超過十萬。

這件事確實是不可思議，我因此生出了兩個問題：第一，他是怎麼辦到的？第二，我們能從中學到什麼呢？

納撒尼爾和我們所有人一樣遇見人生中的意外，以這個案例來講，那是指在沒有預期、沒有規劃的狀況之下，得待在倫敦一段時間。但是，他擁有足夠的機智、意識、創意與動力，將這種意外轉變為正向的事物。我們多數人如果處在這種情況中，大概是不會看見這個機緣力的潛在觸發點。納撒尼爾不僅僅意識到，有許多傑出人士目前被卡在倫敦，他還想到這些人的經驗將會在 TED 背景下成為精采的故事。很多人在缺乏資源的

時候會害怕卻步，但納撒尼爾卻用自己的熱情與協商技巧，說服當地一間共用工作空間中心免費提供場地，還利用沙盒網絡——我共同創辦的革新社群——來招募志願者，又找來頂尖人士例如 Goodle.org（Google 的慈善組織）前執行長拉瑞·布利恩特（Larry Brilliant）出場即席講話。納撒尼爾以他將「點」連起來的能力，以零經費的條件，只花了一天半的時間，就在一個他過去缺乏人際網絡的城市中，造就出一場世界級的盛會。以上概要只是一半的故事，到本書後面還會再回來談，不過我現在要先指出的重點是，這種遭遇發生的頻率比我們所以為的還要更高。

德國組織心理學家尼寇·羅斯（Nico Rose）博士在二〇一八年某次商務旅行當中，在波士頓某飯店的健身房內，遇見前世界拳擊重量級冠軍弗拉迪米爾·克利奇科（Wladimir Klitschko），尼寇去健身房本來只是為了要克服時差，雖然當時神智不清昏昏欲睡，但他還是立刻認出自己的偶像克利奇科。尼寇衝回房間去拿他的手機，希望能夠在不影響克利奇科訓練的狀況下與對方合照。

當克利奇科的經理人走進健身房，用德語和他交談時，完美的時機出現了。尼寇發現這兩人不知道飯店在哪裡供應早餐，他利用機會向他們解釋怎麼過去，而且獲得了合照，接著雙方就各自健身。他們健身結束後，克利奇科在找尋電梯所在處，於是尼寇和他一同走過去，雙方又有更多深談。到兩人談話的結尾，克利奇科邀請尼寇到自己要進行演講的企業大學處幫忙介紹自己；而尼寇則告知克利奇科自己即將要出版新書，克利奇科最終答應為對方撰寫序言。

納撒尼爾能預測火山雲的出現嗎？尼寇能預期自己碰見偶像嗎？他們有預想自己要在倫敦發起一場全球會議，或者在波士頓某飯店健身房中找到世界一流運動員來幫自己的書撰寫序言嗎？當然沒有！但是他們兩人在事情發生之前，都已經奠定好基礎了。

機緣力無所不在

　　這是真的！尼龍纖維、魔鬼氈、威而鋼、便利貼、X 光、盤尼西林、橡膠、微波爐等等發明，全部都有機緣力牽涉其中。總統、總裁、明星、教授、企業家們，還包括領銜全世界的執行長們，也將他們的成功很超程度歸功於機緣力。

　　不過，機緣力不只是科學重大發現、企業成就、外交突破之中的導引力量而已，它存在於我們每一天的生活之中，包括最微渺的片刻乃至於改變一生的大事。想像一下，有天你的鄰居租用了一座鷹架塔，用來鋸掉懸在他花園上方的樹枝，你遠遠看見他在施工，突然間想起自家屋頂鬆動的瓦片，屋瓦鬆動狀況不算嚴重，所以你不會費工夫去特地修理，但是，嘿！……

　　你走過去與鄰居聊聊，並且幫他把樹枝拖走。你請他來家裡喝杯啤酒，接下來呢，你用那座鷹架塔來修繕自己鬆動的屋瓦——當然這得在你喝醉之前進行！此外，當你人升到屋頂高度的時候，卻發現排水槽已經鬆動，搖搖欲墜，這已經超出你的能力範圍，但是你現在知道你得找專職人員來修理，這件事可能拯救了你的家人，要是排水槽在錯誤時機脫落的話，家人可能會因此

受傷的。

　　也許你自己最近就遇過很類似的情況吧？

　　這類事情時時刻刻都在發生，我們也許不會將它認知為機緣力，但其實它擁有所有機緣力的關鍵特質：一個偶然事件出現在人生當中，我們注意到並且加以重視，將它連結到另外一個我們知曉但表面上並不相關的事情。我們將兩件事情連結起來，並以某種決心繼續做下去，結果導引出我們往往並不知道自己擁有的問題解決方案。

　　即使是愛情都可以說是機緣力的子女。我的羅曼史對象幾乎都是在咖啡店或機場認識的，通常起因是咖啡潑出來或者筆記型電腦需要別人幫忙看顧一下，由此開啟一場談話，而談話內容反映出雙方擁有共同的興趣。許多最有名的愛情故事都是出自於意料之外，包括蜜雪兒（Michelle）跟巴拉克・歐巴馬的故事，當年，年輕又遲鈍到不行的歐巴馬進入蜜雪兒所在的法律事務所，並且被分配為蜜雪兒的實習生，這件事情完全是意外。（然後，我們在本書後面也會看到，不屈不撓的韌性經常是將潛在機緣力轉化為正向結果的關鍵：蜜雪兒拒絕歐巴馬的追求，表示自己作為他的指導人，雙方不應該約會，而歐巴馬卻表示自己已經作好離職的準備云云 —— 雙方有來有往，剩下的部分就是歷史了。）

　　如果你目前身在一段關係之中，你是怎麼遇見你的伴侶的呢？即便你是「偶然」遇見他們，這有可能不是盲目的走運，因為那樣暗示著你在其中完全沒有角色可言。那段關係的起源可能是一場偶遇，但你注意到一個強烈的連結、一個共鳴、一個共同的展望，而且關鍵是你在此下了功夫，你培養、促進這些連結，

你找到可以完整彼此、啟發彼此的方式。你利用一個偶然的事件，把握住它，並且下了功夫。

這不能說成只是走運，這是機緣力。

成功真的能夠歸結為「運氣」嗎？

從後照鏡看去，你會發現大部分人生都是有道理的，也就是說，我們通常是以「後見之明」將點連起來。當我們這樣做的時候，我們經常會將隨機的人生選擇與意外發生的事情，用我們可以告訴別人的方式，組成有說服力的、合乎邏輯的故事。

我們呈現自己的履歷的時候，好像我們的人生是一段非常連貫、有理性組織的計畫，我們誰沒有這麼做過？但真相是，我們可能從來沒有對自己的生涯有過清楚的規劃。事實幾乎是相反的，我們的生涯通常是被巧合、意外、突發的想法、偶遇、出乎意料的對話所驅使著。

但是，如果我們能不只是以「後見之明」，同時也能以「先見之明」開始學習如何將點連起來呢？如果我們可以建立基礎，準備好在巧合發生時掌握優勢，並創建一個讓巧合能夠繼續萌芽茁壯的領域呢？如果我們可以了解，要怎麼培養並滋長這些巧合呢？還有，最重要的是，如果我們可以確定巧合真的能夠化為好結果呢？

我們很少有人能夠預測地殼活動事件，或有機會與超級大明星見面。但我們可以調整自己適應於機會，塑造出可以培養出機緣力環境、可以掌握機緣環境優勢的結果。

我們常常沒意識到，成功人士通常不「只是走運」，雖然偶發事件確實在他們的成就當中有其重要角色。事實上，成功人士——或者出於意識或潛意識——經常為了創造能為他們帶來「好運」的環境條件，奠下必要的基礎工作。

這個世界上，幸運的人以及可以為別人創造同等幸運的人，不只是那些理察・布蘭森（Richard Branson）、比爾・蓋茲（Bill Gates）、歐普拉・溫佛瑞（Oprah Winfrey）、亞利安娜・哈芬登（Arianna Huffington）們而已，我們所有人都可以為自己與別人培養機緣力。

機緣力的類型

每個機緣力的案例都是獨特的，但是研究指出機緣（力）有三大核心類型。[3] 三大核心類型全部都包含著一個起初的機緣力觸發點（serendipity trigger）——即某種出乎意料的事物，但是三者根據最初的意圖與結果而有所不同。

這可以簡約化成兩個基本問題：

「你是否已經在尋找什麼？」

還有，

「你是否已經找到自己要的了，還是你找到完全出乎預期的事物？」

所以，這三種機緣力類型是什麼呢？

阿基米德機緣力：
解決我們想要解決的問題的意外方法

　　阿基米德機緣力（Archimedes serendipity）發生的狀況，是指一個「已知的問題」或挑戰（例如破掉的浴缸，或者企圖獲得理想的工作）獲得解決，但是解決之道卻是來自於意料之外的地方。以這個故事為例吧，敘拉古（Syracuse）國王希羅二世（Hiero II）請希臘數學家阿基米德查清楚，金匠有沒有將打造國王王冠的黃金換成白銀。王冠的重量是正確的，但誰能夠確定王冠的原料是不是純金呢？無法找到解決之道的阿基米德感到很困頓，他去到公共澡堂想要放鬆一下，當他坐進澡缸的時候，阿基米德漫無目的地看著水位上升並從邊緣洩出。忽然——「我發現了！／尤里卡！」（eureka!）——他想到，白銀比黃金更輕，混進白銀的王冠跟純金造的王冠如果重量一樣，前者的體積一定更大。因此，若將王冠放進水中，它所取代的水體必然會比同重量的金王冠更多。

　　這種類型的機緣力，普遍發生在我們的生活當中，也普遍發生在大大小小的機關組織裡。這對企業家來說是很自然的事情，他們經常根據偶然的狀況或意外的用戶回饋而改變做法，同時，這樣的事也會在最大型的公司裡面發生。

　　多國日用品公司寶僑（Procter & Gamble）企業執行長大衛・泰勒（David Taylor）曾經在訪談中告訴我，他喜歡方法有所改變的情況，因為這會為他的團隊開啟不曾預想過的可能性。用他的話來說：「這個情況是，我們想要解決的問題還是有解決，但是解決之道出乎我們的設想以外。你不可能規劃這一切，

但你必須對於自己想要解決什麼問題有概念。這件情況當中有魔力，尤其是當你接觸到各種不同類型的經驗——來自那些熱衷處理問題並對意外敞開心胸的人們——時，它會經常發生。」

我們在本書中首先要相會的機緣力者是瓦卡斯・巴賈（Waqas Baggia），瓦卡斯如今是加拿大賓士公司（Mercedes-Benz）的銷售顧問。瓦卡斯在加拿大出生，後來與妻子一同搬去英國，他的妻子當時在英國念法律。後來他們又再度搬回多倫多，瓦卡斯此時在零售業工作並找尋符合自己領域的職業，先前在英國的時候，瓦卡斯曾經在捷豹荒原路華（Jaguar Land Rover）擔任技術招聘顧問。瓦卡斯曾經申請過十幾次面試，但最終總是棋差一著。他的朋友一直在問他，他幹嘛那麼認真工作，朋友們都表示：「這只是零售業而已！」但是瓦卡斯的原則是，不管他做什麼，他都要做好。某天，瓦卡斯以自己一向的敬業態度與熱情協助一位顧客，這位顧客對此印象深刻，因此問起瓦卡斯的背景，瓦卡斯告訴對方，他會繼續做這份工作直到自己在高級車銷售業找到職位。結果，這個顧客恰好是某間賓士經銷商的總經理，他於是提供瓦卡斯一個面試機會。後來，瓦卡斯成為那家經銷商第一次僱用毫無汽車銷售經驗的銷售顧問，那間經銷商還特別為瓦卡斯提供訓練課程。瓦卡斯強悍的精神與熱情再配上那位顧客的橫向思考（lateral thinking），造就了瓦卡斯職涯出乎預期的進展。

便利貼機緣力：出現意外的解決之道，
解決了你本來想要處理的問題之外的其他問題

便利貼機緣力（Post-it note serendipity），是當你在處置一個特殊問題時，卻偶然發現可以解決另一個全然不同或先前沒意識到的問題的方法。你的旅途因此通往完全不同的方向，但這依然能使你到達一個喜悅的目的地。以便利貼的點子為例吧，在一九七〇年代末期，消費品公司 3M 研究員史賓賽・希爾佛（Spencer Silver）博士企圖研發出一種強力膠水，結果他研發的成品正好相反，是一種黏性不強的東西。但是，這種黏性不強的膠水，卻正好是一項新產品線的完美原料，3M 把這項新產品取名為「便利貼」。[4]

另一個範例來自一間跨國營養與化學公司，當年，這間公司正在辛苦兜售一款有框玻璃塗層，這種塗層可以讓光穿過玻璃，由此得以減少反射。這項產品效果極佳，但該公司卻無法為產品找到市場，當專案經理正準備放棄之際，他偶然與另一部門的某位同事交流，結果激發出的點子是，這項科技用在太陽能板上會非常有效果，因為太陽能板要盡可能地吸收光線。一個原本沒有想像到的不同問題，獲得意料之外的解決辦法，那間公司的太陽能事業部門因此大為昌盛。我們到本書後面就會了解，這家公司執行長的說法為什麼是正確的？他說：「有人會說『這是純粹的運氣』，但那其實是機緣力。」

若我們可以敞開心胸，面對意外出現卻能解決新興問題的辦法，那我們將可以到達自己原先難以設想的境地。二〇一二至一七年間擔任 IKEA 宜家企業執行長的彼得・阿格尼夫傑爾（Peter

Agnefjall），曾在訪談間告訴我們，假使我們在五年之前告訴他，IKEA 將會擁有風電廠與太陽能廠，他一定會恥笑我們，「但是，我回顧之下，這就是我們現在在做的，不是嗎？」[5]

閃電機緣力：解決預料之外或未知問題而毫不費力的方法

閃電機緣力（thunderbolt serendipity）是在沒有刻意研究或解決什麼問題的狀況下發生。就像是天空的閃電，它是緊接全然意料之外的事物出現，並且點亮新的契機，或是解決一個先前未知或未曾處置過的問題。我們覺得戀愛了，通常就是這種狀況，而這類機緣力也衍生出許多新點子跟新方法。

奧莉維亞・特威斯特（化名）年少時，在她搬進自己第一間公寓的時候，從廚房櫃子發現一個奇怪的東西。她把這個東西拿給自己一位朋友看，那位朋友解釋，這是一把暖氣機鑰匙，用來排出暖氣機裡面不必要的空氣，讓機器能夠運轉順利。奧莉維亞壓根就不知道暖氣會有這種問題，不知道有暖氣機鑰匙這種東西，但是隨著天氣愈來愈冷，奧莉維亞於是使用這把鑰匙為暖氣機排氣，她的公寓也因此暖和起來。偶然發現一個意料之外的東西，再加上好奇心，以及了解那是什麼、該怎麼用的學習意願，讓奧莉維亞解決了一個自己過去根本不知道它存在的問題解決之道。

「索發音樂」（Sofar Sounds）是重新詮釋現場演奏音樂的全球性活動，而它的創發最初也一個類似的狀況。雷夫・奧佛（Rafe Offer）、洛基・斯達特（Rocky Start）以及創作型歌手戴夫・亞歷山大（Dave Alexander），去觀賞獨立搖滾樂團「友軍

之火」（Friendly Fires）的現場表演時，周遭那些談論音樂、使用智慧型手機的觀眾讓他們感到很困擾。他們驚訝地發現，觀眾將心思全放在音樂上頭的那個時代，老早就過去了。因此，他們決定在位於北倫敦的洛基家前廳組織一場小型表演，戴夫在現場對著一群數量不多、挑選過的觀眾演奏他的歌曲。

他們將這場客廳經驗加以複製，在倫敦其他地方、巴黎、紐約等城市舉辦，而且收到來自全世界想要舉辦類似活動的人們的請求，「索發音樂」因此誕生，「索發」（Sofar）是「一個房間的音樂」（songs from a room）的縮寫。至二〇一八年時，索發音樂已經在全球四百多個城市的人們家中，舉辦過四千場的親密演奏會，曾和他們合作過的公司企業非常多樣，包括了Airbnb、維珍集團（Virgin Group）。

在最開始時，那不過是因為惱怒困擾而出現的一場談話，最後卻演變成魔法般的經驗——將客廳的親密感與現場音樂會的強度兩者加以結合。

但不是每件事都能被歸類

任何想要將機緣力加以歸類的常識，總是會有些主觀，而且，有些例子是結合上述三種類型的一種以上的成分。如果你遇上機緣力時刻，不要把時間浪費在研究它屬於哪種類型。事實上，想要分類的這種誘惑，反而可能將機緣力給全然扼殺。

積極的機緣力核心是持續性的——將意想不到或表面上無關的事件或事實之間的「點」連結起來——非常多的機緣性事件是

排斥分類的做法，其中包括某些最偉大的例子。

　　其中一個例子，是一個讓世界變得更好的範例，那便是亞歷山大・弗萊明（Alexander Fleming）發現盤尼西林。這個故事非常有名，常被當作醫學與科學突破典範，成為學童的教材，不過我還是簡短介紹一下。

　　弗萊明當時正在研究葡萄球菌，那是一個能導致許多人類感染的菌屬，其中某些細菌甚至可能致命。一九二八年的某天早晨，弗萊明回到倫敦聖瑪莉醫院地下室的實驗室裡頭，發覺他某個放在窗臺上、裝有細菌樣本的培養皿忘記蓋起來。某些預想不到的事情發生了，培養皿內長出一種藍綠色的黴，更奇怪的是，藍綠色黴菌周遭原本的葡萄球菌卻消失了。

　　這種菌就是青黴素（*Penicillium chrysogenum*）。盤尼西林於是這麼被發現，它是一種可以殺死某些細菌的藥劑。從這項發現開始，演變出整套的抗生素科學，拯救了億萬生靈的性命。此外，出自機緣，最終讓盤尼西林產量大增的黴菌，是由美國北部研究實驗中心（NRRL）的實驗室助理瑪莉・杭特（Mary Hunt）發現，她偶然發現了一種「黃金黴菌」，能夠產出高於弗萊明數十倍的盤尼西林。

　　這個故事裡面包含了機緣力的所有關鍵特徵。[6]意料之外的汙染導致某種黴菌的生長，結果這居然是種能救人性命的藥物。不過，這到底屬於哪種類型的機緣力呢？這個問題的答案，取決於我們認為弗萊明想要達成的目標是什麼。某方面說，一位從事醫學研究的科學家就是在 ── 即便只是間接地 ── 尋找醫藥及療法，而弗萊明找著了一個。另一方面，我們幾乎可以肯定弗萊明

沒有在找尋抗生素，當時根本沒人會有這樣的想法。

　　不管這究竟屬於什麼類型的機緣力，它是起始於一個觸發點（培養皿的意外汙染），但關鍵性的時機乃是弗萊明的反應。他沒有對於自己粗心暴露培養皿罵髒話，然後把東西丟進垃圾桶，相反地，他展現出好奇心。他把這個培養皿拿給同事們看，而後進行更深入的研究。其他人也紛紛跟進，研究持續了許多年，於是，一段將意外轉化為救人藥物的歷程就此展開。

　　盤尼西林的發現是一場意外，但如果你要說弗萊明「只是走運」，人類在這場科學突破當中沒扮演什麼媒介角色，那可就錯了。很重要的是，佛萊明做了關鍵性的決定，他將「點」連了起來——這種做法被稱之為「異類連結」（bisociation）。這件事可能得花上好幾年時間才能大功告成，但假使弗萊明缺乏進行連結的正確心態，那個汙染他培養皿的綠色黴菌，不過就是另一個會被遺忘的實驗閃失而已。事實上，黴菌與細菌的對抗關係，在更早的幾十年以前就曾被人觀察到，但卻沒有人對此給予適切的注意。假設人們可以早點把握機緣力，是不是就能夠多拯救數百萬的生命呢？[7]

如何善用意外

　　機緣力並不只是某件「發生在我們身上」的東西，它是一種具有特色的現象，其中的每一項特色都可以在我們的生命當中培養。對我們來說，我們必須看得更靠近一些，才能真正了解機緣力，將它視為一種**可運用的奇妙工具**，不要將它視為一種外在力

量。

根據現有的研究，要做到這點，我們可以辨識出三種相互關聯的機緣力核心性徵：[8]

1. 某個人遇見意外或不尋常的事物。那可能是個物理性的現象，也許是在對話或者其他無數的可能性之中出現。這便是機緣力觸發點。

2. 個人將機緣力觸發點與從前沒有相關性的事物相連結。他「將點連起來」，而由此了解這個隨機或偶發事件之中含有的潛在價值。將兩個先前沒關係的事實或事件互相連結，這種連結可以稱為「異類連結」。

3. 關鍵之處在於，他所了解到的價值決不是當事人原本可以預期到或原本在找尋的，它是「**不可預期的**」。

意外和機會固然是重要的，但這只是一開始的步驟。我們還需要人們有能力理解並運用這個意外的發現，這個意思是指人們能夠（出乎預料地）辨認出有意義的連結，在此基礎上有創意地將事件、觀察、破碎資訊重構起來。成果或貢獻經常來自於，將兩個原本被認為是「形同陌路」、完全無關的點子連結起來。[9]

所謂機緣力，乃是關乎如何辨別並善用意外場合與資訊所蘊含的價值。[10] 由此，我們能夠在每一個階段當中學習它、促進它。我們可以開發出「**機緣力思維**」，此即識別、把握、揮舞這股強大力量的能力。

某個特殊的偶遇是一起事件，而機緣力則是一段歷程。意外

和／或機會是重要的，但這只是第一步而已。**關鍵的第二步**，則來自於理解並善用原本沒在預期的觀察結果。別人眼中是裂谷的地方，我們需要看見通道或橋梁；要具備這種眼光需要聰慧睿智的條件——有能力去蕪存菁並看出價值——以及做到底的韌性。[11]

如果我們沒能看出機緣力觸發點或它的潛在連結性，那麼，我們也許會與機緣失之交臂；這世界上有非常多具有潛能的可能巧合，但它們卻從來沒有化作事實。我們也許能夠遇上一個潛在的契機，例如碰見弗拉迪米爾·克利奇科或是可能的戀人，但若我們不將點連結起來，這最終反而會變成一個錯失的機緣。

所有的錯失與錯過，裡面都含有可能發生的機緣力，但我們卻因為太過蒙蔽而沒能看出來！或者，我們雖然看見了，卻沒有採取行動！也許你在人生中曾經碰上這種狀況，某件事情當時其實只需要再輕輕推一下就會成功，但你沒推，然後到事後才覺得當初應該能成就什麼。你最近是否發生過這樣的事情呢？這就是為什麼，培養我們的機緣力思維，是一件那麼重要的事情。

我們也能夠影響機緣力的環境條件，舉例來說，我們可以重新規劃自己的組織、網絡與具體空間。機緣力思維再加上條件的培養，足以提供肥沃的土壤，滋養讓我們得以成長、駕馭的機緣力領域。

此處的圖表（見下頁），所說明的是整個歷程以及機緣力領域之形成。請注意，這只是一個簡圖；「觸發點」與「將點連起來」經常會同時發生，此外，其中還會有「回饋迴路」（feedback loop）存在，也就是可以強化更多（或更少）機緣力

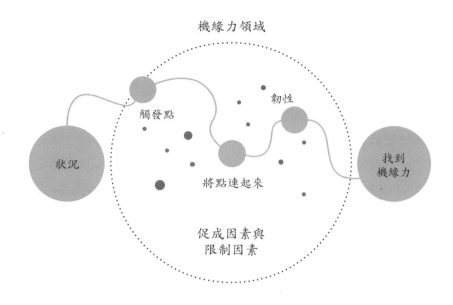

機緣力領域

觸發點

韌性

狀況

將點連起來

找到
機緣力

促成因素與
限制因素

出現的最初結果，我們到後面還會探討這件事。

從偶然和隨機通向機緣力

在我作為研究者、社區打造者與企業家的工作裡面，我經常會聽到人們講類似的話：「哇！這個跟那個會發生，真是太巧了！」不過，當你以後見之明將點連起來，就會發現他們講的嚴格來說並不正確。這些幸運的意外之所以出現，經常是因為某人或某事已經奠定好基礎工作。正如我們剛剛見到的，雖然科學與運氣兩者似乎是很奇怪的組合，但機緣力本身其實是諸多科學研究的核心要義。

以組合化學領域為例，製造巧合其實是組合化學的要義所在：有數萬種化合物會在同時間被創造出來，然後經過篩選尋找有價值的新用途。本質上，組合化學領域包括要創造成千上萬的意外，同時準備好接受其中之一變成科學突破的機會。那些能找到新藥物的化學家們，十分擅長設計這類的實驗，藉由正確的方法和正確的人，他們能夠讓「巧合」的發現比較容易發生，一旦這種巧合出現，它們馬上就會被把握、被鎖定。根本上，化學家們不知道實驗結果會是什麼，或者巧合什麼時候會發生；但他們相對可以肯定的是，「有事情」將會發生。

　　諸如「紮根理論」（grounded theory）等等的質性研究方法，同樣不是在尋找統計模式，而是在追求驚喜或意料之外的見解。[12] 就此而言，研究者們確實和福爾摩斯有不少共通之處。

　　這個充滿政治變遷、社會變遷與環境變遷的世界，正在面臨意料之外的事物將會形塑我們的未來。此外，意料外的事物也威脅到團體組織的存續。像是海爾（Haier）這類全球領銜的白色家電公司，是用「在被顛覆之前先進行自我顛覆」的方法 —— 用公司執行長張瑞敏的話來說 —— 在面對意外事物。海爾公司把對意外事物的鑑賞力，建構入公司組織的核心。誰能猜想到，中國的農夫居然使用海爾的「洗衣機」在清洗馬鈴薯呢？*

　　可以與上述事情互相映照的，是某世界領先金融服務公司的

---

* 海爾公司的代表們得知，農人居然將公司的機器用在這種他們沒設想過的用途上，海爾公司很快調整機器功能，讓它能夠處理馬鈴薯上面額外的塵土（已超出一般機器的負荷）。

經驗，該公司執行長曾與我分享，他如何感應公司未來道路的方法：「不要以為這是什麼整體計畫，千萬別這麼想。事情就是一路在發生，而我們要好好把握住它。」他和團隊只提供有助於方向感的願景、文化與實踐做法，然後讓剩下的事情浮現，而那些事情常常會以預想不到的方式，出現在意想不到的地方。他們是在幫助跟團隊合作的人們，發展出一個機緣力領域。

我個人進行的研究是，有什麼可以讓個人與組織能夠適應未來，有一個觀點在研究過程中不斷重複出現：事實證明，許多世界領導者們的心靈 —— 經常在無自覺的狀態下 —— 發展出應付意外事物的能力。對於名列《財富》雜誌（*Fortune*）全球五百強的康明斯公司（Cummins）執行長蘭博文（Tom Linebarger）來說，培養機緣力正是他所做事情的核心，當他處在不確定的狀況下，蘭博文會將機緣力視為一種積極而非消極的領導方法。

有些人會問，而我也這麼問自己：「當我們在機緣之中採取一個更積極主動的角色時，那麼機緣還能算是機緣嗎？」

這個問題的答案，是很肯定的 YES，因為這恰恰是機緣力與走狗運之間的差異所在。要培養機緣力，首先和首要的一步，就是以開放的眼光看待世界，並且將點相連起來。機緣力不只是在對的時間出現在對的地方，然後讓某些事情發生在我們身上；機緣力是一種我們可以主動參與的素質或歷程。

因此……

機緣力是一種主動、「聰明」的運氣，它仰賴於我們將點找

出來、連起來的能力。我們在前面所討論的三種機緣力類型，全部都是以機緣力觸發點為基礎。培養出機緣力思維，可以幫助我們看出觸發點所在、讓我們將點連起來，培育出聚焦並影響有價值成果所必須的韌性。我們也可以影響機緣力的不同促成因素與限制因素——例如社群和公司。綜合來說，這使得我們得以創造出一個我所謂的機緣力領域，在機緣力領域當中，所有的點都具有被我們或他人相連起來的潛能，從而創造出更有意義的意外，也能讓意外變得有意義。不過，我們究竟該從哪裡開始呢？

註釋

1. 參見 Merton and Barber, 2004. 機緣力研究者 Peter van Andel（1984）只將它稱為「創造無意發現的藝術。」其他定義則將機緣力定義為「導向出乎預期發現的追尋」（Dew, 2009），或者「見解及機運之間特殊而偶然的結合」」（Fine and Deegan, 1996）。我所採用的是機緣力的廣義定義，其中包括最初在找別的東西或根本沒在找什麼的可能性，也就是並不積極尋找特定某事物（參見 Napier and Vuong, 2013）。關於 Horace Walpole 最初的通訊，參見 Lewis, 1965。
2. TED 是一個專注於啟發人心觀念的全球媒體組織。
3. 根據數種考量——其中包括潛在的「偽機緣力」（pseudo-serendipity）——研究者傾向於區別出三到五種形式。我所討論的三種形式涵蓋了整套光譜。所謂「正常」，屬於非機緣性質的問題解決法，其中包含清楚的意圖與既有的解決之道，你會從 A 走到 B。有些研究者會區分「真」機緣力和「偽機緣力」，有些研究者（e.g. Dew, 2009）則持有先界定好的觀點，諸如「找尋」（由此暗示出既定的特殊類型）。不期而遇或意外相遇的價值可能以各種樣子及形式降臨，根據此一信念，本書涵蓋了所有的類型（參見 e.g. de Rond, 2014; Napier and

Vuong, 2013; Yaqub, 2018 的精采討論）。

4. 當然，機緣力旅程並不限於單一的機緣巧遇，而通常是包含一連串預期之外的事件。在此案例中，我所專注的是此歷程的關鍵部分（此歷程也可予以進一步解構）。

5. Busch, 2019; Gyori et al., 2018.

6. 有些研究者認為，像弗萊明這樣的例證只是偽機緣性質。在他們看來，所謂的偽機緣是指，你本來就已經在尋找什麼，後來碰巧遇到可以幫助你完成你最初目標的東西（本質上是達成同一目標的巧合辦法）；至於「真正」的機緣力，則是指完完全全出乎意料的事物。就此理路而論，諸如 DNA 的發現也只能被歸類於偽機緣力，因為其最初的目標相對清晰，只是巧合事件造成分子的拆解。而在盤尼西林的例子中，弗萊明對於自身的觀察已有某種準備，因為他本來就對物質的抗菌效果感興趣。如果順著這些研究者的邏輯去看，「真正」的機緣巧合必須是主題有所改變才行（Roberts, 1989）。多數的研究人員（包括我本人在內），並不接受這種狹義的觀點，而是將發現 DNA 這類事情視為廣義機緣力的案例：一個觸發點透過異類連結而導引出令人驚訝的正向成果。否則的話，幾乎所有的機緣力都會算做是偽機緣了（亦可參見 Copeland, 2018; Sanger Institute, 2019）。

7. The Conversation, 2015. 我在本書後面會討論到，非常重要的事情是，應將此視為團隊長期耕耘的成果，而不是個人的天才出手。

8. 確切的標籤各有不同，但近來的論文關注於此歷程及關鍵的部分。舉例來說，Makri et al. (2014) 將這個歷程視為：意外環境＋見解＞進行連結＞計畫價值＞利用價值＞有價值的成果。其他研究則強調「將點連結起來」的部分（e.g. de Rond, 2005; Mendonça et al., 2008; Pina e Cunha et al., 2010）。在這方面，有些最令人感興趣的觀點，來自於資訊科學及資訊通訊科技領域的研究。Makri et al. (2014) 也呈現，在資訊科技的環境當中處置此歷程的不同部分，尤其是把握住浮現的機會，能夠提升機緣可能性。僅僅一場意外巧遇，實在是不足夠的。

9. Simonton, 2004.

10. Busch, 2018; Busch and Barkema, in press; McCay-Peet and Toms, 2018; Napier and Vuong, 2013; van Andel, 1992.

11. De Rond, 2014; Fine and Deegan, 1996; McCay-Peet and Toms, 2018;

Merton and Barber, 2004. 很自然地,這個過程未必都是「直線的」。舉例來說,觸發點和異類連結經常同時發生,或者會有回饋效應出現──然透過注意不同的階段,我們可以推演出重要的見解。

12. 關於組合化學領域的機緣力(加速),參見 e.g. McNally et al., 2011; 關於質性方法,參見 e.g. Glaser and Strauss(1967)對紮根理論的研究以及 Merton (1949) 對社會理論及社會結構的研究。

第二章

如何領略：
掃除通往「機緣力」的障礙

當我們在進行其他計畫的時候，降臨在我們身上的事情，稱之為人生。

—— 艾倫·桑德斯（Allen Saunders），美國
作家、記者、漫畫家，一九五七年

　　每一期課程，我都會和新來的學生們玩一個遊戲。我會問他們：「你認為，在這個六十人的教室裡面，出現兩個人生日同一天的機會有多少？」

　　學生們通常會估算，機率在5％～20％之間。這麼說似乎很合理，一年有三百六十五天，所以邏輯上我們傾向會將六十（人）除以三百六十五（天）。所以，這間教室裡面出現有兩個人生日同一天的機率是很低的。

　　接著，我會請學生們簡短介紹自己的生日。我再請其他的學生們，如果聽見了自己的生日，就大聲喊：「這邊！」結果，學生們經常感到很驚訝的是，大約經過十個左右的學生向課堂介紹自己的生日，第一聲「這邊！」就會從課堂某個角落冒出來。

然後又有一聲，接著又來一聲。通常在這種只有約六十人的課程裡面，我會很驚喜地發現三到六對生日同一天的人。

　　這怎麼可能呢？難道有魔法嗎？不，這只是純粹的統計學問題。這是一個指數問題，而不是線性問題：一個學生提到自己生日的時候，就有許多潛在的配對可能。舉例來說，一號學生有五十九個人可能與他生日同一天；二號學生可能有五十八個人生日和他同一天（假設一號學生與二號學生的生日不同天），依此類推。當我們把所有可能潛在的配對加起來之後，我們所得到的結論就是所謂的「生日悖論」（Birthday paradox）——呈現於下方圖表。

　　生日悖論顯示，只要這裡有二十三個人，隨機抽樣兩個人擁有同一天生日的機率就已經達到 50％了（共有二百五十三個

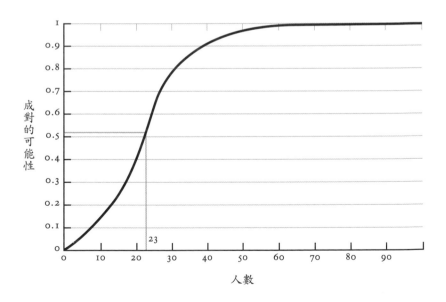

「機會」或潛在配對）！[1]更驚人的是，只要有七十個人，幾乎一定會出現兩人同一天生日狀況（機率為 99.9%）。作為一個數學能力欠佳而高中重修一年的人，我確實花了點時間理解這個問題，但這是千真萬確的。

這個道理能給予我們什麼啟發呢？

這就是一個證據，證明我們因為進行線性的思考──而非指數性或對偶然性的思考──而經常低估了意外的事物。我們或許看到而感到驚訝，也許我們根本就沒看見，但無論如何，出乎意料的事物確實時時在發生。

一旦我們了解，每日每夜、分分秒秒，機緣力都可能發生，那麼，大至從人生轉捩點的經驗、小至最日常普通的改變，都是可能出現的。

我在下面會討論到，我們自然的思考方式，以及我們學習到的思考方式，都容易蒙蔽機緣力，讓它變得更難以被定位、被駕馭。通往機緣力的最大障礙，就是我們對這個世界先入為主的執念，也就是經常在無意識狀態下引導我們思考、扼殺機緣力可能性的偏見。如果你認為你並沒有這種執念和偏見……嗯，好吧，其實這正好可能就是你最大的執念了。

我們的偏見會蒙蔽我們，讓我們在機緣時刻出現時變成瞎子，甚至讓我們對於已經出現的機緣產生錯誤的解釋。當我們請人解釋他們為何成功的時候，有很多人會歸功於自己的付出、努力以及周全的計畫，是長期的願景與策略使他們終究獲得榮耀。有時候他們說得對，但有時候說得不對。人生中的關鍵轉捩點，通常是屬於機緣力的時刻（或者有時候真的是走運了），機緣時

刻是在事實——例如當你將履歷呈給潛在的雇主，就是一個很清楚的從 A 到 B 的過程——發生之後進行再詮釋而得知。

這類偏見通常很有作用，而這類偏見會進一步演化成為周全的理由，這是因為，如果我們將這個世界視為一個隨機的混沌體，事情是無法運作的；此外，我們也無法掌握影響社會互動的複雜要素。然而，我們擁有著擺脫偏見和執念的能力，這項能力是人類得以向前邁進的關鍵，也是讓個人或團體可以大步前進的關鍵。

這些偏見出現的形式很多，然有四種基本型的偏見，是通往機緣力的主要障礙，我們也必須加以克服——或至少要辨認出來——才能夠真正有效地培養機緣力。這四種基本的偏見分別是：「低估意外」；「順從主流」；「事後合理化」（post-rationalization）；「功能固著」（Functional Fixedness）。這幾個詞有些術語的味道，但是它們具有的意思是很有趣的。

我們低估了意料之外的事物

在學時期有一位朋友總愛說：「不太可能發生的事情很有可能會發生。」當時，這句話聽起來很神祕，但經過那麼多年，我開始真正了解到他的話中真諦。預料之外的事、不太可能發生的事、十分異常的事，其實一直都在發生。比較重要的是，這些事如果有其用處，我們是否能夠認出來、把握住，並加以培養。

我曾經在英國教過談判協商課程，課中有一個活動是，一間獨立民營加油站的所有人，企圖要將它賣給石油大公司。這場談

判的設定是這樣子的，雙方如果都堅持自己原本的立場，那麼生意是不可能談成的。大公司願意出五十萬美金，但加油站所有人接受的底價是五十八萬。理論上，雙方沒有討價還價的空間，如果單方或雙方沒有改變立場的話，絕對沒有任何潛在的結果存在。

接著，我會請學生們——當中有人扮演加油站所有人、有人扮演大公司代表——先放下他們的立場，敞開心胸去思索潛在的真實需求與利益。一旦石油大公司的代表們開始追問，「為什麼」加油站所有人要價五十八萬，通常就會出現一些意外的事情：對方可能表示他們的夢想是退休，然後跟夥伴們去駕帆船，而這個總額是他們認為要達成目標所需要的金額。

到這個時候，學生們經常會說出這類的話：「噢！我沒想到事情是這樣。我們可以提供你旅程所需的汽油，把我們公司的名字放到你們的帆上。我們確實想要做更多這類的贊助行動！」或者，他們可以講出一些潛在的意外點子，那對石油公司而言很便宜，但對加油站所有人而言卻很有價值。

一旦你看見潛在利益（underlying interests）浮現檯面，你要怎麼處理這些狀況的意外做法也會跟著浮現。這種事情對於已經擁有「雙贏」思維的學生來講，比較能夠出於直覺去做，他們會假設有利於雙方的解決之道可能存在；然而，對於那些抱持「你死我活」心態的學生來說，他們通常得花比較久的時間才會發現，有能夠幫助雙方都「加餡加料」的做法存在。比起認定你輸我贏的學生，那些擁有雙贏思維的學生通常能更有效地建立信任，並針對真實的潛在利益與優先事宜來交換資訊。

在這裡，我們有許多可以提升協商策略的啟示，但於此更加重要的是去了解，有很多人之所以沒「看見」意外事物，是因為我們不了解它就在這裡。加油站所有人要求的是一個人為設定的昂貴價格（而我們可能理所當然地接受），這個價格掩蓋了他們真實的潛在利益；一旦我們將他們真實的潛在利益納入考量之後，更令人振奮的可能性就會開始浮現。

這個洞見在商業談判等領域中尤其重要 —— 例如一個正在為新工作進行協商的雇員，或者一個正要買下人生第一棟房子的買主。在這些情境之中，我們必須把經常出人意表的「點」相連起來，以便找出一個雙方合意的解決之道。但事情不止於此，一旦我們開始以後見之明將「點」連起來，我們便會看到，意外的事物對我們人生的影響有多大，它甚至影響了我們的職涯進程、影響我們如何遇見夥伴。

我們每一個人，都建構了被我們認定為「典型」的偏差世界觀，我們擁有預期某幾類事情會發生的偏見。持有這種偏見的結果是，我們傾向看見「預料之內」的事物。但假使我們可以拓寬自己所預期事物的範疇呢？藉此，我們就愈來愈能看見連結性，愈來愈了解不太可能發生的事情其實持續在我們周圍發生，只待我們好好加以善用。[2] 這就是培養機緣力思維的核心部分之一。一旦你去思考，你就會發現，實際上我們每天都在注意意外的發生，但通常這只是一個防禦機制。當我們走在人行穿越道要經過一條車水馬龍的道路，我們預期車子遇上紅燈會停下來，但大多數人並不會完全把這件事視為理所當然。即便當紅燈亮起而我們開始走上斑馬線，我們也會用眼角餘光留意車輛，因為我們同時

也知道，駕駛人有時候會闖紅燈。類似這樣的情況，我們的視野會比平常更廣，而且我們在留心意外的出現，因為我們知道倘若忽視意外的可能，也許會因此丟了小命。

想像一下，如果我們把這種做法的性質轉變為積極呢？也就是積極地保持著寬闊的視野，並留意出乎意料的好事或可能出現的用處。英國心理學教授李察・韋斯曼（Richard Wiseman）曾經做過一個關於自我知覺（self-perception）的精采實驗：他找來一些被認為「極其幸運」或「極其倒楣」的人們，然後試驗這些人是如何感知世界的。[3] 在一場實驗中，韋斯曼選了兩位受試者，他們分別是「幸運」的馬丁和「帶衰」的布蘭達。

研究團隊請兩位受試者分別走去一間咖啡店，購買一杯咖啡並坐下來。而研究團隊裝設有隱藏攝影機，將這個過程都拍攝下來。

研究團隊在咖啡店入口外的通道地上放了一張五英鎊紙幣，受試者要進入咖啡店時一定得經過。此外，他們將咖啡店重新布置為只有四張大桌，每個桌旁各坐著一個人，其中三位是演員、一位是成功的企業家，而企業家所在的桌子最接近咖啡店櫃檯。

「幸運」馬丁走在路上，注意到那張五英鎊紙鈔，他把錢撿起來，走進店裡，點一杯咖啡，坐到企業家的旁邊，跟對方開始聊天並且交了朋友。

另一方面，「倒楣」布蘭達沒注意到那張紙鈔，她也坐到成功企業家的旁邊，但是從頭到尾都沉默不語。

當韋斯曼的研究團隊事後問起兩位受試者，他們那天過得如何？研究人員得到兩個非常不一樣的答案：馬丁描述了他那天過

得多棒，他撿到一張五英鎊紙鈔，而且還與一位成功的企業家有很棒的談話。（我們不清楚這件事是否還有後續的正向結果，但如果有，這真的完全不意外啊！）至於布蘭達呢，不出所料，她表示那是一個完全沒什麼特別的早晨。這兩個受試者獲得一模一樣的潛在機會，但卻只有其中一位「看見」了。

對意外保持開放態度，乃是保持幸運和體驗機緣力的關鍵。能時時像馬丁這般「幸運」的人，通常有一些理由，其中最重要的就是辨識出意外事物的能力。這個能力使人們更能夠從意外之中有所收穫，這未必表示意外會因此更常發生，而是表示，當我們開始預期看見機緣力的時候，我們就會開始看見機緣力。這可以幫助我們，即使面對的狀況與別人差不多，卻能變得比別人更加幸運。

當然，我們都記得自己在人生中曾經碰過機緣時刻。但是，那些我們可能忽視機緣或差點錯過機緣的所有狀況，又是如何呢？回想一下，那個在咖啡廳裡面意外把咖啡撒到你身上的那個人。再想一次，那些人其實還有點可愛，不是嗎？說不定對方也覺得有點興趣……但是沒有人在那一瞬間有所行動，雙方沒有留下連絡方式以便「把乾洗帳單寄過去」。這一刻其實可以發生很多事情，但到最後呢，什麼都沒有發生。本書後面我們還會回來討論這個問題，也就是我們從「反事實」（counterfactual）——原本可以展開的潛在「其他人生故事」——當中可以學到些什麼呢？

這裡的圖表（見下頁）是在說明，如果我們不懂得去了解機緣力觸發點、不去將點連起來、缺乏後續的韌性，那麼，我們很

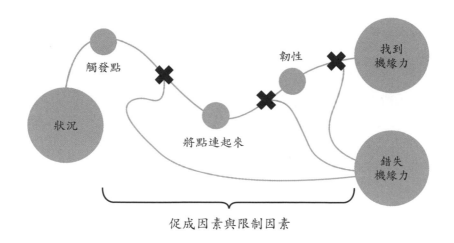

觸發點

韌性

找到
機緣力

狀況

將點連起來

錯失
機緣力

促成因素與限制因素

有可能就會錯失機緣。[4]

　　我們要怎麼避免自己錯失機緣呢？其實有很多你可以使用的策略存在，我們到後面將會再探索這件事。現在呢，讓我們先看看鹽湖城某間辦公家具製造商，以善用機緣力獲得優勢的故事，其成果是由研究人員南西・納皮爾（Nancy Napier）、王全黃（Quan-Hoang Vuong）所評估。

　　當這間公司的一位主管，首次提議要將機緣力視為一個要去開拓的領域時，他遇到許多質疑。但即便有所疑慮，公司的主管們同意每兩個禮拜花三十分鐘的時間，去辨識他們所遇到的意外資訊，討論他們注意到的事情並加以評價，然後決定能夠做些什麼來善用這些事物。

　　進行研討的最初兩個月，研究人員發現該公司有至少六個重大的「獲得機緣力」案例。研究人員的結論是，隨著主管們「開始將〔鎖定機緣力〕的經濟性影響納入計算，他們對於這個模糊

概念的疑慮逐漸消散。」[5] 這個實驗訓練公司主管們對於輸入的意外事物更有警覺，而他們也開始發現並把握住，自己先前可能錯過或根本沒注意到的資訊。舉例來說，這間公司當時正在發表一項新產品，而且一如往常地進行某些市場分析。在此歷程之中，主管們發現了意料之外的資訊，顯示他們為產品定價的做法可能是有缺陷的。倘若錯過或忽略這項資訊，這可能是個會讓人損失慘重的錯誤。

正如家具製造商和海爾公司主管們的例子，會意識到意外事物的人們，對於機緣抱持著開放態度，因為他們已經在留意意外資訊和事件當中的隱藏價值。因此，高階領導者們會考慮，在組織當中設置「機緣力定位者」（serendipity spotter），印度最大公司之一的馬恆達集團（Mahindra Group）執行長阿南德·馬恆達（Anand Mahindra），便是其中一位模範。

公司舉辦的晚宴日期快到了。你認為到時候會怎樣？還是一如往常嗎？就是那樣坐在一個無聊的傢伙旁邊，對於人們的對話要聽不聽的，然後想著怎麼在不冒犯別人的情況下提早離開？如果你認為到時候就會是這樣，那麼你很可能會心想事成。

你是否在進行自我審查呢？

我們很多人都會有順從主流多數的傾向，當然，這麼做有許多好的理由。然而，也有大量的個人可以做出驚人的精準決定，這種決定甚至比最聰明的人所做的判斷還來得更好。舉例來說，「美國最高法院夢幻聯盟」（Fantasy SCOTUS）這個組織從二

〇一一年以來，每天有超過五千人次的人們，對美國最高法院超過四百項的判決，做出超過六十萬筆的預測結果；丹尼爾‧馬丁‧卡茨（Daniel Martin Katz）和他的同事們，利用「美國最高法院夢幻聯盟」的資料來呈現，「眾人的智慧」居然可以周全而精準地預測美國最高法院的判決。[6]

或者拿「預測」這件事來說吧。對於複雜氣候系統乃至於經濟系統進行預測，預測結果經常會有錯誤，或者說就細節而言，預測從來都是錯誤的。不過，多位預測者集結起來所做出的判斷，經常比某一個人還要更正確。[7]

但是，那些天才呢？那些先鋒冒險者呢？他們為什麼可以在所有人都錯過的時候，正確預測到非凡的事件呢？其實，這些成功預測非凡事件的人們，如果我們把他們所有做過的預測都考量在內，他們的過往常常是乏善可能。換句話說，一個了不起的預測，其實不是預言家所做出來的。

行為科學家傑克爾‧丹瑞爾（Jerker Denrell）和克里斯提娜‧範恩（Christina Fang）的研究顯示，人們所做出的預測如果大多與傳統智慧（conventional wisdom）一致，整體來說這種預測是最為準確的，也就是說，輿論確實比較可能是正確的。貶斥眾人智慧且不加思索就追尋獨立獨行者，是一個草率的人；然而，需要遵從主流的這種壓力，將會扼殺機緣力，尤其是這種壓力使我們忽略或貶抑生命中意外境遇的情況，或者是讓政治或不良的集體動力開始主宰局面的時候。[8]

事實上，群體可以做出比較好的決定，但如果群體中的個人並不是獨立地在行動，而是對彼此有強烈的影響（就像許多公司

的會議室狀況），那麼，群體所做出的決定反而會變得比獨立個人的決定更糟糕。這種「群集心態」（herd mentality）是會扼殺機緣的。所以，忽略主流多數固然有些風險，但我們應當始終對於主流觀點提出疑問。我們有很多人會進行「自我審查」（self-censor），批評或埋葬自己的想法或觀點，因為我們擔心自己的計畫或發現無法契合背景環境或既有的信仰。

每當我拜訪新的公司或社群進行諮詢計畫時，我就會進行我所謂的「飲水機試驗」。我會坐在一個開放人們談話的區域，例如自助餐廳、廚房、咖啡店或真正的飲水機旁，假裝自己正在使用筆記型電腦工作，但我真正在做的事情，是聆聽人們的對話內容。

有時候人們會說類似這樣的話：「莉莉又提出這個古怪的點子了。我不覺得她清楚這裡的狀況。我們一直以來都是這樣做事的，所以為什麼要去改它呢？」聽過幾段對話之後，某種型態通常便會浮現出來：人們傾向去談論目前狀況之下哪裡出錯了。在這些工作文化當中，你會更難以去分享一個點子或是見解，因為你可能到明天就會變成人們所談論的那個對象。

就算我們願意去分享自己的見解或觀點，我們可能會不敢承認它們是以一種不尋常、非慣例的方式出現。許多很有價值的發現，事後會被說成它們似乎打從一開始就是有目標的、理性的，因為這樣才不會嚇到大家、惹麻煩，或者是引發別人去批評這些發現並沒有經過嚴格的檢驗過程。[9]

從這一點就帶出了下一項對機緣的阻礙，那便是「事後合理化」。

後見之明的好處（和危險）

　　一件事情發生之後，我們要怎樣去理解它呢？我們會使用專家們所稱的「事後合理化」。「事後合理化」是關乎我們如何思考過去，若要了解「事後合理化」的力量和風險，讓我們首先看看自己是如何思考未來的吧。

　　對於複雜系統所進行的預測（forecast）經常有誤，至少細節上常會出錯。但是，理智的預測人員清楚知道，他們進行的工作存在著極限與限制，也知道預測與實際結果之間的程度差距。舉例來說，快速消費品如飲料或盥洗用品的銷售預測，還有票房收入、公司成長的預測，錯誤率經常達到 50 ～ 70％，此間差距可能高達幾百萬美金。[10] 這件事情的原因清楚且明白：多數的系統或狀況太過於複雜，難以精確地建構細節的模型。更不樂觀的是，我們別奢望能夠了解蝴蝶效應（butterfly effect）── 細微的改變最終導致重大的結果。實際上，所有的計畫都屬於預測，計畫會概述我們將要做什麼事、我們想要成就的目標、我們要面對什麼後果、採取什麼行動；再加上工作場所的社會動力學（social dynamics），還有人們所犯的無心之過、意外事件等，實際結果經常跟計畫預期的非常不一樣。[11]

　　和預測的情況一樣，研究顯示，預估（projection）── 例如商業計畫 ── 罕能保證成功。管理學與經濟學方面的開創性研究顯示，50％的成功都是屬於專家所謂「不可解釋的變數」（unexplained variance），換句話說，你無法使用傳統管理學或經濟學教科書上的重點來解釋它。[12]

所以，這些到底是怎麼跟過去、跟事後合理化連上關係的呢？

　　重點就在於，我們是根據過去的事件建構自己的故事，我們所做的事情跟預測人員做的事情是一樣的：我們創造出一種模型，忽略了細節與隨機的事件。預測人員用這種方式預測未來，有很好的理由：他們無法建構出所有細節的模型，而且根據定義，他們當然無法預見無法預測的事件。但是，當我們這樣子處理過去的時候，我們有什麼理由或藉口這樣做呢？

　　「事後合理化」與所謂「後見的偏見」（hindsight bias）有很密切的關聯，後者所指的是，人們有一種普遍的傾向，他們所認定事件的可預測程度，其實比事實上更高。我們在自己版本的「過去」之中，會去淡化或排除當時無法預測的事件，因為已經發生的隨機事件，就不再是無法預測的了。事實上，從後見之明看起來，那些當時無法預測的事件，簡直就像必然會發生的事情一樣。這個時候，我們便會開始使用當時我們並不擁有的資訊，來建構出一種方便解釋所有事情的敘述，其中包含著故事的每塊片段是如何合乎邏輯地跟故事其餘部分連結起來。[13]

　　出於一種對於控制的需求，我們傾向認為這個世界是可以解釋的 —— 比這個世界實際上可以被解釋的程度更高。我們盼望能在萬事萬物中看出型態，你有沒有看過月亮上的人臉呢？哼哼，別人還在烤乳酪三明治裡頭看見聖母瑪利亞呢。

　　我們的心靈會對刺激物產生反應，例如一個聲響或一個圖像，我們的反應是去找尋熟悉的型態或已知的形象。通常我們可以找到，但其實那裡根本沒有這個事物，此一現象被稱為「空想

性錯視」（pareidolia）。例如人們從電風扇或冷氣運作聽到模糊的聲響，人們將音樂倒轉或慢速播放時的聲音解為隱藏的訊息，人們從雲團當中看見動物的形象。[14]

從演化觀點來看，這個現象是有道理的：我們無意識的處理方式，加速了認知與決策的過程，來給予我們一種優勢，也就是先發制人或立即撤退的機會。

談到視覺印象的時候，我們都可以從自己身上感覺到這種傾向。但事實上，這種「空想性錯視」是更深沉的，它背後那個更為廣大的現象，被稱為「幻想性錯覺」（apophenia），我們對於彼此不相關的模式會有一種賦予意義的傾向，或者，我們對於自己認知到 —— 但其實無關 —— 的關聯，會傾向賦予它意義。[15]

最能夠引起人們興趣的例子之一，來自於行為心理學家史金納（B. F. Skinner）進行的一個實驗。他的實驗是將一隻飢餓的鴿子放在一個箱子之內，然後完全以隨機的方式間隔投送飼料進去。顯然，鴿子完全無法預測飼料什麼時候會出現，也沒有任何辦法造成飼料的出現。

可是，飢餓的鴿子後來開始表現出它好像可以做到這件事情一樣。如果飼料投送的時刻，它正在表現某種動作（例如繞圈走路，或是將頭偏到一側），它接下來便會開始重複那些動作，直到下一次的飼料出現為止。飼料投送的型態完完全全是隨機的，但是鴿子卻表現得好像那件事情可以預測，而它能夠對此施展某種控制。這件事與機緣力是相關的，因為我們具有尋找這種可認知模式或形象的傾向，而這可能會導致隨機事件的重要性反而被掩蓋；這種傾向會導致我們創造出死板的勝利方程式，但這背後

其實並沒有予以支撐的真實機制存在。

坦白說吧，如果我們要將機緣力從我們的歷史當中抹去，那麼當機緣再度發生的時候，我們將會更難找到它。這點尤其重要，因為機緣力乃是一個過程，而不是單一事件，而且它通常有段很長的孕育期（incubation period）。我們未必有意願或有能力追溯它，追溯到機緣力「開始」的那一刻；反之，我們會企圖對於剛剛發生的事情進行理解，然後通常只會講出故事全貌的一半，或者講出一個完全不同的故事。

創造出一個故事是具有建設性的，它可以幫忙提供關於未來進展的焦點，然若我們可以從中有所學習，這必須得是個誠實的故事，有經過適當的審視，並且可供人重新評估。創造故事在企業組織運作當中也有其角色。以高級主管為例，他們經常要對里程碑或決策進行論述，來滿足人們的期待與期望，好像這些都是打從最初就全盤計畫好的。全球最成功的某間公司執行長曾經告訴我，他們之所以要這麼做，跟投資者和員工們的關係很密切，那些人可不會欣賞執行長這麼說：「嗯，這是運氣。」或者說：「事實上，這並不在計畫之內。」因為這給人的感覺是不可靠、只是巧合或偶然。

這種狀況讓執行長與他的同僚們覺得，他們應該照著某些臺詞說：「當然了，這就是我們的目標，這一直是我們的抱負。」為什麼要這樣呢？「因為那樣的故事才有賣點，這才是投資者想要聽到的故事。我是被迫要說出這種所謂的『官方說法』，因為這樣子人們聽起來，才會覺得你完全掌握住狀況。可是，我當了快十年的執行長，我可以告訴你，其實我並不是時時掌握狀況；

這麼說的感覺未必很好，但我其實並不是時時掌握住狀況。」

我們所受的教育和訓練，經常是教導我們說出一個線性的故事，描繪我們如何隨時都能掌控情況。我們也有可能去回溯，而將故事情節改編成最合宜的模樣。

由於敘事並不是真相，於是我們喪失了真正學習什麼能造就出可能結果的機會，也失去了真正學習什麼能讓這番洞察在未來再度出現的機會。這就是為什麼，偶然的軼事可能造成的傷害，多過於它的好處。想像一下，某位英雄企業家在會議上侃侃談到自己當初怎麼在餐桌旁想到這個點子，或者某位頂尖執行長開設了大師課程，談論他如何造就企業的成功。有時候，那些人甚至可能相信自己所說的故事，真的就是真相本身或「完整情節」；但是他們所說的每個故事，其實含有非常特定的背景、脈絡、條件、環境，而這跟聽眾們的狀況幾乎全部不雷同。

如果僅僅是去複製一個英雄故事，例如 J. K. 羅琳（J. K. Rowling）如何成為全世界最成功的作家，這必然會忽略許多起始的條件或是歷程的部分或片段，而這種複製拷貝的做法是會造成傷害的，因為這可能引導我們走向錯誤的方向。可是，比起一個比較不令人滿意的故事，一個好聽的故事其實更不可能是真的，反過來，我們可以透過了解實際的潛在模式（underlying pattern）來進行學習。在本書當中，我會利用故事來證實出現的系統性模式，但我這麼做的前提，是因為那些模式是在不同地方出現，同時，它們應當是真實的經歷而不是官方的故事。

論及事情發生的真實狀況，它們的模式是什麼呢？我在「有志領袖」的同事莉絲·夏爾普（Leith Sharp），同時也是

「哈佛永久領導力管理教育」（Harvard's Executive Education for Sustainability Leadership）計畫的創辦人，她在哈佛大學二十年的研究與教學成果呈現——如果我們願意坦承以告的話——原來應當是直線型的故事（我們最初的計畫）通常會變成一個「波浪型的故事」（squiggle story）。但是到了那個時候，我們又要把這個故事講得好像沒有意外發生過（見下方圖表），把事情講成一個「進行計畫」的故事，會讓我們覺得比較舒服，雖然實際上它可能是個擁有許多曲折、「頻頻出狀況」的故事。

在我們「有志領袖」組織的二〇一八年研究當中，培生出版集團（Pearson）執行長約翰・費隆（John Fallon）曾犀利地總結道：「試圖讓原初計畫和官方說法能夠與實際經歷更加一致，乃

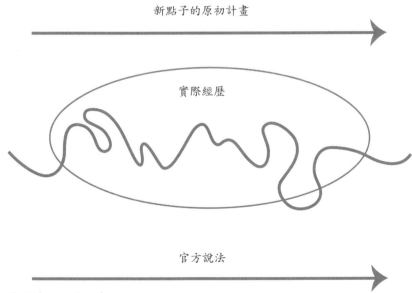

新點子的原初計畫

實際經歷

官方說法

感謝莉絲・夏爾普提供

是一件非常具有解放與賦權意義的事情。這確實很困難，但這是一個正確的方向。」[16]

這件事也適用於其他的領域，甚至包括寫書。老練的小說家們例如黛博拉・利維（Deborah Levy），會「定出書的輪廓，然後放手。」[17]他們允許故事情節和角色隨著時間推移而出現，他們進行計畫，也進行適應。經常讓他們感到驚訝的是，故事會引領他們走到什麼地方；不過，願意像黛博拉那樣坦白講述這個狀況的人很少見，他們大多假裝自己是從一開始便規劃好全域。

你在四處都看見釘子了嗎？

談到機緣力的時候，知識和專業會是祝福，卻也是詛咒。

在我們的腦袋裡，專業知識往往具有高度組織性以及高度可使用性，所以，擁有某一特殊領域的深厚知識，會讓你比較可能找到別人忽略的「異類連結」或連結關係；但是，深刻的特殊專業知識，也可能會導致「功能固著」。

「功能固著」所指的是，人們若在日常生活中使用一種工具，或者看見這個工具經常有某些熟悉的用途，他們在精神上就容易拒絕將這個工具用於新的用途，或以新方法來使用它。[18]古諺有云：「如果你有一把槌頭，在你眼中一切事物都會變成釘子。」把這句老話放在這個脈絡，聽起來確實很有道理。如果我們想要打造機緣力思維，那麼能接受舊工具新用途的思想靈活度與開放度就非常重要了。

對於這類能力的流行呈現方式，可見於動作電影當中的著名

橋段。這種電影情節的主角通常會是個龐德（James Bond）、蘿拉（Lara Croft）或傑森‧包恩（Jason Bourne），在那個橋段，英雄受到多人包圍或眾槍所指，但是他思維靈敏，迅速將日常用品例如借書卡或燙髮鉗變成致命的武器，最終逃出生天。沒錯，這是好萊塢的陳腔濫調了，但我們都知道擁有這種才能是何等非凡的事，這種才能不僅能夠運用於物品，而且能用於所有思考與解決問題的方式中。

研究顯示，只熟悉特定問題解決策略的人，不太可能在需要的時候設計出更簡單的問題解決辦法。[19] 我們當中也有很多人意識到，自己有時會有種「用困難的方式做事」的傾向，因為那是我們本來知道的方式。然而，當我們被迫放棄自己原本熟悉的物質或精神工具，而必須去尋找新的工作或思考方式時，創意或創造力便會由此誕生。當人們開始運用自己通常不使用的方法解決問題時，所展現出的創意程度往往會是最高的。[20]

公司或個人常常對於自己的「核心競爭力」（core competence）感到自豪，「核心競爭力」乃是深厚的精通熟練度，能夠使他們創造價值；然而我們必須注意，他們並不會陷入「核心僵硬」。就像是那些好萊塢電影的超級間諜，我們不用生來就擁有克服功能固著的能力，我們所能做的是練習，我們可以進行自我訓練；不尋常的狀況與新穎的經驗，就是絕佳的訓練場地，它們能夠強化我們的認知靈活性，協助我們克服功能固著的問題。[21]

其中一項範例是非營利組織「感覺之眼」（Ojos que Sienten）的成果。「感覺之眼」是由墨西哥社會企業家吉娜‧巴

德諾克（Gina Badenoch）所創立，其組織目標旨在改變盲人於社會中的生活和角色。該組織的做法不是強調盲人的殘障，而是重視盲人的能力；它也會邀請正常人來反省自己的能力，這件事除非是人們的視力受到障礙，否則在一般狀況下是不會被想起來的。

「感覺之眼」舉辦的活動之中，最有名的就是「在黑暗中進餐」體驗。活動內容正如其名，盲人侍者們引導客人抵達餐桌，參與者彼此素未謀面，因為進餐的人們看不見對方，他們的對話內容於是變得與正常人習慣的狀況不同；同處在黑暗之中，可以促進人們在缺少——建立在形象等等因素上的——平時判斷力的狀況下，發展出一種關係和連結。參與者必須使用別的工具，這主要是指他們的雙耳，來代替從前他們用雙眼所做的事情。在沒有臉部表情的提示下，人們必須更注意聲音的語調和變化，反過來說，他們必須更注意自己的言語表達，來確定對方正確了解自己所說的意思。

我曾經遇過最深刻的、最有意義的談話，有些就是在這類背景中發生的，因為我所關心的焦點放在對話（和食物）上，別無其他。在身歷其境領導力年度會議「效能舞臺」（Performance Theatre）的某次晚餐場合，我旁邊坐著一位叫伊夫（Yves）的人，我倆談得很深很深，發現我們的人生和思考有許多共同之處，某些是預期之內的、某些是意料之外的；我懷疑，如果在一個光亮的傳統晚餐過程，這些對話應該是不會出現的。原來，伊夫是紅十字國際委員會（ICRC）的總幹事，這個組織曾經榮獲三次諾貝爾和平獎，在全球共有一萬五千名員工。當初如果我們

可以看到對方，或者「知道有對方這個人」，我們彼此是否能夠立刻就進入私人性這麼高的交際呢？我覺得不大可能。

甚至更直接地說吧，一旦你摸不清目前擁有的工具用途是什麼，那麼功能固著的問題就全部消失無蹤了。如果你對於特定的解答、方法或系統並不清楚，你就不需要去「捨棄」成見，你也就可以不受到固定思維的限制，自由地進行創新。[22]

同時，如果你並沒有在使用工具，那麼功能固著的問題當然就永遠不會再出現啦。想像一下，如果某人給你一支釘子，跟你說你必須讓釘子的尖端插入一塊木板裡面。聽到這種話的時候，你或我可能會立刻去找尋一把槌子，並且咒罵著工具從來不會出現在自己最後一次看見的位置。可是，假使你從來沒聽過槌子、沒看過槌子，也未曾看過人們用槌子釘釘子呢？那麼，你就不會找尋釘子，你甚至不會意識到自己找不到那把顯眼的工具，你就只會去找尋能順手使用的重物。

缺少複雜工具這件事情，甚至可以加速變革、促進革新。例如，某些開發中國家缺乏已開發國家視為理所當然的事物，例如後者的每座城鎮村莊幾乎都會有 ATM 自動櫃員機；然他們卻因此不會經常困在事情應當如何的成見當中，反而能更快速採用更新穎的科技或辦法。

設想一下，有個朋友要跟你借二十英鎊，你打算在去他公寓的途中，到附近的 ATM 領錢。可是，如果 ATM 現金告罄、或機器故障、甚至被移除，那你該怎麼辦呢？你的心思會放在，你所倚賴的體制怎麼可以令你失望呢，所以你可能打電話去銀行投訴，然後銀行可能企圖設計功效更好的機器。但假設你家附近本

來就沒有 ATM，或者你住在一個壓根沒有 ATM 的世界，你就不會執著於機器本身了。反之，你會思考更為深層的問題：我該怎麼弄到二十英鎊交給朋友呢？

你可以使用 MPesa，肯亞的 MPesa 是一個透過手機操作的轉帳系統，它是銀行業方面的蓬勃範例。肯亞從來沒出現過可靠的全國性 ATM 系統，MPesa 在這個急速發展的社會興起，有數百萬的肯亞人都在使用它。隨著肯亞的經濟發展與成長，愈來愈多人開始進行金融交易，但是肯亞全國性的 ATM 網絡相對無能，而且實體銀行分行在鄉村地區很稀少。因此，肯亞反而直接走向了行動銀行。

講到行動銀行這方面，肯亞的開發中經濟如今已經比許多所謂已開發國家更進步。在工業化完成的西方，我們有數以千計的 ATM 和銀行分行，還有許多相關的規範，但這反而可能阻礙我們快速開發更先進、更新穎的金融做法。

現在的重點，並不是我們得將每臺 ATM、每家分行關閉，以加速人們對行動銀行的接納（雖然有人懷疑這就是銀行業目前在做的事情）。此處的重點是牽涉更廣的：只要我們在進行某種工作時，不要執著拘泥於現存的工具組，那就不會有功能固著的問題，我們便會願意保持開放，接受或採用極為不同的工具組。

這就是為什麼 Netflix（「網飛」）的節目，例如頂尖廚師彼此競賽的《決戰餐桌》（*The Final Table*），和傳統電視節目例如戈登・拉姆齊（Gordon Ramsay）的《拉姆齊的最佳餐廳選》（*Ramsay's Best Restaurants*），竟有如此巨大的差別。戈登等人的餐飲節目，是模仿電視實境真人秀而來，只不過是把這種模

式運用到食物方面而已，因此節目的內容、情節、甚至包括食物，相對來說都蠻平淡的。對比之下，《主廚的餐桌》（*Chef's Table*）——《決戰餐桌》的靈感來源——則是由主題人物各自的做法與思想來主導，節目製作人並不需要放棄對敘事序列的關注，但他們確實引入較緩慢、更深思熟慮的敘事調調與做法，將簡單的蘑菇料理變化為令人垂涎三尺的藝術。

如果你去詢問《主廚的餐桌》節目創作者，他們會告訴你，這個轉變其實是源自於無經驗和「無知之處」。[23] 他們並沒有出現功能固著現象，如果這裡沒有一把槌子，你就不會把每個東西都看成釘子。功能固著的思維會讓我們對於自己認為有可能的事物施加限制，而要避免這類思維的一種方式，就是在我們的心中保有多種思維模式。波克夏・海瑟威公司（Berkshire Hathaway）副董事長，也就是華倫・巴菲特（Warren Buffett）思想交流的戰友查理・蒙格（Charlie Munger），一直是以犀利著稱。查理・蒙格相信，記住個別孤立的事實，通常沒有什麼幫助；反之，我們需要「理論網架」（latticework of theory），也就是將事實連結起來並加以理解或解釋。這樣的做法，可以讓我們避免只從自己已經知曉的基礎——我們的「可得性捷思法」（availability heuristics）——上去解決問題。

如同蒙格所指出的，心靈的運作有點像是精子與卵子：第一個點子進入腦袋之後，其他的點子就進不去了。我們傾向於在第一批結論上定下來，這會導致我們接受很多錯誤的結果，並且拒絕再提出問題。因此，蒙格建議，我們在觀看世界的同時，腦袋裡最好同時擁有不同——且潛在相互競爭——的思維或模式。蒙

格估計，如果我們能讓五十種左右的模式得心應手，我們就可以算是一個「老道的聰明人」了。[24]

這種在我們腦海中握有不同（且潛在相互競爭）模式的做法，與一種我打從青少年時期就很感興趣的思想，擁有許多相似性。青春時期的我曾在家鄉海德堡，走過那位思想發明者的房子。那套思想，便是日耳曼哲學家黑格爾（Georg Wilhelm Friedrich Hegel）的辯證法。黑格爾認為思想歷程是辯證性的，意思是說，我們最初擁有的觀點是一個「正論」（thesis），我們會發現它有缺陷，接著提出替代的觀點，也就是「反論」（antithesis），但反論也有其自身的缺陷。然而，在這種對立的匯合之下，我們衍生出一個新的觀點，那便是「綜論」（synthesis），綜論將正反雙方最佳的因素加以整合，創造出一個新穎的觀點。之後，這個綜論就會成為一個新的「正論」，然後再由此出現新的「反論」，如此這般，這個正反合的歷程就會繼續進行下去。

假若我們硬要堅守自己的正論，拒絕思考反論，那麼這種思考歷程就會崩解。但很顯然的是，在綜論浮現之前的一段時間內，我們的腦袋裡面同時就會有兩種矛盾對立的觀點存在，我們會以不互相排除的眼光看待事物。這種方式與許多人思考世界的方式背道而馳，但事實上，根據我們的研究，世界上許多最成功的人士，隨時隨地都擁有著相互牴觸的想法。

框架（framework）的作用有兩種方式。如果框架讓我們對異常狀態視而不見、如果框架讓我們對於所有不符框架的意外事物都加以貶抑或忽略，那它就會是通往機緣力的障礙。這種狀況

經常顯現於那些阻撓和限制我們的信念當中。但是，框架也可能讓我們組織知識和資訊，並使我們對此加以理解。我們必須要將某些模式給忘掉，以便能夠繼續進步，類似於肌肉記憶。最重要的是，我們每一個人都應該要有能力去使用框架，而不要變成讓框架在使用我們。＊

　　結果，寫作這本書竟變成一個讓我反省功能固著、自己將人生哪些事物視作理所當然的好機會。在寫作這本書的初期階段，我遇到了我的朋友 —— 也是我的前女友 —— 蘇菲（Sophie），我們一塊兒喝了杯咖啡。當時的我剛結束與出版社的約會，那場會談非常棒，出版社的人提到，如果我能把更多個人的故事整合到

＊ 有很多套系統有助於打破功能固著和相關的限制性信念，我會在後面的章節加以討論。這常常只是很簡單的事物，例如改變觀點：俄羅斯形式主義（Russian Formalism）的一項核心概念，就是學習如何重新熟悉（refamiliarize）自我與視為理所當然的日常事物。托爾斯泰（Tolstoy）在其著作當中廣泛使用這項技巧，《霍爾斯托密爾》（*Kholstomer*）裡頭，故事敘述者是一匹馬，用馬的觀點看這個世界（Crawford, 1984; Shklovsky, 2016）。另外一個例子是烏茲別克發明家根里奇・阿奇舒勒（Genrich Altshuller）開發出的 TRIZ 工具套組，TRIZ 的基礎是對無數先前研究、思想、突破的研讀，它的核心概念是，基本類型的問題與解決方法，在科學界與產業界不斷重複出現。問題之所以看似棘手，是因為要在系統的某層面進行變更，便需要在另一層面有所妥協。你是拉下哪根控制桿似乎不太重要，因為要嘛問題沒有消失，要嘛就是出現另一個問題。TRIZ 提供了一套系統，使問題解決者得以有系統地「嘗試」他們可能沒考慮到的可能性 —— 也就是不包括拉下現有控制桿的其他解決方案。換句話說，TRIZ 會驅使使用者去考慮做法或可能性 —— 對系統的現有知識可能導致他們有所忽略或無法想像。

書裡面，那會是件很好的事情。於是，我問蘇菲，她知不知道有什麼出於機緣力的美麗愛情故事？

蘇菲喊道：「我們的故事啊！」我笑著說道：「但是我們已經分手了呀！」

蘇菲對於我們這段關係的敘述，改變我對於愛情故事「正面結果」的看法，而且更深遠地改變了我對於什麼事物能造就成功的看法。

蘇菲一直以來都覺得自己是隱藏在外向外表下的內向之人。雖然她在個人生活當中積極冒險，但她在工作環境之中卻是避免涉險的那種人。當年她搬到倫敦探索自己的學業與職涯規劃時，她感到很茫然，經常在想自己怎麼把自己弄成這樣。她早早就搬去倫敦，早於她攻讀全球心理健康碩士學位之前，當時的她甚至還沒申請學校呢，別人建議她先去倫敦再開始申請的程序。

蘇菲告訴我，有一天她感到特別茫然，她去了當地一家星巴克找工作，結果遇見了「一個男生，這個人後來成為我的男朋友，這段關係維持超過一年，他向我介紹了一個全新的世界，一個社會企業家的世界。」那個男生就是我啦。

最後呢，事態顯示蘇菲跟我註定不是伴侶、而是朋友。不過，在我們的談話過程中，蘇菲回想，她那天如果沒有去那家星巴克，她的人生前途將會變得完全不一樣。蘇菲又一次讓我翻新了自己的思考，她說：

你介紹我去 The Hub（倫敦當地的共用工作空間），這裡的人對於社會議題充滿熱情和衝勁。我發現，即便我

不是個企業家，但我擁有企業家的精神，我得和那些知道自己在冒險的人們、知道自己犧牲舒適與安全而追求你們的熱情與夢想的人們講話。如果沒有我們的機緣邂逅，我很確定自己絕對不會找到這個社群。

在這個共用工作空間裡，蘇菲找到她的下一份工作，她也找到了下任男友，這個人為她灌注深厚的自信，雖然他們後來也決定分開而繼續個人的旅程，但他依然是她人生當中最重要的人之一。

在蘇菲的心中，我和她的相遇，是她後來一系列因緣際會的原因，但更重要的是，這個安排讓她拋開對許多社會性標準的信仰，例如她必須在三十歲之前安定下來等等。蘇菲感覺自己現在所過的生活，周遭充滿有趣的人們以及發展的機會。

「如果不是那天在星巴克的相遇，今天的我會在哪裡呢？我不知道。但是，一個愛情故事，即便這兩個人最終沒有在一起，還是可以有個快樂的結局。」

蘇菲這番話，自然是讓我心花朵朵開。作為一個自認為心胸開闊的人，她這番話讓我對於自己本身的偏見有更深刻的反省。這也讓我了解到，自己其實也是一樣，我因為與蘇菲的相遇，走上了一條非常不同的道路。兩人一場相遇，至今依舊珍惜。

然後該怎麼辦呢？

這些先入為主思考的偏見與類型，不可能完全加以避免，其

中有許多還會發展得很好呢。雖然我們無法一舉消滅它們，但我們可以加以調節，並且自覺性地努力為其他事物創造空間。跳出日常的模式與工具並抵抗我們內在的偏見和思考，並不意味著拋下所有事情，讓它們陷入混亂、只依靠盲目的運氣。一旦我們能放下簡化的敘事、假性的模式，並且檢視人們真正的旅程、思想（與真實潛在模式）真正的過程，我們便可以看見機緣力在扮演要角。更有甚者，機緣力絕對不是混沌或盲目走運，機緣力本身形成了一個型態、一個架構，它是我們能夠施以影響的一段過程。

看看我和我的同事們的研究與經歷吧，它們結合了化學、圖書館學、精神科學、社會學、心理學、科學哲學、經濟學、管理學、甚至藝術方面的進展，事情愈來愈清楚顯示，培養機緣力有數個明白的模式。

在接下來的章節之中，我們會探索這些真實的模式，並探究機緣力思維如何成為人生或事業的實際哲學。唯有透過這個過程，我們才能夠停止認定運氣是「降臨」在我們身上，而且開始成為一個自己或他人聰明運氣的媒介人物。

因此……

在這一章裡頭，我們得知那些潛在能阻礙機緣力的幾個主要偏見，包括低估意外以及事後合理化。我們確實能夠克服這些偏見，只要我們願意將目光放到意外事物上，其方法是注意並理解決定實際上是如何開展的，以及將額外工具加入我們的精神工具

箱內。

　　要對我們的內在偏見及抱持成見之傾向保持警覺，並且加以控制，這樣便足以做好基礎的準備。到下一章，我們將會探索如何打開心靈，不過在我們達到那一步之前，先讓我們進行一個小練習來清理混亂，開始克服我們的偏見，鍛鍊我們的機緣力肌肉吧。[25]

機緣力練習：清理你的心靈

　　為了讓你能夠開始，我要請你做一份「**機緣力日誌**」（serendipity journal）並在其中記錄，當你進行以下或後面章節的練習與反省時，你想到了什麼？什麼事情出現在你的腦海中？

1. 仔細回想你先前的六個月時光。請問在這之間，你所經歷過的三次重要機緣力時刻是什麼？它們有什麼共通點？這當中有沒有什麼可以學習的呢？
2. 寫下曾讓你感到雀躍卻沒有下文的機緣巧合或相關點子。一旦你完成這份清單（這會花上一些時間，不用急！），找一位可以信任的人，請他當「過濾器」的角色，和你討論哪些機緣或點子有意思，或許可以考慮更

深入。在其中挑一個你最喜歡的，然後等到第二天，如果早上睡醒的時候，這個點子仍舊讓你感到很有興趣，那就去找尋一位相關領域的關鍵人物，討論這個點子要怎樣能夠成真。努力進行這件事的時候不要膽怯，這會值回票價的。

3. 反省你的日常活動，尤其是約會或會議。哪些約會或會議是真的必要的呢？它們真的需要你分配那麼多的時間嗎？它們是否處在你的控制之中，如果是，你可以進行重整嗎？

4. 開始詳加記錄你的重要決定，記錄自己為什麼這樣決定，以及決定當下你所擁有的相關資訊。你要自己問自己：「我之所以做這個決定，是基於什麼樣的假設或信仰呢？」以及「有什麼因素可能導致我做出不同的決定呢？」然後將答案記錄下來。每當你事後對自己的決定感到懊悔的時候，或者是你（在事情發生後）自認為一直都知道些什麼的時候，就去重溫這份紀錄。

機緣小訣竅

• 每當你要給人建議的時候，不要把重點放在哪些事物對自己很有效，因為沒有任何兩種狀況或兩個人會是一模一樣的。反過來，面對向你尋求建議的人，你要以這種問法開始：「你對這件事情的直覺是什麼呢？」或者

「你認為有什麼事情可能解決你的問題呢？」通常，你可以給予對方的最佳建議，本來就已經存在於那個人和他的處境當中了。

- 當某人告訴你一個涉及兩種可能行動方案的故事時，或者當你告訴別人這樣的故事時，你要自己問自己：「如果採取另外一個選項，那會發生什麼事情呢？」以及「如果執行的方式有所不同，那會怎樣呢？」設想不同的情景，可以幫助你了解實際的情況，了解什麼事可能發生、或什麼可能不會發生。

- 如果出現了可觀的成果，問問你自己：「我們是怎樣走到這裡來的呢？」透過相關人員的反省，並且複習電子郵件或筆記，試圖重建真實的故事過程。然後，試著去探索，自己可以從中學到什麼？是不是有特殊的觸發點存在？是不是有人將點連了起來，但是卻沒有因此得到獎賞呢？[26]

註釋

1. Borja and Haigh, 2007; McKinney, 1966. 我要感謝 Mattan Griffel 告知我這個悖論，也感謝他在我利用此悖論當作練習時成為我共患難的夥伴。

2. Pina e Cunha et al., 2010. 我們也很可能錯失較小的巧合，因為我們往往受到更大、更令人驚訝的巧合所吸引。

3. Wiseman, 2003.

4. 關於錯失機緣的研究，參見 e.g. Barber and Fox, 1958; Napier and Vuong, 2013. 有一個相關的概念，稱作「社交失敗」（social failure），參見 e.g. Piskorski, 2011，社交失敗是指可以讓人變得更好、但實際上卻沒發生的社會性交流。

5. Napier and Vuong, 2013.

6. Katz et al., 2017.

7. Surowiecki, 2004.

8. Denrell et al., 2003.

9. Busch, 2019; Sharp, 2019.

10. Coad, 2009; Fildes et al., 2009; Geroski, 2005.

11. Cohen et al., 1972; Hannan et al., 2003; Herndon et al., 2014. 還有，那些基於一兩個「幸運選擇」——例如預測到股市危機——而編出偉大故事的人，其實出奇地不擅於做出類似的好選擇。他們往往是盲目運氣意義下的幸運。在那類案例當中，我們誤將盲目走運當成技能，長期下來，那些頂級表現者會變成一般表現者。但就短期而言，那些受益於盲目運氣的牟利者，可以利用情況帶來的優勢，將自己的運氣展示為才華，並且要求更多的獎賞（Denrell et al., 2019）。

12. Liu and de Rond, 2014; McGahan and Porter, 2002; Rumelt, 1991. 亦可參見 Denrell, 2004; Denrell et al., 2015; Henderson et al., 2012。

13. Roese and Vohs, 2012; Sharp, 2019.

14. Hadjikhani et al., 2009; Jaekel, 2018; Sagan, 1995; Svoboda, 2007; Voss et al., 2012. 關於烤乳酪三明治裡面的聖母瑪利亞，見於 http://news.bbc.co.uk/1/hi/world/americas/4034787.stm。

15. 亦可參見 Conrad, 1958; Mishara, 2010. 有一個相關的概念稱作「型態力」（patternicity），也就是從無意義的雜訊當中找出有意義模式的傾向。相反地，「隨機狂」（randomania）所指的是，將顯然與資料或模式有關的現象歸諸於機率巧合。這個課題包含相當精采的領域，包括預知夢境在內。

16. Leith Sharp 關於「觀念流」（ideas flow）的研究概述，可見於 www.flowleadership.com. 亦可參見 Gyori, Gyori and Kazakova, 2019。

17. LSE book reading (2019) by Deborah Levy.

18. Adamson and Taylor, 1954; Duncker, 1945.

19. Allen and Marquis, 1964; Arnon and Kreitler, 1984.

20. Dane et al., 2011. 亦可參見 Arnon and Kreitler, 1984。

21. Ritter et al., 2012.

22. De Souza and Renner, 2016. 亦可參見 German and Barrett, 2005; German and Defeyter, 2000。

23. Marsh, 2019.

24. 關於潛在模式的概觀，見於 https://fs.blog/mental-models/。

25. 其餘啟發這一章的資料有：Asch, 1951; Kirzner, 1979; Lorenz et al., 2011; Merton and Barber, 2004; Pina e Cunha et al., 2010; Schon, 1983; Spradlin, 2012; von Hippel and von Krogh, 2016。

26. 感謝 Rey Buckman 給予這個意見。

第三章

開放心靈：
重構思想與學習警覺

機會只眷顧準備好的心靈。

—— 路易·巴斯德（Louis Pasteur）

擁有機緣力思維的人們，並不是生來就比別人更幸運。他們是以各種方式在培養機緣力思維，其中包括他們構想世界的方法。

機緣力警覺

英國研究人員彼得·鄧恩（Peter Dunn）、阿爾伯特·伍德（Albert Wood）、安德魯·貝爾（Andrew Bell）、大衛·布朗（David Brown）、尼可拉斯·特瑞特（Nicholas Terrett），在開始研究如何治療心臟問題如心絞痛時，並沒有預期後續檢查病人情況時會發現「腫脹」問題。西地那非（Sildenafil）這種藥物本來預計是要治療心絞痛，但男性病人卻遇到了其他的狀況：勃起。研究人員對此很是驚訝。

多數人在這種處境時會怎麼做呢？也許是接受此為療程當中

一項令人尷尬的副作用？或者就乾脆忽視它？或者找出另外一種無此副作用的心絞痛療方？以上完全不是這些研究人員的做法，他們從其中看出一個契機，可以開發出治療勃起功能障礙的藥物。於是，「威而鋼」誕生了。研究者們將點連結起來，造就出人類史上最成功的發明之一。

路易・巴斯德有句名言，「機會只眷顧準備好的心靈。」[1]這句話雖不中，亦不遠矣。認知科學與管理學方面的研究顯示，「警覺性」（alertness）是注意意外事件的核心所在。「警覺性」指的是在沒有刻意搜尋的情況下注意到某事，並且在這個過程當中辨識出先前所忽略的機會。[2]拿巧克力脆片餅乾為例吧，它是家庭主婦露絲・韋克菲爾德（Ruth Graves Wakefield）的一項發明，據說她做出這些餅乾本來是場意外，但後來這卻變成一項百萬美元的產業。

保持覺察或警覺，可以改變我們觀看或體驗世界的整個方式。這個道理適用於巧克力餅乾的發明，也同樣適用於我們日常的行動。

伊莎貝拉・富蘭克林（化名）曾經告訴我，關於她丈夫的故事。伊莎貝拉的丈夫是德國弗萊堡地區的一名藥劑師，他在實驗室裡所受的訓練，是去注意不合宜的細節。因此，伊莎貝拉說：「他是用孩子 —— 或者說更像是偵探 —— 的眼光在觀看這個世界。有很多很多機緣事物發生在他身上！」當我問到伊莎貝拉自己，她人生當中有多常出現機緣力？她表示：「我人生最近一次的機緣力時刻，就是我遇見我丈夫的那個時候。」怎麼會這樣，兩個過著同樣生活的人，怎麼會有這麼不一樣的機緣力經驗呢？

我們如何觀看世界、理解世界，以及我們構想世界的方式，乃是我們定位並連結各「點」的一項關鍵特徵。我們必須對於潛在有意義的機緣力觸發點保持警覺，並且準備好去理解它。[3] 一個沒做好準備的心靈，將會糟蹋非凡的際遇，而且常常會忽視機緣力。如果我們不保持警覺，如果我們的心沒準備好要注意有價值的異常狀況或見解，我們不僅僅是錯失了潛藏的機緣力，我們實際上是讓自己覺察周遭世界的整套做法變得更加惡化。

你是不是把這個世界視為一系列的阻礙呢？又或者是一系列的機會呢？你是不是將限制性因素用來正當化事情為何不順利呢？或者，你是否對於周遭的潛在機緣力保有警覺呢？即便是處在最具有挑戰性的情況下，這些潛在機緣力依然可以為我們的人生帶來許多喜悅、振奮和成功。

我們全都被框住了

過去十年之間，我和同事們從事了許多關於資源受限環境的研究。所謂資源受限環境，是指那些缺乏金融資源和正規技巧的狀況。在我們的研究當中，我們遇到許多人，他們雖然處在相當侷限的環境當中，卻能夠積極地創造自己的運氣。這些人與那些全球成功人士的相似之處，多到令人震驚的地步。

其中有這麼一位，他的名字叫尤索夫·賽桑加（Yusuf Ssessanga）。尤索夫在烏干達長大，十多歲的時候搬去坦尚尼亞，一個多數人民生活在貧窮線（poverty line）以下的國家。顯然，他的出生樂透籤運不佳。根據西方已開發國家的標準，尤索

夫就物質資源與生活展望而言，都是處在困境之中。

來自西方工業化國家的善心人士（通常是白人）會造訪尤索夫所在的社區，詢問當地人「需要」什麼，他們能夠「幫助」些什麼。這種做法自動地將尤索夫的社區框列為一個潛在的受惠者，或──用更負面的說法來講──一個當地環境之下消極而無能的受害者。這種做法削減了當地的創業精神，並強化了某種施捨文化，而很不幸地，那種施捨文化至今依然是某些西方非政府組織在促成的事情。

不過，這種「框列」（framing）的做法，已經被南非社會企業「重建生活實驗室」（Reconstructed Living Labs, RLabs）所大力改造。RLabs 的人員質疑人們所認定的資源有限情況，他們反而去關注先前不被認知或被低估的資源──例如前毒品販賣者的足智多謀等等──然後列舉出這些資源，並重新定義何謂「機會」，機會原本只是「降臨」於當地人的事情，現在，機會變成是當地人可以成為自我創造一分子的事情。[4] 透過一系列線上或實體的會議和訓練課程，這種做法開始傳播開來。

由此，現在尤索夫和他的團隊所留意的是，附近還沒被使用的地方資產或夥伴，以及該如何善用這些事物，例如將廢棄的車庫轉化為訓練中心等等。讓我感到印象深刻的是，這件事情所牽涉的不僅是務實層面的做法，它也很高程度涉及了一種新生活方式。

在尤索夫眼中，多數外部夥伴們的問題在於，他們想要知道當地人的「需求」，一旦他開始告訴這些外部夥伴們，這個社區擁有哪些資產，那對方就不會給予援助了。這種狀況導致人們去

捏造或渲染某種社區困乏的景象，而當地人也開始「相信事情是這麼一回事。」尤索夫團隊從 Rlabs 那邊學到東西，並且停止了前述的做法。對尤索夫來說，採取 Rlabs 的角度來觀看之後，世界變得非常不同。

尤索夫從心態上接受資源限制某種程度是社會性的建構，他開始成為自己命運的推手，將運氣掌握在自己的手中。用他自己的說法，如今的他「時時刻刻」都在經歷機緣力。舉例而言，如今的他發現，自己常會遇見願意與他計畫項目合作的新人物。

RLabs 是怎麼把尤索夫帶到這種境地的呢？RLabs 是從開普敦平原區的布列吉敦（Bridgetown）開始他們的工作，這塊區域的特徵是破爛的房舍與猖獗的犯罪率。

由 RLabs 創辦人馬龍‧派克（Marlon Parker）領導的團隊，利用行動電話發展出一個將需要諮詢的當地人連結起來的網絡，由此去了解社區對於情感支持的需求。隨著時間經過，RLabs 愈來愈能夠幫助社區處置他們可用的少數現有資源，而且還開發出簡單的訓練模式，讓他們能夠彼此教導如何以正面方法使用社群媒體，例如將自己的故事與線上觀眾分享，又例如與世界各地有相同思維的人相互聯繫。

如今，RLabs 的總部裡面有一座訓練中心，提供能負擔得起的課程，教導人們如何最有效地使用社群媒體以及相關課題，總部裡面還有企業育成中心，幫助人們開創或支持新公司，另外還有諮詢部門，專門對於公司和政府如何參與地方社群的議題給予建議。各種組織團體經常會將 RLabs 做法的部件，補入他們自身的營運之中，並且將此加以整合後再分配到各自的定位上，它們

將會形成一個新的「樞紐」。RLabs 簡易的教育與訓練模式，如今已在全世界二十多個地點運作，曾受過培訓過的人們已有成千上萬。該組織會利用重構的物質資源（例如上面提過重新利用的車庫）和才能（整合過去被認定為缺乏技能的人們），來強化當地人的自主能力。

馬龍‧派克成長於種族隔離時期的開普敦，他的社群失業率高，再加上他們面臨的社會不平等情況，導致幫派活動與犯罪行為日益猖獗。馬龍是由單親家長扶養長大，他還有一個涉入當地幫派的弟弟，他反而因此受到刺激，決意要研讀資訊科技來改善自己的人生。馬龍學會如何使用電腦之後，隨即開始教導同學，將獲得的金錢用來養家。馬龍意識到，布列吉敦地區社區成員已經放棄人生有轉圜餘地的希望，他也同時意識到，那些人其實擁有自己問題的解決辦法，只是他們不知道罷了。

RLabs 起初的想法是，假使你可以分享一個有希望的故事來改變另一個人的生命，並且啟發其他的人，那就能夠造就出真正的改變。這個組織本身就是源自於實驗與偶然。馬龍的岳父是當地的一位牧師，他請馬龍來教導電腦課程，就在這段期間，馬龍發現數位工具是個能讓人講述自身故事的有效方式。這件事情迅速傳播至靠社群媒體發展能力的人之中，甚至傳播至建議人們如何使用這類平臺的公司企業。

這項核心概念在於，盡可能善用我們身邊的人事物。如此一來，那些從前被認定為失業或無業的人，成為了有價值的貢獻者並翻轉他們的人生。將手邊不同的材料盡可能善用 —— 也就是進行「拼湊」（bricolage）—— 這個道理不只適用於物質，也適用

於技能和人。開普敦平原區的例子,是從前的癮君子和毒販們分享自己如何恢復與獲得希望的故事並教導他人,由此,他們變成社區之中的有用成員。

此事的結果,是社區內部出現了典範轉移(paradigm shift),人們從注意缺少什麼(金錢或正規技能)變成注意有什麼可用,並且在各種狀況下加以善用。昔日的一位毒品成癮者,如今可以自詡為老師,看著其他有類似背景的人也進入這塊領域,而且擁有一個有事可做的空間。他不再被人視為社區的負擔,而是社區當中一位很有價值的成員。現在的他已經是一個可以創造自身運氣的行動者,機緣力正在他的掌握之內。

某位 RLabs 的夥伴向我總結了他的理解:他們可以靠自己造就出事物,這賦予他們靈感與尊嚴。對他們而言,這正好是當一個貧困受害者的相反對立面。

改變為以機會為中心的思維,可以帶來從前所看不見的可能性。拿起手邊的任何東西,以新的眼光看待它,將它與其他的事物、技能、人物或觀點相結合,這麼做更加可能造就出先前從沒想像過的點子與見解,以及對前景展望的深刻轉變 —— 正如 RLabs 的例子所呈現。

RLabs 的機緣力如今隨時隨地存在,而相關的做法已為世界各地的公司與政府採用。舉例來說,有家原本打算裁員、出售辦公空間的南非大銀行,如今則是將前收納員視為潛在的金融培訓員,將辦公空間視作潛在的訓練中心。從前的負擔如今轉為資產。

在我的研究之中,我遇過許多組織和像尤索夫及馬龍這樣的

人。其中有些組織或人們遇上嚴重的結構性限制與挑戰，看似是不可能克服的。（**有時候那真的是無法克服，我們實在不該因為環境問題而歸咎他們！**）

雖然如此，有許多個人與組織開始對周圍的可能性保持警覺，進而創造出自身的運氣，就像是坦尚尼亞的尤索夫和南非的 RLabs 那樣。由此一來，原先那個他們被動且無能的整體處境，重構成為屬於主動與機會的狀態。

重構，否則毀滅

也許我把這件事講得太容易了。要培養出一種對機緣力持有警覺的心態思維，確實是很困難的事情，尤其是我們如果感覺自己的思考可能有錯，或者感覺所處環境對於新點子抱持敵意的時候。但是，固然有這些困難存在，我們該怎樣培養能增進機緣力的做法、重新準備好並敞開我們的心靈，其實是有很清楚的步驟存在。

在某個為期多年的研究計畫之中，我們發現 RLabs 開發出一些簡易的做法，成功塑造人們的思維並且使機緣力能夠開花結果。RLabs 提供簡單的經驗法則，授權夥伴們在各自的環境背景中「湊合運用」，由此，RLabs 竟能夠靠著小小的團隊在運作，同時擴展組織所觸及的範圍。

舉例來說，RLabs 針對新計畫的預算做法，是靠這類問題在進行引導，例如：這個東西重要嗎？如果答案是肯定的，那有沒有人有管道在不需用花錢的情況下取得它？如果沒有，那你有沒

有認識可能有管道的人呢？如果沒有，有沒有比較便宜的替代方案呢？你必須把這些問題都回答完，才可以買下那個東西。這種做法的核心概念是，我們常常在尋找新資源，但其實我們手邊可能有能夠替代、功能相同的東西存在。

以尤索夫的案例來說，RLabs 團隊使用的方法包括透過 Skype 或面對面的互動、故事講述、移轉簡單便宜的做法與工具包，例如簡易社群媒體使用指南等，來改變人們的思維與心態，並且幫助尤索夫在當地的活動。

RLabs 也許看起來是個罕見的範例，但我們的研究顯示，類似的模式確實是有效的，無論案例對象是倫敦的服務生、還是歐洲的畫家、抑或是《財富》雜誌美國五百強企業（Fortune 500）的執行長。這些教學或課程幾乎可以適用於所有的領域，無論是我們的生活、實習計畫、商業支援計畫、企業育成部門，甚至是所有的公司。

一旦我們可以停止執著於缺乏資源這件事，並試圖好好使用人們的能力、給予他們尊嚴與自信，我們發現，激勵人們開始去創造自身的運氣，那麼他們將不再只是尋求我們幫助的受惠者、或者是擔心預算的雇員。

「**重構**」（reframing）有助於創造機緣力，「重構」能幫助人們看見潛在的事件與狀況，並且感覺自己有能力對此採取行動，能夠定位觸發點並且將點連起來。這件事情的核心，在於思想與做法上的轉變。只要我們停止消極等待機會向我們招手，只要我們保持心靈的開放，將心靈從封閉的範本或框架中解放出來，我們就會了解，機會就在我們的身邊。

當我們不再將結構或限制視為理所當然，我們就能以不同的眼光看待世界，我們便會在他人眼中的鴻溝之處看見橋梁。

我們該如何在每天的生活當中訓練自己做到這件事情呢？

向機緣力靠攏

這件事情經常是從行為上的微小改變開始，例如不要將各種情況視為一個問題，而是視為一個學習的機會。包括我自己在內，我們之中有許多人曾經在人生中遇上艱難的處境，當時會覺得那是危機，但後來那卻成為造就今日自己之所以是自己的基石。那些艱困的狀況為我們帶來了挑戰，讓我們專注於如何處理狀況的可能性，而不是將那些困境視為會打擊我們的負面因素。

如果我們將一場意外車禍視為全然的厄運，那它就會繼續是全然的厄運。如果我們認為某個糟糕的決定代表我這個人，它就會永遠代表著我這個人。我到現在還記得非常清楚，我人生當中最糟糕的決定之一：在某些共同創辦者的反對之下，我堅持讓自己共同創辦的組織，接受額外的投資進入。當時，我的腦袋叫我做下去，因為資料顯示在這個財務與策略都相當吃緊的狀況中，這是唯一可以支撐下去的選項；但是，我的直覺叫我別這麼幹。經過起初一段積極正向的階段之後，事態確實呈現，投資者的期望與共同創辦者們及管理層的期望並不完全契合，這導致最終痛苦的破局。對於那些始終認為這條路不對的共同創辦人而言，痛苦尤其巨大。

有段時間，我讓這項決定，這個我犯下的錯誤決定，代表著

自己。我不會跟同事們談到這件事，因為我無法說明自己所感覺到的認知失調問題。一直到現在，這件事都是一件讓我感到不光彩的事，不考慮事後偏見問題的話，如果我能重來一次，我應該會做不同的決定。然而，我也意識到，這其實是我人生中極少出現的情況，我覺得自己沒有達到自己的標準——我在人生中最重視的事情就是去做「感覺對了」的事、而不是選擇表單報告上面比較漂亮的做法——而導致了一場痛苦的經驗。

這樣一個感覺像生死存亡的狀況——無論是對個人或組織而言——最終化作一個精采的學習機會。它幫助我變得更具有同理心，可以同情面對類似處境的人，它還幫助我理解到，沒有所謂非黑即白的決定，它幫助我用不同的方式去「組成」世界。今天的我在面臨危機的時候，我會回想那次的狀況，我會試圖盡可能蒐集所有的資訊，並且信任我「知情的直覺」（informed gut feeling）。這樣會讓我感到比較鎮定，因為我感覺到，即便當下的感受未必如此，但事情總會有出路的。

這樣也會讓我更加清楚了解，究竟是什麼東西在驅策我的決定，並讓我更清楚意識到，如果我不夠明白自己的恐懼與欲望，我會很輕易受到操控。

正如同李察・韋斯曼的說法：「如果爛事發生了，要用長遠的眼光去看。」[5] 我意識到，各種狀況當中最具有挑戰性的部分，最常成為生命裡面的真正寶藏，如今，每當我遇到什麼看似頗有挑戰性的情況，我都會自問：「十年之後，這件事情還會有那麼重要嗎？如果不會，那你在擔心什麼？如果會，那你現在要怎樣形塑它，讓它成為一個珍貴的學習機會呢？」每當我自己需

要激勵的時刻，我經常回想起「數位時代學校」（School of the Digital Age, SODA）創辦人葛蕾斯‧郭德（Grace Gould）介紹的一句約翰‧藍儂（John Lennon）妙語：「事情最後會解決的，假如沒解決，那就還沒到最後！」

韋斯曼建議的另一種相關辦法，就是去注意「反事實」的事或者可能發生的事（我們到第九章會再回來談這個課題）。我在前文當中提到的那場車禍，有可能會讓我癱瘓、甚至死翹翹；如果那份額外的投資沒有出現，我們可能早就陷入財務困境了，諸如此類。韋斯曼談到一項有趣的實驗：他的研究團隊曾經為那些自認為「幸運」或「不幸」的人們安排以下場景：想像你人在一間銀行裡頭，搶匪忽然闖了進來並開槍傷到你的肩膀，後來你帶著傷口逃出來。那些自認為「不幸」的人們，會把這個情況設想成他們人生當中「往往會發生」的事情，這就是連串糟糕的經驗再加上一筆而已；「幸運」的人們則是會設想，狀況可能更糟糕，例如「那顆子彈可能要了我的命」，或者「那顆子彈有可能打在我的腦袋上」。

這是個什麼狀況呢？

幸運的人們傾向根據可能會更糟的原則，去設想反事實的事情；不幸的人們則是將反事實的事情設想成可能會更好，甚至把那設想成「我的人生故事」。此外，幸運的人們會傾向去跟運氣比較不好的人比較（例如那次搶劫當中被殺害的人），而不幸的人們則傾向去跟那些比較好運的人比較（例如那次搶劫當中毫髮無傷的人）。

於是，這就會變成一種良性循環、或是惡性循環：不幸的人

跟那些比較好運的人比較，談論自己怎麼陷入悲慘之中；幸運的人則與那些比較不幸的人比較，而能夠舒緩自己的霉運。你自己猜猜吧，哪種人在人生當中會體驗比較多的機緣力呢？

你說自己是什麼（以及你怎麼去說），那你就是什麼

韋斯曼的實驗也顯示，不幸的人傾向依靠無效的做法來改變厄運，例如迷信或是去算命。[6] 反過來，幸運的人們則傾向去掌握情況，他們往往企圖了解問題的根源，由此能夠從狀況中有所學習。這種做法可以展現在我們的用語之中：如果我們對某事的說法是「X 發生在我身上」，我們就是將它設定為一件只能消極看待的事，我們變成為了命運的順從接收者。然一旦我們開始將重點放在我們可以控制的要素上，我們便會開始成為自己命運的推動者。

值得強調的是，一個生在工業化世界特權家庭中的孩子，跟一個生在開普敦平原區赤貧家庭的孩子，他們的機緣力基礎層次當然有很大的區別。但是，正如他人和我們的研究顯示，雖然最初的層次不同，雖然結構性限制——例如權力動力學（power dynamics）——確實是很真實的問題（有時會完全遏制潛在機緣力），但還是有各式各樣的個人能夠創造出自身的機緣力，無論他是南非的前毒販、還是世界最頂端的領導人。他們並沒有比其他人更聰明，但是他們**看待人生的方式**有所不同，因此，他們比較容易做出更好的決定、遇到更多的機緣。

因此，我們「框住」或設想一個狀況的方式相當關鍵，尤其是當這個情況是以厄運、霉運形態出現在我們面前的時候。可以為這件事奠下基礎的方式有很多種，包含情感層面或是認知層面，其中包括了冥想、將抽象的挑戰或恐懼化作具體的行動步驟，[7] 或者是將注意力放在該狀況的正面因素並同時緩和負面因素等等。令人驚喜的實驗結果證明，自我實現的預言（self-fulfilling prophecy）尤其適合運用於我們構想、設想世界的方式：如果我們認為事情最後會變好，它們變好的情況真的就變多了，反之亦然。我們相當程度真的是字面意義上的「顯現出來」（manifest），以及「說了就變成真的」（speak into existence）。

只要我們願意，機緣力其實非常豐沛

開始將每個情況 —— 尤其是每一次的對話 —— 都視為經歷機緣力的機會，是一項積極的決定。

在聆聽他人話語的時候，我們可以去思考，他們所說的跟我們自己或別人有興趣的領域是否有相關之處，即便表面上的關聯似乎很疏遠。建構於他人的觀點之上、而不是企圖與他們「競爭」，這麼做能夠訓練我們將點連起來，無論這麼做是為了我們自己還是為了別人（見第五章）。

以莎・瓦斯嫚（Shaa Wasmund MBE）當例子吧。莎・瓦斯嫚是位成功的商人兼暢銷書作家，瓦斯嫚的家庭背景並不特殊，她曾就讀於倫敦政經學院，同時又在麥當勞打工以供應自己的學業。在學期間，瓦斯嫚贏得某家雜誌的比賽，得到採訪克里斯・

尤班克（Chris Eubank）這位英國世界拳王的機會。兩人在這場談話中處得很好，其結果出乎瓦斯嫚意料，尤班克提供給她一個工作，來為自己打理公關事宜。瓦斯嫚接受了這份工作，後來開創出極為成功的拳擊公關職涯，她先前其實從來沒有相關領域的經驗。之後，瓦斯嫚在倫敦創立自己的公關公司，還曾經負責過戴森（Dyson）吸塵器產品的上市推出。

我曾經觀察到這類的機緣力發生在許多成功者身上：他們原本只帶著某個念頭進入某種情況（在這個案例裡，指的是採訪一位拳擊手並將內容出版），但他們也對於意外事物保持著開放態度。機緣力常常就發生在這類的情況當中，而且那個時候常常會是「別人」為我們將點連起來。

不過，如果我們對於自己想爭取什麼、追求什麼有感覺的話，那麼我們就可以比較容易將點連起來。我們在倫敦政經學院、紐約大學、「有志領袖」的研究顯示，眾多成功人士或組織的核心所在，是一種宏大的志向、一種驅動力、一套信仰體系或「指導理論」（guiding theory）。我們可以將這比擬成「北極星」，也就是一個在我們各自面對的環境背景之中，有意識或無意識地引導著我們的基點、原則或哲學。如果沒有它，我們可能會游移、或者只能原地呆坐著。[8]

北極星並不是全然精準的指引，它通常是重要的，但我們不可以讓它變成在決定我們的道路、或者規定我們的步驟，北極星所給予我們的，是一種**方向感**。確切的路線、迂迴和轉彎、捷徑跟岔路（有些岔路具有非常高的價值），都是我們旅程當中很重要的部分，它們正是機緣力的生命線所在。

保羅・波爾曼（Paul Polman）是機構「想像」（Imagine）
的共同創辦人，也是聯合利華（Unilever）前執行長，他在聯合
利華任職期間，為這間全世界前幾大的公司進行了重新導向，使
它朝向創造社會影響的方向前進。保羅・波爾曼告訴我，由於他
個人興趣廣泛，除商業之外還會注意氣候變遷、貧窮、永續性等
議題，所以當他從事意料之外、出於對話而形成的計畫項目時，
人們可能覺得他是分心了。但事實上，波爾曼對於自己所做的事
情非常具有企圖。他從事著各式各樣的項目，但隨時抱持一個明
確的目的，幫助他保持專注。在波爾曼的人生之中，他的志向是
能夠幫助那些無力自助的人們。年輕的時候，他認為要做到這件
事，可能得做個醫生或是神職人員；但在機緣力作用之下，他最
終卻是透過商業辦到了這件事情。他為自己創造出機會，然後堅
定地堅持下去。

　　萊拉・雅爾賈尼（Layla Yarjani），是全球英文教育機構
「小橋」（Little Bridge）的共同創辦人，也是聯合國兒童基金
會（UNICEF）「新世代歐洲」（NextGen Europe）共同主席，
萊拉能夠領略到，這種廣闊的志向並不是關乎特定的人生目標，
而是關於如何貼近人生、面對人生。像是萊拉這種啟發別人的
人，經常會被問起，他們是怎麼領略到這一切的呢？她是怎麼發
現什麼事情適合她，怎麼知道自己熱愛做哪些事呢？答案是因為
她選擇了「正確的」職業背景和「正確」的人生經歷嗎？

　　其實答案完全不是這樣子。對萊拉以及許多我在這趟旅程中
所遇到的人們來說，這是源自於追尋個人的好奇心，以及幫助他
人的誠摯渴望，而並不是源自於她認為自己可以想通這一切。對

萊拉而言，要弄清楚自己的目的何在，這個想法只是一筆注意事項。萊拉覺得，要去找理由解釋，為什麼別人擁有適當的資源和關係等事物來做他們要做的事，而自己卻因為條件有限而無法複製他人的做法，只不過是在浪費時間罷了。萊拉並沒有比常人更特別，她只是選擇自己想做的事情，然後在每一天醒來之後去做自己想做的事情，原因是感覺對了。

萊拉遵循著自己的好奇心，只要她遇見感覺對了的事情，她就會全神貫注在那上面——以她的例子來講，她經常以此當作研究計畫來開頭。她會和人們談論那件事，有想法出現的時候，她會去嘗試，而且她對於事情會演變成怎樣，抱持著開放的態度。萊拉有許多計畫是源自於她自己的好奇心，是在咖啡店裡頭誕生的，用她自己的話來說，她有許多計畫如今都「安全地儲存在Google 的資料夾裡面。」

萊拉跟愛因斯坦（Albert Einstein）有這麼一個共同點：他們都認為自己沒什麼特殊天賦，只是抱持著熱切的好奇心。成功的人們經常是對好幾個新想法下賭注，然後順著那個讓他有感覺的新點子做下去。他們在正職上班期間經常會做這樣子的事情，這種做法能夠讓他們即便到了休息時間，都能夠維持進行實驗的穩定性，而這經常是一種防範不確定性的重要做法。

我自己也有這麼做過，並且也取得了大大小小的成功。我的旅程從來不是預定規劃好的，但這趟（幾乎）旅程的每一大步發生時，都讓人感覺很對勁。在我人生旅程中，我下了許多賭注，而且從每一次下注之中有所學習。我的人生其實可能跟現在非常不同，但這正如一位親愛的導師，在我每次需要作決定時所告訴

我的話：「像你這樣子的人，總是以為正確的道路只有一條，只有一條正確道路會引領你成為你想要變成的模樣。其實，有很多條道路存在，重要的事情是你得開始行動。」[9]

確實，我有時候需要這種「殊途同歸性」（equifinality）的提醒——通往羅馬的路有很多條——尤其是我擔心被拒絕而不敢輕舉妄動的時候。

有時候我們得見機行事

> 「關於人類生存最為基本卻依然不受重視的真相之一是……每一個人都是在臨場發揮，隨時隨地都是。」
> —— 奧立佛・柏克曼（Oliver Burkeman），
> 記者兼作家

當一位公眾人物對情況的掌控出差錯時，這會變成頭條新聞。記不得自己政策裡面關鍵數字的政治人物；在記者會當中念錯內容的執行長；最後一刻趕鴨子上架而失敗的政府計畫；這些都是掌權者或負責人只是在「臨場發揮」（just winging it）的例證。

奧立佛・柏克曼認為，這跟一般日常生活的狀況其實沒有什麼兩樣。街上那個沒辦法心算出小費的人，那個上 Google 查詢「奧斯戈德氏病」（Osgood-Schlatter disease）的醫生，那個看不懂指針時鐘時間的咖啡師，那個沒有 GPS 就沒法上街的青少年，還有那不會換尿布但硬著頭皮換的新手家長。[10] 這些人使用

其他的技巧，避開某些任務或狀況，他們終究撐過去了；不過，他們其實全都是在臨場發揮。所謂的「他們」，我的意思其實是「我們」。如果我們對自己進行誠實的評估，就會發現我們都曾經擁有過那樣的時刻——我們知道自己只是在過程中臨機應變而已。

幾乎所有人在人生當中，都曾經感覺自己能力不足，感覺自己全然被淹沒了。我們當中許多人或許可以長時間掩蓋這件事，但這種幻覺不可能永遠保持著。對眾多人們或團體組織來說，這是一個十分令人憂慮的現實情況，柏克曼指出，企業組織會投入大量金錢與時間，來假裝事情一切都好、所有問題都處理了，表示該公司絕不是在過程中臨機應變。

企業的合法性、權威乃至於生存本身，經常得依靠這個信念：他們擁有答案。組織或領導人士的追隨者們，如果相信目前管事的人很清楚他們在做什麼，就會大大增加心理上的安全感。但是，在幾杯黃湯下肚之後，即便是最有權力、最成功、看起來最掌握狀況的人，通常還是會承認，他們常常不知道自己在幹什麼。

所以，為什麼這個世界、你的人生、你的公司沒有陷入一團混亂呢？畢竟，如果在同一時間內有很多人同時在臨時應付，那這輛潮流的花車（bandwagon）[11] 車輪應該會脫落才對吧？這個問題的答案跟人們的直覺是違背的，那就是，沒有擁有所有問題的答案，這件事未必是個問題。只要擁有正確的心態，見機行事、臨場發揮或臨機應變其實是好事，它經常有效，甚至可能很有效，它可以根據意外的改變而進行調整。

從蘇格拉底到機緣力

這整本書當中會有許多方法和工具，能夠幫助你基於機緣力思維去評估或（重新）建構情況。現在，讓我們來看看蘇格拉底方法吧，蘇格拉底方法所指的是**進行持續提問的對話**，它是刺激新思考的方法當中，最有效而且經過時間考驗的方式，它可以過濾先入為主的成見，並且打從內部發現事物，而不是經從外部投射範本。

希臘哲學家蘇格拉底，被後世封為西方哲學奠定者之一，而蘇格拉底所要教導人們的，並不是一套信念或是一套事實。經由柏拉圖而使我們知曉的蘇格拉底式對話，可不是演講，它是透過蘇格拉底詢問問題所進行的對話。這些問題讓參與蘇格拉底談話的同伴們進入一種狀態，他們意識到自己的成見是種幻覺，而他們必須開始重新思考，在與蘇格拉底的對話之中建立起新的認知。蘇格拉底提出的問題有六種類型：有為了澄清的提問（「你為什麼這樣說呢？」）、探討假設的問題（「我們可以有什麼別的假設嗎？」「你怎麼證實這個假設？」）、探討證據的問題（「這有什麼例證嗎？」）、詢問觀點的問題（「有什麼優缺點？」）、探討涵意的問題（「這個行為的結果有什麼呢？」）、關於問題本身的問題（「我們一開始為何問這個問題呢？」）。

最近這幾年，我在進行重大討論的時候 —— 尤其是對抗性比較強的情況 —— 我會使用上述這些問題的變化式。一旦我們被迫澄清自己的預設，我們經常會意識到，我們的立場其實就只是一

個立場而已。所謂的智慧，並不是知道一切的答案，智慧經常是關乎**如何問出正確的問題**。德爾菲神廟的神諭宣稱蘇格拉底是世界上最聰明的人，但蘇格拉底的名言卻是，他沒有什麼可以教導人的。他只是在問問題罷了，他是在「見機行事」。

我們不能預測未來，但是可以面對未來

我們在內心感到驚慌的時候，經常會企圖表現很老練的樣子。但是柏克曼的見解提醒了我們，其實每一個人都是在做這樣的事情。每個人有時候都覺得自己像騙子，有一股糾纏的恐懼持續存在，擔憂自己會被人揭發。你的醫師一定很清楚他在幹嘛，對吧？你乘坐的飛機駕駛員一直都掌握全域，對吧？然科學證據和非正規證據所呈現的事實是，即便是在航空或醫學這種確定的領域之內，這種人們應該清楚知曉自己在幹嘛的領域之內，他們有時候還是得見機行事。實際上，包括專家在內，人們最有可能臨場發揮的時刻，乃是在最關鍵的時刻。

在醫療手術過程中，遇到過去沒出現過的緊急情況，或者是飛機在低空飛行過程中，遇上數個引擎故障的問題，這也許就是醫生或飛行員必須臨機應變的時刻。更有甚者，正是在這樣子的時刻，人的腦筋急轉彎或聰明才智能夠發揮到最高的程度。其中有一次範例，是發生二〇〇九年的時候，全美航空薩利機長（Chesley Sullenberger）在飛機起飛沒多久，就碰上兩具引擎失靈，而他居然成功地在紐約哈德遜河上進行了水上迫降。兩具引擎故障的標準處理程式，是將飛機引導至距離最近的機場，但是

教學手冊處置方式所假定的飛機飛行高度，比這架全美航空一五四九班次班機還要高出許多。正當航空管制員建議讓飛機前往最近的跑道時，薩利機長正確而迅速地認識到，以他當時的高度與速度，這麼做是行不通的，飛機是到不了的。於是，薩利機長讓飛機迫降在哈德遜河，拯救了全機一百五十三名乘客及機組人員的性命。

上述的這一切，並不代表知識和經驗不重要。薩利機長將自己成功救援一事，歸諸於多年的飛行經歷，他把這件事形容為在經驗的銀行中慢慢累積存款，並得以在需要的時刻領出鉅款。他多年的經驗與幹練的直覺，讓他做出跳脫常規的事情，成為二十一世紀的一位英雄人物。

我們當中的多數人，從來不用處在這種戲劇性的狀況或在這麼巨大的危機當中隨機應變。但如果把嚴重程度降低的話，其實我們時時刻刻都在見機行事──包括大多數掌握情況的人在內。真正的危險並不在於人們隨機應變的時刻，而是出現在他們的模式與行為太過執著，彷彿所有事情都已經定調時。擁有自信與自負，對於志向與生涯可以有所幫助，但是自我意識太過於強烈而缺乏自覺、或對情況的警覺，可能會是很危險的事情；全然信任我們既有的模式或範本，反而可能使我們看不見風險所在，或是對於意外沒做好準備。

我與哈佛大學、「有志領袖」、世界銀行的同事們，曾經對三十一位全世界最有成就的執行長們進行系列訪談。其中，我們發現，這些領袖人物全部都擁有自己無法控制全域的深刻意識，更遑論預測未來了。[12] 舉例來說，達能（Danone）食品集團執行

長范易謀（Emmanuel Faber）透露，與其相信宏偉的計畫，他寧願信任願景以及開始為前途鋪路的新行動。為什麼呢？因為這個世界變化的速度太快了，所以他認為過度計畫實在沒什麼意義，你所需要的是一種願景，因為你需要確認自己要到哪裡去。

這些領袖人物的領導，經常是孕育出一顆強大但具有可塑性的「北極星」——**宏大的志向和目標**——而不是鉅細靡遺的計畫，讓他們的團隊能夠在這種指導架構之內靠自己下決定。這些領袖人物常常刻劃出一股脆弱的力量，那就具有清晰的願景與能量，但同時坦白呈現侷限所在，而這經常能夠吸引到更大的支持，因為人們會傾向信任那些讓他們感到共鳴的領導者。[13]

機緣力作為一種教育

從小就開始做的事情，會在我們的一生當中繼續培養成長；我們打從還是小孩子的時候，便會學習如何觀看世界。作為家長或朋友，我們可能對於自己的孩子或朋友如何觀看世界一事，造成巨大的影響。我父親總是這麼說：「無論發生什麼事，只要有正確的態度，我們一定可以處理它。」這些話一直讓我覺得，只要我願意做些什麼，事情會好起來，而且我確實是能做的。即便事情的演變並不是我所想要的樣子，人生還是繼續在進行。艱苦的學習將會有所幫助，而麻煩是等待人加以解決的挑戰、而不是限制的因素。

卡蘿・德威克（Carol Dweck）關於思維成長的研究頗具啟發性，她在當中呈現，即使是對話與言語之中最微小的變化，都

可以改變我們的人生態度。卡蘿建議，要把「我不行」或「我做不到」，改換成「我還沒做到」。[14] 事實上，大腦可塑性的相關研究顯示，大腦並不是固定不變的 —— 我們的態度和方法也不是。[15] 我們的大腦，很高程度就像是我們的身體一樣，是可以訓練、可以鍛鍊的肌肉。

如果我們想要為巧合偶遇、意料之外的事物、出乎預料的關係做好準備，也就是為機緣做好準備，非常重要的事情就是，相信我們只要使心靈專注，我們便有辦法學習，並且做到一切。這件事情很重要，因為如果缺少一種自己可以臨機應變的信念、缺乏我們可以與這個世界進行持續雙向交流的信念，我們也許會錯失將偶然化為真正機緣力的機會。家長可以給予小孩、或導師可以給予學生、或領導者可以給予團隊的最大禮物，也許就是讓他們出現信心，讓他們相信事情是可以處理的。

不幸的是，多數的大學 —— 商學院尤其如此 —— 依然著重於那種未來可以靠規劃的觀點，這種做法巧妙地鼓勵人們去假裝自己一路都計畫得很妥當。教導策略規劃、範本與商業計畫當然是好事，但是人生（以及商業）常常變化得更為快速。如同莎拉斯・薩拉斯瓦蒂（Saras Sarasvathy）等學者所呈現的，在現實當中，處在快速變遷環境中的企業家們，通常沒有定出一個具體標的，他們是注意自己眼前有些什麼東西，例如資源、技術、連結、市場等等，並且從這些基礎開始做事，在整個過程當中，這種做法經常會重複出現。如果我們把這件事納入考量，我們便可以好好教導學生，只要我們能控制好、調整好關鍵的參數，我們其實不需要（嘗試去）預測未來，然後假裝自己好像什麼都知

道。[16]

以「沙盒網絡」為例吧。我在二〇〇八年時共同創辦了沙盒網絡，如今沙盒網絡已經是一個全球性的社群，擁有來自六十多個國家的一千五百位年輕創新人士。[17]沙盒會去辨識各種領域（如設計、藝術、商業、法律、創業、社會企業）最能啟發人心的年輕人，讓他們能夠與彼此連結，也能與外部的導師與資源相連結。

我們強烈感覺到，這個世界上有許多神奇的年輕人正在造成改變，他們在二十幾歲的時候已經達成創新與革新，可是，有誰會認真看待這些造成改變的人呢？他們在哪裡才能遇見志同道合的同儕呢？這些明日的領袖人物如果是在二十五歲、而不是五十五歲與彼此相遇，那又會如何呢？他們之間的友誼，會如何改變他們一生之中對這個世界所造成的影響呢？

在德國，「沙坑朋友」（Sandkastenfreunde）這個詞，指的是你幼稚園時候一起在沙坑玩的朋友，而他可能成為你一生的朋友。沙盒這個社群是以去中心化的方式進行組織：全球各地三十多個城市 —— 稱為「樞紐」hub —— 當中的地區代表 —— 稱為「大使」（ambassador）—— 負責確認成員，並且發起非正式的晚餐會與活動，例如「演示之夜」（demo night），來協助成員解決他們專業或個人方面的困難。成員們會提供情感支援、資訊、回饋和機會，使用許多方式彼此幫助。沙盒的誕生，其實源自於一個不可能預測的未來。當時是二〇〇八後半年，美國「雷曼兄弟」（Lehman Brothers）金融公司剛垮掉不久，全球經濟一片蕭條狼藉，我們當時的情況也是如此。我們最初的計畫是將全

球各地那些造成改變的二十多歲青年領導者聚集起來，召開一場能鼓舞人心的會議，但是看起來這已經辦不成了。我們花了一整年時間，與潛在的贊助者商談並找尋場地。曾經有企業合作夥伴對此表現出興趣，但是到這個節骨眼上，原先的經費卻被刪除，尤其是全球青年會議這類活動的預算。

我們當時覺得，在沒有經費的狀況下，要舉辦一場全球性會議是不可能了。與此同時，我們對於要塑造這麼一個社群的想法，仍然感到相當振奮。我們於是開始在蘇黎世和倫敦舉辦幾次非正式的晚餐會，與會的人們對於能夠彼此認識與放下心防，似乎相當樂在其中。我們又繼續安排更多這類小型活動，而且發現這是吸引更多會員的有效方式，我們的做法不是一鼓作氣，而是一步接著一步做下去。

我們放棄那種從上而下發起大型會議的做法，改採以樞紐為基礎的模式，由地方的會員們來驅動。這是一個簡單而不昂貴的做法，活動氣氛親密而融洽，舉辦地點經常是會員的家中。隨著時間過去，我們將做法推展成區域性度假，也就是在鄉村地區租一間溫馨的房子，到那裡舉辦兩到四天的活動。這些聚會推進了不同樞紐之間的相互滲透和交流，這些集會非常具有互動性，經常是由會員們共同舉辦，活動重點在於讓這些關係能夠變得更加深厚。

沙盒創立四年之後，第一屆全球沙盒會議在里斯本召開時，人們早已透過我們內部的 Facebook 群組，以線上或實際的方式連結起來（「很高興終於親眼見到本人了」是會議召開時最常聽見的一句話）。沙盒能夠成功運作，是因為人們感覺與其他會員

之間有很深的情感連結，他們所呈現出來的不是「最好的自己」而是「完整的自己」——不需要將那些別人看起來可能很「瘋狂」的部分隱藏起來。

事後看來，出於意外而必須轉換模式的做法，居然是個因禍得福的機會。原本，那場全球金融危機可能終結沙盒的命運，但是，我們固然因為這樣而有好幾個晚上睡不好覺，這場危機最終居然變成我們重構概念及做法的大好良機，它讓我們創發出的不是一場會議，而是一個根基於地方聚會而形成、交織緊密的全球性社群。當然，這一路上還有許多挑戰存在，但是最初的障礙已經被克服。整個情況都「重構」了。

進行重構的複雜成果，會延伸進入我們建立思維的方式，以幫助我們和未來的世代能夠抓住意料之外的機會，而不會在僵硬樣板遭到打擊的時候陷入困境裡。要達成這件事情，我們的教育體制和實習制度都需要改革，從只在乎硬技能（hard skill）的取向轉向機緣力思維，使我們**有能力認知並且善用意外的事物**。我們必須為這個世代賦予的概念是：我們每一個人都可以影響自己的運氣。

為驚喜解密

你是否曾經有過這樣的對話呢？某人描述了一個工作機會，但你覺得這個工作不適合你。既然你對目前的工作很滿意，所以何必要另一個工作、或者另一種領域的工作呢？結果，經過幾個禮拜，你的人生出現了改變，你覺得自己已經準備好追尋新事

物。你回想起那次對話，而到這個時刻，當初那份工作居然恰恰好是你在尋找的。

如果當時，你沒有好好聆聽，忽略了晚餐同伴那「不相干」的談話，心裡只是想著義大利千層麵裡面有什麼好料，那事情會變成怎樣呢？你會錯過那個機會。對於無意找尋的資訊和事情，依然抱持好奇心並保持開放性，這麼做將能大幅提升我們體驗機緣力的機會，[18] 這件事經常伴隨著，願意在所處情況中發現異常或驚奇的意願。好奇的、開放的、願意問問題的心靈，乃是發現探索與創造機緣的核心。[19]

我放在床頭櫃上的書，有一本是安東尼・聖修伯里（Antoine de Saint-Exupéry）的《小王子》（*The Little Prince*）。小王子在他的世界裡探索，對於那個世界上的每一個人和每一件事都感到驚奇。小王子對人而言是個永恆的提醒：**永遠記得要問問題，即便（或尤其）問題可能聽起來很幼稚。**（書中我最喜歡的部分，是一個認為星星是自己資產、而不停在數星星的商人。小王子問他：「你擁有這些星星有什麼好處呢？」「這可以讓我很富有。」「你很富有能有什麼好處呢？」「這讓我可以買下更多被發現的星星。」小王子自言自語道：「這個人的想法有點像那個可憐的酒鬼。」）我們之後還會再回來談這個課題。

作家華特・艾薩克森（Walter Isaacson）兼是阿斯彭研究所（Aspen Institute）的執行長，他曾經研究過世界上最偉大的那些心靈，例如愛因斯坦──與天才洋溢的瑪麗・居禮（Marie Curie）是同時代人──以及達文西等人。這些偉大心靈的共同之處，在於他們跨越學科領域的好奇心。艾薩克森在與美國心

理學家亞當‧葛蘭特（Adam Grant）的談話中，下了前面這個結論，並解釋班傑明‧富蘭克林（Benjamin Franklin）曾經在大西洋沿岸來來回回，觀察氣流與東北風暴氣流的相似程度，從而發現了墨西哥灣流。或者以達文西為例吧，他在大自然之中看見了共通的型態。又或者舉賈伯斯（Steve Jobs）為例吧，他永遠都可以用藝術與科技的交會，來作為產品發表的結尾。[20] 思想、觀察、觀點、應用領域的交會之處，正是創造力發生的地方。

還記得波斯傳說裡面那三個機緣迪普國的王子吧。他們之所以成為機緣力的典故象徵，並不是因為他們擁有一套既定的世界觀，而是因為他們以開闊的眼光看待世界。他們的好奇心驅使他們去辨識不同的線索，例如那使他們事後能夠將「點」連起來的駱駝足跡。

這件事點出了一個重要的真相，那就是，機緣發生之前，我們未必需要預先的知識。一次事件或某份資訊當中的意涵或機會，也許在最初的時候並不明顯；其他的拼圖可能是在幾年之後才會到位，那可能是我們新閱讀的一本書或是另一場談話。不過，好奇心與開放性如果讓你注意力分散的話，這可能會適得其反。[21] 事實上，機緣力也有它適合的時段與地點，在計畫項目的早期階段，機緣力通常是很重要的，因為當時人們對於外來影響的警覺會比較高；[22] 但是，到了比較後期的階段，那通常應該是集中心力於完成任務的時候。

就某部分來說，這本書本身就是機緣力的產物，它是想法、研讀、研究、對話、故事聚在一塊，「點」被連結起來的成果。不過到後期階段的時候，我已經轉變為執行模式：坐下來、戴上

耳機、關掉手機、拒絕會議，然後開始寫作。我必須暫時將自己封閉起來，拒絕更多的機緣力，以便把這本書完成。

即便是在跨國組織裡面，機緣力也是一樣，在某些時機和場合是關鍵，但在其他某些時機和場合則不是。針對日本光電企業的研究顯示，在進行探索的初期，機緣力的角色通常比較重要，此時的警覺與覺察程度也更高 —— 相對於後期階段而言。[23] 整體來說，在科學或產品生命週期的早期階段，創意性投入通常是很重要的，這甚至是一個點子之所以出現的原因；但是到後期，機緣力就得退居後方，事情會變成一種較為標準化、工業化的程式，到後期階段，資料的一致性與可靠性問題會受到最大的關注。所以，核心問題是這樣子的：創意階段是在哪裡出現的？它的創意何時可以真正提升價值呢？

不過，即便處於停工或休息時段，我們也不要因此中斷對機緣力的開放性。下列的例子多到不可勝數：有非常非常多的企業家，曾在他們的生涯當中創辦過數家企業或從事數度投資，其中每一次都是機緣巧合或靈感的結果。還有非常非常多的人們，雖然曾經擁有長久穩定的職業，但是在他們經歷機緣時刻之後，決定放棄上班的工作，走上一條新的道路。

我們經常需要感覺到自己已經準備好了。查理‧達洛維（化名）在倫敦一家餐廳裡工作，他曾經和我分享他的故事。有很長一段時間內，達洛維覺得自己不夠了解自己，無法感覺到自己要走哪一條路。來自於巧合或對話的機會出現時 —— 例如來自喜歡他或與他分享機會的顧客 —— 他並沒有採取行動。但是，隨著達洛維愈來愈了解自己，他也愈來相信自己已經準備好迎接機緣

力。如今的達洛維正在協助自己的孩子獲得足夠安全感，願意相信自己及自己的判斷，並且在機會意外出現的時候，感覺自己已經準備好了。「二十五歲之前的我，機緣力是零。如今的我？機緣到處都是。」

對話永遠不無聊，只要你知道該找尋什麼

現在讓我們回到那次晚餐的對話吧，你的朋友向你建議了一份工作機會，但你不感興趣，結果幾個禮拜之後，你卻意識到那正是你所需要的工作機會。如果你當時問出了正確的問題，這番覺悟的過程或許可以提早加速。例如像這樣的問題：「他為什麼覺得那個工作適合我呢？」「他是不是已經看出來我目前的工作有問題或會遇到挫折，但我自己還沒意識到呢？」

只要問對了問題，那些看起來最無聊、最無關緊要的對話，都可以被轉化。很多人常常會抱怨，自己陷入一場跟無聊傢伙的談話當中。我們可以說跟那個人「沒什麼可說」，或者說自己和他沒有什麼共通點。但是，也許你不用去貶低對方，而是反過來思考，怎麼問出可以讓對話變得更有意思的問題。

過去十五年之間，我在世界各地為全球網絡和地方社群舉辦過好幾百場的晚餐聚會。我對開場問題進行過試驗，企圖能使人們敞開心扉，因為最有趣的對話通常是出現在人們覺得可以真正做自己的時刻。在一個人們感覺安全自在的環境中，表現出他們真正的自我以及——同樣重要的——他們渴望成為怎麼樣的人。

有一項成功的談話訣竅，就是請人們自我介紹，但不是介紹

自己的工作職位，而是介紹自己目前的心境、讓他們感到有活力的事物、自己當前遇到的挑戰等等。當人們回答：「我目前正試圖改變自己，朝向……」講到這個地方的時候，你就會發現現場有不少人，也曾經歷類似的挑戰，或者曾試圖達成相近的目標。於是，有各式各樣的經驗由此浮現、彼此交流，或提出新想法、新辦法，甚至是提出新挑戰。

一旦我們談到自己人生中的真實挑戰，我們就會了解彼此之間的共通處有多少，即便我們來自於非常不同的行業或文化。然後，你就會常常聽到這類的話：「什麼？這真是太巧了！我也在處理類似的問題。」失去了自己所愛的人，但不知道該怎麼面對嗎？別人的人生很有可能也遇過類似的痛苦經歷，可以分享一些他們的經驗，給予你更多關於如何面對這種事的深刻見解。他們也許剛剛發現一種精神練習方式，而這種做法將會改變你的一生，又或者他們剛剛找到一位很棒的諮商師。這是不是太巧了呢！

我們一直都假定自己面臨的挑戰是特殊的，但事實上，即使是那些我們認定跟自己一點都不像的人，我們和對方依然擁有不少共通點。如果我們可以讓對話建立起「異類連結」—— 開啟我們將點連起來的潛能 —— 這就是機緣力可能開始出擊的時刻。通常，機緣力能真正影響某人人生的時刻，是因為這種連結連繫到他們真正關心、真正在乎的事情。

我們所問出的問題很關鍵。如果我們與某人初次見面，然後問道：「你是做什麼的啊？」那麼，我們就是在請對方用很狹隘的方式定義自己。我們這麼問就像是把對方弄到一個箱子裡面，

讓他們掉到陷阱裡面，也難怪你會覺得和他們很難聊得起來。即便是在最能振奮人心的社群裡頭，「你是做什麼的啊？」這種問題也經常會得來最單調乏味的答案，所以，不如問一個更具有開放性的問題吧，讓對方可以用他們覺得比較有意義的方式來定義自己。

我們愈能使自己問的問題離開表面事實，而朝向深層的原因、動機、挑戰，我們就愈有可能發現有趣的課題或意外的關聯。如果有人把這個可怕的「你是做什麼的啊？」問題拿來問你，你何不給個出其不意的答案呢，例如「你想要聽務實的答案，還是哲學性的答案呢？」（毋庸多說，你最好先準備好這兩種答案是什麼。）

如果你想要開發出一個讓機緣力作用的機會空間（opportunity space），那麼，讓對話活過來就是一項相當重要而且必須獲得的技能。

讓魔法發生吧

我們不希望限制人們的答案或談話，同理，我們也不想過度定義一個問題或者需求，因為這樣一來，我們也會限制可能解決方法的範疇。

艾瑞克・馮希佩（Eric von Hippel）、格奧格・馮克羅（Georg von Krogh）兩位創新研究者，對於這個課題有頗多探索，他們探討了一個組織集團之中的典型狀況。如果你詢問你的產品經理：「我們要怎麼節省成本？」產品經理會試圖提出一些

做法，例如人員裁減或是購買較便宜的原物料等等；但是，這未必是產品經理所能提出的最有價值的建議。反過來，如果我們問的是：「我們這項產品的利潤有點低，你有什麼想法嗎？」產品經理或許可以想出層面更廣的答案，這些答案或許還是包括購買比較便宜的原料，但他也有可能做出正好相反的建議：購買品質較高、較昂貴的原料，進而提高產品售價，由此將利潤拉高；或者，他可能提出的想法是如何改採更有效率的選項，取代原本的生產過程或產品。

增加更多資訊來思考問題、推進更深層的課題 —— 相對於固定在膚淺表面的問題上 —— 來造就更廣大範圍的可能解決方案，是出奇地簡單容易。此外，這種做法還可以為真正的機緣事件，創造出機會空間。

在我們所能問的問題當中，最具開放性的問題之一便是「為什麼？」幾千年來，「為什麼？」驅動著知識與科學上的發現，「為什麼？」是孩子們最常發問、而大人們往往難以回應的問題。如果我們不去追問「為什麼」，我們經常會停留在症狀上、而不是追究到深層的問題。從各種角度去了解「為什麼」，經常能夠導引出新點子、新觀念以及機緣連結。

豐田佐吉是豐田自動織機製作所創辦人，也是二十世紀日本工業的核心人物，他的兒子豐田喜一郎則創建了汽車部門，豐田汽車（Motors）成為了全世界最大的汽車製造商之一。豐田佐吉曾提出一套概念，稱為「五個為什麼」（5 Whys）辦法。自從豐田佐吉的想法提出以來，這個世界已經有了長足的進展，雖然他的想法就某些方面來講已經過時，但它的核心原則依然相當有價

值。在面對困難的時候，豐田佐吉要求問五遍「為什麼」，以求挖出問題的根源。其中的每一次追問，都會更加深入問題，通常得等到後期階段，問題的根源與其解決之道才會顯露出來。

把這套做法拿到人生的一切層面 —— 從工作到情感關係方面的挑戰 —— 上運用，都會是很有價值的。舉例來說，一對情感出問題的伴侶，或許可以將問題追溯到很明顯的事情上，例如不忠等等，但如果繼續追問不忠的問題為什麼會發生，這可能會追溯到更深層（根源）的問題，比如說孤獨感。[24] 因此，如果想要真正了解一個深層的問題 ——（還有我們到後面會見到的，想要創造出讓機緣發生的力場）—— 那我們問問題的方式實在是至為關鍵。

你想要什麼呢？

傳統上，當我們在思考如何處理問題的時候，我們都是在進行線性思考。[25] 無論那是出現在家裡、工作、學校、或是任何地方的問題，我們典型的做法，就是根據以下的原則，去設定某些目標：

1. 識別並構成問題／需求。
2. 以下列任一方式企圖解決問題
   (a) 專注於解決那個特定的問題；或者
   (b) 隨著我們獲得愈來愈多資訊，進而重新釐清或重新構成問題。[26]

想像一下，如果你的頭痛一直重複發作，立即的解決方式就是吃止痛藥，但是你的醫生或許會希望檢查你的頭痛有沒有更深層的根源需要加以處置。像是醫療這類的領域之中，我們對於該怎麼檢查潛在的深層原因，擁有一套清楚明白的例行程序。真正的問題未必是頭痛的本身，也許是某種潛藏的感染造成了頭痛。[27]

　　於是，醫生可能使用類似豐田佐吉「五個為什麼」的辦法，愈來愈深入潛在的根本原因。然後，一旦真正的原因可以被辨識出來並加以處置，（頭痛）症狀通常就可以解決了。

　　醫生所使用的「搜尋策略」（search strategy），最初步驟是拋出一張可能問題為何的大網，做法也許是詢問其他相關的症狀，也許是詢問你最近有沒有撞到頭、每晚喝多少酒等等。根據答案所指引的方向，所進行的分析也會愈來愈深入，最終停在一個可能性的解決方案，雖然這未必是百分之百正確。[28] 這是一種典型的漏斗方法（funnel approach），試圖過濾可能性而聚焦於一項解決方法，它是個人與企業最常見的問題處理方式。

　　市場行銷部門有可能發現一個市場缺口（market gap），也就是目前產品尚未滿足的消費者需求。由此，這就會造就所謂的「問題陳述」（problem statement）：「有什麼可以滿足這項需求？」這個問題接著會轉到開發者手上，開發者就得為公司開發出一項（應該）可以符合需求的產品來賣。建構一個清楚的問題陳述，用處在於它可以使我們制訂出清楚的目標與重點，還可以制訂出相關的衡量與誘因。它也可以讓工作任務轉移給其他的單位，例如其他的問題解決團隊。此外，它還可以讓我們去享受，

那種問題被解決了的感覺。

　　但是，不是所有的問題都能夠這麼簡單被解決。美國博學家司馬賀（Herbert Simon）定義出兩種基本的問題類型：「強結構性」（well-structured）和「弱結構性」（ill-structured）。[29] 強結構性的問題屬於可以清楚劃定的問題，它可以被演算法或上述醫學例子裡面的程式所解決。[30] 雖然這些方法用來處理強結構性問題的時候極為有效，但用來處置無法被清楚定義的 —— 至少在一開始是如此 —— 弱結構性問題時，卻未必有那麼有效，而且，這些方法有可能會限制機緣力。近來研究顯示，如果你採取狹義方式界定問題，你便立刻限制了可能答案的範疇，而且，你有可能因此找不到創意和價值兼具的解決方法。[31]

　　限縮問題可能有礙於尋找最佳解答這件事，此外還有另一項理由。出問題的個人或組織鮮少能夠提供，與真實深層需求具有潛在關係的資訊。新資訊通常是在探索問題的過程中浮現的，[32] 但是如果說明問題的人與解決問題的人由於 —— 舉例來說 —— 組織性障礙而分隔，那就會形成一項特殊挑戰。組織性障礙也許會使問題解決者無法看見其他可能的需求或問題，由此阻礙對更佳做法的追尋。我們有多常見到這樣的事呢？公司的資訊科技（IT）部門解決了一個問題，但卻對於你要怎麼作業加上惱人的限制，或甚至製造出另一個新問題。這種情況並不是因為資訊科技技能貧乏所造成，這是因為問題解決者所接受到的是狹隘的問題，他只是在解決這個問題，但卻對於整體狀況沒有掌握。

　　舉例而言，你可能會給予資訊科技團隊以下的簡要說明：「我們需要讓 A 團隊有辦法讀取類型 X 的檔案。」資訊科技部

門肯定能解決那個問題，但也許 A 團隊其實還需要編輯檔案，但是新的解決方案並不允許他們編輯檔案；或者反過來，A 團隊應該只能讀取檔案但不能加以編輯，可是新的解決方案卻讓他們同時能讀取與編輯檔案。如此這般。

只要將資訊科技部門帶入問題解決的程式當中（例如討論根源起因），而不是給他們一個要加以解決的狹隘問題，那麼前述這類混淆其實是可以避免的。唯有這樣，資訊科技部門才能夠設計出一個真正有效的解決方案。

同樣的道理與做法，也適用於任何的個人及組織：**過度定義**一個問題，將會限制可能的解答，讓機緣性成果比較不容易出現。把問題界定得太窄，通常源自於最初階段花費大量心力在企圖釐清問題這件事上。如果那個問題是個強結構性問題，那麼前述的做法是有效的；但如果當時的情況變化多端而不確定——例如一間剛成立的公司——重要的問題和挑戰就很少有會這麼簡單明瞭。

缺乏充分資訊、情況變化迅速，是相當常見的事情。這類的環境很少出現強結構性問題，也就是可以輕易識別並衡量出潛在解答的問題。事實上，一條很實用的經驗法則是：如果某個問題無法立即且簡單地加以界定，那就不要勉強去定義它。把嚴格僵化的做法忘掉吧，去想想其他替代性的問題解決技術。

這類取徑當中，有一項被稱為「疊代問題構成」（iterative problem formulation）的做法，也就是以快速連續的方式並且以不同辦法重複處理一個問題，每一種做法的效力也會隨即受到評估。

在企業組織如設計公司 IDEO 的提倡之下，這類的做法愈來愈盛行。這種被稱為「快速成型」（rapid prototyping）的點子開發方法，是讓問題解決者在面對最初的挑戰時，迅速發展或提出一套容易修改又廉價的作業模式。接著，使用者利用這套原型來進行工作，並且蒐集該原型運作情況的數據，再調整自己的設定，然後新生的模式會再度回到設計者／問題解決者那邊，迅速造出再精煉過的原型。[33] 之後，同樣的循環會以最快速度再度進行。

精煉、嘗試、重複。

問題解決者及使用者，會重複進行這種疊代問題／解決方法重構、嘗試錯誤學習，直到發現成功的解決方案為止。但有些人可能會說，聽起來，這跟不同部門從事特定工作的傳統做法，並沒有很大的不同啊：部門 A 向部門 B 要求一項解決方案，部門 B 弄出一套運作失敗的做法，部門 A 說：「錯了！重做！」

但是，那些人的速度以及關鍵的態度，創造出了不同的動能。在快速成型思維當中，原型的每一次疊代，並不是被當作「失敗」，而是整個過程的必要階段。執行這樣的過程，更能夠快速地建立使用者與問題解決者之間，定期而穩定的接觸。你將會擁有一種對話 —— 你想要的話也可以稱之為辯證 —— 使用者與問題解決者（設計者）在此對話之中共同將產品開發出來。[34]

我們能不能做得更徹底呢？讓我們從事情都在控制中的幻覺當中解放出來吧，從有一套解決問題的系統與規則的幻覺裡釋放出來吧。若要回答這個問題，我們得進入心理學、神經科學、圖書館學、創新與策略管理的領域，更深入研究需求、目標、問題

解決等課題。

除了解決問題以外

> 如果我們能知道當前願望達成之後的結果，還能夠知道
> 未來的渴求與欲望，那自由就沒有什麼存在的餘地……
> 自由本質上是要為不可預見與不可預測者留有空間；我
> 們想要自由，是因為我們已經學會要從自由那裡，期待
> 獲得實現我們各種目標的機會。
>
> —— 海耶克，《自由的構成》

　　管理學、圖書館學、神經科學、心理學方面的近期研究顯
示，建構過度的目標會限制機緣力，有抱負的目標則比較可能增
進機緣力。在某一場實驗當中，受試者要與一部閱讀裝置互動，
某些人被給予找出特定資訊的特殊任務，其他人則完全沒接到指
定任務。實驗結果很清楚，第一組受試者通常可以找到特定的資
訊，第二組受試者則在使用閱讀裝置時更具有探索力，他們沒被
指定要尋找什麼資訊，卻能夠找到各式各樣的有趣資訊。[35]
　　其他實驗則顯示，相較於視野較廣闊的群體，問題過度精確
化的群體對於意外時機表現出的開放性較差。事實上，如果我們
允許出乎意料的正面結果繼續發生，不要強迫人們（或課題）進
入特定框架之內，那這種正向結果的出現頻率就會變高許多。[36]
舉例而言，如果將重點放在「糧食短缺」或「糧食缺乏」上，那
麼人們的努力就會過於片面著重於糧食方面的設計，但其實真正

的重點可能是要更廣泛地放在營養方面。

這點也同樣適用於其他的領域。在我的教學與論文指導過程中，我遇到許多很棒的學生。經過短短幾分鐘的對話之後，我通常可以分辨出，哪位學生最有可能達到最佳的成績（但當然不要讓自己因為這個第一印象而產生偏見！）有許多學生會來跟我說：「我非常清楚自己想做什麼。我有這樣子的研究取徑。你可以在上面簽名嗎？」然而，潛在的成績優異者比較可能會說：「我對這個主題有廣泛的閱讀，而且得到了啟發，可是我對於自己要採取哪個特定的（理論的）觀點，還不是很確定。我們可以就此談談嗎？」。

一個「普通的」學生，通常會有非常清楚的路線圖跟既定目標，他們知道自己的方法，他們也通常能完成相當紮實的作品。但是，優秀的學生傾向會讓自己從事更廣闊的研究領域，他們會根據自己的主題閱讀相關主題，企圖找出潛在的接觸點（touchpoint），而這個接觸點可能以新的（通常也是意外的）辯證方法觸發他們的思考。許多與我曾經共事過的學生，都認為這種模糊性是一項弱點，但其實這種模糊性常常是真正想像力與原創性的泉源所在。

這件事情給人的感覺未必隨時隨地都很好，甚至可能是令人感到很不舒服；但是，它也會將人帶往那個潛在的星星之火，導引出真正有價值的貢獻。事實上，研究顯示，深刻的見解是靠新模式的發現所激發出來，這不僅僅來自於好奇心與連結性，而且是來自於矛盾牴觸與「創造性絕望」（creative desperation）。[37]

我也曾經在課堂當中觀察到這個現象。在某個課程之中，我

們要求學生去探討給企業的點子。有種情況出現過很多次，那就是課堂中最聰明的學生會承認，他們對於要朝哪個確切方向去，還沒有很清晰的想法，但他們確實覺得自己想要做些什麼來造成改變。這是一個很棒的出發點：保持開放與好奇的心靈，配上尋找並執行有意義事物的動機。知識上的好奇與不確定性，是避免過度自負、懷疑既有成見、發展出健全質疑精神的有效辦法；如果能再結合上努力與動機，這通常會有很棒的成果出現，就像是我們那堂課程的情況一樣。

現在也許正是時候，讓我們來調整自己處理問題與目標的做法，並且培養出我所謂的「機會空間」吧。

尤里卡！我們來了

「機緣巧合」——有出乎意料的發現並將它與相關事物連結起來——擁有拯救生命的潛能，機緣巧合造就出許多最有用的發明與創新，而機緣巧合的出現，最常來自於切中要害的觀察。

當影片製作人潔內瓦・佩胥卡（Geneva Peschka）從多倫多搬到紐約市的時候，她對於如何開創新生活保持著開放的態度。兩年之前，她與丈夫分開，她還發現自己的生活，其實只不過是一場例行流程。於是，她決定自己必須有所改變，首先就從她驚人的大夢想開始，那就是搬到紐約去。

搬家之前的那幾個月，潔內瓦曾問過在紐約的朋友們，他們有沒有什麼現成的工作機會，這樣她就可以一到紐約便立即工作。潔內瓦有位要去過二度蜜月的朋友，詢問她要不要來接手自

己的工作，為家族朋友一位八歲自閉症女兒進行課後輔導。潔內瓦立即把握住了這個機會。

　　幾年之間，潔內瓦與那個家庭的關係愈來愈親密，也經歷了那位自閉症女孩艾瑪十歲時候的溝通突破。艾瑪的講話模式像是一個年紀更小的孩子，而艾瑪開始使用起迅速激勵法（rapid prompting method），內容包括指出範本上的字母來組成字句。

　　當艾瑪表示，人們應該知道有自閉症是什麼感覺的時候，潔內瓦感到自己眼界大開。潔內瓦將自己的製片背景，與艾瑪想被了解的渴望，兩者之間的點相連起來，為何不製作一部影片，讓艾瑪有發聲的機會，讓艾瑪本人來敘述呢？作為有色人種女性，潔內瓦非常清楚將自己的故事交由他人講述的感覺，於是，她詢問艾瑪想不想要共同導演這部影片。

　　影片成果《未說出口》（Unspoken）是潔內瓦所製作的第一部影片，而且這部影片是關乎她非常關心的人。演員薇拉·法蜜嘉（Vera Farmiga）與她的丈夫兼製作人瑞恩·霍奇（Renn Hawkey），也加入其中擔任影片的執行製作人，推動關於包容、自我倡導（self-advocacy）、人權的對話。這部影片至今已曾在西南偏南電影節（SXSW）與聯合國的女孩力世界高峰會（GirlUp World Summit）等藝術電影節與會議當中上映。

　　現在，距離潔內瓦和艾瑪第一次見面已經過了五年，潔內瓦回首，這一切是如何從那刻開始形成的。透過《未說出口》給予艾瑪一個說出自己故事的平臺，潔內瓦也發現了自己的聲音。潔內瓦回顧道：「我搬來紐約市的第一天，在中央公園和這位八歲的小女孩見面。我從來沒有夢想過，我居然是從和這個小女孩的

合作當中，發現自己的聲音。」直到今日，《未說出口》依然是潔內瓦最感到驕傲的一項成就。《未說出口》這部影片，讓圍繞自我倡導、人權重要性的對話出現轉變，也幫助全世界的觀眾們敞開心胸與心靈。

像是潔內瓦所經歷的這種「尤里卡」時刻，通常來自於一種創造意義的感受，創造出一種「啊哈！」（Aha!）效果。[38] 認知心理學領域的研究已呈現，這種靈光一閃的尤里卡時刻，是由於「過程流暢性」（processing fluency）忽然提高所造成。換句話說，尤里卡時刻的領悟，證明人們填補起他們思考的裂縫——一種他們沒有自覺其存在的裂縫。[39]

我們拿滾輪行李箱當作尤里卡時刻的另一個例子吧。[40] 一九七〇年代，家族旅遊結束的伯納德‧薩道（Bernard D. Sadow）在返家的路上，得拖著兩個大行李箱通過機場。在他排隊等待通關的時候，他看見一位工作人員使用裝有滾輪的木棧板，輕鬆寫意地拉動一部很重的機械。薩道將這番觀察連結上自己的處境：他居然得搬運這麼沉重的行李。回到他上班的行李公司，薩道於是將家具用的腳輪裝到笨重的旅行箱上，再拿一條帶子綁在前端拉動。薩道吶喊：「成功了！」滾輪行李箱就此誕生。就是這樣子的異類連結——將兩個先前無關聯或不知道的事實或資訊相連起來——為機緣力的出現奠下基礎。

機緣力的出現，並不是因為我們建構起一個問題並且在尋找解答，機緣力經常是出現在我們同時看見問題與解答的時刻。一旦我們領略到它，我們就會在生活或事業當中，將這個新選項與現有的安排加以比較，如果前者顯然更好，那機緣就會轉變為機

會。

　　我們經常是在看見問題的解答之後，才意識到自己有那個問題。[41]創新專家艾瑞克・馮希佩、格奧格・馮克羅認為，我們會將問題或需求想像成一幅景觀中的存在，就像是物理世界中的具體地點。然後我們會想像另外一幅景觀，裡面有各個需求或問題的可能解答。從某方面來說，我們可以將一幅景觀疊在另一幅上面，或者是將「需求景觀」上的一個地點，與「解答景觀」上的另一潛在相應地點連結起來。舉例來說，一位醫生所擁有的「問題景觀」（problem landscape），是患者可能呈現的所有症狀和疾病；同時，這位醫生的「解答景觀」則包括他個人與專業方面的經驗與資訊，還有他的工作環境、可用文獻、研究設施等等，對於找到解決方法具有潛在幫助的一切事物。所謂的問題解決——就醫生而言這是指協助病患——就是將「問題景觀」上的特定點，與「解答景觀」上的特定點相連起來。

　　觀察先前無關的兩件事物之中的連結，經常是機緣力出現的時刻，事後回顧起來，我們常常可以看見問題的解決方法。我們可能甚至沒意識到有那個問題存在，雖然如此，事後我們也許會將自己的經驗加以合理化，表示我們一路都在試著解決那個問題。

　　再想想薩道先生和他的滾輪行李箱吧。就理論來說，攜帶沉重行李通過機場這個問題，早已存在著一種解決方案：使用機場提供的行李推車呀。就是因為有這個既定的解決辦法存在，所以沒有人把這件事當成是個問題，或者沒人把它當成是一個值得花心思去解決的問題。

可是，一旦你有了滾輪行李箱，你就會發現舊式行李推車的存在，就已經「指出」問題所在 —— 事實上是一系列惱人的問題。可用行李推車數量是否充足呢？（經常不夠。）行李推車出現的時間地點是否能讓旅客好好使用它們呢？（不盡然。）你是否能推著它經過通關的隊伍？（不太容易。）你是否能推它上下電扶梯呢？（沒辦法。）唯有當我們找到新的解決辦法之後，後見之明才會使我們看清楚，從前的狀況確實是個問題。[42]

我們之中有許多人，是出自直覺與潛意識在執行這個歷程，一旦我們企圖加以理解它，我們通常可以用比實際狀況更具有直線性的方式，來講述這個故事。在事件發生之後，我們會進行自我愚弄，自認為自己找到一個問題，然後又想出解決辦法，其實當時的情況完全不是這麼回事。

我猜想，許多讀者可能出乎直覺要反駁我的觀點。如果你不知道問題是什麼，你怎麼能找出解答呢？對我們多數人來說，在同一時間弄清問題與它的解決辦法，似乎不是「問題解決」會給我們的感受。但是在這裡，我們應該要回憶一下，我們通常會對於解決問題這件事，進行事後合理化。我們會傾向去想，自己辨識出問題，然後再去尋找解決方案。與此相關的現象，導致許多企業領導者們，回憶自己的成功是一系列精密執行的計畫，而不是一系列的巧合事件。值得再次強調的是，人的這種自然傾向表面上沒有什麼危害，但它其實可能造成漸進的危害；這是因為，我們如果開始相信，這就是真正的問題解決過程，那麼我們便會開始期待自己與別人，都使用這種狹隘的方式來工作或解決問題。

例外應該變成規則嗎?

到這裡,我們已經看過一些有效的技巧,例如以更加開放式的方法來重新構成問題或課題,能夠在給予方向的同時,不要膚淺地壓縮了「解答空間」(solution space)。*其實,還有很多令人振奮的方法,是我們可以加以善用的,它們全數都是奠基於開放式風格的提問。這些方法可以幫助我們,去打破那些限定我們生活與事業、限縮機緣力的僵化思維模式。

這些方法之中有一個例子,是所謂的「正向偏差」(positive deviance)方法。[43]「正向偏差」方法是指,注意群眾、企業、團體當中的特定人口,找出其中偏離典型的個案——但是以好的方式偏差。舉例來說,如果某個組織團體的宏大志向是幫助撒哈拉以南的非洲地區提升人民家庭的健康,那它的策略

---

* 在公司企業的環境中,執行長或公司通常把要面對的挑戰設定成:「為了達成我們的財務目標,我們需要讓產品的品質提高或成本下降。」但這種設定其實可以很容易重組為:「我們願意製造任何在現有銷售通路下有利潤可圖的產品。如何呢?」這樣的話,公司就可以從類似處境的企業那邊尋找靈感,看看對方正在製作什麼有利潤的產品(此主題的更多資訊可見 Hippel and von Krogh, 2016)。根據我觀察的結果,事情真的是這樣子,如今有愈來愈多的企業已不再將自身視為「產品公司」,而是企圖評估在各種不同的問題當中,他們可能解決哪一些;這些企業知道,他們未來的競爭對手是全世界類似亞馬遜(Amazon)或 Google 這樣的對象(擁有了解需求的資訊管道),而不是他們目前的競爭對象。亞馬遜公司進軍醫療保健和保險業等等領域,便是這種景觀轉變的典範。第八章所舉的飛利浦公司(Philip)案例,是這種轉變的另一個例證。

就是尋找社群當中的哪一些家庭屬於「正向偏差」者，換句話說，就是找出特別健康的家庭。這麼做的潛在假設是，那些個案應該是找到了某種維持健康的成功方法，而他們的做法或許也適用於社群內的其他人。然後，你就可以試著去了解，這些正向偏差的個案實際上在做的事，有哪些可能與更好的健康狀態有關係。如果這些人生選擇也適用於別人，例如某幾類食物或留意純淨用水等，那麼我們便找到了最佳的實用模式。（與此類似，使用質性方法的研究者經常會留意「極端案例」，以找出有趣的、出乎意料的點子。）

在企業的環境裡面，正向偏差研究法的使用相當有效。哪一個員工或哪組團隊的生產力最高呢？他們做的事情跟別人有什麼不同呢？公司內的其他人有沒有辦法做到他們做的事呢？正向偏差法首先是要辨別出哪些事物作用良好，然後再看看這些正向特徵是否可以用來處理問題，而那經常是人們不知道自己有的問題。

「沙盒」其實就是在關注正向偏差者——雖然我們當時並沒意識自己在這麼做——我們請人們加入社群時告訴我們，他們覺得是什麼讓自己脫穎而出。我們要求申請加入者繳交一份有創意的東西，他們想要以任何形式或任何方式表現都行，只要能夠表達出我們所稱的「哇噢因素」（wow factor）。實際上，沙盒辨識出來那些與社會格格不入的創意分子，他們的做法非常獨特而且出人意表。回顧之下，如今的我們可以看得很清楚，這其實就是某種正向偏差研究。這種做法讓我們可以辨認出，在這趟令人雀躍的旅程中——也可以稱之為人生——有哪些具有創意的做法

能夠啟發他人、鼓舞他人。

　　起初，我們其實有請網羅人才的單位提供一個架構，用來辨識出最具備啟發性的人，但是我們卻發現該單位所提供的判斷標準，諸如學歷、企業經驗等等，並不符合我們對於「最具備啟發性的人」的認定。

　　弗雷澤‧多爾帝（Fraser Doherty）十四歲時，便在奶奶的廚房裡開設果醬公司。到弗雷澤十六歲那一年，他的果醬已經擺在連鎖超級市場特易購（Tesco）的架上。這個男孩沒受過什麼正規教育，也沒有任何企業經驗，但十四歲的他居然有如此的主動性，讓沙盒的我們大聲「哇噢」！

　　「哇噢因素」讓進行篩選的團隊領悟到，是哪些事物讓一個人這麼有趣，而不是去注意頂尖的學歷或優良的經歷。我們當然還是會注意與學經歷有關的特徵，但「哇噢因素」成為了篩選過程當中最重要的成分。舉例來說，當年威廉‧麥奎倫（William McQuillan）── 如今他已是一位優異的早期階段投資者 ── 將自己的工作、世界旅遊、叢林冒險經驗做成了一本立體書，而且還將這些經歷進行連結，說明他為什麼可以成為一個好「沙盒夥伴」。

　　今日的「沙盒」已經是機緣點子與巧遇的溫床，是一個充滿機緣力的環境，人們的互信與多元的想法及觀點則為它供應能量。人們彼此之間的信任，是建立在共同的價值觀念與成員們對於社群的投入；讓不同人生與行業的人們聚在一起，造就出多樣的想法與觀點。[44]

　　這些人經常是所謂的「領先用戶」（lead user），也就是

很早開始使用新方法或新產品的人。（駭客也是某種「領先用戶」：他們經常在公司企業得知自身有問題之前，就先發現了那個問題，這也就是為什麼駭客們居然能夠成為非常有價值的雇員，尤其是保全業。）[45]

因此，構成問題、目標、實踐程式的方式，對於問題解決辦法的創意、創新、效率，以及我們體驗機緣力的能力，有著巨大的影響。我們最好不要在一開始就過度界定問題，尤其是在需求與問題都相當複雜的條件之下，或者是情況處在演變或不確定的狀態中。

不過，這並不意味事先釐清或限縮問題，是完全不應該的事，尤其在一個穩定而確定的組織或程式當中，事先釐清問題的做法有其寶貴的角色。以豐田五問法為典型，這種認清問題的嚴格做法可以是非常有效率的。但是，設計、產品、問題解決方面的真正創新與思想躍進，乃是來自於更有機的、「半結構式」的做法。

因此……

在這一章裡頭，我們檢視了能夠滋養機緣力、擴展機會空間的思考歷程與問題解決技巧。我們可以藉由「重構」觀看世界的方式，在他人只看見鴻溝的地方看見橋梁。不要去接受既有的問題結構，如此一來，我們便能夠去探索潛在的利益，而不會只注意立場問題；辨認「正向偏差者」等等方法，則有助於我們了解或善用可能性。然而，機緣歷程通常是一段漫長的旅程，而不是

一個孤立的片刻，我們必須擁有充足的動機與動力來保持專注，使機緣力能夠發生。到下一章時，我將會去探究，我們該如何讓自己準備就緒，以便創造出機會空間，還有，在機會空間出現時，該怎麼樣行動。但首先，我們要為機緣力準備好自己的心靈，鍛鍊我們機緣力肌肉的時間到了。

機緣力練習：
準備好你的心靈，迎接機緣力的到來

1. 當你在一場會議或活動中新認識別人的時候，不要問對方：「你是做什麼的？」要去問：「你的心靈狀態是什麼？」或者：「你目前在讀什麼書，為什麼讀這本書？」或者：「關於⋯⋯你覺得哪些部分最有趣呢？」這些問題可以讓我們不會得到機器人式的自動回答，而且有助於開啟與他人的對話，這些對話很有可能導引出精采而充滿機緣力的結果。

2. 如果你對於對方的了解比較深，你要去問：「哪些事情會讓你有一種自己活著的感受？」或者：「如果用一句話概括你明年的志向，那會是什麼呢？」或者：「有沒有什麼事情，是別人都不相信而你卻相信的呢？」從對方的答案當中，選擇讓你感到有興趣的部分，然後繼續

探究下去。

3. 和人談話時，不要去問數據或細節的問題，要去問對方，他有哪些獨特的經歷。不要問這類的問題，例如：「你是哪裡人？」或者：「你是什麼時候去過某個國家的啊？」你要問的是：「那種感覺是什麼？」或者：「你為什麼想要做某件事呢？」[46] 如果我們和對方已經認識，我們可以透過各種閒聊來增進關係，我們可以去問些有點不太一樣的問題。不要問：「你這個週末在幹嘛？」試試這麼問：「這個禮拜有什麼事情讓你大笑一番嗎？」

4. 如果你所處的情況讓你覺得問問題太過刻意，那你可以講一段能夠引起對方興趣的話，例如：「那件事情很有趣。」這會讓別人出現想要問更多的機會。

5. 主持晚餐、會議或活動的時候，不要請人們用職業或工作來自我介紹。你要根據場合有別與參與者類型不同，有彈性地去調整問題，你可以去問：「你現在在想些什麼？」或者：「你目前對什麼最感興趣？」或者：「你目前在探索些什麼事呢？」如果晚餐會的性質比較親密，你提出的問題類型可以是：「有哪些經驗造就出今天的你？」

6. 如果有人和你講話，要仔細聆聽並且試圖深入解讀。如果他們講出了一個問題，不要把它當作一個既有的問

題。多去問幾次「為什麼？」或「怎麼會這樣？」弄清楚真正的深層需求與根本原因。

7. 假設你沒有受到任何限制，而且確定不會失敗的話，你會想要做什麼呢？寫下三件你想做的事，並且寫下你認為自己無法改變現狀的原因。接下來，再去思考三個你「為何／如何」能夠改變現狀的原因，然後將它們付諸實行。

8. 找出自己的故事，然後把它說出來。寫下你有興趣的領域與有趣的連結點，接著把它們連上你自己的故事。如果你不太確定那是什麼，那就去問問你的朋友們：「當你想到我這個人的時候，你覺得哪些特質或主題和我最有相關性呢？」或是：「你覺得我這個人有什麼部分是最值得記住的呢？」或是：「如果我要寫一本書，你覺得我應該去寫跟什麼有關的東西呢？」當你覺得已經比較清楚知道，自己的故事或連結點是什麼的時候，試著在一些隨機的場合中講出來，並且用自己感受最好的方式去重複這麼做。當有人問起：「你是做什麼的？」把你的故事簡短說出來！

註釋

1. 譯註：從前的中文翻譯常為「機會是留給準備好的人。」
2. Merton and Barber, 2004; Pinha e Cunha et al., 2010.
3. Busch and Barkema, 2019; Kirzner, 1979; Merton and Barber, 2004; Pina e Cunha et al., 2010. 亦可參見 Dew, 2009。
4. 這些見解取自 Busch and Barkema, 2017。我們以數年時間運用質性方法蒐集資料。我們數度拜訪這些地點，並且從事觀察、訪談及檔案庫資。
5. Wiseman, 2003.
6. Ibid.
7. 讓抽象事物變得具體，往往能給我們一種掌控的感受。我依然記得花在攻讀博士學位的五年單調時光，為了一個廣大的問題花費五年時間進行研究和寫作，這是我人生當中一段恐怖且似乎無法掌控的階段。但是，與朋友一同進行討論的結果，讓我得以將問題分解成可付諸操作的項目，其中包括四份具體的論文，我將它們視為分別的「計畫」且有明確的成果。這麼做讓我覺得問題變得比較能夠掌控，我也終於能睡得比較好。一旦我感覺自己能夠控制狀況，其所形成的方向感讓我更能夠駕馭生活。
8. Busch, 2012; Gyori, Gyori and Kazakova, 2019.
9. 這連結上某位《財富》雜誌美國五百強企業執行長，對我們有志領袖團隊分享的「腳踏車理論」。在他看來，關鍵在於讓組織動起來，而做法則是調動能量，他認為能量並不是一種定量、而是一種可以創造出來的東西。這件事就像是騎在腳踏車上，如果你想要以靜止狀態引導腳踏車，你就會摔下去。關鍵就是讓腳踏車動起來，腳踏車是不是前往正確的方向並沒有那麼重要，重要的是持續行動然後調整路徑。如果你在移動，你就可以改變腳踏車的行進方向。
10. www.theguardian.com/news/oliver-burkeman-s-blog/2014/may/21/everyone-is-totally-just-winging-it.
11. 譯註：Bandwagon 原本是遊行或表演中的花車，後來比喻為潮流或流行。
12. Gyori, Gyori and Kazakova, 2019.

13. 這就呼應了從前關於「塑形謙遜」（modelling humility）的研究（e.g. Owens and Hekman, 2006）。全球各大產業龍頭之一馬恆達集團執行長阿南德・馬恆達告訴我，他的廢棄物轉製能源事業，就是以此方式機緣巧合出現的，由此，「在這之後讓我們耗費心力的事，就是我們如何將機緣力制度化，雖然這是一個自相矛盾的說法。」

14. Dweck, 2006.

15. Doidge, 2007; Kolb and Gibb, 2011. 對於公司企業而言，事實證明，想在不斷改變的環境當中把握住機會，關鍵在於了解自身市場需求、目標與自我調查（Danneels, 2011; Gyori, Gyori and Kaza-kova, 2019）。

16. 自 Henry Mintzberg 和 Saras Sarasvathy 以下的學者們討論過，相較於策略性規劃，「突發性策略」（emergent strategy）或「實效」（effectuation）才是比較貼近現實情況的寫實描述，雖然多數商學院所關注的依然是前者。在論及創業的背景中，Saras Sarasvathy 的「實效理論」已經很有說服力地證明這一點。接下來，它們往往會迭代（Sarasvathy, 2008）。「實效」根據的概念是非預測性的控制，也就是說，企業愈能夠控制未來，它們就愈不需要預測未來。對於那些必須面對動態環境的人——此環境不允許其預測未來——而言，此事尤其是如此。

17. 亦可參見 Busch and Lup, 2013; Merrigan, 2019。

18. Van Andel, 1994; Williams et al., 1998.

19. 參見 Diaz de Chumaceiro, 2004; Napier and Vuong, 2013; van Andel, 1994。

20. Wharton Business School, 2017.

21. 舉例來說，研究結果顯示，無經驗的創業者多會保持會警覺且對於資訊有強烈的渴求，但是他們的搜尋比較不集中；相對於此，比較有經驗的管理人，往往會保持專注（Busenitz, 1996）。

22. Pina e Cunha et al., 2010. 亦可參見 Kornberger et al., 2005; Miyazaki, 1999。

23. Miyazaki, 1999. 亦可參見 Kornberger et al., 2005。

24. 商業充滿著這類做法的模式。舉例來說，追蹤因果的「魚骨圖」（fishbone diagram）讓我們的眼光得以超越最初的表面問題，深入深層的原因。「故障樹分析」（fault-tree analysis）檢視可能導致問題的事件，並採取相應措施以避免之，而故障樹分析得以先發制人處理某

些問題。對於那些錯誤容許度極低的領域而言，此事尤其重要。若你面對的是核子反應爐或者飛機，你可沒有等待症狀出現然後再尋找原因的閒情逸致，你得第一時間找出哪裡出錯並且防止問題爆發（每次我坐飛機的時候，我因為知道有在執行這類分析而大感安心，真是幸好！）。亦可參見 International Electrotechnical Commission, 2006; von Hippel and von Krogh, 2016。

25. 參見 von Hippel and von Krogh, 2016。

26. 例如可參見 Kurup et al., 2011; Smith and Eppinger, 1997; Thomke and Fujimoto, 2000; Volkema, 1983; von Hippel and von Krogh, 2016。

27. Emirbayer and Mische, 1998; Schwenk and Thomas, 1983; von Hip-pel and von Krogh, 2016.

28. 一大挑戰在於辨認出搜尋策略的效率及有效性——即「搜尋的經濟學」（economics of search）——這些策略大多是基於「滿意度」而不是「最佳化」的演算，因為資源（以此案例來說是指醫生的時間）有限且問題複雜（參見 Fleming and Sorenson, 2004; Garriga et al., 2013; Laursen and Salter, 2006）。

29. Simon, 1977.

30. 此處呈現出一個架構良好的問題陳述，然後尋找解答，其方法是以粗略的數位網格涵蓋整個解決方案的樣貌（問題的各種潛在解決方法），找出潛在理想解決方案「突出」的大約位置。在進程步驟中，再以較精緻的網格網絡籠罩有希望的大部分領域，目標是找到最令人滿意的解決方案。根據各個精準指定的規則（例如寬度優先或深度優先），便可以在既有的限制之內識別出潛在的結果（參見 Ghemewat and Levinthal, 2008; Levinthal and Posen, 2007; von Hippel and von Krogh, 2016）。

31. Stock et al., 2017; von Hippel and von Krogh, 2016.

32. Tyre and von Hippel, 1997; von Hippel and Tyre, 1996; von Hippel and von Krogh, 2016.

33. Gronbaek, 1989; Thomke and Fujimoto, 2000; von Hippel and von Krogh, 2016. 專注於測試及錯誤的類似做法，參見 Hsieh et al., 2007; Kurup et al., 2011; Nelson, 2008。

34. E.g. Ferre et al., 2001; von Hippel and von Krogh, 2016. 有關評論參見

Con-boy, 2009。

35. Toms, 2000. 亦可參見 Dew, 2009; Graebner, 2004; McCay-Peet and Toms, 2010; Stock et al., 2017。

36. Stock et al., 2017. 亦 可 參 見 Cosmelli and Preiss, 2014; Schooler and Melcher, 1995。

37. Klein and Lane, 2014.

38. Stock et al., 2017. 亦 可 參 見 Cosmelli and Preiss, 2014; Schooler and Melcher, 1995。

39. 參見 e.g. Cosmelli and Preiss, 2014; Pelaprat and Cole, 2011; Topo-linski and Reber, 2010。

40. 例子改編自 von Hippel and von Krogh, 2016。

41. Von Hippel and von Krogh, 2016. 很自然地,有些學者主張(e.g. Felin and Zenger, 2015),對我們來說很新穎的東西,對別人來說未必新穎,別人可能已經歷過一個「逐步完成」的歷程。

42. 除了行李箱的例子之外,von Hippel and von Krogh 還使用了兩個有幫助的案例:(1) 如果你是一位家長,設想以下情況:你注意到商店櫥窗裡面,擺了一部供腳踏車使用的嬰兒車,看起來又穩又安全。直到目前為止,你都是開車載女兒到托兒所那邊。但是,你也是一位自行者愛好者,突然之間,你想:「我不覺得自己需要嬰兒車,但是這部嬰兒車看起來對我的日常生活很有幫助,我可以騎腳踏車帶著女兒去托兒所,不用再開車了去了!」(比起倫敦或紐約,這件事情實際上在北歐國家比較可能出現。)(2) 想像你正在參加一場貿易展,目的是看看「外頭有些什麼」,你可能對於自己對什麼有興趣本來就有想法,但你去那邊主要是去探索的。出於巧合,你遇到某公司的攤位正在推出一款新的薪資處理軟體,宣稱它比別家軟體更擅長處理特別需求及問題。你本來無意改變薪資系統,但你還是瞧了一瞧。留意之後,你發現這套系統特別適合擁有大量彈性工作時段員工的組織,而這正好你的公司打算採取的僱傭策略。你突然間意識到,你現在所使用的薪資系統,其實無法應付那樣的僱傭策略。

43. 參見 e.g. Bradley et al., 2012; Krumholz et al., 2011. 42 Merrigan, 2019。

44. Merrigan, 2019.

45. 領先用戶的做法與其發展,是受到創新專家 Eric von Hippel 的啟發。

領先用戶常常是——但未必總是——某些系統或科技的早期使用者，他們在探索該系統或科技使用的極限。領先用戶常遠遠比廣大用戶群更早發現某系統或科技潛在的限制或風險。領先用戶甚至在你發現問題存在之前，就已經弄出了解決方法（Churchill et al., 2009; von Hippel, 1986）。

46. 關於這個想法，我要感謝 Trigger Conversations 創辦人 Georgie Nightingall。她的 TEDx 演講可見於此：www.youtube.com/watch?v= ogVLBEzn2rk；她也推薦這場 TED 演講以尋求更好的對話：www. ted.com/talks/celeste_headlee_10_ways_to_have_a_better_conversation/ discus sion?quote=1652。

第四章

激發心靈：採取行動

「如果你想要造一艘船，你要做的不是僱用人們來收集木材、不是派工作給他們，而是教導他們渴望追尋大海的浩瀚無垠。」

—— 傳為安東尼・聖修伯里所言

　　想像一幅缺了幾片的謎題拼圖。一開始，你可能不知道拼圖最終的模樣，所以你也並不知道不見的那幾片長什麼樣。是某個人的臉龐嗎？是一團雲嗎？是房子的一角嗎？然而，隨著你將拼圖一片片放上位置，你會漸漸對於拼圖完成的模樣有種感覺，對於缺少的那幾片是什麼，也愈來愈有想法。你會開始明白，缺少的那幾片該怎麼樣放進全景當中。

　　同理，在你的人生或生涯當中，你會將不同的片段湊在一起，諸如你的技能、你的知識和你的經驗，起初你憑直覺似乎不太能湊得出樣子，但隨著時間經過，它們開始形成一幅更大的景致。一旦你大致湊出這幅全景（也許那是靠著連結各種不同經驗的特殊熱情所達成），你就可以開始尋找其中缺少的元素。

　　或許，你會由此意識到，你缺少了一項可以改變自己人生的

技能。即便你無法講得很清楚，但你對於缺少的部分已經有一種大概的感覺，例如「我的技術經驗太貧乏了」，或者「我必須擁有更好的溝通能力」。接下來，你就可以帶著更為清晰的焦點，去搜尋自己缺少的部件。在這些情況裡面，後見之明和先見之明是互補的。我們通常是透過「後見之明」來了解事情與其意義，但我們的「先見之明」可以幫助我們完成整幅拼圖。[1]

每個人都有他特殊的做法、觀點、渴望達成的目標，引導他們去鎖定意外的機會。事實上，研究顯示，廣泛的動機和「方向感」有助於我們更頻繁經歷機緣力，而且得到更好的結果。[2] 擁有某種動機或誘因是非常重要的事情，我們必須擁有看見觸發點的渴望，擁有將點串連結起來的動力。

人人被激勵的方式都不同，這是很自然的事情。對某些人而言，追尋意義是最優先的事情；對於另外某些人而言，原則決定一切；還有對某些人來講，關心才是關鍵。把他人的動機貶低為模糊的好奇心、歸屬感的需求、強烈性慾的驅使、嫉妒或者貪婪，這是相當愚蠢的行為。[3]

我們已經學到，機緣力是一種主動積極的追求。除了開放的心靈之外，我們還必須有情感與抱負的準備，有激勵自己朝向渴望方向前進的動力與意志 —— 即便我們不知道確切的目的地在哪。我們在上一章已經曉得，我們必須積極地渴望機緣力發生，而不是空想某年某月某日的因緣際會。可是，我們該怎麼發展出一套前景展望，能夠幫助我們真正體驗機緣力，並且成為我們能夠成為的那個人呢？*

追尋方向

　　伊維琳娜・齊瑪納維丘特（Evelina Dzimanaviciute）二○○四年到倫敦度假的時候，她完完全全沒想過自己從此會在英國住下來。伊維琳娜生於立陶宛的一個小村莊，她當時正想和男朋友一起探訪倫敦，朋友邀請他們倆人到倫敦同住一段時間，他們也已經計畫好，假日結束之後要回到維爾紐斯（Vilnius），伊維琳娜在城中大學已經有了一個資金充裕的職位。

　　倒楣的事情發生了。伊維琳娜人到英國的時候，她的朋友失業了，變成必須跟他們收取租金，這使得原本計畫探索英國的夢想，意外轉變為緊急求職，這樣她才能支付待在英國這段期間的費用。伊維琳娜最後在某間小旅館找到清潔人員的職務，她的工時相當長，而且因為她是個不會講英文的外國人，所以常常被其他員工欺負。忽然之間，難以想像的事情發生了。

　　「我正在打掃房間，突然之間我聽見後面的門打開。那是我的一個同事，他是一個邋遢肥胖的男人，頭髮油膩、牙齒骯髒，身上永遠散發著威士卡和香菸味。他把『請勿打擾』的牌子掛到門前，然後把門鎖上，他咧嘴笑著向我走來，一邊解下他的褲袋。他試圖抓住我，我驚嚇地向後退。幸好，這裡有個沒鎖上的

---

*　機緣力不僅有助於促成特定的正向結果，它也非常有助於探索「我們可以成為怎樣的人」的各種潛在可能版本，並且使我們一步步朝向「更好的」、「更合適的」自己發展——甚至從來連我們本人都沒這麼想像過。

門通往隔壁房間，我驚險地脫逃了。」

伊維琳娜跑到倫敦繁忙的牛津街上，身上還穿著清潔人員的藍色制服與白圍裙，手上戴著清潔手套。她心慌意亂，漫無目的地奔跑在人群間穿梭，路上的人各個衣裝筆挺，有清楚的目的地要去。突然，她的腦海中想起一個聲音，就像一陣沙啞的錄音：「我不只是這樣。我不只是這樣。我不只是這樣。」

她決定自己必須活得更精采才行。隔天，帶著目標的伊維琳娜懷抱樂觀與動力，到倫敦街上晃晃。當她看見 Pret A Manger 三明治店的法文招牌時，伊維琳娜覺得很開心，她有信心在學校所學的法文一定能派得上用場，她找上店經理，開始自信地以法文和對方交談。長得高挑的店經理帶著微笑與好奇心，低下頭看著伊維琳娜，聆聽一段時間之後，這位義大利人結結巴巴地告訴她，他不會講法文，而 Pret 也不是法國公司，他們目前也不缺新員工。就算是這樣，這位店經理仍然為她找了份工作，伊維琳娜至今也沒搞懂原因是什麼。這位義大利人協助伊維琳娜辦好銀行帳戶，獲得必要的工作許可，他送她去了另一家正在徵人的 Pret 分店。在那裡，伊維琳娜迅速爬上職涯階梯，工作努力與態度積極彌補了她的語言弱勢。那裡大部分員工講的是波蘭語，而伊維琳娜從小便透過看電視學習波蘭語，還曾用波蘭語跟造訪她家鄉著名教堂的波蘭遊客聊天打趣。至此，伊維琳娜忘卻了她的假期，她繼續待在 Pret，幾年之間升到高階主管職位，最終成為企業發展計畫的領導者，負責的業務包括 Pret 在新地區的擴張、開設新分店、培訓新任經理和主管。

在那個時候到現在，已然又過了十多年。如今伊維琳娜和女

兒住在倫敦郊區，她擁有自己的指導、培訓、諮詢企業「領袖之心」（Elite Mind Ltd.）。伊維琳娜感覺自己活出一段快樂而充實的人生，如今的伊維琳娜以她的自信和活力來啟發人們，並幫助他人掃除那些讓限制自己卡在原地的觀念。

伊維琳娜在旅館的那段經歷確實很嚇人，但其中也有啟發之處，就像我為本書所面談過的許多人物，伊維琳娜將這次創傷化為人生重新導向的出發點，用她自己的方式重新決定方向，而不是任由自己被負面事件所限制、所擊垮。

像伊維琳娜這樣的人，是從危機當中發展出強烈的方向感、動力與意義；別人則是對於自己要去哪裡、要追求更高目標，懷有直覺般的意識；那些相信宗教的人，可能會從經文當中尋求這樣的方向；其他人則可能是依靠哲學或者其他的指導原則；公司主管有可能會闡述一幅「願景」，來說明他們要做什麼及為什麼要做。[4] 透過許多方式，我以第一手的觀察得知一項事實，那就是，我們其實常常不知道自己到底想要往哪去。藉由對自己和許多人的觀察，我發現我們比較少在思考某個特定的目標或行動，反而更常思考一個 —— 容許我們探索什麼使自己感到興奮雀躍的 ——「機會空間」，然後我們通常可以碰見讓自己感覺對勁的機會。一旦我們將企業、社區、大學思考為「平臺」（platform），而這些「平臺」可以幫助我們決定、開啟自己的實驗之旅，如此一來，我們就可以開發出自己的技能組，同時探索哪種環境設定對我們來講最富有意義。擁有這樣的觀念，便可以使我們開始下注。

在我剛開始攻讀博士學位時，我和當時指導老師所做的約定

很簡單：我會專心在自己的研究上，而他會讓我協助創辦一座創新中心。藉此，我擁有了研究的機會，但同時我也有角色可以擔當，這個創新中心首任副主任的職位，讓我和外在世界有了連結，也幫助我找到一塊感覺最自在的領域。

結果，倫敦政經學院——尤其是我協助創辦的創新實驗中心——成為我最棒的機會平臺與實驗空間。創新實驗中心幫助我推動許多計畫項目，諸如「企業社會責任」（CSR）學會、沙盒網絡、有志領袖等等，這有賴於我在其中所遇到的人們以及機緣巧合衍生出的機會。這些事情是在數年之間自然發生的，不知為何，我就是確定有積極正向的事情會發生，雖然我不知道具體而言那會是什麼。

我怎麼能這麼確定呢？自然科學方面的見解，可以幫助我回答這個問題，尤其是著名的生物學理論「鄰近可能性」（adjacent possibility）。「鄰近可能性」所指的是，生態系統當中的每一次互動，都會增進後續發生之事的潛能。強納生・克蘭（Jonathan Kalan）是平臺「不安分」（Unsettled）的共同創辦人，這個平臺讓人們有機會與世界各地的他人相處，並根據這個「不安分」的理念活出人生。「不安分」平臺幫助克蘭了解到，即使有些事情此時此刻不可能，但只要有其他仲介可能性（intermediate possibility）發生，那件事情便會接著發生。就像是碳可能隨著時間化作鑽石，每一次的互動都會開啟一個具有無限可能性的新世界，只待人們加以發掘。我們可以決定去開啟那些新機會，把對未知的恐懼轉變成看見可能的喜悅。

這件事情也許會令我們感到很脆弱，這取決於我們能夠承受

多少不確定性，可是很顯然的是，預先規劃所有事情是一件不可能的任務。假設你明天碰見了達賴喇嘛，而達賴要請你去當他的高級顧問，你可能壓根沒想過這件事，但這卻會為你開啟大量的新機會。與人的每一次新互動，或觀點上的每一次新交流，都可以擴充我們的機會空間，讓這個空間成為我們從來沒有想像過的領域。

在社會科學裡頭，「意外功效」（unexpected utility）這個概念，大約可以解釋我們應該如何看待自己已經認識的人。亞當・葛蘭特簡要的解說是，當你今天遇見某人的時候，你並不知道他明天會做出些什麼事，所以，如果你做每個決定的時候都要自問：「我能得到什麼回報？」你將會錯過這股潛在的力量（也因此錯失潛在的機緣力）。[5]

要讓機會可以隨著新互動、新見解、新靈感而出現，專注是很重要的，同時，有能力「下注」也非常重要；這件事讓我得以感覺到自己的人生方向，並且開發出數種類型的網絡，幫助自己推測事情接下來會怎麼進展。這種結構化的試驗，在某些狀況下可能意味著加入一間更大的、容許個人成長的公司。於此，重點在於將所有的工作或相關的公司集團視為一座「平臺」，而不是一個特定的職業。你進入高盛集團（Goldman Sachs），是為了要獲得技能跟網絡嗎？或許你擁有一個理念目標，例如讓更多的女性能夠進入企業家的行列，而這或許該公司的長期目標有關。倘若我們可以發揮創意來建構這個理念，一旦我們能找到公司裡面的第一批支持者，我們就真的有可能愚公移山，無論我們現在所處的階級為何；這樣的做法，正是資淺員工們如何將 —— 整合

環境衝擊與社會衝擊的——三重底線（triple bottom line）引入某家大會計公司內部的方式，以及資淺員工們如何將公平市場引入某間大型電子商務公司內的方式。

將組織視為平臺以及下注的做法，讓我們得以發自直覺，探索自己找到潛在北極星的途徑。

在一個完全無法預測人生會引領我們前往哪裡的世界當中，那些成功的公司所使用的方法與此類似。在某次訪談之中，時任 BMW 執行長、多次被票選為德國最受歡迎執行長的哈羅德·克魯格（Harald Krüger）告訴我，為了持續發展性，他需要一股強大的願景來保持前進，但他接下來就會根據出現的情節來做事。對他來說，沒有任何一種方法是完美的，但你必須保持小步小步的方式向前進，並且為未來嘗試具有靈活性的領域。克魯格說道：「這牽涉了好奇心、數據、與他人進行基準化分析（benchmarking）。這並不是某個點、某個特定的策略點，但你必須保持信念而進入新的領域。」[6]

我們該如何下注，是根據我們對於風險的接受程度而定，而「垃圾桶」（garbage can）模型經常是合乎真相的：企業組織當中所發生的事情大多是碰巧，取決於相對獨立的問題、解決辦法、參與者、選擇、機會彼此之間如何、何時會交集碰撞。巧合通常決定了哪種解決方法會用在哪個問題上。[7]

不過，事態正在轉變當中。瑞典最大銀行之一的執行長約翰·托格比（Johan Torgeby）向我解釋道，傳統上，像他這樣的人主要是在思考財務指標，例如內部報酬率等等；然而，他愈來愈轉型為一種「科技投資者」（tech investor）思維，在一個愈

來愈不根據試算表、而是根據信仰的世界當中下注。[8] 如同馬恆達集團執行長阿南德・馬恆達所言，在一個我們無法預測會發生什麼事的世界當中，我們必須讓「百花齊放，然後鎖定『正確』的那一朵」。

我們也可以有個人的下注。開始進行這件事，起初可能只是每週花幾個小時的功夫，讓自己朝著成為崇拜對象的方向努力。要決定你的北極星在哪裡的時候，記得馬克吐溫一句改編過的辛辣格言，也許可以對你有所幫助：「二十年之後，你回首過往，你會後悔自己『沒』做過什麼呢？」如果你目前還沒有這種感覺（這很可以理解），那你可以去想，哪件事情對你有最大的拉力呢？然後再想：哪個「平臺」可以讓你朝著那個方向前進，或者讓你發展出深厚的技能呢？

回應這些問題的答案，可以形塑出在內心激勵我們的動力，將潛在機緣力觸發點與我們所關心的事物、我們是誰（想變成誰）相互聯繫起來。由此，將「點」相連起來就會變成一件輕鬆寫意的事情，因為我們已經知道要把「點」連到哪裡去了。

完整的自我

我們志向與抱負，原生於更深層的信仰與價值觀。如果我們生在一個比較集體化的環境，家庭也許就會比個人志向還來得更重要；如果我們生在一個以個人生涯為重心、個人主義式的環境，我們或許就會更注意個人，而非群體的目標。[9] 人的志向也經常是被恐懼、絕望或復仇等深層情緒所驅使，或者，很關鍵的

驅動力在於對意義的追尋。

有些人會床頭櫃上放書本，而我所放的是維克多‧法蘭克（Viktor Frankl）的《人對意義的追尋》（*Man's Search for Meaning*）。作為一位享有盛名的心理治療師，法蘭克將他的理論重心放在人類**對於意義的需求**。其他學者或將人性的驅動力視為權力意志或者性慾驅使，法蘭克則認為驅動人性的是一種追尋意義的意志。他曾經透過自己的人生來描述這件事情，法蘭克本人是一位猶太大屠殺的倖存者，他反省這段經歷，覺得自己能夠在那段恐怖時期保持精神上的生命力，是因為他盡一切可能在企圖找尋「意義」。他每天都在尋找意義，例如和其他的囚犯說話，給予對方希望等等，這些作為反過來可以給予法蘭克意義。此外，法蘭克擁有一個更宏大的志向：如果他有幸離開集中營，他要寫作一本書。

在小事之中找尋意義，同時抱持著一個長期的志向，這幫助法蘭克活了下來（目前研究證實，意義對於人的健康等福祉具有相當重要的作用）。[10]

我從各行各業、各種人生經歷的人們身上，觀察到這股交互作用：如果我們同時擁有賦予豐富意義的北極星以及有意義的日常互動，我們就能夠活得有聲有色。我們若想要活得好，宏觀面和細微面兩者都需要擁有。但是，這裡存在著一個問題，那就是我們經常把人生視為一個階段往前進的歷程，有許多人會在學校或大學裡面學到馬斯洛（Maslow）的「需求層次」（hierarchy of needs）理論，而這是人類歷史上最常被使用／濫用的範式之一，這項理論巧妙地指導著我們該怎麼工作、該怎麼過人生。

根據需求層次理論，人類首先要滿足生理需求，諸如居所、空氣、食物和水；然後是安全需求；再來是社會性需求，像是朋友與家庭；接著是尊嚴需求，例如成就；然後，到這個地步之後 —— 如果我們還有剩餘的時間 —— 我們才會開始專注來解決自己真正關心的問題，亦即關於成就感、自我實現以及更深層的意義。*

　　像是安德魯・卡內基（Andrew Carnegie）或洛克斐勒（John D. Rockefeller）這樣的人，他們首先是滿足了低層的物質性需求，然後順著層級往上爬，後來才投入慈善事業，將自己的財產捐助給他人。同樣地，我曾經教導過的那些最棒的學生，他們秉持「先變好，再做好事」這句格言，在前十年先做了自己勉強接受的工作，賺到足夠的金錢與人脈以及獲得「正確」的技能，然後才開始去做自己真正關心的事情。

　　這是一種非常線性的人生做法，許多公司企業就是藉此而建立起來的；然而，漸漸地，企業的目標轉變為結合金錢與意義兩者。對此，哈羅德・克魯格可說是一語道破：「今天，人們必須覺得有意義，他們才會維持忠誠。」

　　其實，有這種感受的人，不只是員工和顧客而已。人們的期待在改變，包括那些下一代的有錢人，他們的目標是投資在那種可以同時獲得利潤與目的感的企業。這種趨勢將會迫使仰賴這些

---

* 耐人尋味的是，近期的研究顯示，這幾十年來，「大眾心理學家」（pop psychologist）們一直在錯誤詮釋馬斯洛的學說，馬斯洛本人從來沒把他的理論弄成一個階層金字塔，這是被詮釋出來的（Bridgman et al., 2019）。

高淨值資產人士（high-net-worth individual）的銀行、退休基金以及其他單位，去調整他們的做法與投資方式。

而且，儘管最近幾年的新聞會報導這類的事情，但其實這種深層的渴望不只限於西元兩千年以後出生的這一代人，它跨越了年齡的限制，在這麼一個愈來愈充滿不確定的世界裡，人的遺緒、貢獻、影響等等課題，扮演著遠比從前更為重要的角色。就我的接觸所知，許多高階主管們愈來愈接近退休的時候會開始自問，他們希望自己的遺緒是什麼；那些逐漸面對死亡的人和經歷痛苦分手的人，心中則會浮現出「人生大哉問」。

我們想要成為怎樣的人、想要被當成怎樣的人而懷念，這些觀念經常造就著我們的選擇；反過來，我們的選擇也在造成這些觀念。一旦我們願意放開去做，那麼誰都擋不住。今日的科技讓我們有辦法看見，自己有可能採納的所有潛在人生方式與人生道路；想要結合金錢和意義的渴望愈來愈普遍，人們也愈來愈認為這是切實可行、而不是不切實際的事情。

在某些社群當中，我們的自我價值與物質性價值相聯繫，我們接受金錢是衡量成功的主要標準；也許，這是因為金錢的多寡容易衡量與比較吧。覺得這件事情令人費解的，可不只是聖修伯里的小王子而已啊。[11]

迷人之處在於，一旦人們轉型進入他們認為比較有意義、比較沒有同儕壓力的人生型態，他們通常能夠為人生帶來更多真諦。這不只能造成更多的機緣力，甚至能造成更多的共時性（synchronicity）。如今，我們能夠吸引到的事物，是根據我們內心真正的渴望，而不是裝出來的需求。領銜的群眾募資平臺

Indiegogo 創辦人達娜・厄林格曼（Danae Ringelmann），曾經這麼形容她對姊妹莫熙（Mercy）的觀察，她將莫熙描述為一位「機緣力女王」。

莫熙將自己的完整自我，帶進她投入的各種事業當中。莫熙是個香草專家、科技銷售主管、小企業老闆兼三個孩子的媽。達娜這麼說道：「數百萬美金的合同即將簽訂的時候，莫熙會是第一個點上放鬆與強化免疫系統精油的人，幫助她的團隊成員們保持平靜和鎮定。莫熙會帶著孩子們去她的羽衣甘藍脆片公司，然後在公司廚房裡面和員工們一起打包產品。」莫熙在不同的環境當中，不會刻意隱藏她自我當中比較不適合那些環境的部分。達娜回想，由於莫熙總是帶著自覺努力移除那些人造的障礙，機緣力當然是提升了；這麼做，也使得莫熙能好好保持自己的活力，因為要隱藏自我的那些部分，實在是一件困難且累人的事！對達娜來說，當一個人真誠待人的時候，那種少有摩擦的人際關係，乃是通往成功的關鍵。

我在私下或專業的環境與場合當中，觀察到許多這樣的經驗，那就是，人們愈來愈將賺錢與自己真心關注的事物相結合。例如「全球共時」（inSynch Global）這樣的教育平臺，便開始將這件事情整合到他們的業務之中；又例如像企業家卡拉・湯瑪斯（Cara Thomas）所設立的「機緣翻轉」（Serenflipity）平臺，利用了遊戲卡片的方式來幫助人們開啟「真實自我」，並且分享「真我」、脫下面具，讓更深層的關係、真誠與信任能夠出現。要假裝成一個不是真正自己的人，是會讓人生病的；而那些感覺自己真正在做有意義事情的人（即便工作分量很大），顯然會比

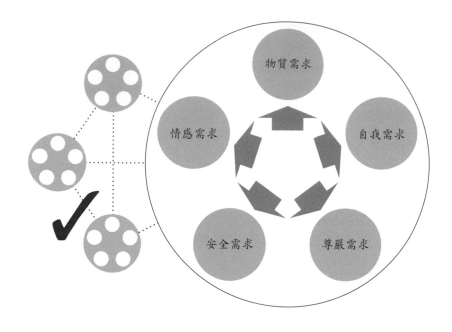

較健康、比較有生產力。[12]

　　如果有得選擇的話，我們究竟為什麼要將人生大量的光陰，花在讓自己不快樂而難受的事情上呢？多數的研究都告訴我們，「給予」會讓我們更快樂，但我們為什麼還要把重要放在「取得」呢？[13] 如今，有一項根本性的改變正在發生，從前所謂的金字塔，如今變得更加像是一個「需求圈」（circle of needs），我們的目標是同時滿足這些需求，而不是得到一個再接著下一個。*

　　O&O學院創辦人克里希納吉和普莉塔・克里希納（Krishnaji and Preetha Krishna）說過，一個快樂而富裕的人生，可以是當個「與心愛的人共駕賓士的佛陀」，[14] 對於自我與周遭的世界擁有

更深刻的自覺，能夠讓我們與自己心愛的人建立起更有意義的關係。

不過，追求有意義且更高級的目的，難道不是一種特權嗎？當然啦，那些窮苦的人們根本不可能這麼做，他們的人生重點是基本的食物、營養、教育與居住，不是嗎？數十年來，這種觀念導致西方乃至於世界各地的付出與努力終歸失敗，它剝奪了地方社群的力量，因為它假設人們只要滿足他們的「低層次需求」，他們就會沒事了。這種觀念低估人們對於意義的強烈渴求，當人們在面對艱困環境而掙扎求生時，那些理論上的「高層次需求」其實能夠給予他們所需的重大希望。關於「最低所得保障」（guaranteed income）的討論，同樣誤會了這件事，金錢只是各種因素當中的一項而已。

我們在紐約大學及倫敦政經學院的工作成果顯示，「尤其」是在資源有限的環境背景下，成為自身運氣的的推手、有能力解決自己所關心的相關問題，其實是最為重要的因數。這會讓人們可以過上一個比較有尊嚴、比較愉快的人生，同時，這也是一種緩解精神健康問題的方式。還記得 RLabs 的故事嗎？當 RLabs 的成員開始重構自身的角色，讓自己從環境的消極受害者及基礎援助的接收者，轉變成為積極的自我創造者，他們的人生

---

* 我們的需求圈，愈來愈取決於我們如何滿足他人的需求，在一個依靠知識及資訊分享的網絡化世界當中，「明智的自我利益」（enlightened self-interest）扮演了關鍵的作用。我非常感謝我傑出的前同事布萊德·費契（Brad Fitchew），幫助我開發出這條思考方向與相關想法。

便展現大幅的進步，機緣力遍地開花。這件事情不是在接受他人施捨，而是在創造希望，進行具體的「意義創造」（meaning-making）。[15]（當然，缺乏財產等等資源，可能會讓其他的東西進到環境當中，研究顯示這些壓力會榨乾人們的心力，導致人做出糟糕的判斷。[16]）

這件事情是真實的，而且在很多情況中發生了。萬事達卡（MasterCard）公司執行長安傑·班加（Ajay Banga）曾告訴我們的「有志領袖」研究團隊，設下使命的做法如何幫助萬事達卡達成近乎不可能的任務。安傑提出的目標是，要幫助五億消費者與四千萬小型商販進入這套財務系統，但他對於自己要怎樣讓五億人做到這件事，並沒有確切的想法，但這件事情反映出，只要你設定使命，並且放手讓有創意的人去做，那它就有可能實現。目前為止，萬事達卡總共觸及了四億人。「我們的目的不是讓更多信用卡進入市場，我們是要前進到一個超越現金的世界，這已經融入了我們所說與所做的每件事情當中。」這件事情的深層概念是，今日的領導者需要去探索這個不斷變化的環境，激發自己的團隊去做心靈所激發出來的負責作為。如今，安傑和團隊培養出了機緣力，因為人們知道他們正在朝著什麼而努力，而且也會受他們的目標所激勵。

那樣的做法也可以應用到更廣的領域：我和同事們曾進行全球表現最佳的三十一位執行長之相關研究，＊我們發現，表現最

＊ 根據《哈佛商業評論》（*Harvard Business Review*）的「年度 CEO」排名。

好的人物與他們的企業，經常會試圖運用所謂的「目的雙元性」
（duality of purpose），而這常常能夠造成機緣力。[17]「目的雙元
性」的運用狀況，是將「北極星」與能灌注意義的日常做法相結
合。如此，在工作場所裡，員工們比較會將自己的精力灌注到日
常工作內，而不是下班之後才去追求自己的興趣。

　　真相是，權衡取捨的情況經常出現。舉例來說，追隨一個
更深刻的目的（例如幫忙解決全球性的挑戰、營養不良問題等
等），可能會讓人感覺這是一種脫離公司牟利目標的不良歧途；
但是，像是納圖拉集團（Natura）這類的公司卻能夠呈現，堅持
雙重目標本身，是一條通往創新與機緣的道路。將先前分別的因
素聚集到一塊兒，有助於促進新的機緣連結，並且刺激人們提出
更有效率的解決辦法。一位納圖拉高級主管曾經與我分享，納圖
拉創辦人擁有一顆哲學家的心靈，他有意創造出潛在對立力量之
間的張力，而這種張力常常能夠醞釀出真正的創造力與革新──
這也是人類進步的泉源所在。

　　建構方向感並落實方向感，依然是很重要的事；但是，「目
的」概念的本身卻經常會造成誤導。就拿我們先前談到的萊拉・
雅爾賈尼為例吧，作為兒童學習與媒體公司「小橋」的共同創辦
人，萊拉擁有深厚的好奇心以及貢獻意識，她的熱情也由此而
生。對萊拉來說，企圖去定義她的人生目的，是一件浪費時間的
事情；反之，她將重點放在，不斷追問她覺得自己身在何處、想
要往哪裡去的想法，這樣的做法幫助她培養出，一種如何將潛在
「點」相連起來的意識。

　　這件事經常需要理性樂觀精神作為條件。維克多・法蘭克的

飛行訓練經驗，對我造成深深的共鳴感：飛行教官告訴維克多，他必須持續對準的標的，必須比自己實際上要飛去的目的地更高一些，因為風力會將他往下拉。法蘭克把這番經驗理解成為一項觀念，那就是，如果你出發時就是個務實主義者，到最後你是會挫敗的；但如果你是作為樂觀主義者出發，到最後你就會是個真正的務實主義者。如同我們在第二章所見，研究顯示樂觀的人們會比其他人更好運，這幾乎就是自我「顯現」的自我實現預言啊。[18]

做正確的事

二〇一七年，颶風瑪麗亞摧殘了大半的波多黎各，全球領銜消費性科技產品供應商「百思買」（Best Buy），在波多黎各擁有三家分店，此時此刻，當地的管理團隊必須當機立斷。他們規劃好私人飛機，備好食物和水，為員工與其家人提供撤離的機會。店鋪雖然關閉了，但百思買仍繼續給付員工薪水，唯一的附帶條件是，當瑪麗亞颶風離開之後，他們必須對島上的復原工作有所貢獻。

百思買執行主席兼前執行長修伯特·喬里（Hubert Joly）告訴我，百思買「做了我們認為正確的事情」。他們將自己的思維與投資者分享，這麼做固然讓公司多花了些錢，但是「在那些狀況中，你如何處理意外的方式，決定著這間公司的價值觀與公司文化。」企業照護員工的方式，對於員工們是一道強烈的訊息：「我們會照顧你，讓我們一起面對。」

結果，百思買在波多黎各島上的業務至今提升了 20％，百思買的員工各個「精力充沛」，顧客們也肯定百思買的人道作為。百思買照顧員工的目的不是提升營收，但是百思買照顧員工的作為，導致它的營收增加了。百思買的例子，正是一個「做好事」跟「做得好」息息相關的範例。

　　與此類似，二〇一五至二〇一九年間擔任土耳其電信（Turkcell）執行長的卡恩・特齊奧盧（Kaan Terzio lu）曾經告訴我，公司主管階層是如何基於對於自身能力、對自身社會角色的清楚了解，來為意外的出現做好準備。在一個剛形成的市場環境中，出乎意料的事情隨時隨地都在發生；接著，卡恩根據自己的信念，直接將「點」給連結起來。舉例來說，二〇一六年伴隨土耳其政變未遂所爆發的嚴重暴力事件期間，卡恩和團隊提供了網際網路一個月免費的服務，讓人們可以與自己關心的人保持聯繫，不用去擔心帳單費用。土耳其電信也以類似的態度面對其他的意外事件，例如在一場地震過後，派出機器人去修復電話作業網路。卡恩告訴我，他們這麼做，是根據他們的理念去做正確的事情，而這件事情也帶來正向的效果，使員工覺得為土耳其電信工作是件光榮的事，讓土耳其電信的客戶們覺得感謝。

　　面對意外和處置危機的時刻，會成為一個真相大白的時刻，它可以積極有力地定義一個組織以及個人。雖然這些抉擇有時讓人覺得像是隨機一般，但這些決定是被我們對於「自己是怎樣的人」、「我們希望別人認為我們是怎樣的人」的觀念所塑造，反過來，這些決定也會形塑那些觀念。偶然與巧合很少會給我們充分的時間去反省，所以我們必須根據對勁的感覺來下決

定，＊在此，發揮作用的是真正的價值觀、信念和直覺行為。更明白自我並且更了解自己的原則，可以讓我們迎向機緣力，這也會給予我們一個指導的架構，讓我們能夠對於意外有所反應，讓我們得以將意外當成機會而不是威脅。那些 —— 可以指導決策的 —— 分析性更強的決定公制（decision-metric）或既有規則，所具有的價值並不會因此貶低。事情並不是一定得在分析式思考或直覺性行動當中擇一，更多的情況是兩者的交互作用。當一個情況愈加不穩定、不可知、快速變化、複雜，而一個人所擁有的經驗愈多的時候，他所能發揮出來的直覺就會愈加突顯。[19]

我們並不知道，人生前方有什麼在等著我們，所以，要為各種後果進行規劃是件很困難的事，尤其是那些牽涉權衡取捨的狀況。我們可以做的事情，是去發展出自己最珍視的價值觀與行為。我依然印象鮮明地記得，我在自己共同創辦的組織中所面對過的一次權衡取捨。那時，我在各種對於未來的想法、不同的風險假設、不同的忠誠對象之間拉扯；當下，我抗拒自己的直覺，然後用腦袋下了決定。事後回顧起來，我意識到自己之所以做那個決定，部分原因是出自害怕：害怕失敗、害怕失去、害怕衝突，害怕那些要我理性看待情況的建議。但實際上發生的狀況是，我們忽略要去留意團隊的情緒溫度，我們只想要避免一切的衝突。結果，這樣的做法不但沒有緩和衝突，反而讓衝突惡化，

＊ 雖然我們可能事後對於自己當初的決定進行合理化，用來說服自己或說服別人。我曾經好幾次目瞪口呆地看著，高級主管或政治人物根據自己的直覺下決定，然後才叫助理去幫他們為這樣的決定找出正當化理由。

所有人或多或少都覺得自己的聲音被漠視了。

面對自己曾經做過某些決定，我並不感到高興，但這些經驗卻幫助我形成了我最寶貴的自覺，並且讓我能在每個「下一次」出現時更有決心。如今，每當我要做重大決定的時候，我會傾聽自己的直覺，試圖不要為了避免恐懼、而是根據期望與願景來做決定。（同時，我企圖避免讓自己到死前才在懊悔：「真希望當初做決定的時候，我可以忠於自我。」[20]）

我們可以早早便開始練習自我意識（self-awareness）。如果你是一位家長，那麼亞當・葛蘭特對待他孩子的做法，也許能引起你的興趣。葛蘭特的做法不是去訂定規則，例如「九點前上床睡覺」等等；他會告訴孩子們，那些規則所代表的意義是什麼，例如「我們重視好好休息的價值」等等。這樣一來，孩子便可以理解這些規則並不是獨裁專制。接著，葛蘭特會把責任交給孩子們，例如跟九歲的孩子說，晚上八點半的時候燈應該要關掉，而這件事情是他得負責的。葛蘭特會給孩子兩種選項：「你想要負責做這件事情，還是我來做呢？如果你不願意做，那你就會喪失這項權力囉。[21]」由此，他給了孩子一項選擇。

對於原則或價值觀，我們很容易只是出一張嘴，但我們真的有身體力行嗎？這些原則或價值觀真的在指導著我們的言行嗎？目前，有愈來愈多的公司企業，想要真正讓自己變得身體力行。萊雅集團（L'Oréal）的倫理長（chief ethics officer）── 另類的執行長 ── 伊曼紐爾・盧林（Emmanuel Lulin），將正直、尊重、勇氣、透明等價值整合起來，他在全球各地旅行，並且把這些價值推廣到全世界。加入萊雅集團的員工，會同時接受那些價

值與倫理準則方面的培訓，透過面對面或網路上的對談，這些價值與倫理愈來愈在公司各處體現出來。

宏盟集團旗下凱旋公司（Omnicom's Ketchum）執行長芭莉・拉佛蒂（Barri Rafferty），是將價值體現為行為的一位榜樣。拉佛蒂所謂的「工作與生活整合」（work-life integration），乃是她的核心原則，但是她也很清楚，光是提供育嬰假的這類政策本身，並不足以真正使這些核心原則被員工奉行，於是，她將方法改變成「兼顧家庭政策」（home-bonding policy）。由此，拉佛蒂開始執行她所謂的「大聲下班」（leaving loudly）做法，來證明重視個人生活是沒有問題的。當拉佛蒂的女兒要參加一場排球比賽時，她會讓整間辦公室都知道她要到場；拉佛蒂當上公司執行長之後，她在歡迎同事的電子郵件裡面公開宣布，她的領導原則之一是不要拋下家庭，所以她已經規劃好自己之後的假期。這項作為造成公司內其他人，在他們需要回家的時候可以自在地表達，反過來，這使得他們在上班期間更加投入其中。[22]

在面對困難抉擇的時候，知道何時說「不」是很值得重視的一件事，而這件事尤其適用於機緣時刻，因為意外的機會確實也有可能導引我們走上錯誤方向。試想一下，因緣際會發現的金融資訊，可能會引誘我們去從事內線交易，這正是巴菲特箴言一針見血的地方：「要建立名聲，你得花二十年，要毀掉名聲，五分鐘就很夠了。」

我們的價值觀與原則會隨著時間經過而日漸彰顯。我們可以從東方哲學那邊獲得啟示，尤其是從中體會到，我們在西方所傾向相信的「真正自我」並不存在，我們只是一直處在流動之中，

適應不同的環境背景。學習信任自己的直覺，有助於我們去探索不同的決定──只要我們擁有足夠的資訊，那我們就會擁有「知情的直覺」。我自己便有過親身經驗，我們潛意識心靈所擁有的資訊，通常比我們的意識心靈還要更多，潛意識心靈如果能夠結合直覺和資訊，那麼聽從潛意識心靈的做法其實相當理性。隨著對話互動的進展，加上我所獲得的資訊愈來愈多，我就愈能肯定自己對某事的感覺。我不會在一開始就採取固執的立場，我通常會嘗試摸索正確的方向該往哪走。

這種內省式的做法也同樣適用於公司企業。在德國擁有多家精神科醫院的「海利根費爾德」（Heiligenfeld）公司，它所使用的是「大群體反省法」（large-group reflection），大約有三百人會每週聚會一小時，對某個主題或價值觀進行反省，最初他們會從簡短的「框架」與演示開始，接著人們會分成討論小組，然後各組再回到大會進行報告。這樣的過程能夠提醒員工們，他們現在所做的事情是重要的，以及為什麼重要，這麼做有助於企業內部與參與員工的價值觀彰顯出來。這件事情，也可以展現在我們工作的建築物當中。美國密西根州晉升工程公司（Cascade Engineering），自我定義他們是一家「解決問題、而不是製造新問題」的公司，他們證明的方式之一，是讓他們的辦公建築全部符合能源與環境設計領導認證 LEED（Leadership in Energy and Environmental Design）標準，由此呈現他們對員工與環境的在乎。[23]

機緣力會在我們保持開放的時候出現。我們的行動如果能和我們認為「自己是誰」「可以是誰」「在乎什麼」相互呼應，我

們就更能夠培養出機緣時刻。關心與在乎是一股強大的動力，但是，即便在我們不關心相關議題、甚至沒有任何意義與目標存在的情況下，機緣力還是有可能發生的，而那就是善意、慈悲、「明智自我利益」作用的時候了。

機緣力格言：「愛你的鄰居」

想獲得機緣力，我們需要看出「點」、連起「點」。能夠出自直覺便做到這件事情的人們，包括與我共同創辦沙盒網絡的費比安·普福特穆勒（Fabian Pfortmüller），他同時也是「在一起協會」（Together Institute）的創辦人，此外還有 To.org 平臺創辦人納克森·米姆蘭（Nachson Mimran），To.org 是一個將創意人員與潛在投資者、高尚事業相互連結的一個平臺。像是那樣的人們，有辦法出於直覺這麼做：跟別人談起一個問題或一個挑戰時，他們會去思考自己如何幫忙，或許是提供點子、可能是透過介紹。他們不期望任何回報，但是與維克多·法蘭克類似，他們知道長久而言這麼做會讓他們感到快樂，而且這經常也是互惠的。

事實確實是如此，助人者人恆助之，我們幫得愈多，別人就愈可能幫助我們，即便我們並不預期獲得這樣的幫助。[24] 順帶一提，研究顯示，善意與感恩的心也可以增進我們的睡眠品質、快樂與警覺性。

亞當·葛蘭特寫道，「給予者」（giver）——也就是那些思考「我能為你做些什麼」的人、那些憑直覺與他人分享價值的人

——通常會比「接受者」（receiver）更成功。尤其是在那些以服務為終極產品的領域中，這個道理特別真切而實在。[25] 然而，要當一位給予者同時又能成功，那會需要非常好的時間管理，這會很清楚地界定出慷慨的限度，而且會使人積極主動地去思考，他們「給予」的做法，能在什麼地方為別人與自己帶來最高的價值；如果沒有這些界線跟素質，一位給予者可能淪為慷慨態度的消極受害者，有求必應是會把他們給榨乾的。我是一個發自直覺本心的給予者，而我有過一些經歷，知道學習劃出界線的重要性，如果不這麼做，你很快就會把自己累死。

　　這件事情同樣也顯示在我們溝通協商的情況中。舉例來說，在我建立的企業當中，一旦論及公平協商的問題，我本來比較重視的是要讓大家都高興，而不是要為自己保住那最大片的派——有時候我甚至在過程中迷失了自己。我從慘痛的經驗中學習到，長久而言，我的做法並不能讓所有人都開心（而且會讓自己變成最不開心的人），怨氣或者不公平的感覺會在其中漸漸滋生。盡早排除這個問題，才有可能避免這個問題。

　　當然，心理健康的先決條件，包括自我照料與培養自我良好狀態的價值。當我們自己處在良好的狀態與位置時，我們會更有能力幫助別人。由此，透過亞當・葛蘭特等人的啟發，我發現，停止去設想怎樣才能讓所有人都高興，反而去思考我當下如何讓某人高興，才是比較有幫助的事。這麼做的壓力少得多了！

　　有時候，「接受者」能夠獲得職位，然後他們裝出比自己實際上更願意「給予」的樣子，例如透過「廉價招式」（cheap signalling）扮演十分招搖的角色，但事實上要做的事不多，只要

被看作是善心人士就好。但是，用葛蘭特的話來說，這樣的人其實更容易淪為「人生的輸家」。

另外，還有第三種人是「配合者」（matcher）。配合者可以說是人際關係的會計師，一直要確定自己在每個關係當中都是穩當的。這種思考某種程度上類似賽局理論（game theory）：當你身處在給予者當中，你不要表現得太像是接受者，否則你就會出局。配合者既不想要表現得太自私，又不想給予太多，所以說他們是在配合。這種做法就短期來講很有效，但最後人們通常會看穿這種人。

有一份很有趣的研究成果顯示，在許多國家，當人們被告知要注意使自己快樂時，他們確實變得更快樂；但是在某些國家，當人們被告知使自己快樂時，後果卻恰好相反。怎麼會這樣子呢？這是因為，在許多社會裡面，「快樂」是與「為別人」做些什麼有關，能「為別人」做點什麼事，確實能讓我們變得更快樂。而在別的社會當中，快樂則是與「把錢花在自己身上」有關；可是，這麼做也許會讓我們獲得短時間的滿足或放鬆，卻無法真正讓我們快樂起來。「以他人為重」——對比於「以自我為重」——可以讓我們變得更加快樂；當然，自我照料是首要的事情，我們必須有良好的心理健康，才有辦法去照料別人。[26]「以他人為重」亦有助於機緣力的培養：如果人具有善意的話，他人會更有動力幫助我們將點連結起來。

我們要怎麼樣培養這種對自己以及對別人的善意呢？重點之一在於感恩，**尤其是處境艱難的時候，更要懂得感激**。除夕那一天，卡拉・湯瑪斯的班機誤點，她氣炸了。為了緩和自己的怒

火，她為自己找出好幾個「謝謝你」，其中包括她與 Uber 司機有一段有趣的談話、她最終還是準時在晚餐時間到達了目的地等等。思考「謝謝你」，幫助卡拉跳脫原本烏雲籠罩的負面想法。感恩時刻幫助了卡拉，把她拉回機緣力可能作用的狀態，那位 Uber 司機也在這個情況下介紹一位她可能需要的攝影師人才。

但這樣的事情如何在組織團體中實現呢？法國工程集團 FAVI 在開會時，會以一段小故事開場，內容是針對他們想要感謝或是恭喜的對象，他們的這種做法能夠讓人們進入一種感恩的心態，並且強化人們彼此合作的意願。[27] 在第八章裡面我還會談到，要怎麼樣在更具有競爭性的企業當中做到這件事情。但是，我們得要留意攪和的傢伙：許多人會表現出利人利他的樣子，將他們的自我利益隱藏起來，某些看似好事的人其實別有居心。容我拿一個通緝要犯的故事來當例子，他從澳洲逃去印度打造新人生，他幫助當地興建學校，但其實這些錢是得自於黑手黨，而他這麼做的目的主要是為了感動他所愛的女人。所以，這個正向的結果難道可以正當化那個人的手段和動機嗎？

你說你犧牲自己，想要讓世界變成一個更美好的地方，有時候這麼說確實會讓故事更好聽；但是，你的作為可能只是出自於罪惡感或職責，或者只是想要套關係。這種事情很常見，尤其是在社會部門（social sector）：有些人宣稱他們想要「幫助一百萬個人」，但事實上，他們是想要被大家視為「幫助一百萬人的那個人」。老實講，這是一種自我中心、而不是利他精神。如果溝通方式正確，忠於自我的意志並注意明智的自我利益，其實真的可以建立起長久的信任關係。

簡單來說，「明智的自我利益」能夠讓我們不要太過於「自利」。「明智的自我利益」既能夠讓我們感覺比較好，也可以使別人願意幫助我們將點串連起來、找尋機緣力。不過，除非我們願意接受機緣，否則這些部分依然產生不了什麼作用。

準備好面對機緣了嗎？

一項引人注目的研究結果顯示，具有彈性的（能夠訓練的）特徵如積極性、幽默、對經驗的開放性、追求新觀念的意志等等，可以驅策我們對培養機緣力作為的意願與動力。[28] 積極主動的作為如率先行動或實踐願景等等，特別有助於我們進入到掃除障礙、機緣發生的情況中，而這些情況有可能會幫助人得到更好的工作、更好的收入，脫離貧困，並為嶄露頭角的企業家帶來成長與成功。[29]

就這件事情來說，創意具有非凡的重要性，因為創意與機緣力浮現時刻的各種潛在特質頗有類似之處：創意經常依靠於我們處理意外事件的能力，以及我們為各種想法進行特殊連結的能力。有創造力與原創性的人們往往會進行「風險規避」（risk averse），也就是說，他們害怕失敗；可是，有創造力與原創性的人們卻靠著另一股更大的恐懼——那就是「害怕自己沒去嘗試」——來克服對失敗的害怕。[30] 讓我們想像一下，作家或作曲家會受自己最新的作品所煎熬，他們對於自己的作品不夠好而感到折磨，即便如此，他們也不能因為這樣而放棄改善自己的作品。

談到人格特質問題的時候，類似的模稜兩可性（ambiguity）也同樣存在。人類的性情是深深根基於大腦科學與人類演化。哺乳類出現的時候，牠們發展出了大腦的新皮層，這個大腦新皮層使我們人類會在行動之前進行思考，而且還會預測行為。但是，要讓這大腦新皮層運作順利的話，它需要處在一種適當的「覺醒程度」（level of arousal）——它在運轉之前需要被啟動加速。[31]

個性比較外向的人，是靠和別人互動來達到他們的「最佳覺醒程度」。[32] 至於個性比較內向的人，他們通常擁有比較高的基本精神覺醒程度。對比較內向的人來說，社交活動會消耗他們的精神能量，他們需要以獨處或安靜來補充能量。蘇珊・坎恩（Susan Cain）在她精采的著作《安靜》（*Quiet*）[33] 一書當中，曾提到一位加拿大講師的故事，這位講師在哈佛大學教課，學生都認為他非常外向；但是，其實那位講師在下課之後，都會躲到洗手間裡面，以免跟學生碰面互動。[34] 有次我偶然遇見這位老師本人（他因緣際會地表示他就是那個故事主角），我發現這位內向卻熱情的人，與我對自己的觀察之間存在許多共通特點。

我人生大部分的時光都花在打造社群這件事上，所以，人們認定我必然是個非常外向的人。但其實，我認為我自己還有許多社群締造者，是所謂的「密室內向者」（closet introvert）。我們會有外向的巔峰時段，尤其是在自己所主持、舉辦的活動當中，此時我們非常活躍於社交及連結，讓人們在我們所控制的環境裡聚在一起。我們可以讓機緣力大為作用，也能為他人培育機緣。但是，我們卻常常盡可能地要找機會趕快溜出去。對我們來說，我們對新觀念的接受程度可能落差很大，那會取決於你是在什麼

時間找到我。

如果你是在我「內向星期日」的時候遇見我，我會處於情緒封閉狀態，此時的我完全沒有連結任何點的任何動力。將「點」串聯起來固然很趣，但也非常耗費精力。我會需要在某些時刻，開小差溜去充電。當我處在外向模式的時候，偶爾也會出現這種需要開溜充電的情況，當時，我的做法就是找個地方躲起來，可能會躲到洗手間、露臺或任何安靜沒人的地方，以便恢復自己的力量，這樣子我就能撐得比平常還要更久。

劍橋大學（University of Cambridge）教授布萊恩·里托（Brian Little），將那個我們恢復能量的空間稱為「回復龕位」（restorative niche）。一般來說，我們不會給予人足夠的空間去自我恢復、處理想法與關係、回復他們的大腦最佳覺醒程度；可是，如果沒有這樣的空間存在，人們會弄到精疲力盡，機緣力也會變得受限。

當然，某些外向特質對機緣力尤其有其價值，但這些外向特質其實是內向者與外向者都能透過訓練來學習的。我身邊有非常多的社群建造者，都是熱情的內向者，而這些人學會了該如何在一個外向者的世界中生存下去。

研究顯示，以外向性增進幸運巧遇的方式有三種：第一，與大量的人接觸；第二，吸引他人；第三，與人保持聯繫。[35] 開始的第一步相當簡單，例如在超市或在咖啡店排隊時找人聊天。這種做法可能會開啟有趣的對話，然後請注意，千萬不要糾結於「有機會的話我應該試著跟這個人聊聊」的感覺裡，只要這麼做不是侵犯或騷擾，那這種做法就能夠增進遇見有正向效果的人事

物之可能性。

讓我們來會會克莉絲塔・喬里（Christa Gyori）吧。我還記得，幾年前我到愛丁堡參加 TED Global 活動，正在我排隊買咖啡的時候，克莉絲塔過來和我攀談。那個時候，克莉絲塔還是聯合利華公司的主管。我們倆聊得相當愉快。兩年之後，我收到一封克莉絲塔寄來的電子郵件，她人要搬來倫敦，問我要不要見面喝個咖啡聊聊倫敦的狀況。環環相扣，一件事牽起了另一件，我們在霍本區（Holborn）喝咖啡聊天的對話，使我加入了克莉絲塔創設「有志領袖」的行列，如今，「有志領袖」已經成為一個全球性的組織。克莉絲塔這個人的特質是，不管去到哪裡，她都會播下機緣的種子，將人們拉進她的旅途一同前行。

五月天某個忙碌的星期一，塔亞娜・卡紮科娃（Tatjana Kazakova）收到一通沒顯示號碼的來電。塔亞娜從事策略諮詢方面的工作，工作時間長，空閒時間既少又珍貴，基本上她在工作時間不會接家人或客戶以外的電話，但是某種感覺告訴她，她應該接起這通電話。來電的那個人表示，他是從雙方共同朋友那邊得知塔亞娜的號碼，他擁有一個團隊跟「超級有趣的計畫項目」，他覺得塔亞娜可能會願意以副業的方式參與其中。這一刻，塔亞娜突然驚覺，長久以來她靠著直覺和興趣所付出的一切、所追求的一切，原來全都有道理的。她現在所需要的，就是好好把握住這個機會。不假思索，塔亞娜回答：「我願意。」

打那通電話的人，正是敝人在下我。我掛上電話的時候，感覺非常振奮。克莉絲塔的直覺一點也沒錯。塔亞娜加入了我們的團隊，起初她只是負責製作報告書，將與 —— 有志向驅動的 ——

領導能力相關的事件連結起來。但幾個月之後，克莉絲塔的磁力、認真與付出，將塔亞娜更進一步拉來擔任全職工作。塔亞娜全心投入其中，她將原本的工作辭了、把車賣了，然後成為「有志領袖有限公司」的共同創辦人兼策略長。

後來，塔亞娜回顧之下表示，她當時「還不了解對這通電話和我說『好』所蘊含的複雜後果。」塔亞娜和克莉絲塔將這個羽翼未豐的計畫，變成一個架構完整的組織。塔亞娜先前工作的那間公司 Horvath & Partners，竟也成為有志領袖最有力的合作夥伴。

李察・韋斯曼近期的研究顯示，克莉絲塔這樣「幸運的」外向者通常能夠吸引到人們和點子，箇中原因固然很多，但基本層面在於：這些人會和別人眼神接觸，他們笑臉迎人，態度開放而具備鼓勵性。[36] 韋斯曼發現，幸運的人跟不幸運的人比起來，前者的微笑的次數比後者多上一倍，幸運的人還會使用開放的身體語言、正臉面對人們，這會使別人比較願意信任他們，而且覺得比較受到他們所「吸引」。*

最後，很關鍵的是，外向的人比較容易認識大量的人，也比

---

* 有趣的是，這個道理也同樣適用於我們記憶事情的情況。心理學家詹姆斯・萊爾德（James Douglas Laird）與同事們，曾經測驗過六十個學生對於操控表情的情緒反應。受試者被要求要閱讀兩段具有相同情緒內容的文字，或者為幽默、或者令人生氣。其中一組受試者被要求要在嘴脣間夾住一枝筆（迫使他們微笑），其他的受試者則被要求要皺眉。實驗結果是，皺眉的受試者對於哀傷文字內容的記憶力較佳，微笑的受試者對於快樂文字內容的記憶力較佳（Laird et al., 1982）。

較可能和人們保持聯絡。這裡有個很簡單的概念：我們保持聯絡的人，也會和其他人保持聯絡。所以，如果你會和一百個人保持聯繫，而他們又跟另外一百個人保持聯繫，那麼你就等於和一萬個人保持了第二級的接觸（second-degree touch）。當然這個說法的假設是，你所認識的一百個人彼此並不認識，如果他們彼此認識，那麼這個總人數就會少於一萬，但是你應該懂我要表達的意思吧！你與一萬個巧遇機會的距離，只有一次介紹或一場晚宴而已，而通常光是一場巧遇，就足以改變你的人生了。

前面已經說得夠多。其實，內向行為在機緣力之中也有一個重大的角色，有很好的理由足以讓我們認定，旺盛的機緣力有賴於外向性與內向性之結合 —— 在一個團體之內、甚至是在同一個人之內。外向行為有可能迸出意外的火花，同時，機緣力也經常需要內向的專注、自我意識以及時間。我們的思考與想法未必僅僅存在於心靈的表層；事實上，最出乎意料而寶貴的異類連結，可能是來自於隱晦的地帶。人的點子和想法，可能會需要時間讓它在心靈中滲透、翻轉，才有辦法發現它的潛力；不然的話，點子也許就會繼續隱藏在安靜的空間裡面，諸如書本、電影等等。比較外向的人們，常常能因為內向者的補足而獲益匪淺，內向的人可以幫助外向者反省、幫助他們將想法與經驗連結起來。以外向的納克森・米姆蘭為例吧，他那位思慮周到的兄弟阿里耶（Arieh），構成了一座「反省基地」，阿里耶會與納克森一起對潛在機會進行反省。

所有性格特徵都是可以改變的，所以，假使你性格上沒那麼外向，那也毋庸擔心；我們可以去選擇，與我們本身性格最能搭

配的特徵。在此，必須考慮的重點在於，我們對於機緣力的偏好，經常是取決於我們情緒豐沛之所在。正向情緒能夠促進「機會識別」（opportunity recognition），因為正向情緒會增加我們對於外部刺激的警覺性，並賦予我們探索外部刺激所需的力量。正向情緒也能夠加速我們對於事件的反應度，因為它可以拓展我們的注意力與行動選項的廣度。[37] 事實上，我們的情緒狀態相當關鍵，因為我們真實做出的決定（例如碰見巧合時採取行動），經常是由自己或他人的直覺所驅使。你是否曾經留意，當你需要工作或需要靈感時，坐在一個有「好能量」的人旁邊，感覺是不是有很大的不同呢？或者，坐在一個時時打哈欠的人旁邊，那種感覺是不是很難熬呢？能量是會傳導的。

好能量與社交煉金術

像是克莉絲塔這樣子的人，乃是「機緣煉金術士」：他們在自己所到之處，都能創造出好能量，也就是一個讓自己和他人交換正能量與點子的力場。這個力場，正是物理與機緣力交會的地方。

我們從量子力學得知，能量是以波的型態存在。[38] 一旦我們將電子當作波，而不是位在特定空間的粒子，能量的影響就會擴散到更廣闊的空間。這個道理也適用於我們看待世界的方式：如果我們把自己看作粒子，我們的注意力就會放在特定的因素上，例如人生經歷、記憶、肉體等等。可是，我們也可以變成波呀！[39] 這樣一來，散發出好能量就不只是一種正向的感覺而已，

它會成為一種擴充自我與他人機緣力領域的方式。

講到底，我們存在的根本核心是能量。我們可以拿熱力學第二定律為例，熱力學第二定律所牽涉的是「熵」（entropy），也就是事物會隨著時間經過而衰老或分崩離析；除非我們能夠保持著對進步的重視，否則組織、個人乃至於這套系統都可能會進入衰敗。[40] 要舉例的話，那就是一家原本看似蓬勃的企業，隨著時間推進，漸漸變成以 —— 會扼殺創造力的 —— 例行公事維持現狀，最終則淪落至倒閉。

當科學與形上學出現交會，這一切甚至會變得更加有趣。將自己的能量聚焦於特定的結果上，能夠使機緣力的運作加速，對於這件事情，我們或許會覺得半信半疑，但是量子力學也許可以給予我們一個可能的解釋：系統內個體之間的互動，有可能改變電子的運動。實驗結果顯示，當觀察者聚焦於可能的特定例子路徑時，例子的反應會有所不同。在能量產出（energetic occurrence）當中，只有非常少量的能量是有用的，而能量經常是雜亂無章的型態移動；所以，如果我們擁有某種方向感，這段前緣（forward edge）便能引領著我們朝向潛在渴望的目的地前進。[41]

這聽起來簡直像是魔術。可是，也許你可以想到一些人生中的例證，當你聚焦在某個自己渴望的可能性時，它是不是有發生在你身上呢？或者，你曾經遇過每件事情都如你所願的狀況嗎？通常，這是一種自我強化的能量。人們會對正能量有所反應。就像是物理學中要讓反應作用啟動時，所需要的活化能（activation energy），我們有時候也需要點燃能量 —— 或需要像克莉絲塔・

喬里或納克森・米姆蘭這樣的點燃者——來幫助我們使事情發光發熱。這一點會連結到更加抽象而且常常有爭議的「吸引力法則」（law of attraction），吸引力法則主張，人是由能量所構成的，吸引類似的能量有助於我們增進財富、人際關係、健康與喜樂。[42]

當我們將能量注入宇宙之際，共時性——有意義的巧合——這類的事情就會變得更容易發生。＊驚人的研究成果顯示，人們很容易與親近的人出現相似的情緒經驗。例如同寢室室友的月經經期居然會變得一致，雙胞胎通常擁有兩人可以不透過言語而溝通的感覺。於此，我們或許能與我們非常關心的人分享自覺意識，這是一項真實的量子糾纏（quantum entanglement）現象。[43]

法國生命科學諮詢師兼藝術家蘇菲・佩爾特（Sophie Peltre）感覺到，她和自己的姊妹擁有與此相同的連結。每逢蘇菲心情極度沮喪時，她就會感覺到她的姊妹也受到困擾；而且當蘇菲跟姊妹聯絡時，她真的發現對方目前處在不好的心情中。

我們的確需要當心，不要企圖用量子力學來證明極度不合理的事件；但是，這個世界上確實有許多靈性修練法——包含各大宗教在內——都是根植於萬事萬物相互連結的信仰上，建立在善有善報的信仰上。科學與靈性領域愈來愈具有共同的觀點。

印度 O&O 學院創辦人克里希納吉和普莉塔・克里希納，啟發了好幾百萬的人，他們在自身成功的核心處看到意識所具有的

＊ 專注於活動歷程的機緣力與共時性不同（參見 Jung, 2010），後者是個有意義的單一巧遇。

力量。[44] 克里希納吉和普莉塔區別了「作為」（doing）與「處境」（being），「作為」包括達到成功、建立重要的關係等等，「處境」則例如我們體驗人生的方式。他們主張，只要我們能處在一個「美好狀態」（beautiful state）當中，有意義的巧合就會發生，宇宙會開始自我運轉，化為可以達致我們意圖的型態，人生問題的解決之道就會由此憑空出現。

根據某種計算方法，人平均一天會出現一萬兩千至六萬個念頭，其中大多數是重複出現的念頭，而其中大約有八成是負面的念頭。[45] 克里希納吉和普莉塔 —— 她也被稱作普莉塔吉（Preethaji）—— 試驗出一些步驟，可以幫助人們脫離「受苦狀態」而進入「美好狀態」。他們的思想體系核心，是要帶著靈性的願景過生活，這個靈性願景的本質是關於立志。這件事情的重點在於去探索我們的內在真相，也就是對於我們內在所發生的事情，進行不加評判的觀察；[46] 我們也許會察覺到「受苦狀態」的存在，例如某些解不開的怒氣、焦慮或沮喪等等，也可能感覺到喜悅的「美好狀態」。「受苦狀態」本身往往會惡化成一種我執與自迷。

只去認知這種狀態、但不要試圖去改變這些情緒，這麼做有助於喚醒我們的 —— 克里希納吉和普莉塔所謂的 ——「普世智慧」（universal intelligence）；他們認為，引領我們的不只是大腦，還有我們的心、我們的內臟、甚至是我們的脊椎，這些部分全都含有智慧（根據某些說法，舊記憶經常儲存在身體的不同地方，例如脊髓。我們有能力觸及這些記憶，甚至有能力改變儲存在細胞當中的記憶）。

瑜珈、冥想、觀想等等做法，可以開拓我們的自覺，幫助我們學習看開、放下。我們若想要開始解決問題，那我們就不要企圖去掌控所處當下（例如處在負面情緒狀態時）的生命流，而是先喊暫停、稍微緩一緩，然後等自己狀況比較好一點之後再下決定。我們不要把重點放在高不可攀的理想，而是要學習將一個狀況的特殊條件納入考量，我們要處在當下，而不要自以為是、自我作古。克里希納吉曾解釋，他是如何立下願景，要創造出一套生態系統，協助進入學院的每個人進行轉型、幫助人們體驗他自己所體驗到的事情。克里希納吉回憶，在他立下這個願景之後不到一個月，人們和資源便「開始湧入」，「魔法般的巧合開始迸發」。雖然仍有巨大的障礙存在，例如他缺乏所需的建築許可證等等，克里希納吉卻找到了他所需要的土地以及能理解此願景的建築師，而各個碎片漸漸拼湊起來。大約經過十六年後的現在，每天都有好幾千人來到克里希納吉的中心。室利巴關（Sri Bhagavan）這位擁有超過一千四百萬追隨者的靈性導師，乃是這個家庭的一分子，也是相關學院的創辦人，室利巴關的名氣顯然對克里希納吉中心之創辦有所助益，然而，在這整個過程中，機緣力的作用依然是非常顯著。

靈性願景（spiritual vision）跟目標（goal）是不一樣的。例如策略規劃等等的目標，乃是屬於未來導向；靈性願景則是與目的地無關，當你在追求自身目標的過程中，靈性願景是關乎你選擇自己要活著的狀態。用某種方式來說，靈性願景是一切願景之母。保持著一個專注的靈性願景，每天都將它展現起來，這麼做有助於我們放開對過去的執著，不要對我們心靈中受傷的赤子那

麼耿耿於懷。

克里希納吉曾使用一段 YouTube 短片作為範例，當中，一個小男孩告訴他媽媽，他愛她，可是他可不是永遠都喜歡媽媽喔──是在媽媽給他餅乾的時候才喜歡媽媽。我們也許都曾經是那個小男孩，在那種狀態裡，重點不在於我們認為社會相信是非對錯是什麼，我們不是根據這些感受來評斷自己，我們就只是高興而已。[47] 在這種時候，感覺沒有對錯，感覺就只是感覺的本身，這是一種更能使人好好放鬆的狀態。

狄巴克・喬布拉在著作《成功的七項靈性法則》（*The Seven Spiritual Laws of Success*）當中，提到業力（karma）的重要性，人的行為會產生同類報應的力量，這就是業力。[48] 追隨者們敬愛喬布拉，但也許多科學家厭惡他，認為這個人是在講假科學。

這類說法鮮少有科學基礎，只有一些軼事跟個人選擇的說詞，所以，究竟科學概念有可能被誤解或濫用到什麼地步，這部分始終存在著激烈的辯論。[49] 不過，我們可以從那些看來與其他領域一致的部分當中汲取靈感，例如能量流的積極功能與正能量等等。然重要的是，正如同結構性限制會阻礙我們對機緣力的探索，我們不應該將負面的後果──例如一場大病──歸咎於某人把它「招引」過來。生命實在太複雜，而人其實都很脆弱。

在人生途中，我始終被持續提醒著，即便我當下創造或吸引了很多機緣力，事情仍可能會急轉直下。跟我個人的經驗類似，我的兄弟也曾經差點死於一場車禍；在我還小的時候，我母親曾因為內臟脫垂而差點死去；有次，我父親心臟病發作，要不是那輛神奇的救護車及時載他醫院去，他恐怕已經不在人世了。生命

的脆弱，使得我們懂得去感謝我們共同擁有的每個日子。

當然，在剛才所提到的狀況中，我們是幸運的。但運氣也是會用完的，我的表弟是個游泳好手，卻他卻溺死在海中；我過去的一個同學，最後因為精神問題自殺了。

我們都曾經遇過沮喪乃至於絕望的時期；可是，機緣力可以將我們的人生，提升到一種更加喜悅、圓滿、成功的層次，即便是處在糟糕的情況裡，「杯子水半滿」（glass-half-full）[50]的態度有助於讓我們比較快變好一些。「重建生活實驗室」RLabs當中的成員們，會擁有一位「打氣手」（hype person）在他們的身邊，在比較艱難的情況中，甚至是對他們不利的艱難處境中，這位「打氣手」會呼應他們所說的內容，創造出更好的能量，並且強化他們的訊息，但卻不是單純的學舌或複述。

不完美的力量

在這趟旅程當中，接納卑微與脆弱可能是關鍵所在。[51]我們經常需要克服自己對完美的追求、對掌握全域的追求，這麼一來才能夠使機緣力發生。

百思買執行主席兼前執行長修伯特・喬里告訴我，他的經驗是，如果你想要掌控一切，你就不會在自己沒能力處理的時候向人求助；假如犯錯的是別人，那他們就成為問題所在的一部分。這樣子過的人生，是個不人道的人生。相反地，如果你願意接受不完美，你願意去接受自己的脆弱、他人的脆弱，當意外發生時，你就可以承受。於是，意外就不是不完美，之所以會有意

外，是因為我們是人；意外不是錯誤，我們要學習的是在出乎意料時把握時機。以修伯特的經驗來說：「正是在危機出現的時刻，你可以真正造成巨大的差別。」

同樣地，這番道理也適用於那種把完美追求拿來加諸於我們的人，且讓我們看看丹妮爾・科恩・亨里奎絲（Danielle Cohen Henriquez）的例子吧。丹妮爾先前是政策分析師轉型的企業家，如今是一位社會影響力投資者（impact investor），她曾與我分享她生涯早期的工作經驗。丹妮爾有一個情緒暴躁的恐怖老闆，這個老闆大概就是那種把團隊成功歸諸他個人、卻將失敗歸咎團隊的那種人。

在這種有毒的工作環境下，當丹妮爾進入這家公司時，已經有三分之一的員工辭職或請了病假。丹妮爾是個積極的實習生，所以她很快就工作負荷超重。在某個星期五晚上大約七點三十分的時候，當時丹妮爾正要離開辦公室，就在此刻，她的老闆在當天發布的公司內部報告裡頭找到一處排印錯誤。丹妮爾回憶：「老闆的眼睛瞪得老大，他怒摔鍵盤，將一堆迴紋針砸向牆壁，聲嘶力竭地喊道：『這裡難道連個能做事的人都沒有嗎？』我的心簡直沉到谷底，我已經做了能做的一切想要證明自己，我知道這個錯誤本身並不是我犯的，但是他的反應只是在表示我做得不夠好。」

丹妮爾終於離開辦公室，她衝去趕回家的列車，卻遲了二十秒鐘，沒能搭上車。「在都是灰塵的月臺角落，我崩潰了，我覺得很怨恨，覺得這一切很沒價值。」丹妮爾知道，事情必須有所改變，但她能做什麼呢？難道要在禮拜一的時候去跟老闆談嗎？

這樣做應該是不會有什麼幫助。要辭職然後失業嗎？這不是個可接受的選項。後來，丹妮爾有位朋友也來到這個列車月臺上，對方工作的地方是城裡最大的公司之一，在某些方面上也算是丹妮爾的競爭對手。丹妮爾回想道：「每個人都渴望在那間企業工作，我甚至連去申請的膽量都沒有。我問那位朋友他過得好嗎，他說，他們的團隊剛剛接到一個非常棒的計畫，亟需一位新員工。他問道：『你有推薦的人嗎？』」

下個星期二，丹妮爾進行了面試，星期五的時候，她已經成為那家公司的新員工。不僅如此，這是她所做過最值得、最有意義的工作。丹妮爾的新老闆是位傑出的領袖，他是個悠然自得、激勵人心、學識淵博的領導者，他為丹妮爾開闢出無數的職涯機會，他至今都還是丹妮爾的精神導師。

月臺上的那一刻，丹妮爾摔落到谷底深淵；但回顧起來，這一切都是機緣力的作用。

丹妮爾和修伯特都知道，機緣力經常出自於狀似危機的情況，但是，若你能學會接受當下的不完美與缺憾，機緣力便可能衍生出正向的結果。

放輕鬆啦！

人並不是靜止不動的。人會根據各自所處的環境條件、輕重緩急而改變。每個人都是不一樣的，而且在不同的時間裡，有時我們接受能力高、有時則接受能力低落。

讓我們來談談壓力吧。美國海豹突擊部隊改編了古希臘詩人

古亞基羅古斯（Archilochus）的格言：激戰時分，你不會提高到自己期望的水準，而是落到你平時訓練的水準。這句話確實反映了不少真相。在面對壓力時，幾乎所有的精神偏見都會惡化，我們的身體會進入一種戰鬥或逃跑的反應狀態，完全依賴於直覺，而缺乏丹尼爾・卡內曼（Daniel Kahneman）所謂「第二系統」（System 2）推理類型——較緩慢、較受控制的思考方式——的緊急剎車。[52] 壓力經常導致人們倉卒決定、馬上回應、陷入習性。我所做過最糟糕的那些決定，正是我感覺自己被逼到牆角、陷入戰鬥或逃跑模式下的行為。

幸運的人比較是容易放鬆的人，焦慮可能導致我們無法把握住機運。李察・韋斯曼做過一場實驗，他給人們一份報紙，然後詢問他們裡面總共有幾張圖片。大部分的受試者大約花費兩分鐘快速數過，有些人會確認兩遍。但是，沒有一個人注意到報紙第二頁的標題用粗體大字寫著：「本報紙共有四十二張圖片」。沒有人留意這幾個字，因為他們的注意力都放在圖片上。他們也因此錯失了獲得一百英鎊獎金的機會——報紙裡有個大幅廣告上寫著：「別再數了，跟實驗者說你看到這段字，可以贏得一百英鎊。」但情況還是一樣，受試者太忙著數圖片，根本沒注意到這段字。當韋斯曼轉而詢問受試者，是否注意到報紙有什麼不尋常之處，他們很快就能用不同的方式去查看，並且立即發現上述的訊息。他們太過度專注於一項特定的任務，反而因此錯失了真正的價值。

只要我們的組織團體裡面，還擁有那種超高壓力的文化，而人們總在注意怎樣才不會被開除、怎樣能準時開會，那麼，我們

錯失機緣力的可能性就會更高。當然，在貧困的環境中，壓力或焦慮感會比前者更高，這對於制定決策可能有更負面的影響。

健康心態固然相當重要，可是，不舒服的感覺或壓力，也有可能是成就的源頭。一如往常，平衡才是真諦。

更有甚者，大腦與肉體互動的研究顯示，消化系統、心臟系統內的變化，與我們的臉部表情是有關連的。本質上，心理狀態可以決定人類的心理與行為經驗。所以，毋需訝異的是，輕柔的聲音與溫和的表情可以改變我們的感受，或者，遭受忽略可能導致我們陷入恐懼狀態，甚至是精神崩潰。[53] 同理，如果你家的狗死掉了，或者你剛動完一場手術，這種時候恐怕不是機緣力的好時機。

有許多人可以透過冥想和／或瑜珈來使心靈平靜，而心靈平靜能夠為我們帶來益處。我們透過這些方法所培養出的自我存在，可以增進機緣力的機會，因為機緣是建立在警覺的基礎上而活躍起來（就警覺本身而言，它所需要的是專注處理、而非多工作業）。[54] 不同時間下有不同狀態而擁有不同能量層級的觀點，意味著我們在某些特定時刻的接納性（或傳達性）會比其他時候更高。在對的時間找到對的人，是一件相當重要的事情，那種時候他們應當是處在開放狀態，而不是縮在殼裡。

在人生的不同階段當中，這個道理也是同樣適用的：如果你剛從學校畢業、或剛結束某個人生階段、或者剛賣掉你的公司，正在思考自己的下一步是什麼，這個時候的你可能對於意外的轉折更能抱持開放態度。這個道理對企業來講也是一樣。機緣力有它的時段，集中的執行力也有它的時段。

可是，這件事未必是可以隨我們的意思選擇，尤其是我們如果還在為求生問題奮鬥的話（尤其是財務方面）；可是，即便在那樣的情境下，機緣還是有可能會降臨。機緣力經常會在我們最不抱持期待的時候發生。不要讓期待影響你，把期待留在——或者是一場派對、宴會、或者是辦公室——門外吧，這麼做可以為我們開啟最有魔力的神奇時刻。

因此……

如果我們將注意力放在鎖定潛在觸發點與將「點」連結起來，如果我們對於什麼能連結上機緣時刻持有想法的話，機緣力就會更有可能發生。這整件事就是要在別人看見空洞的地方看出連結處，如果我們真的有目標想要達成，其實這麼做並不困難。我們擁有許多方式來產生方向感，例如根據原則理念而產生、或是透過實驗而產生的深刻目的意識與精神感知。培養出「知情的直覺」，對於我們的探索將會有所幫助。

這也就是為什麼，這一章當中的機緣力練習，會著重於如何培養深層的情緒基礎與追尋機緣力的動機。

機緣力練習：奠下基礎

1. 把你人生中最重視的事情寫下來。你想到了什麼課題呢？其中有沒有一個深層的主導模式，例如一種熱情、一種方向感，是在你回顧之下才浮現出來的呢？試著用潛在的北極星實驗看看，這樣你在未來會更容易將「點」連結起來。

2. 每天花十分鐘冥想或重複一套咒語。你可以從簡單的開始做。坐在一張舒服的椅子或沙發上，雙掌放在大腿上，深呼吸四次之後慢慢地告訴你自己：「願我能找到自己追尋的答案。願我能找到自己需要的解答。願我可以擁有美麗的人生。願我所愛的人擁有美麗的人生。[55]」例如 Calm 或者 Headspace 這類的 App，也可以給你指引與指導。

3. 讓你的身邊充滿擁有正能量的人。找出兩到三個可以讓你擁有好心情的人、你願意花時間共處的人，約他們出來喝杯咖啡吧。

4. 將感謝與感激納入你的生命當中。你可以使用「感恩日記」（gratefulness journal）或者像 *Gratitude* 這類的手機 app。或者，你可以將把這件事放到自己的日常生活裡，例如在晚餐的時候，讓每個人說說自己覺得感謝的三件事。

5. 每一個禮拜，為三個對你生命造成正向影響的人，寫下感謝函。事實證明，對於寫信者和收信者來說，感謝函都能造成驚人的強烈力量。

6. 展現真正的自己，從基礎的步驟開始做起吧。人際連結組織「契機對話」（Trigger Conversations）創辦人喬姬‧奈丁格爾（Georgie Nightingall），所使用的方法如下：當有人問你好不好的時候，為什麼不打破俗套，說出一些令人意外的真話呢？例如，「滿分十分的話，我現在六點五分」，或者「缺乏咖啡因」，或者「狀況有點奇妙」。人們可能對你的回答感到訝異，但也對於你不拘常規的做法感到有趣，由此開啟了你們的對話。

7. 鍛鍊你的外向肌肉吧。在咖啡店排隊的時候找個人來聊天，用眼睛的笑意與他人產生連結；到派對或宴會裡面，找個你不認識的人聊聊吧。把積極正向的態度拿出來：每個人都有他自己的困境，根據漢隆剃刀（Hanlon's razor）「用無知可以解釋的事情決不要歸諸於惡意」的精神，一旦我們願意採納正向的意圖與態度，我們就可以避免惡性循環與自我應驗式的預言（self-fulfilling prophecy）。如果我們預設人們真的會想要和我們講話──即便他們的回應有些奇怪、也許他們有些經驗──對話就會開始進行了。

8. 列出一份二十個志向的清單，並且在當中選出前五名。我們很容易會過度關注雄心壯志（ambition）而忽略心願志向（aspiration），[56] 但是，所謂的成功，其意義其實不只是我們想要做出什麼，而且還包括我們想要成為什麼。[57] 問問你自己：「這些選擇對於『我是誰』這件事情，會造成什麼影響呢？」

9. 決定兩項承諾（例如，每個禮拜一我要和自己所愛的人共進晚餐）。[58] 找一位可靠的夥伴、一個也同樣信任你的夥伴，把這件事情告訴他們，並且約定你會再向他們回報執行的結果。

10. 在規劃員工、社群靜修活動或者家族活動的時候，反省五項具體的作為，可以反映你的組織、社群或家族所代表的價值。是不是每個人都可以說出，這些事情在他們的生活中扮演什麼角色呢？他們是否能說出相關的具體故事呢？

11. 如果你本人是位家長，你也可以將相同的方法用在孩子身上，例如叫他們在晚飯的時候分享故事，講講有誰能夠呈現出一項核心價值（比如說，他們也許會說出學校有個孩子對自己很好、或者是自己對別人很好的故事。）

註釋 ───────────────────────────────────

1. 相關的精采討論，參見 von Hippel and von Krogh, 2016。

2. Gyori, Gyori and Kazakova, 2019.

3. 更多關於直覺動機和外來動機的背景知識，參見 Ryan and Deci, 2000.

4. Gyori, Gyori and Kazakova, 2019. 此事也適用於企業：企業發展出一套專屬於企業的價值創造理論，也就是揭示出一套架構與值得關注的系列問題，這麼做可以引導策略走向並且允許篩選過濾。價值創造的核心手段，乃是建構及更新企業理論並運用其組成問題、組織解決方案搜尋、從可用的問題與解答配對中進行挑選 —— 這對於企業而言是獨特的事物（Felin and Zenger, 2015）。新產品為何售價較高的原因之一是，現存市場對於該如何定價產品有著清楚的想法。論及新穎的問題或用途，新問題及其解答配對的市場可以促成他人先前沒看出的價值創造機會 —— 由此能夠創造出一套理論（包含更高售價的正當理由）。

5. Grant, 2015. 亦可參見 Engel et al., 2017。

6. 商業界曾運用許多方法這麼做，其中包含「實質選擇分析」（real option analysis），於此分析中，一項決定會被分解成好幾個小的決定，對後期階段的投入會取決於先前階段的成果（McGrath, 1999）。就此事而言，「貝氏更新」（Bayesian updating）也是一個有趣的概念，我們將所有先驗可能性納入考量，然後隨著我們獲得新訊息而加以更新。

7. Cohen et al., 1972. 此觀念以為，在決策場合如會議之時，參與者會將問題及解決方法倒進「攪拌機」內，往往是機率決定哪個解決方案用到哪個問題上。但當然了，此處的前提假設是，我們已經構思出問題和解決方案；在快速變遷的世界當中，問題與解答都會變得更加屬於即刻浮現。

8. 有許多大型組織開始以各種方式下注，或者是使用較為去中心化的結構（如 AIG），或者是能將公司轉變為平臺的內部育成中心（如 Siemens），大型組織還會訓練人員如何探索一個充滿不確定性的世界（如 BMW），其做法例如培訓現有員工、而非招募新人。在 Inditex，公司執行長 Pablo Isla 以讓人們「覺得這間公司是間小公司、上班像是第一天上班」的方法來建構工作。

9. 「集體主義」（Collectivism）強調的是凝聚力以及群體優於個人（Hofstede, 1984; Schwartz, 1990）。集體主義社會比較是以信任及人際關係為基礎，較為個人化的社會則是以契約或約定為基礎。在我某個夏季學院的課程當中，課程學員年紀大約在十八至二十五歲之間，較為「專注約定」的文化（如德國）出身的學生經常會問我，跟較為集體主義的文化（如肯亞）出身的人建立人際關係，會不會只是在浪費時間。我通常以自己在肯亞的工作案例回答此事，我花了很長的時間，才發展出幾份很深厚的友誼，但現在不管我到哪裡去，我都有人脈，因為某人總是會跟某人有關係。而且，因為我是受到他們信任的人所引介，辦事的速度因此非常快捷。更重要的是，這讓（來自高度個人主義背景的）我認識到，當你更加處在社交環境、而非單純商業背景去看待事業的時候，這件事情將會變得有趣許多。因為如此，我對肯亞有更多了解，長期下來，這件事情在許多方面也是值回票價。

10. www.npr.org/sections/health-shots/2019/05/25/726695968/whats-your-purpose-finding-a-sense-of-meaning-in-life-is-linked-to-health.

11. 這一點很優美地連結上 Simon Sinek 的作品。Sinek 關注「為什麼？」的著作啟發全世界數百萬人。他問道：「我們為什麼普遍要計分數呢？」Sinek 指出，從很小的年齡開始，多數人就渴望要「贏」。但我們所使用的分數是什麼呢？對有些人來說那是指名氣，其他人則認為那是金錢、或權力、或精神境界、或者家庭。分數幫助我們衡量進步的情況，而「進步」是事情如何進展的一種相對性描述。Sinek 舉了一個例子，有位億萬富翁因為失去一百萬元而心情沮喪。這筆損失對於他的生活並沒有真正的影響，但他或許是感覺自己輸了。回到「為什麼」可以幫助我們決定事物的優先順序。機緣力得分的美妙之處何在呢？機緣力得分關乎我們可以成為怎樣——關於我們自己——的人。

12. AoK Fehlzeiten Report, 2018.

13. 參見 e.g. Dunn et al., 2008。

14. Krishnaji and Preethaji, 2019.

15. 有一個很有名但或許是杜撰的故事，John F. Kennedy 曾經問一位在 NASA 行動中心工作的清潔人員，他為什麼看起來很高興？對方回答：「我是人類登月行動的一員耶。」我曾經在成為關鍵溝通者的

接待人員身上、被平等看待的清潔人員身上，看過類似的效應。到最後，與更崇高目標相連的尊嚴、社會連結和感覺，才可以行之久遠。

16. Mandi et al., 2013.

17. Gyori, Gyori and Kazakova, 2019.

18. Wiseman, 2003.

19. Busch and Barkema, 2019; Pina e Cunha, 2014.

20. 引用並改編自 Nelson Mandela. 參見 www.theguardian.com/lifeandstyle/2012/feb/01/top-five-regrets-of-the-dying. 這一幕也讓我了解，行動經常造成非預期的結果，而衝突可能是有意的。正如我的共同創辦人 Fabian Pfortmüller 在近期一次匯報所說當中：「森林需要定時焚毀，才能夠使土壤恢復活力，讓新樹木成長。」以我們的一個組織為例，它讓新一代的領袖人物可以有機地成形。

21. 關於這些課題的極佳評論，參見 https://medium.com/@ farnamstreet/adam-grant-on-intentional-parenting-4e4128a7c03b。

22. 包含瑪氏（Mars）在內的其他企業，也試圖大規模整合這種價值觀，瑪氏使用了「五項原則」，以互相、品質、責任、效率及自由五個核心價值，引導會議的決策並且團結來自不同文化的員工。

23. Laloux, 2014.

24. 這與互惠性原則有密切相關（參見 Cialdini, 1984）。

25. Grant, 2014; Grant, 2017.

26. 或可參見 SDunn et al., 2008。

27. Laloux, 2014.

28. 請注意，這與願意接受風險的意願並不相同。Adam Grant 已經在 *Originals* 當中高明地點出，許多具有原創性的人其實非常牴觸風險。若欲對個別領域有更深入的了解，參見 Erdelez, 1999; Heinstroem, 2006; Stock et al., 2016。

29. 積極行為所指的是自身主動且以未來為導向的行動，其目標在於改變並改善情況或者自身（Crant, 2000; Parker et al., 2006）。這牽涉到的行為領域是，個人在其中推動並對自身行動有所預期，個人對於對於未來的事件有遠見，同時會進行思考、計畫、計算、預先行動（Bandura, 2006; Bindl et al., 2012; Parker et al., 2006）。

30. Grant, 2017. 亦可參見 Simonton, 2003。

31. 劍橋大學的 Brian Little 對此有傑出的研究工作；較為簡短的結論，可見他的 TEDx 演講：www.youtube.com/watch?v=NZ5o9PcHeL0。

32. 外向性是 OCEAN 縮寫「五大」人格特質之一：O 代表開放性（Openness），C 代表盡責性（Conscientiousness），E 代表外向性（Extro version），A 代表親和性（Agreeableness），N 代表神經質（Neuroticism）。

33. 譯註：另有中文譯本，書名為《安靜，就是力量：內向者如何發揮積極的力量》。

34. Cain, 2013; 她精采的 TED 演講可見於：https://ed.ted.com/lessons/susan-cain-the-power-of-introverts。

35. Wiseman, 2003. McCay-Peet et al., 2015，對於外向性也有同樣的表示。

36. Wiseman, 2003.

37. Baron, 2008; Helfat and Peteraf, 2015. 關於組織創意的研究顯示，正面影響讓人比較容易產生新的聯想，正面影響可以讓人們思考不同主題的靈活性大增（參見 e.g. Isen et al., 1987）。

38. 這些做法有時候會被稱成偽科學（參見 Lederman and Teresi, 1993: https://plato.stanford. edu/entries/pseudo-science/#NonSciPosSci）。

39. Krishnaji and Preethaji, 2019.

40. Pinker, 2017; C. Milligan blog: www.spectrumtransformation.com/how-does-science-explain-serendipity-synchronicity-and-the-yuk-of-life/.

41. 參見 e.g. Pershing, 2015; Walia, 2018。

42. 吸引力法則相信正面或負面的思想會為人生帶來正面或負面的經驗，此說招來大量追隨者、也招致大量批評。批評者認為，這根本是假裝成科學的非科學或量子神祕主義（quantum mysticism）。相關的簡短概述，參見 www.wikizero.com/en/Law_of_attraction_(New_Thought)#cite_note-gazette-1。

43. Beitman, 2016.

44. Krishnaji and Preethaji, 2019.

45. Jennifer Hawthorne 的估計，引用自 Krishnaji and Preethaji, 2019。

46. 事實上，暫停評斷——尤其暫停去想人們怎麼評斷我們——往往是創意這類課題核心中的核心（Amabile et al., 1996）。

47. Krishnaji and Preethaji, 2019;短片見於www.youtube.com/watch? v=E8apr

CNnecU. 其中有些前提假設與情緒主義（emotivism）思想，情緒主義主張道德判斷並不是事實陳述，僅是某人感受的表達（參見 e.g. www.britannica. com/topic/Language-Truth-and-Logic）。

48. Chopra, 1994.

49. Schermer, 2007. 亦可參見 https://plato.stanford.edu/entries/pseudo-science/#NonSciPosSci。

50. 相對於「杯子水半空」（half empty）的悲觀判斷，「杯子水半滿」為樂觀態度。

51. 關於謙遜及處置錯誤的整體重要性，參見 Seckler et al., 2019。

52. Kahneman (2011) 區分出第一系統與第二系統，第一系統往往是無意識的快速思維方式，第二系統則是緩慢但受控制的思維方式。

53. Porges, 2009; Porges, 2011. 例如，這可以在治療創傷方面發揮重大作用（van der Kolk, 2014）。

54. 關於警覺性和機緣力之間的關係，參見 Pina e Cunha et al., 2010。

55. Adapted from Krishnaji and Preethaji, 2019.

56. 譯註：相較之下，ambition 的世俗性較強，aspiration 的理想性較高，中文翻譯難以直接表達。

57. 參見 www.newyorker.com/magazine/2019/01/21/the-art-of-decision-making。

58. 近期研究顯示，專注於（靈活的）習慣、而非專注於特定目標 —— 只要這些習慣不要對我們造成限制 —— 是非常有效的事情。華倫・巴菲特之所以成為億萬富翁，並不是因為他為自己設定了目標，他是靠培養智慧和知識、養成每日閱讀習慣而成為億萬富翁（巴菲特試圖減少開會，將每日大半時間花在閱讀）。我們不要只是專注於目標（例如「我每週花十個小時和我的未婚妻相處」），而是要專注於習慣（例如「我希望每兩天跟我的未婚妻共進晚餐」）。目標經常是加諸我們的，也就是外來的，而習慣可能成為重要的啟發法。關於這些問題的一些智慧金言，參見 www.farnam-streetblog.com/2017/06/habits-vs-goals/and www.farnamstreetblog. com/2013/05/the-buffett-formula-how-to-get-smarter/。

第五章

發覺「機緣力」觸發點
並將「點」連起來

你不射門的話，那你百分之百不會命中。

—— 傳為韋恩‧格雷茨基（Wayne Gretzky），

前冰上曲棍球球員、教練

推進意外之事

以紐約市為基地的厄瓜多教育家米雪兒‧坎托斯（Michele Cantos），曾經寄了一封人生近況更新的電子郵件給她的友人們，當時的她並不知道，這件事將會使她成為一位成功的編程訓練營主持者。

米雪兒在慈善事業工作了四年，幫助來自低收入背景的新學生領袖人物。之後，米雪兒決定要讓自己放幾個月的假，回去自己的母國旅遊，同時思考自己的下一步要怎麼走。她寫了一封講述自己人生近況的電子郵件，寄給將近一百位朋友；這是一封坦誠的信，內容談到她辭掉工作，要花六個月去旅行。

那其實是一段比較脆弱的時刻。米雪兒在那封電子郵件裡面

談到：「六個月之後我會再回來，並且思考自己的下一步要怎麼走。」她寄出幾封類似這種內容的近況更新，談起自己的旅行，還有自己的思考歷程。對米雪兒來說，這是一個分享自己旅程的真誠做法。寄最後一封郵件的時候，她人已回到紐約，她在信中提到自己回來了，談到她的背景條件、她理想的下一步是什麼，這封短信同時也在徵求別人的意見與點子。

有幾位朋友就他們私人立場回信了，他們祝福米雪兒，其中一位友人還有回覆具體的建議。那位朋友剛與某家科技公司進行完一場馬拉松般的面試，但最後她決定要去別的地方工作，不過因為那間公司對她的印象很好，於是詢問她有沒有適合這份職務的推薦人選。這位朋友覺得米雪兒非常合適這份工作，她還附上自己對這項職務曾做過的研究功課。朋友的背書再加上米雪兒自己的積極態度，最終幫助米雪兒得到了這個職位。

米雪兒先前毫無科技業方面的經歷，所以這項工作完全是出乎她意料之外。米雪兒本人也承認，她自己可能永遠都不會去申請科技業的工作，這跟她原本的背景實在差別很大，她承認道：「那個人替我看見這份工作，她改變了我的人生。」這份工作不僅讓米雪兒薪資增加，也增進她的生活品質。米雪兒所寄出那四封更新自己近況的電子郵件，造成巨大的人生與財務方面的回報。米雪兒將自己的關鍵經驗與向上社會流動力，追溯至機緣的力量，而如今的她，已在「隨時隨地」經歷「大量的」機緣力。不過，究竟米雪兒是做了些什麼呢？她所做的是**散播機緣力觸發點的種子**，她放了些東西、放了一個契機，容許機緣力發生。她積極且主動，她很開放，甚至有一點點脆弱。她將自己準備好，

迎接機緣力的出現。

以這個案例而言，是別人為米雪兒將「點」連結起來，這顯示出一項事實：機緣力常常是由人們共同創造出來，有時候則是仰賴他人的善意而出現。別人有能力預見我們自己沒看見的機會或才能，或者根據他們不同的知識領域，我們能連結沒出現在我們雷達上頭的「點」，進一步去擴展機會空間。但如果我們沒讓他們知曉，我們對什麼感興趣、我們在找尋什麼，如果我們沒有播下潛在的觸發點，那他們怎麼可能會知道呢？那些能經歷機緣力的人們所做的事情，其菁華就在於**種下潛在觸發點**。將「點」連起來，有助於將這些潛在觸發點轉變為正向的結果。這兩件事情都是關鍵所在，有時它們會先後發生，有時則是同時發生。

種下機緣力觸發點

> 你的魚鉤得一直拋出去，拋到池塘當中你最不抱期待的
> 地方，魚兒就在那裡。
>
> —— 奧維德（Ovid）

歐里·巴瑞特（Oli Barrett）是一位原以倫敦為基地的多家企業創辦人暨人際連結高手（superconnector），當歐里新認識人們的時候，他會丟出幾個能引起潛在交集的誘餌。如果歐里被問道：「你是做什麼呢？」他的回答大概會是：「我熱愛人與人的連結。我創辦了教育方面的機構。最近我開始在思考哲學，但我真正喜愛的是彈鋼琴。」

這個回答至少包含了四個潛在的機緣力觸發點：有一份熱愛（人與人的連結）、一筆工作描述（創辦教育機構）、一項興趣（哲學）和一份愛好（彈鋼琴）。如果歐里的回答只是：「我創辦企業。」那個，讓他人將點相連起來的潛在機會就會狹窄許多。

歐里種下四個乃至於更多的機緣力觸發點，這麼做更有可能讓別人回答：「真巧！我最近正想要買一架鋼琴，你能不能給我一些指點呢？」這種做法可以讓別人挑選與他們生活有所連結的**誘餌**，並且更有可能讓大大小小的機緣出現。

機緣力作用有賴於機緣觸發點，那麼，我們該怎樣善用機緣觸發點來幫助自己呢？

加速「正向的」意外之事

要想促進機緣力，我們要從探索一門學科開始，那便是高中時期讓我得到全班成績倒數前 5% 的化學。當時我對化學這門學科的興趣是可恥的低落，直到今天我唯一能記住的「表」，是能告訴我下課時間的課程表。不過，如今我對化學的好感已經大為增加，尤其是我在了解到化學反應與社交互動之間有多大的共通處之後。

普林斯頓大學（Princeton University）化學系詹姆斯・麥克唐納（James S. McDonnell）基金會遴選傑出教授大衛・麥克米倫（David MacMillan），與同事們在頂級期刊《科學》（Science）發表了一篇精采但起初爭議頗大的研究，他們在論文當中呈現，機緣力是可以加速的。[1]科學界的一般做法是，研

究者會拿他們相信會產生反應的分子，並找出造成反應的方式。相反地，麥克米倫團隊則是拿沒有明顯反應的分子，找尋所謂的「意外反應性」（accidental reactivity）。研究者選擇先前從未證明過彼此有會反應的化學物質，企圖促成尚未發現過的反應，由此，他們得以研發出非常有價值的新藥物。

研究者的核心假設是，決定機緣力的是機率，而機率是統計學可以處理的。因此，在實驗室環境中增加可能化學反應的次數，必然會增加陽性反應的機會，而這正是實際發生的情況。[2]

這件事大致類似於，想要增加中樂透的機會，那就多買幾張樂透啊；或者，想要進大學，那就多申請幾家大學啊，我個人當年就是這麼做的（包括我家鄉德國在內的某些國家，沒有限制申請大學的數量）。我算是相當肯定，當年那間大學之所以接受我入學，應該是因為我申請表中某些強烈的個人意見，與招生團隊當中的某人產生了共鳴。我永遠也不會知道那究竟是什麼，不過，當你申請的大學數量超過四十間的時候，即便你的成績低於標準（許多），但某人或某地對你的申請書生產共鳴的機率就會變大很多了。也許那個讀到我申請書的人，也有這樣一個擁有狂野過往的兒子，如果這件事情是真的，那當然是個巧合，但發生這種事情的巧合機率，因為我寄出那麼多份申請書而大大提高了。正如同前述的化學範例以及人生許多領域，這是一場數字的遊戲。你發射愈多次，你擊中目標的可能性就會愈高，即便那只是出自偶然。

意外的連結經常來自於意外的源頭。讓我們回想一下「生日悖論」的例子吧：表面上出乎意料的事情，由於存在著許多潛在

的意外連結，導致它實際上非常有可能發生。如果把所有可能性都加總起來，我們便會知道，意料之外的事情無時無刻都在發生，我們要做的只是把眼睛睜開，更加用心注意。而我們所需要的，經常只是一次改變人生的偶遇就足夠了。

你可能會想：「我對目前的狀況很滿意，我為什麼需要改變呢？」但很好笑的是，會講這句話的人，常常就是那些機緣力一旦降臨便非常樂在其中的人（其中包括我的一些同事）。這些事情未必一定要讓人生有天翻地覆的改變，而是要讓人生變得快樂、更有意義而且更成功。

此刻重要的是我們必須把自己暴露於未知當中，我們已經很習慣於只在自己感到舒適的領域之中主動探索，但如果我們能夠面對隨機的外部影響，機緣力就會更有可能作用。這件事有可能會以不同的形式或型態出現，也許是新的資訊、新資源，或是新的人們和新點子。

資訊不只是力量

資訊乃是人生契機的核心。就米雪兒・坎托斯的個案來說，她出乎意料地對於自己最適宜擔任什麼角色擁有充分的資訊。她不是靠搜尋資訊而辦到這件事，因為你怎麼可能去搜尋一個連你自己都不知道是什麼的東西呢？相反地，她是向資訊敞開自我。

這種事情可能是以最不起眼的方式發生。斯洛維尼亞哲學家斯拉沃・齊澤克（Slavoj Žižek）的著名主張是，我們認定自己所想要的，其實未必是我們真正渴望的。齊澤克用了一個有太太又有情

人的男人為例，這個男人原本暗暗期望妻子消失，這樣他就可以真的跟情人廝守；結果，他的太太意外地離開，然後突然之間，這個男人再也不想要愛任何人了。怎麼會這樣子呢？男人與情人的關係，是在某種環境之下運作良好，一旦沒有那樣的環境，情人的吸引力頓時消失，她再也不是「遠處的那個渴望對象」了。[3] 就像是人生中太多事情那樣，這實在難以事先預料，不是嗎？確實，如同第四章所討論的，我們經常是——機緣巧合——碰上了才知道知道自己渴望它，才發現這讓人感覺好、感覺對。

我們之中有些人是透過比較安靜的材料經歷這件事情的，比如說看報紙、瀏覽網路或閱讀一本好書。好幾年前，阮克雲（Keyun Ruan 音譯）手裡端著一杯茶，一邊翻著雜誌，碰巧讀到一篇關於雲端運算的文章。當時，她正在搜尋博士研究的題目，這個課題引發了她的好奇心。阮克雲對於機緣觸發點保持著警覺，並且繼續循著自己的興趣發展，今日的她已經是電腦科學家暨雲端鑑識（cloud forensics）與安全領域的專家。[4] 不管怎樣，讓我們自己浸淫於新資訊當中，是一種遇見機緣力的重要方式，* 這裡所謂的新資訊甚至也包含看電影。

---

* 資訊絕對不只是資訊而已，資訊還包括我們對資訊的詮釋，而我的詮釋則會取決於我們的背景、環境、脈絡。舉例來說，在德國，人們傾向著重於一段文字或對話的事實性內容，經常忽略不同背景脈絡之下的細微差異。但是，在那些非常注意背景脈絡的文化當中——例如許多亞洲文化——人們的訊息就會比較模稜兩可，所以，能在字裡行間讀出意思，就變成一件很重要的事情。在比較不重視背景脈絡的文化裡，人們可能會直接說「把門關起來」；相比之下，在比較重視背景脈絡的文化裡，人們會講的可能是「裡面變得愈來愈冷了」，或「我擔心貓咪會跑到外面去。」（Hall, 1976）

行動主義者、政治經濟學家兼企業家的比比・拉露茲・岡薩雷（Bibi la Luz Gonzalez）擔任瓜地馬拉記者的時候，曾經在二〇一六年參與一場倫敦的會議，當時她並不知道，竟然會有一部電影改變了她的人生。

比比當時除了報導這場湯森路透基金會（Thomson Reuters Foundation）關於現代奴隸制的會議以外，還去觀賞電影《售出》（Sold）的首映會，這齣電影是關於一個從尼泊爾被販運到印度為娼的女孩。這部電影對於比比造成深遠的影響，首映會結束之後，比比告訴電影導演，她想要讓《售出》在瓜地馬拉上映以喚起人們的意識，或者在她工作的報紙上刊登電影的消息。導演同意了，但是這齣電影需要配上西班牙文字幕，翻譯工作花費兩年時光，比比於二〇一八年時獲知翻譯字幕終於完成。

此時的比比已經不是記者了，她現在是「全球塑造者瓜地馬拉城市樞紐」（Global Shapers Guatemala City Hub）的策展人，這個組織是一個有意改善世界現狀的年輕人社群分部。比比利用這部電影作為一個契機，與其他「全球塑造者」一同展開地方計畫，探討對人口販運問題，而人口販運這個議題在瓜地馬拉一直是某種禁忌。比比還規劃請來電影導演，並用這部電影教導瓜地馬拉當地的製片人，將它作為一個女權與女孩權利的橫切主題（cross-cutting topic）。

因為行程撞期，電影導演無法前來瓜地馬拉，但是在比比因為參與活動而前往沙加緬度的時候，她連絡上導演，詢問可不可以在她回程時於舊金山採訪他。導演同意了，於是，比比和其他兩位當地全球塑造者兼製片人拉馬贊・納納耶夫（Ramazan

Nanayev）、梅根‧史蒂文生克勞斯（Meghan Stevenson-Krausz）一同到導演家中進行訪問。後來，比比放映了電影與導演訪談，並且開始在瓜地馬拉推動那個計畫項目。比比耕耘這段關係已經好幾年，而這件事情終於開花結果了。這項稱為「打破奴隸制」（Unshape Slavery）的計畫，在全球塑造者社群——包括全球各地八千位年輕領袖——內部發展為一個全球計畫，比比也在這個歷程當中認識了許多成員，後來還彼此成為親密的朋友。這齣電影加上與電影導演的訪談，乃是機緣力觸發點所在，不過，重複將「點」聯繫起來的人則是比比。在二〇一九年的時候，比比再次參加同樣的會議，不過這次她的身分是「造就改變者」（Changemaker），這正是三年前比比參加這項會議時，頒發給對相關領域有貢獻或有專業人士的榮譽頭銜。

機緣力觸發點經常是透過我們從書本、報紙、新聞所獲得的資訊而出現；不過，到最後，通常是人們（或他人）種下機緣力觸發點，並且將點相連起來。

一切都跟人有關

一九六〇年代冷戰時期，美國、中國、蘇聯幾乎都處在孤立狀態。美國國務卿亨利‧季辛吉（Henry Kissinger）在波蘭旅遊勝地索波特（Sopot）的帕格沃什（Pugwash）會議中，偶遇一位蘇聯東方集團的官員，由此，季辛吉改變了歷史的進程。

身為美國史上最能幹且最有爭議的國務卿之一，季辛吉是透過一場會議上的機緣巧遇，於一九七二年開啟美國與毛澤東時代

中共的外交關係。這場巧遇促成了系列會晤，為美國總統訪問中國鋪好道路，並改變地緣政治的樣貌。季辛吉透過他積極的人際網絡行動，使這件事情終於化為可能。[5]

　　用更小的範疇來看，這種隨機的偶遇即便無法改變歷史的發展，至少可以改變我們自己的人生。五十多年過去之後，二〇一四年，阿米娜・艾西塞爾米（Amina Aitsi-Selmi）正在面對自己職涯的重要關口。阿米娜受訓成為醫生，儘管她的履歷很輝煌，但她自己卻覺得很茫然、很迷失。別人指引她走上安全的職業道路，但對她來講，這條安全牌的道路卻相當單調乏味。阿米娜青年時期想進入全球衛生領域的夢想，如今卻離她愈來愈遙遠，甚至被拋棄。某天早晨，身在倫敦的阿米娜走進了一部電梯，和電梯裡面唯一的別人打招呼，他們聊起了天氣，突然之間，「喀嚓」！

　　那位女士問她：「你是誰呢？」阿米娜回答了自己的職業，但表示她真正想從事的，是在衛生領域做有意義的事情。那位女士看著她並說道：「來拜訪我，看看我在做些什麼事吧。」結果，這位女士居然是某聯合國組織底下科技團隊的副主席，而且她正在找尋一位科學與科技方面（且個性合宜）的人才來當幫手。

　　一環扣著下一環，結果，阿米娜竟得到聯合國二〇一五年「永續發展目標」（Sustainable Development Goal）的工作機會，工作重點在健康衛生與降低災難風險領域。後來，阿米娜負責撰寫出一份聯合國報告及諸多出版物，這番經歷幫助她得到一份高級臨床講師的職位，以及倫敦國際事務智庫漆咸樓（Chatham House）的諮詢機會，聯合國與世界衛生組織

（WHO）的團隊開始會向她徵詢建議。經歷一整年近乎將自己吞噬殆盡的絕望時光，阿米娜二十年的夢想終於成真。一場電梯裡的偶遇對話，居然改變了阿米娜的人生。

　　阿米娜和季辛吉，都是能夠在人生當中善用機緣力觸發點的人，也是能夠將點相連起來的人。不過，我們要怎麼樣在自己人生之中複製出類似的情形呢？我們該從何開始呢？

設置機緣力炸彈

　　學生和年輕的專業人員經常會問我一個問題：「當我身在可以與人建立關係的處境裡，我該怎麼讓自己進入狀況呢？我認識的人還不多呀。」

　　企業家暨哥倫比亞大學（Columbia University）兼任助理教授馬坦・格里菲爾（Mattan Griffel）認為，這件事情就是要「設置成千上萬個小機緣力炸彈。」這項做法可能包含寫作自我推薦信，將電子郵件寄給我們所崇拜的對象，令人驚訝的是，這些人物真的是會回信的。如果你在信中有提到他們目前所涉入的計畫，那他們回信的機率就會更高。

　　尼古拉・格雷科（Nicola Greco）的例子便是如此。起初，尼古拉為全球資訊網（World Wide Web）發明家兼電腦科學家提姆・伯納斯－李（Tim Berners-Lee）的開源計畫寫了很多代碼，讓伯納斯－李的團隊注意到，接著，尼古拉寄去一封電子郵件，上頭寫著：「嗨，我做過某某方面的工作，如果我們能見個面的話就太好了。」他們就這麼見面了，伯納斯－李還成為尼古拉的

博士指導人，在研究等等方面引導尼古拉往前邁進。

出乎意料的興趣或理由往往存在著，但我們自己事先無法預知，這只有別人才知道。例如說，某封自我推薦信當中所提到的領域，也許正是那位研究者想要進一步鑽研的部分。就算按幾下鍵盤就能得知所有的背景資訊，我們仍然無法事先知曉一切，所以，寄出那封有助於繪製機會空間的電子郵件，也可以讓我們所崇拜的人物進行觸發點定位。即使事情不是立竿見影，至少我們已經出現在他們的雷達範圍內（假設他們有讀信的話）。為什麼不乾脆寫封信給你所崇拜的對象，告訴對方你對什麼充滿興趣、你為什麼覺得對方吸引人呢？就算他們個人未必對你有興趣，但他們通常認識可能會對你有興趣的人呀。

在諸多專業領域當中，學術界人物是一個建立關係連結的良好出發點。學者的電子郵件位址通常就放在大學的網頁上，學者通常認識相對資深、比較願意幫忙介紹的業界人士。我也有認識過有人是靠「推特」（Tweet）對方、發送訊息給對方助理、或用 Instagram、或者用 LinkedIn 的 InMail（可以寄信給你不認識的人）等等功能與對方接觸。

來自倫敦哈克尼區（Hackney）的年輕學生阿爾文‧奧烏蘇福特烏（Alvin Owusu-Fordwuo）便是這麼幹的。阿爾文這位年輕人懷抱著設置機緣力炸彈的目標離開我的某間工作坊之後，準備要去大公司實習，他透過 LinkedIn 傳了訊息給公司執行長和總裁。結果，公司執行長和總裁居然都願意和他見面。阿爾文原先的訊息非常簡單：「嗨，某某某。我準備要到貴公司進行春季實習，屆時將會在那裡待上一個禮拜，真心期望到時候能夠有機

會和您見面或吃個午飯，藉此與您聊聊您的經歷以及如何在貴公司取得成功。」

一開始，阿爾文沒有得到回覆。但是阿爾文找上一位比他更資淺的實習生，這個人可以協助阿爾文兼職從事的社會企業（二號機緣力炸彈）。結果發現，公司總裁居然正在指導這位新實習生，新實習生於是向總裁談到阿爾文並請他稍加留意一下。後來，在喝過幾杯咖啡之後，「總裁大大支持我的前途，還願意利用他的平臺在我大學畢業之後繼續支持我。」

隨機發送訊息給陌生人，可能是有幫助的事情；但是，若能找到可以繼續推動這件事情的人，這將是更有效率的。也許有人可以將你介紹給他在 LinkedIn 或 Facebook 上互加的朋友？重點是，無論我們目前的身分處境為何，**延伸觸角**都是一件很有力量的事情。

當然，要讓自己走出去是一件需要勇氣的事情。以倫敦為基地的企業家兼慈善家阿爾比・薛爾（Alby Shale），在他的父親因心臟病過世的時候，他整個人都被悲傷所吞噬了。這種情況下，合理的做法應該是去找治療師；但是阿爾比卻是去參加宴會，跟某位陌生人談起自己的悲傷心情。湊巧的是，那位陌生人也曾經歷過類似的時期，結果，這兩個人想出心理健康運動的點子，他們創建起一個社群，讓人們以 podcast 電臺、或諸如手鐲等等象徵物，進行有關死亡、悲傷等較為艱難的對話。思索這些點子本身，同時也讓這兩個人得到有效的療癒。

當然了，這一切都取決於我們如何溝通。像是阿爾比・薛爾這樣的人，不會讓自己陷入自憐或者是太愛傾訴心事的情況。反

之，阿爾比是以簡單俐落、學習取向的方式訴說自己的悲傷，如此別人便可以連結上這股核心的情感。這麼一來，脆弱竟可以成為觸發機緣力的方式。[6]

展現自我

我們該怎樣增加潛在的機緣力觸發點呢？我們該怎樣讓自己與他人準備好將相關的「點」給連起來呢？回想一下米雪兒・坎托斯的故事吧：透過電子郵件、推特、Instagram 等方式，撰寫我們有興趣主題的訊息、文章、近況更新，這種做法能夠在最出乎意料的地方促成機緣力——只要你所寫的東西不是自戀，而是把重心放在相關課題上。

一旦我們把自己展現出來，魔法就有可能發生。蔡健（Ken Chua）是一個以新加坡為基地的社會企業家，他曾經與我分享道，他開創公司的關鍵契機乃是源自閱讀葛拉漢・普林（Graham Pullin）的《當設計遇上殘疾》（*Design Meets Disability*）。長久以來，蔡健都在尋找設計、科技與殘障問題交集領域的專家，這種專家非常罕見。蔡健一直很想寄封自我推薦信給葛拉漢，但總是卻步。同時，蔡健自己持之以恆地在社群媒體上，發表關於這些殘疾課題的作品與哲學內容。

其中有筆貼文，得到一位在新加坡 IDEO 設計工作室就職的互動設計師（interaction designer）注意，這個人正好是葛拉漢在鄧迪大學（University of Dundee）的學生。這位設計師在 IDEO 從事振奮人心的設計工作，但他也很懷念從前在葛拉漢指導下所

從事以殘障為重點的設計。所以，當他在社群媒體上看見蔡健的活動時，他伸出了手。

到雙方見面的時刻，蔡健依然不知道那位設計師居然是葛拉漢的學生，但是當葛拉漢造訪新加坡為鄧迪大學招生的時候，設計師通知了蔡健。一件事連上另一件事，原本安排與葛拉漢共進晚餐的兩個小時時光，居然演變為好幾個小時的談話，他們甚至聊起購物與人生。如今蔡健和葛拉漢成為了朋友，並且探索彼此合作的可能。

我們要怎麼找出自己的真實故事並且講述出來，在個人或專業層面上為潛在機緣力提示設好舞臺呢？我發現很有用的辦法是，把自己有興趣的領域記錄下來，並且把它與自己的人生故事進行有趣的連結。

我們所有人都有自己的故事可以說，我們也都曾覺得講故事的自己簡直像是個冒名頂替的人；可是，確實有人在等待著，等待著與我們的故事產生共鳴。不管我們去到哪裡，我們都可以說說這個「自我的故事」（story of self）。當你面對人們詢問：「你是做什麼的？」這個「自我的故事」就可以成為一個新版本的答案。人們總是覺得，我們好像必須先變成一個專家，才有可能達到些什麼。你有沒有帶過孩子？你是不是已經工作好幾年了呢？「哇，你真是個專家。」事實上，大多數的小組討論或座談會中，與會者都是在**臨場發揮**而已，很多人除了自己的簡報以外，根本沒懂得多少。例如說，那些教授們可能十分精通某個小領域，但人們卻把他們當成整個大領域的專家；如果得去教導他們研究範疇以外的東西，那些教授們其實經常也是在臨場發揮。

「很高興認識你……」

　　當然啦，只要能夠把有趣的人們高度集中在一起，我們的機緣力得分（serendipity score）── 在後續章節會談到更多細節 ── 就能夠提高。大學或機構如英國皇家文藝協會（Royal Socicty of Arts）等單位的公開講課，或許就能構成一個有趣人們匯集的空間，而這些幾乎都是對大眾公開的免費活動。令人驚訝的是，講者通常很願意與他人交際連結，尤其是人們對目前課題真心抱持興趣的時候。與我們的直覺印象正好相反，講者的資歷愈高，愈願意與點燃他們興趣的人進行連結。麥克・徹爾尼（化名）曾經與我分享，在某次演講之後，他找上一位高階主管人物，後來那位主管在公司清掉庫存之後，竟然與麥克聯繫，為麥克慈善事業即將開設的十多家店捐贈服飾。麥克之所以能夠進到這位執行長的地圖上，是因為那位執行長某次進行公開演講之後，麥克不但問出有趣的問題，還講出了自己的故事。當這位主管人物日後要決定如何處置這些服飾時，他竟想起這些東西也許能幫助麥克的慈善事業。

　　麥克必須克服的挑戰，跟我們許多人相同：在面對一個擁有一切的人時，會覺得自己沒辦法有什麼貢獻。可是，那些資深高階的人物，其實可能因為自己成為他人人生旅程中的一部分 ── 而不是因為特定的物質因素 ── 而感到振奮，這就是我們可能對他們造成的貢獻。畢竟，施比受有福，給予要比接受更讓人快樂，所以，讓別人成為我們人生旅程的一部分，只要這是基於互利與共鳴之上，對雙方都會是極大鼓舞。[7]

我從機緣力者身上觀察到一項特質，那就是他們經常在活動之初便向主持人自我介紹，無論那是一場晚宴、會議或是商業會議。多數情況中，機緣力者本人並不是活動的主角，但他們知道重要人士是誰，如果你能跟這些人物相處融洽，他們就會與你建立關係，或者把你的點子轉介給別人。在社群、共用工作空間或地方活動裡，上述情況尤其可能成真。這麼做通常是一個好的起點，可以讓你朝向其他具有潛力的有趣事物。

以興趣為基礎的社群，或許也能造成很好的效果。[8] 我參加過以色列格鬥術（Krav Maga）課程，在那裡，唯一的規則就是沒有規則，我在課程過程中，偶然聽到一位金融市場專家在談論他做出來的預測模型。機緣力忽然降臨，我們倆最後居然一塊兒在討論，那些模型為什麼關注於減少錯誤，而不是發展彈性或適應力，而這些想法最終也成為了本書的一部分。對於「弱（人際）連結」（weak ties）——那些我們並不很熟的對象——方面所進行的研究顯示，當我們把自己放入一個與常態設定不同的環境中，（出乎意料的）機會就有可能出現。[9]

可是，即便我們認識的人愈來愈多，我們還是可能無法跟對方保持聯繫。我發現，與人保持聯繫的最有效做法之一，就是為對方介紹有可能幫上忙的對象，這也是一個向對方索取名片的好理由，另外還有個額外的效果是，人們往往會記得替他介紹過好對象的人，而且他們會還這個人情。

該怎麼做才能最有效地介紹人呢？像我同事費比安・普福特穆勒這樣的人際關係高手，乃是透過潛在利益將人們連結起來（「他對於你選擇的興趣領域也很有興趣」），而不是僅靠人們

的地位角色來連結。[10] 要做到這件事，必須注意觸及共同興趣、共同熱情的對話，而且要將潛在地位差異降到最低。當人們在交際的時候，如果不是要表現職業上的自我，而是要談他們真正的自我或真正感興趣的事情，他們進行連結的表現會很不一樣。只要我們能（協助）做到那件事，機緣力就很可能前仆後繼地出現。[11]

規劃機緣力觸發點

多到不可勝數的研究顯示，物質環境對於機緣力發生機率有重大的影響。[12] 我們確實能夠增進機緣力觸發點的質與量，這指的不只是我們自己，還有組織、社群、甚至家族成員的機緣力觸發點。

由美國內華達州北部黑岩城（Black Rock City）所舉辦，全球最大型聚會活動之一的「火人祭」（Burning Man）會在當地的公開空間裡展現藝術，在這裡孕育的機緣力極為龐大。參加的人們住在一區又一區的帳篷裡頭，他們如果要從某處去到某處，他們就得越過被稱為「廣場」的公共空間。節目籌辦者了解，人們若想有所創新、開發出新點子，就應該要和各式各樣的人們連結交際。火人祭主辦團隊的設計是減少這些公共空間的面積，並且將藝術品放置在廣場中央，這麼做的結果是，人們因為空間狹窄反而更頻繁與他人接觸，而當人們駐足於藝術品前面的時候，會更有理由可以跟陌生人攀談、交換心得。事實證明，這麼做能夠激盪出機緣力的談話，火人祭主辦單位以此促進了一種互惠與

「贈與」（gifting）的文化。

　　無論是促成人們相遇的藝術，或是善用座位安排或接待人員迎接人們、介紹人們認識，我們安排物質環境條件的方式，對於機緣力觸發點的質與量都會有巨大的影響，而且還能大幅增進個人與組織的機緣力係數。

　　誘發機緣力的空間設計可以有各種不同的形狀或形式。舉例來說，在某些合作的共用工作空間裡，大家經常使用的長桌其實並不符合一般的設計邏輯，那種長桌會在兩三個座位之後「彎曲」，這樣既可以讓人們坐在隔壁，同時又讓你在需要空間的時候可以轉過去。這類設計將開放性的原理以及專注的原理，結合在一起。來自不同公司的團隊會坐在這些桌子邊，最終則可能出現機緣偶遇的機會。我曾經在這麼一間倫敦的共用工作空間裡做事，在那兒，我經常從最出乎預料的談話對象那裡——例如即將開設新公司的歌劇演員——獲得全新的點子。

　　平均每部電影可以收入五億五千萬美金以上，史上最成功的製片公司皮克斯（Pixar）動畫工作室採用的做法與上述類似。賈伯斯擁有皮克斯的時候，他要求建築師，皮克斯建物的設計必須「將不經意的相遇機會提高到最大。[13]」皮克斯的藝術家和設計師們與電腦科學家攜手合作，將兩種潛在差異非常大的文化結合起來。

　　賈伯斯因為推動皮克斯轉型而備受讚譽，他將自己的人文思維帶進了皮克斯的辦公區設計。賈伯斯買下加州奧克蘭北邊愛莫利維爾（Emeryville）的一間廢棄工廠，建物最初設計成三棟建築物，皮克斯主管、動畫師、電腦科學家有分別的辦公室。但賈

伯斯否決此設計案，他希望只有一棟擁有大空間與中庭的建築物，他相信公司的核心應當是員工們的互動。

　　賈伯斯該怎麼讓人們真的會前往中央空間呢，尤其公司內部有差異這麼巨大的兩種文化？他的方法是把信箱改設在中庭，將會議室設置在建築物中央，他還指定要在那裡設自助餐廳。很自然地，禮品店跟咖啡廳也是在那裡。賈伯斯甚至希望把廁所全部都蓋在中庭區域，不過這個點子辦得不太順利，最後他只好妥協，在辦公區域各處也設了幾間廁所。上述這些要素，導致人們時常出入中庭並且碰上別人。猜猜皮克斯大學（Pixar University）的徽章上寫了些什麼？是拉丁格言 *Alienus Non Diutius*，意思是「不再孤獨。」[14]

　　我們可以配合空間設計出簡單的程式，造就更多更好的機緣觸發點。「午餐樂透」（Lunch Lottery）這間機構的工作就是在幫助大型組織，讓人們可以在區域之內相遇。英國創新基金會 NESTA 曾利用「隨機咖啡測驗」（RCT），以使人們能夠認識新同事。所謂的隨機咖啡測驗，就是將人們根據某種頻率──例如說每個月一次──配對，跟自己不認識的某人一同喝杯咖啡。某人有可能是來自另個單位的同事、或者是來自「外圍區」的同事，後者的意思就是一般來講不太可能互動的對象。這些會面可以隨時自由結束，可以隨機安排。如果無法親自面對面，視訊也是個可行的選項。

　　這些隨機咖啡測驗經常能造成打破「穀倉」（silo）效應──即團體不和其他團體分享資訊之現象──又能夠開發出高等級的合作關係，促成更高頻率的機緣巧遇。像是英國國民保健署

（National Health Service）、聯合國開發計畫署（United Nations Development Program）、Google 和紅十字會，也都運用過隨機咖啡測驗。在 Google 公司裡，你甚至可以自行選擇想要被隨機配對的日子。[15]

能夠改變遊戲規則的科技

科技可以成為機緣力的超級加速器。全球最大的科技聚會「網路高峰會」（Web Summit）每年都在里斯本舉辦，主辦者會僱用數據科學家「設計機緣力」，設計程式算出要邀請哪些人參加會議、開會時與哪些人連線、會後需要協助哪些人。[16]

如今，網路高峰會每年可以吸引五萬人與會，創辦人帕迪·克斯葛雷夫（Paddy Cosgrave）起初毫無會議產業方面的背景、欠缺資源，而且來自當年相對邊緣的地區：都柏林。帕迪是怎麼在二十出頭這麼輕的年紀，辦到這些事情的呢？帕迪將網路高峰會的成就，極高程度歸功於這種以數據驅動的機緣力方法。

有些小地方，像是名牌、展覽攤位、標牌與排隊的有趣字體選擇，都是經過精心設計。帕迪透過複合系統與網絡方法，例如特徵向量中心性（eigenvector centrality）這種影響網絡內部個人的方式，將科學帶入會議籌辦的核心，帕迪的團隊負責分析網絡數據，並根據數據分析進行個人化推薦。網路高峰會在線下所做的事情，跟許多社群媒體平臺在線上所做的事是一樣的，也就是運用圖論（graph theory）向人們推薦搭配的對象。帕迪·克斯葛雷夫將網路高峰會視為一部「加速的加速器」（accelerated accelerator），能夠促進五萬人之間的創意碰撞。

你或許會認為，在某個活動期間到處串門子，就像是那麼回事吧。事實不然！在網路高峰會，串門子這件事是有機器在管理的，人們會根據自己的傾向偏好而被分組，找到彼此之間的共同點。同樣的原理也反映在座位安排上，座位安排的設計是，將預期可能會出現有趣對話的人湊在一塊兒。

這種線下和線上的結合，甚至在代表們抵達開會現場之前就已經在運作了：你可以安排與會者會面，你會被指派到符合你興趣、將創意碰撞極大化的特殊領域。主辦單位甚至在會場天花板安裝 GoPro 攝影機，並利用電腦視覺（computer vision）鎖定過於空虛或擁擠的空間，這麼一來，主辦單位就可以在某人似乎落單的時候採取行動。如果主辦者希望你能參加會議，但是你卻沒有登記，他們就會確保你的 Facebook 動態消息裡頭出現許多你尊敬的人物，這些人會讓你知道他們已是「肯定會出席的會議成員」。他們會讓你警覺到──有時甚至是痛苦地感覺到──自己可能會錯過什麼；當然了，「錯過的喜悅」（JOMO）有時會比「錯過的恐懼」（FOMO）更好些。

在更加個人的層面上，尤其像是 Facebook、Instagram、Twitter 這類擁有標記功能的平臺，能夠大幅增進機緣巧遇的質與量，只要我們願意超越自己小小的朋友圈。

科技可以幫助我們拓展社會資本的自然邊界。相對於短短幾十年前，我們只能跟很少的人保持聯絡，今天的我們可以跟非常大量的人保持「弱人際連結」。[17] 只要運用得當，這能夠快速提升我們與他人機緣力觸發點的數量。這件事情的開展，可以有好

幾種方式。一旦你發現並分享與自己領域有關的有趣文章,並且標記你喜愛的人物,機緣力就很有可能更頻繁地出現。別人又會再標記其他更多對的人。

在 Twitter 上,像是亞當‧葛蘭特這樣的作家們,很喜歡點讚或「轉推」(retweet)提到他們的文章,他們甚至可能會寫下評論或建議回覆給你。分享你對某個事件的心得,並且善用主題標籤(hashtags),也是很有效的做法,其他專注同樣事件的人也許會回應你,你有可能因此獲得幾個驚奇的遭遇。

在以興趣為基礎的線上社群中,上述這種情況將會加倍出現。舉例來說,在沙盒網絡的 Facebook 社團內,如果有人貼文寫道:「我在尋找關於水下機器人的點子。」十分鐘過後,就會有幾個人加入討論並回應,例如「我以前的教授在研究水下機器人,我可以牽線」,或者「我有個朋友正在研究類似的機器人」等等。相比人們基本上一對一交際的鬆散社群,在一個管理完善的社群當中,人們基於共有的興趣而相互連結、發展出共通認同和願景、擁有基本信任,那麼,這股動力運轉的情況會好上許多。

不管是在高收入者的環境亦或極端貧窮的環境,這個道理都一樣適用。自南非開普敦平地區起家的 RLabs 創辦人馬龍‧派克(Marlon Parker)告訴我,有許多來到他們學院的人,也會到他們的 Facebook 頁面點讚,或者在 Twitter 上追蹤 RLabs。有一段時間沒跟馬龍聯繫的人們,偶爾也會到線上追蹤他們的旅程,「然後立刻獲得相關資訊,然後『蹦』!」有某些案例是,人們立刻就著手參與其中。

RLabs 持續在網路上發表他們的活動，並且隨機地吸引了來自全世界的訪客。受到吸引的人數因此快速增加，馬龍和團隊根據來自最令人意外之處的機緣想法，設計出產品與平臺。舉例而言，一旦有社區成員看見年輕人整天都在用手機，他們會產生好奇心，並發覺社群媒體的價值。從這些好奇、以及好奇所造成的需求之中，誕生了「媽媽計畫」（moms' program），也就是教導中高齡婦女使用社群媒體的課程。我們與此相關的研究顯示，成為關鍵的經常是低科技，而不是高科技，不要將科技視為一種解方，而是將科技視為吸引人們投入的簡單辦法。[18]

但是，正如《紐約時報》（*New York Times*）專欄作家湯馬斯·佛里曼（Thomas Friedman）所觀察，「阿拉伯之春」（Arab Spring）、「占領華爾街」（Occupy Wall Street）等等抗議運動，呈現出科技的一項潛在缺點：科技或許可以讓我們有更多溝通，但未必能讓我們有更多合作。確實，如今人們經常只是在社交媒體上有動作，而不是採取實際行動。[19]這件事情再次提醒人們，能夠引導我們的方向感是多麼重要啊。

更令人驚嚇的是，如果網絡的多樣性不足，網絡反而會讓機緣力無從作用。「過度鑲嵌」（over-embeddedness）經常挫折機緣，因為我們會習慣於一種共同的思考，不會引導出奇異或意外的遭遇。在同質性、黏著性強的網絡中，這樣的情況會特別嚴重。《華爾街日報》（*Wall Street Journal*）曾經做過一次驚人的調查，調查所比較的對象是民主黨與共和黨的 Facebook 動態消息。不管是哪一方，那種以自我指涉（self-referencing）強化自身信仰系統的程度，實在都很不可思議，這可以讓兩黨的支持者

感受到確定感與接納感 —— 可是這情況卻經常會使我們處於封閉狀態,對於自己的精神模式和信仰不加質疑。[20]

我們對於肯亞境內部落的研究,也對於自我指涉一事有類似的闡明。除非利用有創意的做法例如重新定義共有認同 —— 像是體育這類共同興趣 —— 聯繫部落的界限,否則部落與部落之間是不會產生連結的。[21] 倫敦攝政大學(Regent's University London)校長麥可‧赫斯廷斯(Lord Michael Hastings),把這件事稱為「了解另一個遊戲」(understanding the other game),透過了解對象的行為模式和興趣所在,從百分之四(本案例指的是少數族群)轉移為百分之九十六(主流族群)。

這種做法也適用於組織團體內部,尤其合適處理「穀倉」與資訊不對等問題。我們可以舉奈及利亞最大金融機構之一的鑽石銀行(Diamond Bank)—— 如今屬於萬通銀行(Access Bank)—— 來作例子,鑽石銀行前執行長烏佐瑪‧多士(Uzoma Dozie)與他的團隊整合使用了 Yammer。Yammer 是一項社交工具,目標是在數位世界之中能夠採行門戶開放政策。起初 Yammer 的設置,是為了獲取對某些公司政策的回饋意見。

然而,其他曾使用過 Yammer 的團體,它們的合作情況並沒有改善;對比於此,鑽石銀行卻辦到了,它是怎麼辦到的呢?鑽石銀行允許員工使用聊天功能,以非正式的方式跟別人聊各種事,無論是公司政策或是今晚要去看什麼電影。根據烏佐瑪的說法,採用率之所以能達到 90%,並不是因為人們想要給予反饋 —— 雖然這種情況也發生過 —— 而是因為人們根據自身愛好、信仰、意識形態創建非正式群組。涉及地位、宗教和地理等課題所

組成的正式與非正式群組，也有愈來愈多樣化的發展。如今，身處拉哥斯（Lagos）的執行長，竟然和奈及利亞東北部的一位新進員工有聯絡，而原因竟只是因為他們都熱愛電影。於是，這件事情創造出組織內部強烈的羈絆與連繫。

不過，如果我們沒有將點連起來的話，這個世界上一切的機緣力觸發點，到最後都是枉然而無價值的。

將點連起來

你是否記得有些時刻，事情居然就是對勁了、到位了？通常，這種機緣力的經驗與「啊哈！」時刻有關，讓我們都起雞皮疙瘩。我們原本認為沒有關聯的事物，居然湊到一塊兒，這真是讓人感到神奇。出乎預料的是，其他人居然能看見連我們都沒有看出來的自己，並且為我們將點連起來，這也令人感到神奇。

有些人可以出於直覺將點連起來。藝名「連字元」（Hyphen）」的雅達許・高譚姆（Aadarsh Gautm）是位即將出道的饒舌歌手，他曾經上傳一段影片到 Instagram，結果，倫敦蘇活廣播電台（Soho Radia）的節目主持人居然按了「讚」。多數人遇到這樣的機緣觸發點時，會怎麼做呢？他們或許會興奮半天，但是到最後事情也就這麼過去，機緣也因此錯失。

可是，雅達許是怎麼做的呢？雅達許直接傳訊息給廣播主持人，表示如果能與對方討論那首歌，那會是件很棒的事情。主持人回應了訊息，表示他很樂意會面。雅達許詢問，他有沒有可能進行表演、而不是只是談話而已。主持人回問：「你何不直接到

節目上來現場表演呢？」

表演的時間敲定了，雅達許焦急地等待那天到來。結果在表演日子快到的時候，他又收到新的消息：那位主持人跳槽到BBC廣播工作，接替一位大牌DJ。對方又問，雅達許是否願意改成到BBC廣播節目中表演呢？那還用說！而這場表演日後也為雅達許的工作帶來不可思議的出路。雅達許看見了一個機緣力觸發點並且好好把握住，但機緣的發展，還是得靠他堅持不懈地將點連起來而達成。這件事情顯示，能夠讓機緣力觸發點的重要性突顯出來的，正是「異類連結」。注意到出乎預料的訊息，並且將它加以連結，是機緣力歷程的關鍵步驟。這個「發生了什麼事？」的步驟，包含要注意觀察的結果，然後思考這件事可能代表著什麼。[22]

石油外洩和頭髮修剪

一九八九年，美國阿拉巴馬州的理髮造型師菲爾‧麥克羅里（Phil McCrory）度過漫長的一天，正在打掃他的髮廊，此時，他看見埃克森（Exxon）石油在阿拉斯加外洩的新聞報導。外洩的石油黏住了海獺的毛皮，志願者們艱難地清潔受害的動物。

菲爾看見漏油吸附於毛皮的情況，他意識到自己正在清理的這些毛髮，同樣也可以加以利用成為吸油的裝置。菲爾於是將毛髮蒐集起來，裝進尼龍褲襪中，看看吸油的效果如何。[23] 於是，利用人類頭髮清除漏油的點子就此誕生，創造出用溢油墊這類以人類頭髮為原料的產品。原來，菲爾是將點連結起來了。

有些人是出於直覺本能，始終在這麼做。弗里德・史特羅豪爾（Frieder Strohauer）是德國海德堡一間傳奇咖啡店的老闆，他也是我的第一個老闆，因為我高中時期在那兒打工。弗里德跟我說，他只要跟人談話，他就會去思考那個人說的內容，以及這些東西如何應用於他或周圍人們所做的事情。有位銀行家偶然告訴弗里德，有家企業瀕臨破產邊緣，他就會想，誰有可能有興趣收購它。有位鄰居告訴弗里德，自己正在尋找新住處，弗里德就會去回想，最近有沒有人曾經提過哪裡有房子要賣。當然，弗里德也會跟別人談到自己喜歡做的事情。經常，他覺得很巧，總是會有某人知道某事，然後事情總是能湊到一起。這其實就是更廣泛的「尋找機會」（opportunity-seeking），而且可以引導出機緣關聯。

　　就靠這樣，弗里德發展出很棒又很廣的人際網絡，人們喜歡與他交談，由此衍生出來的是，各種計畫和工作也從這些對話當中浮現出來。從中，弗里德獲得很多快樂，他也將部分功勞，歸諸於自己持續將點連起來的努力。

　　在不同的背景環境下，這項能力都是可以發揮作用的。就舉來自美國休士頓的彼特・蒙格（化名）為例吧，彼特成長於休士頓的一個工人階級家庭，身邊的人告訴他，像他這樣的人就應該去當地工廠工作。彼特的爸爸以前總這麼說：「像我們這樣的人，是不會去念大學的，我們生來就不是那種材料。」後來，彼特吃晚餐時偶然認識一位大學講師，偶然跟對方聊了起來，那位講師為他指明方向，表示他應該去申請某幾間大學，「就去試試看吧！」彼特真的試了，他覺得這是他必須做的事情。

這麼做絕對不是一條輕鬆的路，需要花費很大的心力。但是，彼特最後終於成為家族裡面第一個拿到大學學位的人。彼特很確定，他能做到這件事其實有許多因素促成，但他又覺得，其中最重要的原因莫過於，他願意將命運掌握在自己手中，並且在面對自己平常可能錯過的機會時，好好把握並採取了行動。近來，彼特是全球頂尖前十畢業班的成員之一，如今，彼特已經是全球領銜教育機構的一位校友了。

我們該如何控制住局面，而不是讓自己處在被動狀態呢？一旦我們能夠轉變自己的心態與思維，我們不敢奢求的夢想就會成為可能的機會。像是菲爾、彼特、納撒尼爾（第一章的TEDxVolcano 故事主角）這樣的人，所具有的共同處在於，他們所遇到的機緣力觸發點，其實別人也有遇到。菲爾並不是唯一一個在電視上看到埃克森漏油事件的人，納撒尼爾也不是唯一因為火山爆發而旅行受阻的人，但是他們的反應卻跟別人不同：他們將點連結了起來，讓機緣力可以為他們與他人發生作用。

在個體之中發現普遍性

如果你想要將點連起來，更輕鬆的做法就是獲得一些能給予我們潛在參考點的知識。一般來說，我們只能在脈絡中理解一件意外事件的意義，出乎意料的「尤里卡！」通常出現在一段知識發展的準備期之後。[24] 舉例來說，我們在前面章節提過的潔內瓦‧佩胥卡擁有製片背景，這樣的能力後來讓她得以將點連起來，知曉艾瑪想要被聆聽的渴望。要在普遍性當中發現特殊性，

通常需要一位了解情況的觀察者。[25]

　　我們都是自己生命經驗的專家，我們都擁有一些儲存的知識——無論有意識還是無意識——可能會在我們面對意外事件時（如果你夠有動機、有活力的話），突然浮現於腦海中。[26] 除非我們碰見可以運用知識的機會，否則我們未必知道該怎麼樣運用那項知識。賈伯斯並不知道，他在大學時期學到的書法技藝，日後在設計蘋果麥金塔（Apple Mac）各種字型的時候，居然能夠派上用場。

　　法律的情況也是類似。看過《無照律師》（Suits）的觀眾也許曾經注意到，遭逢危機的哈維・史貝克特（Harvey Specter）和路易士・里特（Louis Litt），有許多策略都是從某篇文章或隨機對話的機緣當中誕生出來的。他們有能力將新訊息與舊知識（例如法律判例或對於對手的了解）相連結，這讓他們得以將點連起來。而且，他們大部分的知識並不是為了某個特定目的而去學習，而是作為一種整體能力加以培養，有朝一日便能用上。

　　和人一樣，組織團體容易發展出一套集體記憶。對於機緣力而言，這件事情極為關鍵，因為我們可以從先前的「實驗」和努力當中汲取和保存知識。從那個角度來看，我們對於失敗與廢物的感受會變得有所不同，失敗和廢物都是重要的資源，能幫助我們打造知識的儲藏庫，了解什麼有用而什麼沒用。[27]

　　對於自身的能力有所了解，再加上開放的心靈，能幫助我們在遇到出乎意料的事情時，將大量的點相互連結起來。保持開放心靈尤其重要。馬克・貝尼奧夫（Marc Benioff）是「賽富時」（Salesforce）的創辦人，這是一家以舊金山為基地的領銜軟體

公司，貝尼奧夫遵循了鈴木禪師所說的初心者禪學：「初心者的心靈中有各種可能性；專家的心靈中只有少數的選項。」據貝尼奧夫回顧，他的「力量」其實源自於，自己對於所有可能性保持開放態度，並沒有真的想要做哪件特定的事。[28] 在《不知道》（*Not Knowing*）[29] 一書中，史蒂芬・得蘇澤（Steven D'Souza）及戴安娜・瑞納（Diana Renner）表示，以輕鬆的態度保持初學者心靈是件很重要的事情，而且，真正的學習經常需要我們走出自己的舒適圈。本書前面曾提到的卡拉・湯瑪斯，總是能夠頻繁地遇見機緣，對她來說，正是因為處在「不知道」的狀態，機緣力才經常能夠找上她。[30]

　　簡而言之，只要我們運用的時機正確且不要受到拖累的話，**先備知識**與**初學者心態**兩者都可以造成很好的效果。

藝術技巧與機緣力

　　所羅門王曾經遇到一項爭執，有兩位婦女都說自己才是某位嬰兒的母親，為了解決問題，所羅門王建議把這個嬰兒切成兩半。為什麼他要這樣做呢？在這個故事當中，所羅門王希望藉此看看這兩位婦女的反應，而他可以由此形成判斷。在那種還沒有 DNA 檢測的時代裡，所羅門王所能做的就是靠自己的調查手法了。由於這兩個女人都說自己才是嬰兒的母親，所羅門王因此喚人遞上寶劍，作勢要將嬰兒一刀兩斷。此刻，其中一位女人請求所羅門王不要動手，就把嬰兒給另一個女人便是了。此舉讓所羅門王判斷，懇求的女子才是嬰兒的生母，因為

她寧願放棄監護權也不願孩子受到傷害。所羅門王所使用的，是一種非顯而易知（non-obvious）、有創意、間接的辦法，愛德華・狄波諾（Edward de Bono）將此稱之為「橫向思考」（lateral thinking），[31] 相對於「垂直思考」，「橫向思考」是種一步一步解決問題的方式。

橫向思考的做法呈現，我們可以拓展自己尋找解決方案的視野，也可以訓練自己生成新的點子。試著隨機選擇一個課題，並且將它與你有興趣的領域相連結吧。狄波諾隨機選擇了「鼻子」這個詞，將它與主題「影印機」進行連結，結果因此生出了一個點子：當影印機裡面沒紙的時候，影印機會散發出薰衣草的香味。[32] 從這裡，一個創造的歷程由此展開。

談到如何促進催發機緣力觸發點與將點連起來，我們可以從藝術學習借鏡的地方非常多。藝術家們會從偶然、從異常之中汲取靈感。確實，藝術便是在意外之中盛開的。[33]

二十世紀抽象畫大師傑克遜・波洛克（Jackson Pollock）有一句名言是，他「否認意外」。這是什麼意思呢？波洛克的論點是，有些評論家認為他只不過是隨機地將顏料潑在畫布上，但波洛克認為在這些看似隨機的手法背後，自己其實有依循的方法與目的。否認意外並不代表一定得事先畫草圖。在波洛克看來，「意外」同時是有意圖的、也是自發的。

或者，讓我們想想方法演技（method acting）、即興爵士或是喜劇。在這些例子當中，藝術家會讓自己保持開放，面對預料外的事物、面對自發的事物。有時候，這些事物其實來自於藝術家自身、或者來自觀眾、又或者來自表演的同事。如果成功，那

種狀況並不是無意義的、失去控制的混沌，而是一種創意性的張力，而且通常會帶來機緣性的成果。

布拉德·喬里（Brad Gyori）是位曾受艾美獎提名的作家兼大學講師，包括他在內的許多藝術家們，都是所謂的「機緣獵人」（serendipity hunter），他們能夠根據自身的需要，隨時發明機緣力策略。事實上，藝術方法其實很務實，遠遠沒有我們想像中的那麼神祕。藝術方法其實是在打破心理習慣，讓改造與即興創作得以發揮的技巧。

一九七〇年代中期，音樂家暨製作人布萊恩·伊諾（Brian Eno）曾與藝術家兼畫家彼得·施密特（Peter Schimidt）合作，製作一套名為「迂迴策略」（Oblique Strategies）的卡牌。每張卡牌上面都有一段話，目的在於打破藝術家陷入的僵局，激發出點子或者思路。裡頭有些話很務實，例如「盡可能把問題描述得更清楚」，此外還有一些神祕隱晦的話，例如「問問你的身體」。

布拉德·喬里將這樣的練習，稱為「分離策略」（disjunctive strategy）。所謂的「分離」包含打破連續性和重組連續性，這麼做可以讓觀者透過對模式的直覺認知，進行新穎的、有潛力的有趣連結。我們天生就擁有認知模式的傾向，而這經常就是機緣力的泉源所在。[34]

這該怎麼做呢？我們可以藉由改變空間、改變時間、改變觀點，以及／或者改變象徵連續性（symbolic continuity）來進行。[35]借鑑於藝術——以及看似無關的領域如談判分析等——我們可以採取三項有效的策略：(1) 重混（remixing）；(2) 重啟（rebooting）；(3) 解構（deconstructing）。這三項策略可以試

煉人的期望，也可以幫助我們將點連結起來。

重混 [36]

　　人們常有建構與辯護立場與論點的傾向。我們會採取一個既定的立場，並企圖為自己的情況與理由辯護。這些立場通常是立足於零和賽局（zero-sum game）理論上，你得到的愈多，我得到的便愈少，反之亦然。協商談判便是一種範例，我們經常會假定自己的立場與談判對方的立場，是對立且相反的。

　　在我所教授的談判課程當中，學生在課程之初會收到一份簡報：他們要對一份工作機會進行談判。我會將學生分成兩人一組，讓他們進行一對一的會談，其中一位學生是申請工作者，另外一位是招聘人員。兩位學生都會收到一模一樣的「整體」資訊，內容列出他們必須形成共識的幾個課題，諸如薪資、獎金和地點。接著，他們會個別收到不同的「機密」資訊，分別列出它們的優先順序，順序的確切內容是根據不同結果獲得的分數而定（例如「薪資九萬」的話獲得幾分；「工作地點在舊金山」的話可以拿幾分）。他們雙方都不知道對方能因為結果而獲得多少分數。

　　實際上的情況是，學生們總是假設，他們雙方的利益是彼此對立的。扮演申請者的學生認為，招聘人員並不想要讓他們得到高薪，反之，扮演招聘人員的學生認為，申請者就是想要盡可能拉高薪資。當情況是這樣的時候 —— 通常也是這樣沒錯 —— 這正是一場「分配談判」（distributive negotiation）：薪資愈高，則申請人分數愈多而招聘人分數愈少。不是贏，便是輸。雙方也會

假設，對方想要達成的結果，必然不是讓自己獲得最高分數的那個。令人驚訝的是，極少有人意識到，有些結果其實可以讓雙方都獲得高分。欲達成這種「綜合性」（integrative）的雙贏談判，只能透過有效的訊息交流才可能辦到。

我們還可以從這類練習中學到很多東西，但重點在於，我們眼中無時無刻都只見到零和賽局。然而，談判協商這類情況其實經常是「綜合性」的，也就是可以達成**雙贏**。所以，最重要的事情就找到可以讓雙方都獲益的辦法。只要我們能夠專注於潛在利益，盡量獲得對方真實需求與優先事項的資訊，而不是執著於立場，雙贏其實是能達到的。在課程期間，我的學生們改為採取一種更加以興趣或利益為導向的協商風格，他們可以藉由創造雙贏局面，讓整個派變得更大，而不只是專注於自己要在原本那塊（比較小的）派當中多分到幾片。

以興趣為本的談判協商，靠的是蒐集對方利益及興趣的資訊。[37] 這種協商是可以探索、可以拓展的，它並不預設固定立場，而是採取流動性的、彈性的立場，根據新資訊而有所調整、改變。雙方會你來我往地交換資訊，直到可能的 —— 時常出人意表 —— 解決方案浮現為止。

這件事在前述課程的另一種設計情境中最為顯著，那就是加油站的出售者和有意購買的大公司之間，已經沒有談判空間的情況。執著於最初立場的學生沒有辦法找到解決之道，因為大公司的出價遠遠低於加油站所有人的要價。理論上，如果只用這種觀點去看的話，雙方是不可能有交集的。我們常常可以在緊張的局面中看出這種非贏即輸的態度，例如冷戰時期的美國及蘇聯陣

營。在協商過程當中，學生們倘若能**有效地分享訊息**，他們會經常發現出乎意料的解決辦法。他們認知到，收購加油站之後，依然可以僱用原來的所有人；他們可以為賣家計畫的世界旅行提供免費加油贊助，如此這般。這麼一來，即便加油站是以較低的價格售出，加油站原所有人依然能感到滿意。

學生了解到，價格——他們起初的立場——只不過是個出發點，並不是一個絕不可改的結果。他們學習到，可以在接收新資訊時將點連結起來，例如加油站原所有人的真實利益不在於價格，而是賣掉加油站之後能過上愜意的生活。最終，事情能不能辦成，取決於重新思考自己最初的立場（此案例中指的是單方面設定的價格），並根據新資訊與真正的潛在需求來進行調整。

這種「流動性」（fluidity）的作用相當廣泛，個人與其世界觀的發展便是例子。舉例來說，青年馬克思（Karl Marx）跟年長馬克思之間便有很大的差別。[38] 同理，我們當中有很多人在年輕的時候，曾經走向極端的政治路線，但年長之後來又回到比較中間、比較主流的立場。

究竟，這些事情跟藝術乃至於跟機緣力有什麼關係呢？藝術家經常會避免自我設定意識形態侷限。藝術家會改變世界觀、擁抱流動性，拒絕僵化而法規化的整體。藝術家持續將想法進行結合與再結合，使新的見解從中誕生。俄羅斯製片人謝爾蓋‧愛森斯坦（Sergei Eisenstein）認為，當人們將兩段獨立的影片剪輯在一起的時候，就會創造出「第三種意義」（*tertium quid*）。[39] 或者我們用藝術學院的格式塔（gestalt）為例：那就是要將不同要素結合起來，而這些要素具有超乎意識的關係。

由此，「重混」的力量並不是個別的要素，而是要素之間的關係，新穎的、令人驚訝的連結關係。我們可以從編劇家的工作裡頭學到很多，編劇會將戲幕的摘要寫在索引卡上，然後實驗各種不同的敘事順序。[40] 由此，我們得到的心得是，一個故事可以有非常多種訴說的方式。[41]

諸如重混這樣子的分離策略，可以為人提供打破現狀並重新思考的機會，讓人可以看見意料之外的見解以及浮現的關係。將不同部分加以洗牌，並考慮各種組合的方式，我們可以藉此建立機緣力的聯想。[42] 在質性研究當中，這種做法經常能使有趣的、違反直覺的作用力得到辨識。而且，這種做法也能夠適用於企業和商業。

以日本本田（Honda）汽車公司為例。一九六〇年代時，因為美國人一般很喜愛尺寸大的東西，而本田公司的計畫是要銷售重型機車。但是，當本田員工騎著當時日本很普遍的小摩托車去上班的時候，看到的人常常評論，對他們來說，這種小機車實際上更能引起興趣。本田聆聽這些聲音，並且開發出小型摩托車，以本田小狼（Super Cub）車型打入美國市場。他們根據新出現的資訊，將點連結起來。他們看見了別人沒看到的東西，並且將這番觀察轉化為卓越的成就。[43] 管理學研究顯示，這種策略性機會通常是經由各種形式的重混而機緣巧合地出現。

然而，僅是將廣泛的觀點結合起來，實在是不足的。基本信任與交流的意願，才是成功機緣的核心。舉例來說，管理良好、志同道合的社群成員，經常會驚呼：「真是太巧了！」但是這些機緣力的質與量，並不全然是隨便出現的，根據共通價值、多元

思想、共有經驗與習慣而形成的選擇歷程，促進了機緣力的作用。

重啟

「重啟」所涉及的，是徹底的再創造、再發明。[44] 新點子、新計畫、新文獻，通常是建立在先前的工作基礎上，而且在徹底的反覆運算或「樞紐」中變化。

讓我們舉漫畫書為例吧。布拉德・喬里曾經形容，故事序列的保質期限通常很短。經過一段時間，舊的敘事模式似乎山窮水盡以後，就會有一個新的敘事取而代之，打斷舊的故事連續性，將觀眾導引回原本的故事設定，配上對先前情節重新構思的故事版本。

這聽起來是不是很熟悉呢？我過去曾經觀察朋友們如何度過中年危機並且成為一個嶄新的人，由此，我看到過這樣的模式——雖然最終這與其說是重啟、更像是重混！我也曾經在自己身上看到這樣的模式，例如遇上車禍之後的我。將整個序列加以重新構思時，重啟就會發生。所謂的「重製」（remake）是對單一作品的重新發明，但「重啟」則是對整套作品的徹底改造。「重混」會將最初的材料進行裝配，但是「重啟」是把一切都掃空，重新開始。重啟會創造出一個嶄新的原型故事，這樣的故事擁有嶄新的基本概念，可以以此為基礎實行建構。重啟並不是重新洗牌，而是一套全新的牌，雖然它與舊牌的型態雷同，卻有著明顯修改過的內容。重啟經常發生在一段停滯的時期之後，例如亟需新穎見解的知識困境。[45]

要進行重啟，我們需要理解原始材料，並且離開熟悉的模式，才能夠呈現出嶄新（且經常令人意外）的見解。就以重啟你的人生，或者重啟你的團體為例好了，有時候，其實當下正是徹底改造自己的時刻。

人們經常會企圖透過緊張的經驗來進行重組，例如進行死藤水（Ayahuasca）療程或者攀登吉力馬札羅山。在倫敦政經學院和紐約大學的時候，我們會讓帶著學生與危險地區的組織合作，學生會與當地人同住且相處很長一段時間。這番經驗經常使學生質疑自己既有的假設，他們原先認為人必須先找份工作做個十年，即便那份工作自己並不喜歡；學生們意識到，一個人其實可以直接投入有意義的事情裡頭。至於現實上難以旅行抵達的地方，虛擬實境裝備也可以幫助人們看到、或至少部分體驗身處於那些地區的感受。

解構

「解構」是指視野超越某些事物的結構，並得以發現事物背後可能隱藏的東西。解構並不是要達到一個可預期的結果或最終目標，解構是要採取經驗游移（empirical wandering）的理路和盲目策略（blind tactic），來對事物的內容進行解構，這通常可以獲得令人驚訝且感興趣的結果。[46]

就舉「擦刮法」（grattage）當作例子吧，擦刮法是一種超現實主義的技法，藝術家將畫筆倒轉過來，用把柄的部分去將畫布上的顏料刮除。或者拿格萊葛利·馬奎爾（Gregory Maguire）的《女巫前傳》（*Wicked*）為例，這本書是對《綠野仙蹤》

（*The Wizard of Oz*）的一種解構，也就是重新構思西國魔女這號人物的一生，在《綠野仙蹤》原書裡頭，西國魔女本來是個邊緣的、被醜化的角色。[47] 這樣的解構，就是得去挑戰人們的預設和偏見，拒絕陳腔濫調的文化，探索那些不受重視的聲音。

古羅馬時代會過所謂的「農神節」（Saturnalia），在這段為期八天的節慶當中，原有的規範會受到挑戰。主人與僕人地位對調，男女之間互換服裝。這個一年一度的禮俗，暫時將社會地位區別加以重劃，或許是潛在作為一種情緒宣洩的方式。[48] 更廣泛去說，「反主流文化」（counterculture）的作用是在倒轉文化規範。在如此的背景脈絡裡，這些革新經常是自發的、不可預測的，此中，機緣力蔚為繁盛。[49]

身為巴菲特商業夥伴的查理・蒙格，曾經在二〇〇七年時，於南加州大學（University of Southern California）法學院發表一場著名的畢業典禮演講。其中，蒙格討論到「反轉」（inversion）的重要性，學習以正向、也以逆向思考問題。蒙格表示，一旦你願意反向思考，問題通常會變得比較容易解決。比如說，假設你「想要幫助索馬利亞」，你應當問的問題並不是「我該怎麼幫助索馬利亞？」，而是諸如「對索馬利亞破壞最嚴重的事情是什麼？我該如何加以避免？」等問題。雖然在邏輯上，我們會認為這兩個問題是同一個問題，但其實不是這樣子。就像在代數裡頭，「反演」（inversion）可以幫助人解決其他做法解決不了的問題。

又或者，就如同查理・蒙格的那句老話：「我唯一想要的知道是，我會死在什麼地方，這樣我就永遠都不會去那個地方

了！」[50]

避免麻木資料探勘

之所以要進行重混、重啟和解構，就是為了避免成為資料探勘者（data miner）——查看資訊的目的只是為了確認既有的預設。反之，我們其實可以變成「實際的哲學家」，也就是會提出問題的人，不隨便理所當然地接受假設，而且願意改變觀點，能夠聽出弦外之音。

在諸多領域中，質疑假設其實是過上良好生活的核心所在。莫瑞・戴維斯（Murray S. Davis）的經典作品〈那很有意思！〉（That's interesting!）啟發了好幾代的博士班學生，戴維斯表示，要有所貢獻的方式其實有很多種。最重要的做法之一，就是舉出讀者觀眾們常見的一項預設，並且加以否定，或者呈現在哪些條件之下，這樣的假設並不適用。[51] 我們在藝術家當中可以看到這個現象，但世界上最成功的領袖人物也有同樣的表現。在我們的「有志領袖」研究當中，我們與全世界表現最傑出的三十一位執行長進行過面談，當中多數的人都在持續對這個世界運作的方式加以探問和質疑。他們願意接受質疑與相反的假設，開啟一個讓機緣力可以作用的機會空間。

我們不是要尋找絕對的事物，而最好是尋找自身所處脈絡當中的重要事物。意義並不被侷限於一個地方，當事物與彼此有所聯繫的時候、當觀點彼此碰撞的時候，事物的意義就會呈現。然後，在這些碰撞的時刻，我們就可以點燃機緣的火花。[52] 確實，

點燃機緣火花的一項有效方法，就是要去接受對立的思想。人們的思考通常是辯證性的：人們會思慮到一個「正論」與一個「反論」，而正論跟反論最後能找到一個「綜論」（真是太黑格爾了！）。現實並不是黑白二分的，生命的真諦在於細微的差異。

幽默我一下

要自我訓練將點連結起來這件事，還有許多別的方法。有創意的人經常會運用「類比思考」（analogous thinking），引用某一領域的資訊去協助解決另一領域的問題。[53] 要訓練類比思考還有一些方法，舉例來說，以潛在類比來引導他人，可以幫助他人勾勒出可能的機會空間，機會空間能夠增加找到既有問題解決方案的機率。[54] 一旦我們企圖去找出類似性，我們便可找出潛在的解決之道。

還有另外一種做法，是利用具有刺激性的點子去創造出新觀念。要想出最具有激進意義的點子，誇張或一廂情願的思考也可能是有效的策略，然後再將關注的重點放在出現的模式上。[55] 尤其是說，激發趣味性已被證明是有效提升機緣力與激發革新的方法。我們過去曾經進行過許多有趣味的活動，相當有助於探索，這是因為這些活動可能打破規則、推動實驗。這些趣味的活動可以把我們帶出自己已知的部分，進入我們還沒搞清楚的部分，而那正是奇蹟可能出現的地方。

有些社群會舉辦到大自然靜居的活動，讓參與者重新連結上年輕的自我。它們會勸人們學習**不要把自己看得太重**，幫助人們

能夠放下，由此，人們願意撤下藩籬並放下地位的界線。確實，愛因斯坦就已經表示過，創造性思考的真諦在於遊戲。就像是小孩玩樂高（Lego）積木那樣，愛因斯坦不斷將觀點、印象、思想進行結合與重組——而這經常是指現實可見的事情。這種「組合遊戲」（combinatorial play）所呈現的，是一項特殊的技能，也就是能推論出意義上相關的配對事物或各組事件。

賈伯斯便是這項技巧的箇中好手。賈伯斯相當著名的一項思考是，創意只不過是將事物連結起來而已，當你詢問有創意的人，他們究竟是怎麼做到這些事的？創意人士其實會覺得有些不安，因為他們其實沒有做，「他們只是看出了些什麼。」在他們眼中，這些事物經過了一段時間之後，就會變得愈來愈醒目。

這種現象乃是人類歷史根深蒂固的一部分。古羅馬政治人物兼哲學家塞內卡，曾經啟發諸多文藝復興思想家與藝術家，塞內卡認為，我們應該從事——後世愛因斯坦所謂的——「組合遊戲」：蒐集點子，加以篩選，然後將它們結合成新的創作。在塞內卡的《書信集》（*Epistles*）之中，他說了蜜蜂的例子：蜜蜂飛來飛去採集花蜜是為生產蜂蜜，蜜蜂會將採來的花蜜安排並分置在蜂巢內。經過發酵之後，不同的要素會結合成一項物質，那就是蜂蜜。塞內卡把這件事情，類比為讀書選材，將閱讀過的東西加以篩選，然後將各種材料結合為一。我們必須將材料加以消化，否則這些材料只會填滿我們的記憶，而不是裨益我們的推理。[56]

當我們在遊玩的時候，無論這是一種新穎的遊戲、困難的拼圖、新奇的場面，我們經常會進行新的「異類連結」。當我

們玩得正高興的時候，何不也來點幽默呢？有機緣傾向的人，往往擁有極佳的幽默感。[57] 讓我舉亞歷山卓·特里安（Alexandre Terrien）為例子，當時亞歷山卓拜訪巴黎的時候，他並不知道自己竟然會參加某位朋友的結婚晚宴，尤其那位朋友最初並沒有邀請他前去。亞歷山卓整天行程滿檔，當他最終到達晚宴現場的時候，剩餘唯一一個空位就在新娘姊妹麗娃·哈佛許（Riwa Harfoush）的旁邊。雙方好幾年前曾經在網路上經由介紹認識，但從來沒有真正見過面。當亞歷山卓抵達會場時，他跟麗娃與其父母開了個玩笑：「我等這一刻已經等了十年。」麗娃至今猶記那個瞬間，並且珍惜這段機緣的相會，這個男人最終居然成為了她的丈夫。*

因此……

機緣不是單一事件，機緣是一種歷程，藉由創造、看見機緣力觸發點並將點相連起來而造就。機緣力讓我們可以透過自己的努力，將機運化為好運。要撒下機緣力觸發點的種子，有許多可行的方式，其中包括撒下誘餌、設置機緣力炸彈等等，而且，我們可以隨時隨地將點相連，把別人告訴我們的事物，跟我們從其

---

* 麗娃本人也是利用幽默來建立關係的能手。她會以幽默的方式來促成她所謂的「宇宙感知的時刻」：這些時刻讓我們可以用類似的眼光看待世界，幫助我們建立起互信。幽默可以撒下種子，成為將點連結起來的誘因。訓練自己成為一個有趣的人，永遠都不太算遲！

他領域學來的事物連繫起來 —— 即便兩者表面上似乎毫無關聯。由此,我們便能夠增進自身的機緣力領域。

　　不過,假使我們不願親力付諸實行的話,說這麼多其實都沒有意義。所以,就讓我們再來進行另一次的機緣力肌肉鍛鍊吧。

機緣力練習:付諸實行

1. 想出幾個你覺得可以用在日後對話的連結點誘餌,尤其設計用來應對別人問你「你是做什麼的?」的時候。試試看在一個(簡短)的回答當中,加入三到五個誘餌,讓別人可以選擇他們覺得其中最有連結性者。盡情享受對話的樂趣吧!

2. 拿張紙寫下你有興趣的領域,加上有趣的連結點,並將它連結到自己的故事上。你是否出身困苦,卻找出門道而獲得意外的成功呢?說說看這個故事吧。你是否高中留級,最後卻因此找到自我呢?說說看那個故事吧。接著,讓自己站出來:聯絡自己的母校或者你附近的學校,看看你能不能參加校友或學生的活動,並且在其中進行談話。你可以用簡單的主題開始,例如「一個校友如何找到自己的路……」等等。又或者,你可以用類似的主題在《哈芬登郵報》(*Huffington Post*)等平臺上

發表文章。

3. 設置機緣力炸彈。想出你最佩服的人，並且能夠取得對方的聯絡方式，無論是電子郵件或 LinkedIn 的 InMail。寫出你最誠摯的訊息，關於對方如何影響你的人生、你希望對方能夠能為自己人生旅程的一部分等等，然後將訊息寄出。這是一場關於數量的遊戲，所以你必須準確，而且要盡量寄給多一些對象，至少五人以上。

4. 如果你是在跟團體說話，要為意外做好準備：先準備好一個笑話，在聽眾手機響起的時候拿出來用；先準備好一個笑話，當投影機故障的時候拿出來用；先準備好一個笑話，如果你不小心跌倒的時候拿出來用。你在這些時刻能夠瀟灑地面對意外，就能繼續將聽眾們維持在狀況內。

5. 如果你所住的城市內有大學或其他公共中心（如地方圖書館），至少每個月去參加一次那些地方的活動。準備一些要問演講者的好問題，在演講結束的問答時間提出。這麼做可以讓你在演講結束之後，比較容易和講者搭上關係，他們已經認得你了。試圖取得他們的聯絡方式，隨後順勢跟進。

6. 當你認識新朋友的時候，想想看你對於他們的人生能有什麼幫助，或者你可以介紹哪些人給他們認識。每個

月至少為別人介紹一個新的人。想一想，要怎麼樣讓這兩個人出現交集，並且在引介雙方認識的時候談起這些事，不過要注意不要講得太鉅細靡遺。

7. 當你舉辦一個連結人們的活動時，請參與者分享：(1) 他們目前對什麼感興趣；(2) 他們最大的挑戰是什麼；(3) 他們最喜歡的機緣故事是什麼。當別人在說話的時候，成為一個積極的聆聽者：你最近有沒有得知什麼事情，能夠連結上說話者的興致或挑戰呢？

註釋

1. Pirnot et al., 2013.

2. 參見 McNally et al., 2011. 另外一項範例，就是電腦科學家所採用的系統，這些系統能增進資料檢索的機率元素，透過資料探勘的方式，為新穎、有趣的資訊提供意外的連結（Beale, 2007; Liang, 2012）。

3. 關於此事，有一段不錯的短片：www.youtube.com/watch?v=U88jj6PSD7w。

4. 或者以網際網路為例，網路上嵌入的搜尋結果或「建議頁面」，全部都可能是機緣力的提示。如今有一整個產業（與數十份研究報告）專注在如何增進機率元素，其做法是嵌入連上新穎、有趣資訊的意外連結（Beale, 2007; Liang, 2012）。

5. www.politico.com/magazine/story/2018/01/20/henry-kissinger-networking-216482.

6. 一旦我們開始展現自我，創造機緣力觸發點就會變成一件很自然的事情。有一個更加激進的例子是企業家 Cara Thomas，他根據朋友推薦

的冒險旅程，決定孤身一人前往東南亞旅行三個月。她雖然過程中很驚嚇，卻展現自我面對未知，讓神奇的經驗得以發生，她的事業——專注於每日機緣經驗——也是由此成形。我們先前已經提過的 Keyun Ruan 在德國做研究的時候，會在週五的時候隨便搭火車，不管最後到哪去，她都充滿好奇心地與陌生人說話。她的做法讓我想起 Lee Child 筆下角色 Jack Reacher 會隨機搭乘巴士橫跨美國，解決最出人意外的案件。

7. Aknin et al., 2013; Dunn et al., 2008.

8. Dew, 2009; McCay-Peet and Toms, 2010; Napier and Vuong, 2013.

9. Busch and Mudida, 2018; Granovetter, 1973.

10. Burt, 2004; Yaqub, 2018. 然而，並非所有文化都是如此；或可參見 Xiao and Tsui (2007) 很好的研究，其中探討仲介及經紀業務為何在中國這種集體主義環境之下無法運作，或者運作方式有所不同。

11. 不過，介紹同時也是一份責任（無論我們願意與否，我們都會扯上關係）。在繁忙的日子當中，我們可能想要直接去介紹人們，但是優先詢問對方是否願意被介紹是很重要的事情。

12. 這包含了工作任務環境，以及工作本身的類型（McCay-Peet and Toms, 2010）。

13. Catmull, 2008; Lehrer, 2011.

14. Catmull, 2008; Lehrer, 2011.

15. 或者舉 Wok & Wine 為例，Wok & Wine 是一套專門設計於機緣邂逅適當環境條件的社交晚餐體驗，創辦人 Peter Mandeno 最初於紐約發起此體驗，後來擴張至十一個國家。參與者彼此坐得很近，近到令人不自在的地步，他們用手拿食物，在大餐桌邊用手掰麵包。舉辦活動的場所脫離正統，諸如理髮沙龍或廢棄建築物，空間布置的情況鼓勵人們走動，增加巧遇新人的機會。取得倫敦帝國學院（Imperial College London）博士的 Peter Mandeno，所研究的是如何設計人們的連結性，他認為跨越背景脈絡的實驗，可以實現他所謂的「最佳化機緣力」。

16. 或可參見：https://blog.websummit.com/engineering-seren dipity-story-web-summits-growth/ 以及 https://blog.websummit. com/why-you-shouldnt-attend-web-summit/。

17. Busch and Barkema, 2017; Busch and Lup, 2013.

18. Busch and Barkema, 2017.

19. www.nytimes.com/2012/06/10/opinion/sunday/friedman-facebook-meets-brick-and-mortar-politics.html.

20. http://graphics.wsj.com/blue-feed-red-feed/.

21. Busch and Mudida, 2018.

22. Brown, 2005; Merton and Barber, 2004; Pina e Cunha et al., 2010.

23. http://news.bbc.co.uk/1/hi/magazine/8674539.stm. 感謝 Paolo Rigutto 指引我注意這個故事。

24. Merton and Barber, 2004.

25. Merton, 1968.

26. Merton and Barber, 2004.

27. Garud et al., 1997; Hargadon and Sutton, 1997.

28. 參見 www.businessinsider.com/salesforce-ceo-marc-benioff-begin ners-mind-2018-9。

29. 譯註:另有中文譯本,書名為《為什麼思考強者總愛「不知道」?》

30. 巧遇高手(Super-encounterer)在資訊獲取過程當中,會比其他人更常遇見意外資料及資訊(Erdelez, 1999)。這乃是奠基於科學文獻哲學(e.g. van Andel, 1994)的發現之上,相關發現顯示,有所追問的心靈可以促進出乎意外的發現。

31. De Bono, 1992. De Bono 發展出「六頂思考帽」(six thinking hat)系統,這是一套決策方法,能夠幫助群體進行更有效率的思考,其中每一頂帽子都代表某種思考方式。亦可參見 Birdi, 2005。

32. 參見 e.g. de Bono, 2015。

33. Gyori, 2018.

34. 就如同所有事情一樣,把它推到極端——「極端分離」(extreme disjunction)——可能導致模式盲目性,其中的觀眾會受到脫節資訊所迷惑、所淹沒。有些藝術家或許想要造成這種效果,但隨著時間或作品愈長,這可能過度拉緊人們的注意力並導致疲勞耗竭(Gyori, 2018)。

35. 「分離」的潛能在於打破預期,其中有四種類型和機緣力相關。「空間分離」保留了時間的連續性,但是將觀者的視野轉移到新的地點。

在電影裡面，一幕場景會從好幾個不同的角度拍攝；在工作環境裡頭，這件事情就是改變地點（例如從一號咖啡店換到二號咖啡店）以追求神清氣爽。「時間分離」包含時間的跳躍，例如從某段影片當中刪除一些鏡頭，於是造成跳躍的效果。「時空分離」所關乎的是時間及空間兩者，舉例而言，一部小說從城市晚間書寫的日記，轉移到鄉間早晨撰寫的書信。「作者分離」則是關於作者各觀點之間的轉換——例如超現實主義者「精美屍骸」（exquisite corpse）實驗——會有多位藝術家集體創作詩詞或圖畫。「句法分離」則是要打破象徵連續性，例如 William S. Burroughs 的剪裁小說，將線性的散文切成段落之後以非線性的方式組合起來。

36. Gyori, 2018; Lessig, 2008; Navas et al., 2014.

37. 關於以興趣或利益為基礎的協商之極佳評論，可參見 Fisher et al., 2011。

38. Marx and Engels，引用自 Gyori, 2018. 或可參見 Marx and Engels, 1998。

39. Eisenstein, 1969. 亦可參見 Gyori, 2018。

40. Gyori, 2018.

41. 學術界也是如此，當我們用清新的眼光注意更大的結構時，經常會發現出乎意料的關係或模式。紮根理論與其他質性研究方法論諸如「喬亞方法」（Gioia method），容許觀念及點子以有機的方式浮現。當我在進行 RLabs 研究時，我是帶著非常廣泛的研究問題從事其中。接著，我試圖找出令人驚訝、有別於我（及當前研究）期望的見解，並且開始弄懂它們。我將它們進行重組，直到一些有趣的主題浮現，得以出現的連結超越了脈絡背景（在此情況下，那種拼湊狀況是可以延展的）。一如機緣力，此事是關於控制過程、而不是控制結果，並且讓我們的眼界對意外保持開放，就像是福爾摩斯會做的事情一樣（Busch and Barkema, 2019）。「外展」（abduction）是一種在經驗過程中建構解釋說明驚人觀察的創意行為，外展可能成為產生新論點的有效辦法。外展有助於將現有概念與新見解綜合起來。

42. Gyori, 2018; Lessig, 2008; Navas et al., 2014.

43. Mintzberg et al., 1996; Pascale, 1996. 關於這個故事的辯論已經進行了幾十年，有些人認為這是即時出現的，其他人認為這是計畫好的，所

以我們必須用審慎的眼光看待。

44. Procter, 2012.

45 Gyori, 2018.

46. Derrida, 1982; Gyori, 2018.

47. 另外一種例子是粉絲編輯（fan-edit），所謂粉絲編輯是指經過重新剪輯以創造跨類型解構的預告片或電影場景。《四十處男》（*The 40 Year Old Virgin*）重製後從鬧劇變成心理驚悚劇；恐怖電影《鬼店》（*The Shining*）變成好心情電影 *Shining*。類似脈絡下，Derrida 以相當的投入，將柏拉圖的《斐多篇》（*Phaedrus*）加以解構（Gyori, 2018）。

48. Gyori, 2018. 亦可參見 Delanty et al., 2013。

49. 這可能為受壓迫的人民帶來改變且創造機會，遭到放逐者可能成為英雄，聚光燈打在革命者的身上，促使人類前進，這是一場充滿「後」（post）的歷史 —— 諸如後殖民主義（post-colonialism）、後現代主義（post-modernism）等等（Gyori, 2018）。

50. 參見 https://fs.blog/2016/04/munger-operating-system/。

51. Davis, 1971.

52. Gyori, 2018.

53. Gentner and Markman, 1997; Gick and Holyoak, 1980. 亦可參見 Stock et al., 2017. 有鑑於與機緣力有關的研究相對罕見，我在本書也部分運用了類比思考。這種類型的推理，可能受到計畫之外的事件所促成，例如對於特定事件或物件的機緣性觀察。「聯想思考」（associative thinking）或類比，是使人得以駕馭複雜機會空間的過程。但是，這樣的取徑必須在目標範圍可知的狀況下，才有可能實行，但由於會有新興出現的機緣事物，所以實際狀況往往未必如此。

54. Gick and Holyoak, 1980. 這種類型的思維常有利於專家，因為專家傾向聚集特定領域的知識，這些知識往往組織良好且易於取用（Bedard and Chi, 1992; Ericsson and Staszewski, 1989）。如此在潛能上，專家得以在目前狀態及過去（或未來）的經驗之間看出更多連結（Stock et al., 2017）。如果你了解什麼是「正常」，你才可能辨認出異常。因此，專家更有可能從事類比轉換，因為他們更有能力看出其專業領域與其各自處境之間的相關性。專業知識通常更為抽象、更加概念化

（不像是一般人所呈現的表面知識），因此，專業知識更能使人汲取相似性並推斷遺失的訊息。然而，如同第二章所討論，這也可能會導致「功能固著」。

55. De Bono, 1992.
56. Gummere, 1989.
57. Koestler, 1964.

第六章

將「機緣」轉變成「機會」

向前行，你有可能在完全沒有預期的情況下撞見些什
麼。但我從來沒有聽說過，人坐在原地不動，卻能撞見
些什麼。

—— 查爾斯・凱特靈（Charles Kettering），
前通用汽車研發領導者

　　一九二〇至一九四七年間領導通用汽車研發的查爾斯・凱特
靈，在當時就已經知曉近年研究才剛剛確認的事情：多練習可以
讓你更幸運。[1]不，只擁有機緣邂逅是不夠的，你必須擁有足夠
的智慧和毅力才能將機緣轉化為正向成果。這樣的差異，甚至可
能是默默無聞的實驗室人生跟一座諾貝爾獎之間的區別。

　　康乃爾大學（Cornell University）病理學教授亞倫・凱爾納
（Aaron Kellner）在實驗室裡發現，注射過木瓜蛋白酶的兔子耳
朵會「下垂」。不過，凱爾納並不是唯一一位發現這件事情的
人，與此同時，紐約大學教授路易士・湯瑪士（Lewis Thomas）
也留意到這個現象。這兩個人都認為，這是一件不尋常的事，但
兩人都沒有繼續深入研究，而把心力放到其他事情上。這種兔子

耳朵下垂的現象後來一再出現，可是兩人都沒有繼續追蹤。

　　一九五五年時，湯瑪士最終決定要鑽研兔子耳朵下垂的現象，並且發現木瓜蛋白酶對於耳朵細胞結構造成極大的作用。後來，這項發現造就對於了解類風溼性關節炎方面的突破，最終也讓湯瑪士抱得諾貝爾獎。反過來說，凱爾納再也沒追究過這件事。以這項案例來說，凱爾納錯失機緣力，而湯瑪士尋得機緣力。[2] 不過，實際上到底發生了什麼事呢？

　　在獲得答案之前，先讓我們來會會丹尼爾·史賓賽（Daniel Spencer）吧，丹尼爾是位技師，可以說，他拯救了這本書使其免於溺亡的危機。我不小心把咖啡倒在筆記型電腦上，於是我進了維修店，遇見丹尼爾。我們聊了攝影，還有丹尼爾的新副業。這項計畫的成形，花費丹尼爾六年的時光。丹尼爾雖在蘋果公司當技師，但他同時擁有寫歌創作的熱情。不過，他愈來愈意識到，自己還有對攝影的熱切愛好。丹尼爾的團隊裡有兩位攝影師，丹尼爾從他們身上學到很多。丹尼爾很喜歡攝影帶來的平靜感，愛好攝影的本身。於是，丹尼爾減少在蘋果的工作時間，並且在朋友的車庫開闢他第一間攝影工作室。就在他獲得第一筆報酬的時候，他選擇辭去在蘋果的工作。

　　丹尼爾開始為演員、商業人士拍攝肖像與大頭照，將自己的冒險稱為「轉身快門攝影工作室」（Turn and Shoot Photography）。他並不確定自己為什麼這樣做，但「感覺就是很棒。」當時，三百六十度全景影像正成為網路上的新流行，ASOS 等時尚公司都在發表旋轉的物件，以便能有更好的視覺效果。丹尼爾愈深思這件事，他就愈感覺到所有東西都在旋轉。「這是一種超專注狀

態，好像時間都變慢了。我看見商店展示窗裡的假模特兒在旋轉，或者我用 iPhone 玩遊戲時角色在旋轉……這讓我覺得，好像生命正在吶喊、正在向我招手，呼喚我的注意。」

靈光乍現，丹尼爾想到了一個點子，就是創作旋轉的演員大頭照。丹尼爾本人有過演戲的經驗，他記得試鏡的時候，對方會要求他向左轉或右轉，於是他想到，這必定是個拍攝大頭照的更好方法。丹尼爾將這個點子告訴了一位朋友，那位朋友說這點子的價值值得百萬英鎊。可是，雖然丹尼爾為此感到很振奮，他仍將這件事情閒置了好幾個月，事後丹尼爾解釋道，他之所以會這樣拖延，是因為自己擔心失敗。

最後呢，丹尼爾開始研究，若想辦成這件事，他需要些什麼。他上網查詢可以支撐人體重量的轉盤，但裝置的價格太貴，他買不起。結果，丹尼爾恰巧得知 Facebook 上的一場競賽，贏家可以獲得一部轉盤，而他贏得了比賽。「這件事情給我一種『這就對了！』的衝擊……我說的不是心理作用，而是我知道自己真的會贏，我心裡非常肯定。」

丹尼爾找來幾位演員朋友實驗這個點子，後來，經過一番說服，倫敦有家選角公司願意在網站主頁上介紹他的點子，這家公司把它稱為「大頭照三六〇」（Headshot 360）。至此，「轉身快門」這個命名愈來愈有道理了。丹尼爾回想：「誰知道呢？我是因為選擇這個名稱而選擇這條道路嗎？我是否已經走上正確的道路、邁出正確的步伐呢？」

路易士・湯瑪士以及丹尼爾的故事顯示，我們經常有些想法，在日後由於機緣力觸發點的關係而再度浮上腦海，並且可能

拼湊構成點子。我們或許會出於某些原因而壓抑這些想法，例如覺得自己沒能力、自己太忙或那件事沒那麼重要等等，但是，我們的大腦其實一直在主動地處理資訊——即便是我們以為大腦在休息的時候。

透過測量腦電活動的設備，這種高度的無意識活動實是有跡可循的。[3]這套網絡對於人類解決日常問題具有極大的影響。隨著時間推移，我們會無意識地整合諸多資訊，[4]到達某種地步時，「尤里卡」時刻就降臨了。

人們會使用「尤里卡」這個詞，形容看似自發產生的觀念，但是在許多例子當中，人們其實是忘卻了過去的相關想法，直到某種頓悟以及之後的潛在正向成果出現，才將這些想法化為現實而將點相連起來。

這種事情隨時隨地都在發生。近期我與哈佛大學與世界銀行的同事們從事一項研究，我們發現，全球最成功的企業執行長當中有非常多人，在做出重大發展成就自己人生與公司發展之前，其實一路也是走得跌跌撞撞。[5]而且也是在後見之明與事後回想當中，這些執行長們才意識到，他們打造出一個讓足以使正向巧合發生的環境。但是，也是有賴於他們的毅力和明智，才有可能將潛在的正向巧合化為真正的正向成果。

孕育機緣力的喜悅與風險

前述的這件事情點明一個令人振奮的現象：機緣力需要一段孕育期，需要靠著毅力、耐性與智慧度過。我們傾向認為，機緣

就是一次性的驚喜，但是在機緣力出發點與異類連結之間，可能會有一段很長的孕育期，然後在最終機會來臨之前，還會有另外一段孕育期。我們起初未必會建立起連結，或者不覺得自己準備充分，或者當時並不覺得某個點子重要。這是「將事情放到一邊」和「頓悟感覺」之間的一段時期。[6] 像是丹尼爾瀏覽商店展示櫥窗那樣，從事世俗活動可能會點醒我們自身未必自覺的事情，然後隨機而意外地浮現心中。在那一刻，我們可能會忽然對某些事件該怎麼解決，出現完整而敏捷的理解，這便是典型的尤里卡時刻。[7] 我們可能在洗澡或是半夜三點醒來時，腦中突然浮現絕妙的點子，這便是尤里卡時刻發生的情況。

一般來說，孕育期的長短介於五分鐘到八小時之間。[8] 但事實上孕育期也許還要更久，有時候是以年來算，就像是前述兔子下垂耳朵的例子。無論時間長短，見解或連結的真正源頭，經常為人所遺忘，或者已經無法追溯到最初那一刻。[9] 人們傾向將自己的尤里卡時刻，追溯到一場比較近期的會面或會議，雖然這件事的種子可能是在更早以前就播下了，* 這也就為什麼，我們最好待在他人的雷達範圍中 —— 例如靠電子郵件寄送感謝函來達成。

這件事對我們來說有什麼意義呢？美國廣告業傳奇大師詹姆

---

* 對於全球創新社群來講，這件事尤其是項重要的挑戰，當人們沒有將機緣成果追溯為真正的起源時，你該怎麼樣估量自己的影響力呢？那些所謂的英雄故事，通常是完整故事經過剪裁挑選重要部分後所講述，否則人們不會對此給予回饋。

斯·楊恩（James Young）採用一套產出點子的簡易做法，表面上像是無中生有，實際上卻是精心安排。想像一下，你正在思索如何設計房子新客廳的點子，於是你上 Google 查詢範例、徵詢朋友的意見、從不同的觀點來端詳這項任務。你的風格是什麼呢？你伴侶的風格是什麼呢？你對此計畫是否感到興奮呢？你的朋友對此是否感到雀躍呢？到最後，你找到自己喜歡的客廳設計，開始思量。接著，在某天洗澡的時候，「啊哈！」時刻突然出現。這是靈光乍現，但並非無跡可尋，這是來自於同一時間你心中思考的所有潛在的點、潛在的連結。

你做了些什麼呢？你讓心靈盡可能獲得資訊，然後將這些留給自己的潛意識去處理，有許多人會在傍晚時分去對任務或挑戰予以解讀，這樣他們的潛意識就可以在夜晚的時候進行處理。這麼做或許對於想睡好覺的人來說不甚理想，但這麼做確實可以在一段孕育期之後迎來尤里卡時刻。

這項做法適用於各種環境與脈絡。這個世界上最成功、最顯著的機緣發現，例如便利貼或盤尼西林等等，往往是花上很長一段時間才達成。這些發現的價值必須得到解釋之後，人們才願意開始相信。

不過，我們要怎麼去培養，能夠將機緣巧遇轉化為正向成果的能力呢？

克服累贅並迎來下一章

丹尼爾的故事對於我們是種提醒，提醒我們會經常在有意無

意之間，出自於特定原因壓抑自己的點子和想法，或許是困在某段關係或情況中，或者是整體而言害怕失敗，或者認為自己其實是個裝樣子的冒名頂替者（imposter）。

這本書確實是機緣力的產物，也是克服障礙的產物。我曾經計畫過很長一段時間，想要寫本關於興趣、利益和目的的書，但我始終覺得自己尚未準備就緒。書籍的提案已經完成，但似乎有些事情一直在阻礙我。結果，幾年前，我與好友葛蕾斯一家去旅遊，一天夜晚，我們在緬甸的某個海灘上喝酒，我將自己最新的寫作計畫告訴他們。他們的神色讓我清楚意識到，這本書並非我原先所設想的那樣具有原創性。

他們很好心地問道：「你有沒有其他的寫作點子呢？」當下我腦中浮現的，就是在我的人生與研究當中，機緣力可說是無所不在。在我看來，很弔詭的是，為什麼有些人總能創造機緣力，而有些人對機緣總是緣慳一面。已有證據顯示，我們可以對自己的心態進行調整，而且，培養機緣力一事也有具科學根據的做法。此外，過去十五年來，我已經累積起非常多可用的材料。

他們的神情立刻就轉變了，他們說道：「對嘛，那很有趣呀！」那一夜，我把自己想到的所有東西，關於這本書可能的模樣是什麼，全部都寫了下來。這個點子就在機緣巧合之中種下了。但是，後來我數度想要開始寫書的時候，我卻又讓這項任務落到代辦事項的倒數順位。我的冒名頂替症候群（imposter syndrome）告訴我，我還需要進行更多研究、接觸更多的人。我覺得，在人生其他章節正在開展的當下，又去開啟人生的下一章，是件相當不保險的事。

我花了一段時間——與許多非常棒、非常聰明的人聊過之後——才發現「放下」力量是什麼。放下自己對於創作一本完美著作的期望，也放下別人對自己的這種期望。關於我必須先了結人生其他章節才能開啟下一章的想法，也把它放下吧。放下專注於某個特定成果的執念，把注意力放在有反省空間的喜悅，讓自己過往十五年的人生出現意義。接受自己過去的決定，即便那些決定讓我覺得不快，記住當時的脈絡環境，在這樣的背景之下看待過往的決定，然後放下吧。[10]

　　我是一個想為所有結果都做好準備的人，我想要盡可能多與他人交往，因此，我必須知道，並不是所有事情都有解決之道。一旦我體會到這點，我便開始全心全意地寫作這本書，我期望將自己在緬甸撒下的潛在機緣種子，轉化成正向的成果。

　　就此而言，布芮尼·布朗（Brené Brown）對於「脆弱性」（vulnerability）的研究提供了豐富的啟示。在布芮尼看來，脆弱與勇敢其實是一體兩面。脆弱經常會在我們不知道後果為何時呈現出來。布芮尼將自己之所以成為一個「懂得脆弱之人」（vulnerability person）歸因於巧合，也是因為自己終於看透。幾年前，她受邀到 TEDxHouston 演講，主辦方告訴她：「我們對演講內容沒有什麼規定，你只要確定它更棒就對了。」於是，布芮尼決定不要進行她一般的學術講演，而是談談她親身經常需要忍受的事物：脆弱的感覺。她講述了自身令人動容的故事，而且真實地「呈現」自己的脆弱。這場演講讓布芮尼聲名大噪，因為她的研究讓人感覺可以連結、可以親近。布芮尼將自己的研究身體力行。TED 將這場演講放上網站，並成為 TED 歷來觀看次

數最多的影片之一，目前已累積四千萬觀賞次數。當布芮尼收到網路上某些人的嚴厲批評之後，她曾試圖逃避，沉浸於追劇《唐頓莊園》（*Downton Abbey*）。影集看完後，她又繼續研究《唐頓莊園》時代的重要政治人物，以使自己保持分心。也因為這樣，她閱讀了美國總統迪奧多・羅斯福（Theodore Roosevelt）的資料，並湊巧讀到一句老羅斯福的格言，結果，這句格言成為布芮尼寫作與信仰的基礎，甚至成為她新書的標題《十足勇氣》（*Daring Greatly*）[11]：

> 那些批評者其實並不重要，因為榮耀並不會歸於指出勇者如何挫敗、說別人還能做得更好的那些人。榮耀歸屬的對象，是那些親身處在競技場中的人，他們的臉上混著塵土與汗血，他們勇敢奮鬥；他們犯錯，他們一再失利，因為毫無錯誤與缺失的奮鬥其實並不存在。榮耀歸屬的對象，是那些真正奮力想要做事的人，是那些熱情與奉獻之心強烈的人，是那些投入重大使命的人。如果他們有幸，他們能獲得最終的勝利，如果他們不幸而失敗，至少那是鼓起**十足勇氣**之後的失敗，這種人的定位，絕不可與那些冷漠而怯懦──不知成敗為何物的──心靈相提並論。[12]

我將這段格言儲存在自己的電腦螢幕上，以便在自己勇氣退卻之際自我提醒而度過難關。我從許多不同的環境之中，都觀察到這番道理，本書第三章查理・達洛維身處的情況，便是一個例

子。只要我們學會自我信任，機緣力便會開始作用。

　　而一旦機緣力開始運作，通常就會繼續作用下去，並且超越我們糾纏成一團的個人與職業生活。比比・拉露茲・岡薩雷領會到這個道理的時候，她正在結束一段為期十年卻不穩定的男女朋友關係。比比當時已經是世界經濟論壇青年社群「全球塑造者」的一員，在這個組織當中，她找到自己所需要的夥伴。為了撐過那段難熬的日子，比比會去散步，這是來自於她閱讀的一本書《荒野》（*Wild*）之啟發[13] —— 一位女性去美國西南部太平洋屋脊步道（Pacific Crest Trail）登山旅行的故事。比比立即就與這本書的文字產生連結，尤其是「在太平洋屋脊步道上從迷失到尋得」這句話。

　　比比申請參加世界經濟論壇在墨西哥的區域論壇，也順利被選中了。她對自己承諾道，只要她的計畫可以成功 —— 讓瓜地馬拉當地手鍊產品進入全球市場 —— 她一定能夠走出之前那段關係。比比在墨西哥當地參加了一場活動，並遇見另一位全球塑造者，對方告知她「世界青年領袖峰會」（One Young World）舉辦的消息。在墨西哥的經歷讓比比覺得，她已準備好開啟人生的下一章。比比重新燃起成為營養學家的夢想，並且看出將此事與發展問題相連結的機會。數年前自華威大學（University of Warwick）畢業的她，曾經成功被牛津大學錄取並攻讀 MBA，但比比卻因為沒有申請到獎學金而無法就讀。比比決定，她要成立自己的食物安全組織「瓦依克好食」（Eat Better Wa'ik），並且於當年以特選代表發言人的資格，參加在泰國舉辦的世界青年領袖峰會，這是比比第一次有機會在廣大聽眾面前談論自己設立的

組織。比比以群眾募資的方式取得自己的旅費，並且寄出數百封電子郵件給潛在的贊助者。一個機緣轉折點出現了，其中有封郵件讓比比獲得了獨立記者與夥伴專家的工作。

等比比到達泰國之後，她曾將手機充電器借給一個急需的人，事後發現，那是一位主辦方的工作人員。之後，她去取回充電器的時候，因為這樣而認識了更多的工作人員，其中有個人是位永續發展目標領袖，這個人後來介紹比比到另外一個以永續發展為目標的組織去。透過這位新朋友的幫助，比比在這個領域之中發現了好幾個機會，正面成果急速提升，她甚至曾經在聯合國總部發言，並獲頒歐巴馬創業者獎助金。這項獎助計畫的名稱是「美洲創始年輕領袖」（Young Leaders of the Americas Initiative），而這項計畫也使比比意外地來到內華達州與加州的北界，結果，比比發現自己居然來到了這一切的出發點──太平洋屋脊步道。

在那裡，比比再次找到一個讓她感覺親近的社群。她說：「一屋子的怪人，像我一樣，我覺得很自在。」

真正的恆毅力

每每聽到「一夜成功」的故事，我總是感到很驚奇。大多數時候，成功乃是數年辛苦工作與堅持的成果。若不是當事者的恆毅力與努力不懈，這趟旅程的任一時刻其實都有可能會失敗。

所謂「恆毅力」（grit）的定義，是「努力堅持加上對目標或目的的熱情所形成的個人特質」，恆毅力以及「辛勤工作」的

韌性乃是機緣力的核心所在。[14] 長期成功與失利挫敗之間的關鍵差異，正是恆毅力與韌性。LinkedIn 創辦人里德‧霍夫曼（Reid Hoffman）曾經舉例說明過他所謂的「為運氣找好位子」，以破解一種神話——有人就是能在正確的時間待在正確的地點。當然，時機是很重要的事情，但是熱情和恆毅力才是成功的真諦。讓我們舉 Twitter、Medium、Blogger 創辦人伊凡‧威廉斯（Evan Williams）——也是「部落格」（blogger）一詞的塑造者——為例。威廉斯設立 Blogger 的時機確實很好，但是讓 Blogger 真正迎向成功的，其實是公司經費短缺時（許多初創公司都會面臨的危機），威廉斯表現出來的恆毅力。[15]

在沙盒網絡的時候，我們起初計畫為那些啟發人心的年輕人，舉辦一場大型會議，可是我們的贊助者卻遭受二〇〇八年金融危機打擊而退出。我們被迫放棄舉辦會議的想法，轉而開辦地方社群活動。由此，我們的樞紐結構成為沙盒與後續社群的一項關鍵特徵。靠著整個團隊的十足韌性與好幾個不眠不休的夜晚，方才確保沙盒不會因為這樣倒閉大吉。這件事成為一個改變路線的契機，並且自底層開始發展起一個緊密交織的社群。如今，我們將這個社群的緊密人際關係歸功於，人們最初是在小群體內進行深層的連結，之後才在較大的會議裡頭會面。

韌性毅力很重要，這似乎是件顯而易見的事。可是，當我們大多表示努力比才華更重要的時候，我們內心深處的想法其實正好相反。當你的點子失敗或者沒有升遷，你有可能會想：「我就是才華不夠吧。」蔡佳蓉（Chia-Jung Tsay）曾經做過一個有趣的實驗：她告訴兩位音樂專家，他們要聆聽同一音樂作品的兩種

錄音，其中一位演奏者「努力認真」，另外一位則是「天賦異稟」。[16] 結果，兩位專家顯然都青睞那份「天賦異稟」演奏者的詮釋版本。

這個結果有什麼值得令人驚訝的呢？因為她所謂的兩種版本，其實就是同一份錄音。

安琪拉・達克沃斯（Angela Duckworth）在她關於恆毅力的精采著作當中呈現，我們傾向告訴自己，我們相信努力是重要的；然而，一旦情勢變得艱困，我們又經常認定自己之所以陷入麻煩，就是因為欠缺才華。達克沃斯曾對諸多領域的成功人士進行分析，結果顯示，恆毅力的重要性其實遠遠勝過才華。[17] 我們用來跟自己說的話，其實可能是對的，即便我們的感受有所不同。這件事情代表什麼意義呢？我們能夠怎麼做呢？

達克沃斯的意見是，想要培養恆毅力，我們可以用低等級的、日常的目標，為自己帶來小小的勝利；同時，在對我們意義重大、使我們投入的高遠夢想或遠景當中，逐漸完成進度。綜合上述這兩件事情，你會更有希望達成正面積極的成果。這件事意味著，好的領袖或者好的父母，必須要求很高且同時提供協助。

二〇一九年，女神卡卡（Lady Gaga）榮獲奧斯卡最佳原創歌曲獎，她的獲獎感言絕妙：「如果你正在家裡、坐在椅子上、看著這一幕，我要說的就是，這是努力的結果。我努力了非常久的時間。這件事無關乎獲勝，與此攸關的是**不要放棄**。如果你有夢想的話，去奮力追尋吧。熱情背後是有紀律存在的。不管你被拒絕多少次、失敗多少次、被打擊多少次，這都不重要；重要的是，你站起來多少回、勇敢多少回，而且繼續向前行。」

再接再厲

再接再厲向前行，是一件需要毅力的事情。為政府設計的全球學習平臺「非關政治」（Apolitical）發起人兼共同創辦者羅嬪·斯考特（Robyn Scott），曾經記錄過南非最高等級監獄囚犯們的群體行動成果。這些囚犯之中有許多人，在他們的一生之中從未被人信任過，覺得自己從來就不重要。其中，有八位犯人想要為自己犯下的罪做出補償，他們因此決定幫助監獄裡的愛滋病患者，或者監獄外頭赤貧社區的愛滋病患者。這幾位犯人得知，有位社工特別值得信任，他們於是請對方幫助自己來幫助他人。

一開始，這位社工覺得這是絕對不可能的事。幫派才是監獄的老大，白人與黑人幫派彼此尋釁滋事，連樂器在監獄中都是違禁品。不過，最終這位社工覺得，自己應該相信這群人的良善動機。在社工的幫助下，這群犯人與一位得到愛滋病的十一歲男孩聯繫上。他們為男孩製作新衣，甚至獲准種菜為男孩供應食物。這個男孩最大的夢想是能夠飛行，而這位監獄社工找到了一位飛行員，願意載著男孩去飛翔。這群囚犯居然讓這個男孩最大的夢想成真了。

這群自稱為「希望小組」（Group of Hope）的人繼續行動，改變了許多服刑人的人生，以及數百位當地孤兒的生命。這些人不僅為兒童栽種糧食、製作衣物，還在監獄為兒童辦起派對，給他們愛與溫情。對這些孤兒來說，拜訪監獄居然是他們每個月最歡喜的事情。

這些囚犯之間自動自發的行為規範非常有效，十年之間都沒

出過什麼大問題。這些受刑人團體之間的人際連結非常強烈，而那些渴望家庭的孤兒居然是在高等監獄裡找到了家。受刑人們也會製作與銷售珠鍊工藝品來募集資金，幫助孤兒帶來的意義感與尊嚴感，也讓受刑人感覺「我們所滾動的不只有珠子，還滾動了孩子們的未來。」[18]

被賦予責任的人，將會變得更有責任感並具有更多動力，這麼一來，他們愈加可以承擔更大的責任，這是一種自我強化的良性循環。這些高等監獄的囚犯在他們的人生當中，從未有機會感覺到自己被他人所依靠，如今，他們感覺到自己是有這種重要性的。這項計畫確實促進了受刑人的矯正與更生。

幸好，需要經歷前述這種狀況的人並不多，但有許多人確實是在遇到好運之前或之後，遇上很多倒楣事。別人通常不會跟我們談論這樣的情況，但這是千真萬確存在的事情。我們該怎麼從厄運中反彈，將它轉變回好運呢？我們先前提過的倫敦攝政大學校長麥可・赫斯廷斯，在他的學員間成立了一個同儕團體，學員當中有許多人是在落後地區長大的。赫斯廷斯協助樹立榜樣並向學員呈現，「真相」就在他們自己身上，一切都是有可能的。其中有一位叫山姆的學員，曾經入獄兩年並於二〇一七年出獄，他培養出這樣的復原能力，將厄運轉化為正向結果，榮獲二〇一九年倫敦領導學院（Leadership College London）的年度學生獎。對山姆來說，對於上帝的堅定信仰讓他能夠堅持正軌。

麥可在學員身上所激發出的東西，正是長期以來研究顯示的重點所在——「相信我們是重要的，別人正在依靠我們，我們的行為對別人是有影響的。」[19] 在你的人生中，有沒有人能讓你有

這樣的感覺呢？或者，你有沒有可能幫助別人產生這樣的感受呢？

今日的厄運可能是明日的機緣

我們對於運氣的評價，可能會隨著時間而有所改變。對於同一事件，我們對它的解釋可能會因為脈絡或可知的資訊不同而有所轉變。[20] 可是，如果我們在情勢變得困難的時候就收手，那麼事情到最後就只有可能是厄運而已。我們在不接受其他潛在結局的狀況下，就把這個章節給收尾了。

我自己共同創辦的一個組織，曾經淪落到破產邊緣，當時我感覺無處不是霉運。我們個人與組織的聲望都危在旦夕。結果，長期來看，這件事居然變成一種庇佑：我們遠離了投資者，走向一條更加以社群為基礎的方向，而這麼做相當有助於組織的團結與持久。但唯有在事件過後回顧，並且捱過許多令人不悅的情緒起伏，我們方才發現結果是如此，若不是某些關鍵要角的堅持與毅力，事情的結局恐怕會極為不同。

至今我依然記得，我被高中退學那天的情景。我不只得離開原校另尋一間新學校，還得留級重讀一整年。被退學的感覺當然不好，尤其當時的我懷有害怕被人拒絕的恐懼，而且覺得自己像是個局外人。

在我進入新學校之後，我遇上很棒的老師，而且我居然通過了德國大學入學資格考試，到現在我都覺得那是個奇蹟。帶著我可憐兮兮的高中畢業證書以及諸多「額外學習努力」—— 例如高

中最後一年為了增加履歷內容而從事的自願報告——我申請了四十多間大學。富特旺根（Furtwangen）的應用科學大學規模雖小但頗有前途，它給了我一個機會。之後，我又在倫敦政經學院取得碩士與博士學位，最終在紐約大學與倫敦政經學院教書。

我從高中進入富特旺根，再到倫敦政經學院和紐約大學。要講述這個故事的方式有兩種。第一種說法是，我「一路努力，小有運氣。」或者，更貼近真相的說法是，我高中時被退學，光是要找到願意收留我的高中和大學便很不容易，終於我警醒了，申請過數十間大學以就讀本科，此後再於某遠端大學就讀以進行平行研究來培養額外技能，之後我申請過數十間研究所，那時，倫敦政經學院接受我的申請，幫助我開始自己的職涯。

我該怎麼講述這個故事，它有什麼重要的嗎？如今，我的生命充滿了機緣力。我找到了一個可以讓我天天遇見機緣力的平臺（但不包括我內向的星期日）。在人生的早期，我的情況並不是這樣子，而倘若我在遇見最初障礙時就停下，那整個狀況應該會完全不一樣。有什麼東西改變了嗎？改變的是我的方法，這個方法就是去感受人生當中還有很多事物，並且在環境艱困的繼續前行。我幾乎沒有看過有任何人，可以在毫無毅力的狀況下長期保持幸運。通常來說，人要在好幾球都射偏之後，才能夠真正進球。

讓我們舉一位成功的倫敦企業家班恩・格賓納（Ben Grabiner）為例吧。班恩曾經向倫敦好幾家創業投資（VC）企業投過好幾個投資點子，但是都被回拒了。班恩不願接受這就是結局，他繼續與這些公司保持聯絡，持續出現在它們的雷達範圍中，屢敗屢戰。用班恩自己的話來說，他是在「糾纏這些公

司」。到某個時刻，其中某家創業投資企業，由於班恩的毅力而對其印象深刻，因而與他聯繫上。對方詢問他，有沒有興趣合夥創立該公司的創業投資項目 Platoon 呢？結果，今日的班恩正共同營運著這個剛剛被蘋果公司收購的投資項目。班恩靠著毅力成就了這件事，一旦機會出現，他已經準備好要堅持到底。班恩正是一位毅力機緣的行動者。

有意義人生的代價

　　前面所舉案例所呈現的是，這些人並不是在試圖預測未來的一切，而是努力讓自己做好準備，可以應付任何迎來的人生情況。我們的免疫系統，其實也是以類似的方法在運作：年少的時候吃些泥土，之後你的身體會產生抗體，幫助你日後的人生；年輕的時候避免一切的細菌，你的免疫系統反而會難以應對未來的事情。[21]

　　對於意料之外的事情予以壓抑而不願接受，反而會讓我們變得更脆弱，而不是更強壯。不要企圖隨時隨地控制風險、減少潛在的錯誤，反之，我們可以發展出復原的彈性與毅力，準備好讓自己遇上事情時可以堅持不懈。到這個時候，意外便不再是威脅，反而是契機了。如果我們過度地想要掌控情況，我們會使自己在面對無常的時候更容易受傷害，因為我們只會想要避開，而不是面對意外。

　　像是社會、家族或是人的身體，這種複雜的系統之中擁有許多相互依賴性與非線性反應。某種程度上，喝酒可以讓生活更有

樂趣，但接下來它會讓人生變得更糟糕；對你的兄弟大吼大叫，未必能夠讓你的訊息意思更清楚，有時候卻正好造成反效果；該吃藥卻吃兩倍的藥量，這未必能造成兩倍的療效，反而可能造成反效果。

對複雜系統進行干預，總是會帶來意想不到的後果，就讓我們看看那些西方國家沒能「贏下」的戰爭吧——無論是越戰還是伊拉克戰爭。[22] 干預經常導致更糟糕的後果，因為我們常常沒有意識到、或者並不了解干預所會造成的意外後果。若我們在不了解影響的情況下企圖加以干預和控制，我們反而會讓人們、社群與整套系統的適應力都下降。設想一下那些對子女過度保護的父母吧，他們的子女日後常常會因周遭人際問題感到焦慮。

在納西姆‧尼古拉斯‧塔勒布（Nassim Nicholas Taleb）的著作當中，關於「抗脆弱性」（anti-fragility）的論點特別精闢：一套系統會持續以處理意外衝擊與事件的方式重生，而不是受害於此。[23] 論及情緒問題時，這點講得尤其切中要害。我們經常試圖將不好的感覺趕走，我們常常將自己或他人的情緒視為負面問題。但是，我們其實可以培養處理負面情緒的方法，而不僅是逃避。倘若我們害怕負面情緒會帶來失敗，我們便永遠不可能去嘗試新的事物了。

哈佛醫學院的心理學家兼《情緒靈敏力》（*Emotional Agility*）一書作者蘇珊‧大衛（Susan David）曾經進行研究，其成果建議我們應該將不佳的情緒當作生命契約的一部分，而不要視為避之唯恐不及的東西。「拒絕壓力與困頓，不可能得到有意義的職業、養活家庭或讓世界變得更好。困頓乃是有意義人生的

代價。」確實，對於現狀的不滿源於高度的期望，具有創造意義的不悅時常能造成良效。[24] 類似於接受不確定與意外，接受痛苦和負面情緒——只要我們能正確看待之——可以幫助我們奮發，而不是阻撓我們。

培養適應力

我們要怎麼更廣泛地培養適應力呢？在先前的章節之中，我們曾經提到整體動機、調整能力以及從錯誤中學習等事項的重要性，用薩繆爾·貝克特（Samuel Beckett）的話來說，這就是：「再次失敗的時候，要失敗地更漂亮。」不過，培養適應力所需要的仍不僅於此。亞當·葛蘭特曾經深度研究過這個課題，他的研究成果顯示，有兩種做法可以幫助我們發展彈性與適應力。

首先，藉由與「過去自我」相接觸，我們可以對這項能力有所培養。Facebook 的營運長雪柔·桑德伯格（Sheryl Sandberg）曾經在許多情況裡頭執行過這項做法，她曾經歷過許多艱困的時期，其中包括喪夫之痛。當你遇上困難的狀況，設想一下你的過去自我會怎麼做，你通常會發現，如今的你已經擁有許多新技能，讓你能夠面對地更好。如果那麼做沒效的話，那就去回想你過去曾經碰上的不利處境，以及自己當時是怎麼克服、怎麼走過來的。

其次，我們可以改變視角、改變觀點。亞當·葛蘭特曾描述道，他是如何讓自己的孩子們透過他人的視角去思考一個艱難的處境。奠基於丹尼爾·卡內曼關於決策過程的精采著作，葛蘭特

認為，處在困難當中的我們，正處於卡內曼所謂的「第一系統」模式，也就是我們迅速、自動、直覺的大腦；可是，我們其實需要讓自己進入「第二系統」，也就是由理性主導、較緩慢而具分析力的模式。[25] 葛蘭特是怎麼做的呢？當他的孩子告訴他某個挑戰的存在，葛蘭特會反過來向孩子尋求建議。葛蘭特會問孩子問題，例如「我能做些什麼來協助你呢？」透過這些問題，葛蘭特協助孩子以理性的觀點去思索這類情況。

相關研究成果呈現，這種方法的效果非常好。漢彌爾頓學院（Hamilton College）心理學教授瑞秋・懷特（Rachel White）領銜從事的一項研究，顯示「自我抽離」（self-distancing）——以局外者的視角看待自身處境——能夠堅持及恆心能造成正面的效果。在這個人們容易分心的時代裡，想要堅持不懈當然非常關鍵，但這也相當具有挑戰性。

研究者讓一百四十位年齡介於四歲至六歲的兒童，去完成一項限時十分鐘但內容重複無趣的任務。兒童有一個休息的選項，是可以用附近的 iPad 打好玩的遊戲。研究者將兒童分為三組，第一組是以尋常的觀點進行，研究者在兒童進行任務過程中詢問他們的感受與想法，並且讓兒童自己想：「我做事認真嗎？」

研究者讓第二組兒童以第三者的視角去思考自我：「某某人（兒童姓名）做事認真嗎？」研究者又讓第三組兒童去思考一個做事特別認真的人——如建築師巴柏或者蝙蝠俠等虛構角色。他們讓兒童穿扮成這些虛構角色的模樣，然後問：「某某角色做事認真嗎？」

接著，研究者就叫兒童開始進行任務，並且每分鐘時都會提

醒他們的狀況，詢問：「某某某做事認真嗎？」研究者告訴每位兒童：「這是一項非常重要的活動，你能夠做得愈久愈好。」此處對於毅力的衡量，是根據花在進行任務的時間長短。

結果並不令我們驚訝，大多數的孩子（63%）把時間花在 iPad 上。但是，令人訝異的是，花最多時間在任務進行上的，是那些進行模範角色扮演的孩子，其次則是那些以第三者觀點自我思考的孩子；那些以第一人稱視角思考的兒童，花在任務上的時間最少。[26] 也就是說，孩子愈加能夠自我抽離，他的注意力和恆心就愈能提升。

這項實驗其實是建立在過去與「棉花糖效應」（marshmallow effect）相關的實驗之上。在棉花糖效應的實驗中，研究者要孩子進行一個重複性的工作，同時給予他們分心的誘惑要素如棉花糖。[27] 那些能夠延遲滿足（delay gratification）並進行自我控制的孩子，在往後的人生裡頭，確實在金錢、教育、健康、快樂等方面有更好的表現。研究者們將這個現象稱之為「執行功能」（executive function）。

那些表現較佳的兒童，能夠將誘惑的事物重新構想成較為抽象的東西。舉例來說，有些孩子們會將棉花糖想像成圖片，這麼做可以有效冷卻該事物的強烈誘惑力。這種做法所意味的是建立起想像的距離，也就是想像一幅圖片或一朵雲，或是將注意力放在無關的經驗上。[28] 上述關於恆心耐力的研究，也發現一項類似的效應。假裝自己是另外一個人，可使兒童能夠抵抗誘惑，還能認同他們心目中的英雄特質。

箇中差異在於，自我控制的建立是要培養一種能夠延遲滿足

的能力。培養「認知控制」（cognitive control）甚至比前者更為重要，認知控制是一種能夠忽略分心要素、保持專注的能力。我個人愈來愈將這些見解，以不同的方式應用到人生當中。舉例來說，假如我很焦慮，擔心我申請的執照是否會通過時，我會傾向思考去最壞的情景。承辦人員是否會將我幫忙的意願（「有沒有什麼我能做的呢？」）視為一種賄賂的意圖呢？形式上是否有不合規定的風險呢，或許我在兩個國家有兩個住址，而承辦人員認為我是在耍花招？

這類的想法很能令人分心，而且使我對於優先事務的專注力下降。如今，處在這類情況時，我會試圖問自己：「如果有朋友遇到類似的問題，向我尋求意見，我會怎麼跟他說呢？」從這個觀點去看，我經常意識到，前面那些問題其實頗為荒謬。一旦我能採取這種做法，我就會了解到，最糟狀況發生的機率，比我高中時期試圖兜售的香腸還要小。*

當然，培養適應力、韌性、恆心、毅力在人生各個層面都是很重要的。赴第一次約會時，我們不能預測結果，但是我們可以學著面對拒絕，並且鍥而不捨，直到我們發現「對的人」或「下個人」。要將潛在機緣力轉化成機會，需要的是努力與毅力。能夠成就大事的人及「幸運」的人 —— 雖然看似矛盾 —— 通常十分

---

* 當然，另外一個選項，就是跟一位可靠的朋友直接討論這些問題。以我個人來說，這位可以分享的可靠朋友就是我的好室友尼寇・瓦澤新格（Nico Watzenig）—— 當時我和尼寇都在找公寓，結果在一部電梯之中相遇，最終機緣巧合地住到一塊兒。

專注認真，他們擅長篩選（見下文），並且好好把握住最寶貴的機會。培養這種看透計畫項目的能力在工作場合尤其關鍵，因為工作場合的人們往往很抗拒新點子。

要看透

哈佛大學的莉絲·夏爾普曾繪製過數百個點子與人員的流動圖，橫跨各產業與各個不同的階層。莉絲的發現非常清楚，（機緣力）點子與計畫的旅程，從來都不真的是線性的，而經常是她所謂的「迂迴曲折」（squiggle）。要透過組織團體培養出一個新興的點子，可能會耗費極大的能量，而且並非每個人都能夠成功。

但是，正如我們在前文所見，包括路程上遇到的拒絕與挫折在內，這些起起伏伏經常被我們的敘述不經意地忽略掉。這件事情其實是很危險的，因為我們會以線性歷程的理路來設定目標或想法，而且，我們其實並沒有從線性敘述的成功故事──與真實故事往往相去甚遠──當中真正學到些什麼東西。出自對於控制錯覺（illusion of control）的需求，我們經常會使用確定性較高的言詞，而當時的真正情況實非如此。在我們所講述的故事中，直線似乎勝過迂迴；但是在真實的人生裡，卻是迂迴勝過直線。

很多時候，這件事情甚至無關乎克服他人的抗拒，而是關乎自身是否有足夠的毅力堅持下去。我們是在自我障礙。如果我每次聽到有人說「我總能遇見機緣，但我沒有循著追上去！」就可

以獲得一分錢的話,我應該早就升級成最新的 Mac 電腦了。要將事物轉化為機會,我們需要明智與毅力的務實步驟,也就是說,我們必須實際上做些什麼。

在團體組織裡面,要將事物轉化為機會的一種做法,就是培養可以讓員工將點子整合入組織的接觸點。白色家電公司海爾的員工們,可以將自己新想出來的點子,直接遞交給投資委員會。在沙盒網絡,我們會利用簡單的客戶關係管理(CRM)系統,在會面談話之後標記每一次的接觸,並且直接加入後續步驟的筆記,讓整個團隊可以更新得知各次會面的狀況,使事情保持在雷達範圍內,並建立起可信度與行動偏好(bias towards action)。RLabs 也曾實驗過類似的辦法,它的團隊善用訓練資源,其中包括這類的問題:「如果你跟一個有興趣、有意願了解我們的人初次見面,你會怎麼做?」或者「我要怎麼看出合作的潛能呢?」接著,客戶關係管理系統便可有效地決定,應該要邀請誰以及要繼續追蹤誰。到最後,韌性與恆心可以由此獲得導引與提升。

可是,我們要怎樣才會知道,哪次的機緣相會是我們應該加以看透的呢?我們要怎樣避免自己分心呢?或者,更精簡地說,我們該如何認定機緣的價值,篩選出值得我們注意的案例呢?

明辨價值的睿智

有原創力的人其實未必有比別人更好的點子,他們只是擁有「更多」的點子而已,而更多的想法增加絕妙點子出現的可能性。據說,莎士比亞是在同一時期寫出他最好以及最差的作品,

這件事情顯示，即便連天才都會有糟糕的點子——至少在旁觀者眼中是如此。*

　　我永遠都不會忘記自己所參加的第一場學術會議。當時，滿懷希望的我所參加的議程，是由一位我學生時期尊敬的管理學大師主持。我滿懷希望，期待自己能夠學到管理學未來展望的一切，最後卻被大師論文所呈現的水準澆了一頭冷水。原因何在呢？因為那是點子的初期階段，它還需要五年的時間才能夠成形。這位大師接下來還會在許多工作坊、會議，以及一對一談話當中發表這項作品，以獲得回饋的意見。這些回饋可以幫助他繼續發展論文的內容，到最後論文正式發表的時候，那個點子已經有值得吾人細讀的價值。

　　此事顯示，各個階段的回饋都相當重要，而這是精選與增進我們思想的主要方式。幾乎沒有人是在最一開始的時候，就能擁有偉大的點子，我們通常先出現一個最初的直覺，然後經過數年努力慢慢地改良它，去蕪存菁。回饋的品質——以及將不具潛力的想法剔除——才是後期是否能成功的主要指標。

---

* 這也是為什麼，把自己與別人相比較是一件危險的事情，尤其在我們不認識別人的情況下。人們通常只會講述自己最好的作品與最棒的經驗，由此，我們對自己人生模樣應該如何，出現一種不切實際的期待。我們有可能因此相信，人需要持續有偉大的表現——即便實際上的偉人在多數時間裡也是平庸的。每一個人，就算是最傑出的管理學大師或最棒的詩人，都曾經創作出極低劣的作品。悲慘的一大緣由，就是我們傾向把私下的自己拿去跟他人的公共形象（例如他們處理過後的 Instagram 或 Facebook 動態）相比較。

我們該怎麼決定，哪個點子或哪次境遇是值得堅持把握的呢？我們該怎麼報告那個決定呢？包括土耳其電信在內的某些組織，是利用人工智慧去篩選思想與點子，[29] 但是，想要達成相同的目標，其實也有非科技的手段存在。決策與機緣力在這方面具有共通性：擁有愈多的資訊或潛在觸發點，那就愈可能有造就機緣力或好決策的機會。不過這件事情是有限度的，超出那個限度，就會出現資訊超載（information overload）現象，請見下圖。[30] 既便有那些令人振奮的觸發點，假如我們不去進行相關性篩選的話，實際上造成的幫助也不會大。這個情況意味著，我們必須盡量提高資訊的相關性，並且避免觸發點變成分心的因素。在這個世界上，使人分心的觸發點數量多過於長期下來真正有價值者，所以我們需要篩選過濾。

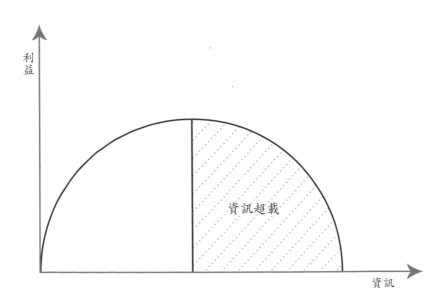

無論獨處還是群聚，都要聰明一點

篩選法的形態頗不少。其出發點經常是與先前相關聯的知識或啟發法（heuristic），或者是某種可以從觀察中看出價值並使其有益於我們的理論。我們已經觸碰到一些出發點，例如在旅程之初可能培養山的方向感。但是，當意外發生時，你該怎麼做呢？更重要的是，方向感如何以篩選法的形式幫助我們呢？

一九八二年時，霍華‧舒茲（Howard Schultz）正受僱於一間從西雅圖起家的小型咖啡公司。當時，舒茲前往米蘭參加一場家居用品貿易展，在城市閒晃期間，他愛上了義大利的咖啡廳，於此，舒茲同時看出了潛在的需求與解決方案。[31] 他將點連結起來，並發現自己想要在美國重現義大利的咖啡廳文化。那間小型咖啡公司老闆不願接受舒茲的願景，於是他另外創建自己的公司，於一九八七年買下一間西雅圖的咖啡館並命名為「星巴克」（Starbucks）。舒茲迅速擴張業務，如今星巴克已然是標誌性的大品牌。

然而，星巴克成功的關鍵，不僅在於霍華‧舒茲對義大利咖啡館的觀察，也不僅止於舒茲想要在美國如法炮製。舒茲發展出一整套關於創造價值的隱性理論（implicit theory），由此他可以藉由回饋與實驗進行反覆運算。這個理論包括了許多關於廣告促銷、商店形式、產品採購、商店擁有權、顧客教育及誘因等等問題及問題解決之道。

舒茲關於創造價值的隱性理論 —— 如何讓所有事物能夠湊在一起並找出其意義 —— 引導著這些選擇。巧合或許是讓他想出最

初點子的原因，但是星巴克的成長乃是經歷無數問題之處理與解決，以及試驗與運送及顧客經驗相關問題的解決辦法。舒茲的方向感幫助他進行篩選，這個道理同樣也體現在我們這個時代諸多標誌性的個人與公司上，迪士尼（Disney）和蘋果公司皆然。[32]

　　理論可以幫助我們過濾篩選，然我們還需要更加務實的做法。包含皮克斯在內的公司企業，發展出諸如智囊團（brain trust）這類的結構，將有能力衡量新點子價值的外部人員帶進來，使得這些公司能有效率地甄別及篩選新穎的點子。我發現，這件事情就個人層級來講也行得通：我自己就擁有著一小群參謀團（sounding board）或說是非正式的智囊團，一旦有機緣巧合的見解浮現，我就會向他們徵詢回饋意見。很重要的是，我通常會同時詢問兩到三個人，這樣才不會過度依賴某人，也不會由於個人偏好而過早否決某個想法。對比之下，精神導師其實未必總能引導我走在我感覺最舒適的道路上。當然，向精神導師求教或將他們視為篩選的指標，是很有效的做法，但是導師也可能讓你否決點子或走上錯誤的方向。我們通常是根據「那對我很有用」的基礎來接受意見，但那件事情其實會視每個人狀況而有所不同，「那對我很有用」的事未必適用於別人的真實情況。

　　我們或作為精神導師、或作為朋友，其實常常不能理解另外一個人處境的複雜程度。我個人所做過感到最不高興的決定之中，其實有幾個是來自於精神導師的建議，或許我沒有向他溝通清楚事情的全貌，或許我沒有將自己的輕重取捨和價值觀表達清楚。導師給我的建議，我當下覺得很受用，然而長期下來我意識到，其實我當時應該要堅持自己成熟的直覺才是，且我當時應

該聽從的對象，是熟知整體情況脈絡複雜性的朋友或職涯教練（career coach）。

「功能固著」或許會主導情況，我們也許會專注於自己所認為的真相。讓我們舉一九五三年彼得・米爾納（Peter Milner）和詹姆斯・歐爾茲（James Olds）發現「愉悅迴路」（pleasure circuit）一事為例。兩人的發現顯示，大腦電流刺激可以使老鼠產生特定的反應，但其實米爾納和歐爾茲並不是最早發現這件事情的人。比他們早了好些年前，羅伯特・希斯（Robert Heath）就已經從精神分裂病患身上發現「愉悅腦部刺激」現象，可是希斯卻沒有認知到這項發現具有更廣大的意義，其中有部分原因在於，希斯對於精神分裂症的肇因與效應已抱持既定的想法。

所以，作為一位精神導師，比較有效的做法是為受指導者提供一個可使其自我發現的架構，由此衍生自我導引的結果。舉例來講，有些心理治療師會運用（反向的）蘇格拉底方法，讓後續的步驟能夠開展。首先，讓被指導者去想像一個他所渴望的狀態（例如與某位朋友和解），接著詢問對方：「需要如何做到／為什麼需要這麼做／需要做些什麼？」接下來，去設想潛在的道路，然後使被指導者相信他們的夢想或道路，直到他們對於潛在的拼圖出現比較好的想法。最終，則是詢問對方：「你現在所謂的『全力以赴』（all-in）是指什麼意思？」

這套做法同樣也適用於公司企業，而且還能造成額外的效果，有助於培養「接受意見的意願」（buy-in）。舉例來說，在我主持的主管教育課程當中有一位學員曾經告訴我，他的公司意識到，管理層往往是瓶頸之所在，於是公司決定要改造一般的做

法——即人們帶著問題來到管理層，由管理層來給予解答（這種做法將責任外包）；反之，如今公司管理層改成將問題交還給員工（當然，這種做法在某些文化裡頭運作得更好，詳見下文）。所以，當有人問道：「你希望我怎麼做這件事情呢？」他會被反問：「你認為你應該怎麼做這件事情呢？」大部分問題的答案，員工其實比管理層還更清楚，因為員工其實比較接近實際現場，而員工對於決策的自主權也因此提高。

這種做法，就是給予人們簡易的工具包，讓人們自己去把事情弄清楚，而不是根據潛在不完整的資訊來給予強勢的建議。要去幫助人們根據他們的——而不是我們的——價值觀與喜好，將事情的優先順序弄明白。* 此事恰恰突顯出優先順序判斷的重要性。

優先順序的判斷是（不昂貴的）篩選法

正在度假的你，正好需要買洗髮精。度假村商店裡頭只剩下

---

* 然而，我們需要避免會扼殺創意的例行公事。舉例而言，3M 公司引進管理系統「六標準差」（Six Sigma），創造出一種有紀律的文化，重點放在執行層面，但卻有礙於對意外情況的探索與開放性。設定例行公事的目的通常在於減少結果的變數，我們大多希望盡可能把事情確定，確認我們可以達成預期的結果（Austin et al., 2012）。但是，這些「預測邏輯」（predictive logics）會限制我們的機會空間，所以，我們可以設計出容許引入變數的系統，例如植入一些隨機性。用艾德·卡特姆（Ed Catmul）的話來講就是：「創意乃興盛於不可預測之上！」

兩個牌子的洗髮精，一種主打髮色亮麗，另一種主打髮根強健。根據你自己的喜好，要做抉擇應該很容易。不過，假設你所找到的唯一一家店是擁有四十種洗髮精的大商場，每種洗髮精的包裝都印著最濃密、最亮麗的頭髮和牙齒亮晶晶的微笑迎著你。那你會選哪一種呢？

如果你跟我一樣，比較喜歡前面那間店，那麼選擇很簡單，你就選比較適合自己的那種就對了，如果還是決定不了，那就擲銅板吧。耐人尋味的事情就在於，當事物有很多種選擇的時候，人們會傾向花更多的時間找尋，但他們實際的購買情況，其實還不如選擇性較少的處境。[33] 論及機緣力時，我們其實也在面對類似的問題，當機緣巧合發生時，我們該選擇行動還是不行動呢？我們該如何避免自己被各式各樣的可能性壓垮呢？我們該如何集中注意力呢？

在奧斯陸的一趟巴士旅遊之間，某全球領銜手機公司的前執行長告訴我，他人生當中 —— 當涉及機緣力時 —— 最重要的事情是什麼，那就是學習分配時間。什麼時候應該對於自己尚未全然落後的事情說「不」，然後將心力集中於自己相信的事物上呢？當然了，這件事情隨著我們的年齡增長而會有所變化，在我們職涯的初期，面對自己擁有潛在有限的選擇，我們需要抱持務實的態度；然而隨著我們的年齡增長，我們可以周旋的空間也愈多，我們也就更能夠根據正確的感覺做決定，且對於機會成本等問題有所警覺。這件事使人聯想起 PayPal 執行長丹恩·舒爾曼（Dan Schulman）的經歷，丹恩曾經向我們的「有志領袖」團隊透露，他自己有多麼深信進行實驗的功效，然而真正重要者在於擁有一

套系統，能夠告知實驗何時告終並且自成果中學習。

巴菲特的私人飛機駕駛員麥克‧弗林特（Mike Flint）曾經問他的老闆，自己應該怎麼為生涯志向訂下優先順序。巴菲特回答他，寫下二十五個自己的目標，寫好之後再圈出排行前五名。弗林特回應自己會立即著手這麼做，巴菲特問他，那麼剩下來的二十個志向該怎麼辦呢？弗林特說，這幾個目標還很重要，所以我會在自己沒投入前五志向的時間裡面，做一做剩下那二十件事。巴菲特說，「不」，現在呢，剩下那二十個事項屬於「不計代價要避免」清單，你在處理完前五志向之前，不要把注意力放到剩餘的事項上。還好，我那人如其名般聰明的著作出版經紀人戈登‧懷斯（Gordon Wise）觀察到，在處置前五志願的過程之中，剩餘那二十個目標實際上可能會有好幾個也達成了！

再次重申，這件事情突顯專注可以將機緣力轉化為豐厚成果的重要性，尤其是在最初蒐集完點子之後。一般來說，隨著我們愈來愈資深，正規的篩選法也會愈多，例如個人助理、幕僚長等。可是要留意，這些守門人可能讓潛在機緣力遠離我們。如果你的助理對於任何對你沒有明顯立即價值的事情一概說「不」，這就是個問題了。

諸如「機會工程」（opportunity engineering）這類的方法，可以讓我們開發更多機會空間並同時降低風險。這些方法的重點在於找出選擇機會的方式，擁有高提升、低衰退的合理機率。要做到這件事，就須將一項計畫劃分為各階段，並且在初期階段成效不彰之時以廉價的代價果斷放棄，或者採取前文曾探討之低成本、快速成形的方法，於成效不彰的時候進行重新定位。不

過，即便這麼做，我們經常還是沒能夠把握住那「未知的未知」
（unknown unknown）。[34]

　　在工作場所裡，訓練自己與後勤人員對於潛在機緣資訊與境遇保持警覺──例如定義潛在價值理論或機會空間──長期下來可能極有價值，此事也愈見重要。奈及利亞鑽石銀行所採用的一項做法，便是納入「低可能性選項」，這些選項並不是核心產品，但卻有可能吸引某些人（換句話說，鑽石銀行下了賭注）。鑽石銀行對於它三百一十萬訂閱者的手機 app 進行數位革新，讓手機 app 使用者可以彼此聯繫並組成儲蓄團體，這麼做的目標在於將傳統的團體儲蓄計畫予以數位化。歷經特定時段之後，團體的一位成員會根據輪流方式而收到儲蓄資金池。市場對於這項解決方案的接受度挺好，接受者呈現穩定成長的趨勢。但根據鑽石銀行執行者烏佐瑪・多士的說法，這件事的驚喜之處在於，顧客立刻就接受了一項銀行尚未廣告宣傳的功能：個人目標儲蓄。採用個人儲蓄方案的人數，比團體方案多出十倍有餘。事實呈現，這是一個數位技術成功幫助企業組織的範例，顧客願意加以使用，且開始使用某些當初預想不到的事物。鑽石銀行將自身的宣傳重新定位，推廣個人儲蓄業務，因為這是顧客之所欲，不只是銀行促使顧客這麼做。

　　不過，我們如何才能知道，什麼時候該將注意力放在預期之外的事物呢？我們該怎麼對於潛在具有相關性的觀察進行篩選呢？本書第二章介紹過的研究者南西・納皮爾及王全黃認為，一旦我們注意到異常狀況或意外情況，只要我們具有對此加以評估的基本意願與能力，我們便能夠進行「瞬間評估」（flash evaluation）或「系統性評估」（systematic evaluation）。所謂「瞬間評估」，就是根據對異常資訊出現的直覺所進行的快速評量。經驗豐富者的眼力，也許可以看出連結上其他資訊的線索。在公司企業內部，尤其是那些受數字所驅使的企業，瞬間評估需要根據各自的主導理路、標準、語言來進行整理，方可以獲得認定。*反過來說，「系統性評估」比較是分析性的評估，由此或能導引出資訊可能價值的清楚指標。這種評量的判準包含不確定性的程度、時機、風險容忍度、額外資訊等等，有助於證實或者否定出乎預期的資訊。

成果的品質優劣，取決於這種最初甄別過程，而此過程決定了潛在機會的屬性。在商業世界裡，投資委員會的系統性評估可以作為篩選法。此外，同儕評估也是另一項替代的篩選辦法，在同儕評估之中，人們會甄別同僚的點子，對於可行性、可欲程度等要素加以評量。創造上述的篩選法，有助於增加有意義相遇的

---

* 哥倫比亞大學教授大衛‧史塔克（David Stark），曾經對於他所謂不同的「價值次序」（orders of worth）進行研究。每個領域，無論是商業、哲學或工程，都有它自身對於事物價值的一套理路。舉例來說，我有一位受心理學家訓練的聰明同事，曾接受某新創企業的一份工作。他是位思想極為深刻、極有反省能力的人，他所擁有的技能在許多環境中都會受到高度肯定，然而這樣的能力，卻不能在步伐迅速、決策迅速的新創公司中受到重視。這件例子所告訴我們的是，我們需要確定環境能夠搭配人，反之亦然，要確定人能夠搭配環境。或者，我們可以重塑環境。各種情況當中會有不同的價值次序，而這將會決定我們用以衡量事物價值的判準。

數量與品質，由此便可以大規模奠下機緣力的基礎。不過，在我們的人生當中，篩選的問題經常出在於，實際上要與多少人會面、要去探索多少個點子。

那我們該怎樣衡量這件事情呢？

策劃相會的力量

來自新加坡的企業家兼非營利組織高層劉提摩西（Timothy Low），曾描述過他是如何發展出自己的篩選法，他將其稱之為「優化機緣力」（optimizing serendipity）。提摩西遇到的關鍵性挑戰，正是要確定多少活動便足夠進行機會最佳化，而超過多少算是太多了。他認為，活動與社交場合的縮減就像是個沙漏一樣，他會從頂端開始，在有限的時間當中盡可能塞入更多的活動，然後慢慢地進行篩選與縮減，找出他個人較有傾向參加者。

提摩西的第一個階段，就是自己新來乍到之際，讓自己盡可能置身於更多網絡與社交之中，以求盡量了解創業世界的性質。他必須搞清楚，創業世界的關鍵主角是誰、這裡的規範標準為何、內部行話是什麼、那些入流的俱樂部在哪等等。提摩西每個月至多會參加十場活動，他覺得對於一個新人而言，這件事情的價值非凡。提摩西的學習效率奇佳，他與一些人建立起重要的關係，事後證明這些人在他的人生中會扮演重大角色。至此，他已不再是個菜鳥，他的學習也達到瓶頸期，「活動的平均價值」急遽降低。

此時正是進入第二階段的時刻，提摩西開始減少自己參加活

動的規模，雖然仍沒有進行嚴格的篩選。這件事情讓提摩西得以更有效地利用時間，無論是就職業發展（認識對的人）或者情緒狀態（見見朋友、放鬆心情）而言。提摩西減少參與活動的次數，然透過「職業目的」對比「心情目的」的簡易二重篩選法，他依然能保證將活動平均價值維持在很高的水準。

第三階段起始於提摩西開始讓自己遠離新活動之際。這個情況意味著，他只參加那些自己感到自在的、可以與人談論各種議題的活動，偶爾在那些場合認識新的人，而那些人的名單也已經過活動主辦者「審查」及梳理。那些便是提摩西的「高效益活動」（high-yield event）和人際網絡。用提摩西自己的話來說，他刪除了「低效益活動」之後，「我參與活動的平均價值一飛沖天。我花費的時間更少，但獲得的價值更高。」

最終，第四階段的開啟乃是基於一種認識，意識到第三階段的問題是讓人將自我孤立到各種同溫層（echo chamber）當中。這使得提摩西應用更精確、思考更周全的篩選法，微微地擴大漏斗的尺寸。提摩西的篩選方法如下：

- 對於我所參與的活動或網絡，我能幫上什麼忙呢？
- 那些活動及網絡，跟我想做或想學的事情之間有什麼關聯呢？
- 那些活動及網絡，是否能夠條件進行有建設性的、有知識性的談話乃至於研討呢？

提摩西反省道：「第四階段的活動平均價值，其實與第三階

段類似，然由於我透過有目的的篩選法，稍微擴展了自己的視野，現在我每個月所累積的價值，居然是以前的兩倍乃至於三倍之多。」

提摩西所從事的歷程，許多人其實也很熟悉：起初先擴展，後來再限縮，根據「價值理論」或當前優先順序所發展出的標準，挑選要去參加哪些活動。然後，重要的是，要試著避免陷入現在很多人都失足淪陷的同溫層之中。有沒有其他潛在的篩選法存在呢？有的，其中一項就是利用相關性（relevance）而非相似性（similarity）的科技。[35] 舉例而言，搜尋的時候，不要只用已知的物件進行搜尋，而且要用意義上可能相關的物件進行搜尋。今日的科技讓我們既可以用已知物件搜尋，也可以進行所謂的「機緣搜尋」。我們可以選擇打開抑或關閉推薦的內容過濾選項，我們可以改變參數來動態重組搜尋結果，或者控制建議的範圍層級。[36]

但是，就如同真實人生，狹隘或僵化的個性化設定，如果會把合適的機緣互動給過濾掉的話，那就會構成問題，而我們可能發現自己陷入了「過濾泡泡」（filter bubble）當中。[37] 新產品和新點子經常是從我們的搜尋歷史及位置追蹤而得，所以，若不去對真正不同的（意外的）結果進行整合，我們很可能會錯失真正的機緣力，[38] 個性化又會進一步讓這件事變得更狹隘。研究顯示，比較狹窄的搜尋結果未必能促成更好的結果，因為狹隘的觀點會限制機緣巧合的成形。[39]

如果我們走出了自己的過濾泡泡，全球各地民粹主義者之當選或者英國公投脫歐（Brexit）等事情還會發生嗎？我們的同溫

層擁有嚴重的政治分化。我永遠不會忘記，有一位在倫敦開計程車的巴基斯坦人支持英國脫歐，他在車上說：「終於，現在所有的外國人都平等了！」（他的話意指，在這之前，在英歐洲人的權力高於來自其他國家的外國人。）我也永遠不會忘記，一位在波士頓開計程車的敘利亞人，在唐納‧川普（Donald Trump）當選不久之前說的話，他的主張是：「川普必須贏。我的家庭是合法移民，這是我們很努力爭取而來的，所以非法移民必須離開，這樣才公平。」我沒有預料到人們會有這種反應，身在自己尋常所處的過濾泡泡裡面，我大大低估了這類觀點的存在。

興趣是動態的，人的興趣會根據不同的處境或隨著時間遷移而改變。就像是真實人生裡的機緣力觸發點 —— 可能有助益也可能是麻煩 —— 線上服務供應商發展出的方法，讓機緣力可以擁有孕育期而得以開展。舉例來講，好的平臺允許我們推延機緣點子與書籤物件，直到適當的時機來臨。[40]

我們也可以使用「點子日誌」來記錄下自己的想法。Facebook 的策略合作夥伴經理維多利亞‧斯托亞諾娃（Victoria Stoyanova），便是利用 iPhone 筆記備忘錄來做這件事情。那麼一來，維多利亞便可以專注於自己目前所做的事，之後再於適當時機回顧那些機緣點子。

有些我曾經共事過的公司會利用一套停車場系統，每當他們在進行集中討論的時候，就將機緣點子儲存在它們的內部維基百科（Wiki）當中。這樣一來，原先規劃好的議程就可以繼續進行、不受間斷，而那些點子也可以於事後再加以檢視、不被遺忘。

篩選的辦法可以說是無所不在。[41] 能對我們構成挑戰又不會擊垮我們的截止期限，再搭配上篩選法，兩者能夠成就極高的效率。[42] 舉例而言，當我在寫作這本書的時候，我跟出版商做了一個約定，就是我每個月會繳交一章。這個截止期限，讓我得以維持在專注且負責的狀態。我在任何一個項目之中，都會訓練自己做這樣的事情，尤其那些我就是自己老闆的案例：我會設定清楚的截止期限，以激發動力與責任感，將事情給完成。

　　不過，對於那些基於偏見、而非有效掃描功能的篩選法，我們必須保持警覺。羅賓‧華倫（Robin Warren）、貝瑞‧馬歇爾（Barry Marshall）的研究報告發現，潰瘍問題其實是細菌造成，而不是如前人假設的那般，是由不良飲食或壓力所釀成。然在當時，他們的報告不只受到科學社群所否定，他們甚至遭人批評為「瘋言瘋語」。[43] 二〇〇五年，華倫和馬歇爾因其潰瘍研究成果，獲頒諾貝爾獎醫學獎。

　　即便我們擁有有效的篩選法，核心挑戰在於為那些值得注意的點子給予時間與空間。機緣力的到來有時雖如同閃電，但它也需要一段孕育時期。那麼，我們應該怎麼挪出必要的時間並給予必要的注意，來孕育出機緣力呢？

時機就是一切

　　我們應該要給予自己時間及空間，讓點子足以浮現及成形。保羅‧格林漢（Paul Graham）是全球最神奇的程式設計師兼投資者，他在一篇精采的論文當中探討「創作者日程」（maker's schedule）與「管理者日程」（manager's schedule）之對比——根據我們的工作類型——並由此論道，我們需要對於自己如何建構和管理時間，進行不一樣的思考。[44] 這是我所讀過最棒的論文之一，我將它融入自己的日常行程，而它改變了我的人生。它幫助我更能夠善用機緣巧合，並且達成更高的生產力。

格林漢的核心觀點是，管理者的一天通常是環繞專注特定議題的短時間段所建構。管理者的一天絕大多數是關乎管理人員及系統。它往往是屬於反應式的。在這種環境當中，快速且聰明的決策能力非常重要。對於管理者來講，開會是一種讓工作得以完成的方法。

反過來說，創作者的一天是由專注於特定任務的長時間段所構成，例如寫一本關於機緣力的書、開發軟體、撰寫策略計畫、繪製畫作等等。暢銷書作家丹尼爾·品克（Daniel Pink）每天早晨都會為自己設下整體目標，例如寫作五百字。在他完成目標進度之前，他決不做別的事情，無論時間是早上七點還是凌晨兩點，他不看電子郵件、不用手機，決計不做別的事，只是全然的專注。倘若你能夠日復一日地做到這件事，最終你就會寫完一本書。

確實，丹尼爾就是那些有能力控制自己時間的幹才。如果你實在辦不到，還是有許多別的方式可以達成這本書通篇都在討論的專注。即便如此，丹尼爾的做法還是適用於有限的時段，諸如週六早上或週三晚間。即使我們認為自己已淪為電子郵件或他人要求的奴隸，只要我們願意設下界限，其結果會讓你感到驚奇，因為別人其實通常能夠接受；但是，我們如果不願設定界限，就

永遠都不可能獲得「創作時間」。*

　　這種做法的核心重點，就是將使用電子郵件及約會的時間隔開。約會見面對於製作者來講是很奢侈的，因為他們必須將自己工作所需的時間留起來。會面的插入會將一段長時間分隔成兩段，這樣一來，剩餘時段會短到不足以做到什麼重要的事情。這就是為什麼，製作者經常要避開約會或會議，將數個會面整合成一次以求精簡，或者將會面時間分配到一天當中自身動力較低的時段，例如傍晚及晚間。

　　每當我在鑽研新點子的時候，無論那是指學術論文或冒險，我都是在創造或是製作一些什麼。我會需要好幾個小時，深入著手，然後弄出好的內容。對比之下，當我身處創業融資模式的時候，我會不斷在會議與會議之間趕場，開完一場接著一場的會。然而，在我讀到保羅・格林漢的文章之前，我的做法是將自己的一天混合起來，我會寫點東西、然後跟人見面、然後再寫點東西，並且在中間時段查看電子郵件。這麼做的結果經常令我感到挫折，但我自己對於問題出在哪兒卻摸不著頭緒。

　　格林漢主張，當你在進行分析性或創造性的工作時，你需要充分時間進入情況，你必須凝神浸淫於其中。如果你在那種時候接電話、查看電子郵件，或者有同事邀你一起去喝杯「快咖

＊ 我發現了很多種「弱點的弔詭」（paradox of weakness），用在此處尤其見效。如果我們能給自己一個理由，例如「我很抱歉，但今天晚上已經規劃為策略工作時段」（實際上寫到行事曆內），這樣你就可以比較容易拒絕那些「只是想要一起喝杯咖啡或飲料」的人。

啡」，那代價可不僅僅是你買咖啡花的錢而已。你需要花上很多時間，才能讓自己再度全心投入到工作中。相對來說，當你正處於「管理者日程」時，那杯咖啡的代價，就只不過是你通常花在另一場會議的時間罷了。長期以來我所犯的錯誤，就是我將自己的創作者時間耗費在管理者的環境裡，身邊圍繞著管理層的人員。舉例來講，在沙盒網絡的時候，我獲得很棒的機會，能與許多傑出人物建立關係，很多時候那就是一通很短的 Skype 通話。我確實樂在其中，但是我卻感覺到，這樣一來，我永遠都沒有足夠的時間深入探索什麼點子了。這樣在工作任務及注意力殘留（attention residue）之間轉換，代價實在不菲。我錯失沉潛鑽研重要點子的時間，而我感到自己的生產力不振。如今，我經常利用早晨時段來開發點子、撰寫文章、進行研究，然後用下午時間與人約會或開會。只經過半天時間，你就會覺得自己已經有所創作了。這麼做也是一種良性的附帶效果，與人約會而感覺自己生產效率不佳的罪惡感也會因此消失。

我還會刻意減少電子郵件往來的情況。通常，我只會在一天的特定時段當中查看信箱，查看之後，我也傾向不要立刻就回覆。當人們習慣你這樣的節奏之後，很多問題其實就會自行化解。需要再提醒的是，比較適用這項技巧的對象，是那種不需要每天多次即刻簽章的角色。這麼做的結果，我在自己的創作者時段與管理者時段，都變得更加投入而充滿動力，而這正是機緣力所需的關鍵要素之一。這件事情也對我的健康造成巨大影響，我所承受的壓力明顯降低了不少。

許多公司企業也開始採納類似的辦法。舉例而言，在某些企

業當中，週三下午是被特別保留起來投入分析性工作的時段，不允許收發電子郵件、不容外務干擾。像是 Google 和 3M 等企業，以實驗不同型態的「20％規則」（20 percent rule）而著稱，它們允許員工將自己 20％的時間，投入在自己感到有興趣、有熱情的事務上。

這件事情對於「內向者」而言更加重要，內向者需要時間來消化點子或潛在異類連結，使其得以開花結果。根據「上進研究所」（Forward Institue）創辦人亞當‧葛羅戴齊（Adam Grodecki）回顧，許多很棒的點子以及很棒的領導者，都是「在孤獨當中、而不是在忙碌之中成長茁壯。」確實如此沒錯，我們經常會錯誤地將忙碌與生產力畫上等號。我認識的每一個人都是忙碌的，有許多人卻因為自己太過忙碌，竟因此與機緣力絕緣；不過，倒是有一些人，可以做到真正有生產力的境界。特斯拉（Tesla）執行長伊隆‧馬斯克（Elon Musk）一項出名之處，就是他會保護好自己的創作者時間，並將會面時段分配給短的時間段。此外，其他人則是把會議與約會都塞進辦公時段的排程，以空出充足的創作者時間。保羅‧格林漢的 Y Combinator 公司為初創企業提供種子資金，格林漢利用自己的辦公時段和初創公司創辦人會面，他會將這些約會排在下午的末段，這樣他一天的其餘時間就不會遭到干擾。

我也發現，這種排行程方法的變化式可以造成很好的效率：一旦我發現有人與我聯絡，希望與我會面，我一般會邀請他們參加我籌辦的公開晚餐會。這種做法幫助我專注在自己的時間上，這還可以讓那些人有希望與其他有趣的人們見面，對於機緣的促

成也極有幫助。

這番道理同樣也可以用來組織數天的時間以及更長的時段。亞當·葛蘭特是我所見過最有生產力的人物之一，他能夠保證自己將困難且重要的知識性工作，排進不受干擾的長時段內。然後，他會把教學及其他與管理者相關的任務，排進特定的時段，例如秋季學期。這麼一來，他就可以在其餘時段內專注於研究，也就是創作者的工作。這些時段有可能包含他不在辦公室時電子郵件客戶端的自動回覆器，這樣一來，他就可以好幾天都專注在特定研究上，不會受到打擾。對程式設計師工作成果進行比較的實驗結果令人驚訝，有些人的表現竟然比他人高出十倍。我們可能會預期經驗或薪資等特徵，是很好的成果預測指標；然而，這些實驗發現，相關性更高的因素其實是程式設計師是否有足夠的空間可以使自己進入專注狀態。此中最成功的那幾位人士，他們所在的公司願意讓員工自己掌握環境、使他們不受干擾、給予個人空間及隱私。[45] 這也解釋了，為什麼為創作者 —— 例如研究人員 —— 設置開放式布置的辦公室，是一個非常糟糕的點子，事實上這麼做反而會導致更多人請病假，並對於生產力、專注時間、工作滿意度造成負面影響。[46]

那些在組織中發號施令的人通常是在進行管理者日程，並且假定下屬也接受了相似的邏輯。但下屬們經常不是這樣，這導致許多創作者們感到挫折，且其生產力降低到自己原有的水準以下。創作者的休息方式也常有不同：他們也許不想進行互動，而是去裝杯水或是呼吸新鮮空氣；那麼做能夠提升專注，互動反而減損專注。當我處在創作者模式之中，我若是要去上廁所，會試

圖不要讓自己在過程中遇到別人！如果是比較不需要凝神沉思的活動，多工作業或與他人相遇或許效率頗佳，但若論及深層的分析性任務，「單任務處理」（mono-tasking）通常是關鍵所在。以前，當我的大學系所開始為研究者引進開放式布置辦公空間之後，我便開始將研究工作大量轉移到咖啡館及家中進行，只有在講演與開會時才會使用前述空間。

那些貌似將人們拉到一起的事情，實際上未必都能讓人們真正湊到一塊兒。在許多領域中，我們需要使「創作」和「管理」之間形成平衡，讓機緣力觸發得以出現並使人可以善用觸發點。不然的話，我們不只是在限縮機緣力，我們也在暗中傷害健康、身心狀態及生產力。[47]

我的機運可能是你的歹運

機緣力可以改變我們的人生，機緣力能為我們帶來成功及喜悅。但是，人人的機緣力各不相同，某人正向的機緣巧合可能是另外一人的霉運。

一位警官為了營救困在樹上的一隻貓，無意間發現了某戶後院的大麻園。對他來講，這真是好樣的，他可能因而贏得本月的風雲人物獎。但是對於人生最後樂趣是待在家裡種種大麻自己抽的那個退休老人來說，這可就倒楣得很了。或者我們拿英國德蕾莎・梅伊（Theresa May）上臺當例子吧，這件事情其實是許多先前的意外事件鋪陳造就，諸如英國脫離歐盟的公投結果。事情的發展導致前任首相大衛・卡麥隆（David Cameron）辭職，也

導致梅伊的對手遭受狠狠打擊，例如最有希望的黨魁競爭者鮑里斯·強森（Boris Johnson）。[48] 就此案例而言，機緣力是見仁見智，對強森或許多英國民眾來說，這顯然不是個良緣。情況雖然如此，但後來又基於類似的諸多意外事件，經過一年之後，換成強森當上了英國首相。

當我們將目標放在如何讓機緣力有「好的用處」之時，就像是任何的工具或方法，機緣力有可能會被「錯誤」的人以及／或者「錯誤」的結果所利用。難道你願意讓黑武士達斯·維達（Darth Vader）把一個對他而言的正向巧合，轉化為一個對他而言的正向成果嗎？對達斯·維達來講的好事，可能是我們所關心的人的糟糕事呢。

因此……

機緣力未必總是特定時間點的單一事件，機緣力需要人們以耐性、毅力、能力相對，看出其中價值並加以篩選。

若一個關係或連結已證明是無結果、無下落時，我們必須學會放手；當我們瞥見一絲火花時必須把握堅持，將它化為真實，並且保持好適當的「自我距離」（self-distance），做出謹慎微妙的平衡判斷。

到最後，毅力、智慧、篩選的重要性，是取決於潛在的結果是否有意義——對我們及我們所關心的人而言是否有意義。

機緣力練習：好事成真

1. 在你的日誌當中排出專門保留給創作的時段。看待那個行事曆項目的態度，應視同一場真實的會議。排出一個內向下午或內向日。（如果你是一位創作者，並且與管理者有合作關係，你必須向他們說明清楚此事。這麼做可以減少誤解，例如使別人誤以為：「你並不在乎我在不在你身邊。」）

2. 在你最精力充沛的時候，開始管理你的時間，重點並不在於到場現身，而是在於你怎麼出現。

3. 如果你是行政主管或活動主辦者，要記得分配具體的空間和時間給你公司或社群內的創作者。

4. 把你的約會和會議安排成一串，有沒有哪些單獨的「咖啡之約」可以結合到一起呢？

5. 如果你有小孩的話，問他們：「你最愛的超級英雄會怎麼做呢？」當然了，理想上這些超級英雄應該會幫忙解決問題，如果這些角色不會這麼幹，那就去找找別的角色，把這件事當成一個有趣味的遊戲吧。

6. 瀏覽一下你參加近期活動所蒐集來的名片，找出最有關聯者。發送後續的訊息，即便訊息內容很短。你可以談及自己喜歡聊的內容，或是加入對方可能感興趣的連結。遲做永遠比不做更好！

7. 在團隊會議上讓人們回顧三件讓他們感到驚喜或意外的事情，每週一次。詢問他們，他們是否有看出其中價值，或者他們能不能有後續的行動。

8. 設立自己的非正式參謀團，讓他們來挑戰你的想法跟點子。當你出現什麼新點子的時候，記得要跟他們説。請求別人對你自己的設想加以質疑，幫助你重整精神狀態並將點連結起來。

9. 聯繫你那個領域的頂尖人士，請他們針對你的想法給予回饋意見。記得要向對方指明，你曾受到他們的工作或作品啟發（你的點子品質之優劣，將會很高程度取決於你所得到的回饋品質）。

10. 如果你是一個學生或研究者，將你的文章草稿寄給你那個領域的頂尖人物前五名，請他們給予你回饋意見。這個做法也是發展人際關係的好方法，同時，你也在創造「接受意見的意願」（當然了，你所寄出的應該要是一份好作品吧！）。

註釋

1. Burgelman, 2003.
2. Barber and Fox, 1958.
3. Christoff et al., 2009; Mason et al., 2007. 亦可參見 Stock et al., 2017。
4. Ritter and Dijksterhuis, 2015; Van Gaal et al., 2012.

5. Busch et al., 2019; Gyori, Gyori and Kazakova, 2019.
6. McCay-Peet and Toms, 2010.
7. Gilhooly and Murphy, 2005.
8. Sio and Ormerod, 2009.
9. 亦可參見 Stock et al., 2017。
10. Safi Bahcall 對於這些問題有一些有趣的想法：https://podcastnotes. org/2019/03/16/bahcall/。
11. 譯註：另有中文譯本，書名為《脆弱的力量》。
12. 'Citizenship in a Republic' speech at the Sorbonne, Paris, 23 April.
13. 譯註：另有中文譯本，書名為《那時候，我只剩下勇敢》。
14. Busch and Barkema, 2019; Napier and Vuong, 2013.
15. 參見 https://mastersofscale.com/ev-williams-never-underestimate-your-first-idea/。
16. https://hbr.org/2016/05/people-favor-naturals-over-strivers-even-though-they-say-otherwise.
17. Duckworth, 2016.
18. 資料來源：Own conversations and www.huffingtonpost.com/robyn-scott/from-prison-to-programmin_b_6526672.html。
19. 參見 www.youtube.com/watch?v=7COA9QGlPDc。
20. Runde and de Rond, 2010.
21. 參見 e.g. Gilbert and Knight, 2017。
22. 干預為何經常導致更糟糕的結果：www.farnam-streetblog.com/2013/10/iatrogenics/。
23. Taleb, 2012.
24. David, 2016.
25. Kahneman, 2011. 亦可參見 www.farnamstreetblog.com/2017/09/adam-grant/。
26. White et al., 2016. 亦可參見 White and Carlson, 2015. 短篇評論可參見 www.weforum.org/agenda/2017/12/new-research-finds-that-kids-aged-4–6-perform-better-during-boring-tasks-when-dressed-as-batman。
27. Patterson and Mischel, 1976.
28. www.newyorker.com/science/maria-konnikova/struggles-psycholo gist-studying-self-control.

29. 土耳其電信即將離職的執行長 Kaan Terzioğlu 告訴我，其公司是如何運用數位儀表，數位儀表會監視並運用人工智慧來篩選點子並營運事業，舉例而言，基本人工智慧辨識工具會協助篩選先前觀念及點子競爭的結果；最佳的點子會被執行，贏家可以獲得一定比例的利潤。這麼做創造出一種思想及管理的文化，而根據 Kaan Terzioğlu 所言，這成為（夥伴諮詢企業）全球最成功的計畫項目之一。這項科技讓員工可以有（大規模）貢獻、（大規模）篩選。這些數位儀表可用於創造更高的透明性及可靠性，而績效表現更加明白可見，達成了哪些成果則清楚明瞭。

30. McCay-Peet and Toms, 2018.

31. Felin and Zenger, 2015; Schultz, 1998.

32. Felin and Zenger, 2015; Zenger, 2013. 企業發展出一套專屬於企業的價值創造理論，也就是揭示出一套架構與值得關注的系列問題，這麼做可以引導策略走向並且允許篩選過濾。價值創造的核心手段，乃是建構及更新企業理論並運用其組成問題、組織解決方案搜尋、從可用的問題與解答配對中進行挑選 —— 這對於企業而言是獨特的事物。舉蘋果公司為例（Isaacson, 2011），賈伯斯遇上位元繪製科技、滑鼠、圖形使用者介面方面的麻煩，這些對於麥金塔來講都是關鍵的部分。賈伯斯需要一套理論，去辨識解決方案的潛在用途。Xerox 也意識到這些科技的價值，Xerox 得到投資蘋果的機會，換取檢視解決方案及科技的機會，然而，只有賈伯斯的理論及技能組，帶來了真正的價值。賈伯斯與其團隊的智慧讓事情出現不同。這件事與一個概念有密切相關性，而這個概念正是尋找機緣力的突出要素，此即「生成懷疑」（generative doubt）。生成懷疑可以幫助我們有批判性地評價哪個觸發點可能有價值，且幫助我們將點連結起來，使其成為真正有價值的機會。然後，如果你意外地遇到某事或某人，你會問：「這與我所感興趣的事物之間，有什麼有意義的關聯存在嗎？這兩者是一致的嗎？」生成懷疑可以幫助我們將不同的資訊片段綜合起來並且善用巧合（Pina e Cunha et al., 2010）。

33. Iyengar and Lepper, 2000.

34. 有許多組織在開始一項計畫或發起一項計畫之前，會使用諸如「做／不做」這樣的方法。它們會利用諸如貼現現金流量和淨現值法等方式評估機會。但是，這些方法通常只會專注於目標 —— 往往是在相對穩

定的環境當中，人們企圖避免失敗、重視過去行得通的做法——而不是未來怎麼樣能行得通。這個做法可能是致命的，尤其是在充滿不確定而瞬息萬變的環境當中，而且這就善用機緣力而言實在頗不理想。即便我們屈服在控制的幻覺裡，預測諸如現金流這樣的事情，在比較動態的環境當中仍幾乎是不可能的事情。

35. Guy et al., 2015; McCay-Peet and Toms, 2010.

36. Guy et al., 2015; McCay-Peet and Toms, 2018.

37. Fan et al., 2012; Pariser, 2001.

38. Andre et al., 2009; Benjamin et al., 2014.

39. Huldtgren et al., 2014.

40. McCay-Peet and Toms, 2010; Toms et al., 2009.

41. 這包括來自奈及利亞王子的電子郵件。你是否有想過，為什麼那些可以為你帶來幾百萬美金的隨機郵件，竟然寫得這麼糟糕，以至於多數人明顯意識到那是詐騙呢？其中有一項解釋是，因為這是一種篩選法：要讓一個人達到詐騙集團覺得有用的程度，例如願意交出信用卡訊息，需要花費很大的心力。所以詐騙集團想要從一開始就把那些有疑慮的人過濾掉，這樣就可以省下力氣。他們使用的是「硬篩選法」，只有那種天真到相信奈及利亞王子真的希望自己繼承數百萬元的人才會上當。這樣就可以把人數範圍縮小到，只剩下那些有可能真的把信用卡資訊給你的人，由此減少「招募成本」。

42. Pina e Cunha et al., 2010.

43. Meyers, 2007.

44. www.paulgraham.com/makersschedule.html.

45. Cain, 2013.

46. Davis et al., 2011; Pejtersen et al., 2011.

47. 根據文化背景不同，這件事的展現也會有所不同。這件事在共時性文化（Monochronic culture）的表現會高於歷時性文化（Polychronic culture），在共時性文化如歐洲北部地區之中，規劃乃是關鍵，且要有清楚的開始及結束時間；在歷時性文化（Polychronic culture）例如大半非洲或拉丁美洲地區，時間觀念更加彈性，這就導致議程較為彈性、可以同時進行不同任務，而且對時間的態度會有所不同。

48. Frank, 2016.

第七章

擴充「機緣力」

不要懷疑,有思考、有使命的公民所組成的小群體,便足以改變全世界。事實上,這是唯一曾改變這個世界的角色。

—— 傳為文化人類學家瑪格麗特·米德（Margaret Mead）所言

　　機緣力的例子經常被人視為短暫的事件,永遠不會再重複發生,然而事實不是這樣子的。我們每個人的人生起點,其實都有遇見機緣巧合的類似情況,我們或許可以稱之為「基礎機緣潛力」,而基礎機緣潛力是可以加以建設的,它的過程可以加速、它的成果可以增進。那會為我們帶來某種「複合機緣力」（compound serendipity）,複合機緣力是一種歷程,各個新的機緣案例都可以因為先前發生的事情而擁有更龐大的潛力。

　　這件事情背後的驅動力量在於我們所身處的群體,例如我們的家庭或社群,其中包含我們的地方網絡、職業圈或利益團體。這些群體可以創造出社會機會空間,有助於擴展我們的機緣力領域。但是,各種群體也帶有它們自身的偏見或成見,所以它們或

許可以加速機緣力，但也可能扼殺機緣力。這就意味著我們必須眼睛睜亮，看清楚風險和機會，評估並規劃我們的人際網絡。

還記得以紐約市為基地的厄瓜多教育家米雪兒‧坎托斯嗎？她曾經在一個基金會工作，將弱勢背景的兒童們聚集到一塊兒，她就是在那段時期得知沙盒社群的存在。米雪兒的故事並不是告終於單一的機緣力事件：「當我進入〔某個特定的社群〕，機緣力無時無刻不作用著。這對於我來說絕對是很棒的事情。但是出身貧困的我，每每想起──相對於現在──我過去所得到的機會有多麼少，就會覺得很害怕。」對她人生造成最大影響的事情，並不是錢不夠或教育不足，而是特定的訊息及機會，因為那些東西往往都是受到屏障的。當她開始遇見那些訊息和機會之後，她的機緣力經驗便打從根本上改變了。

亞爾文‧羅斯‧卡皮歐（Alvin Ross Carpio）所成長的地方，是持刀犯罪頻傳的倫敦東區（East End）。卡皮歐的父親在他九歲的時候過世了，而失怙之人要在東倫敦成長是件艱辛的事情。少年時期的卡皮歐總是會隨身帶把刀，但某次當他讀到帶刀比沒帶刀的人更容易發生命案的消息後，他開始省思了。那時，卡皮歐有個表弟向他討一把刀，他意識到自身行為可能帶來的後果，於是說服表弟他並不需要刀子，然後在這個過程當中，他也覺得自己不用再帶刀子了。

去到一所好學校，改變了亞爾文的人生。亞爾文的爸爸是侍者，媽媽是到英國工作的客房服務員，然上學之後，亞爾文身邊的人們大多擁有其家庭未曾擁有的條件與管道，亞爾文也開始與有共同興趣的社群連結，諸如「崛起領袖計畫」（UpRising

Leadership Programme）和世界經濟論壇的「全球塑造者」。如今的亞爾文正在主持一場處理全球問題的運動，他是富比士三十歲以下三十位菁英榜（30 under 30）的熟面孔。亞爾文工作認真、有溫馨的家庭且抱持一切都有可能的信念，除此之外，他將自己的成功與對機會的把握，歸功於自己學會接觸並發展有效的人際網絡與社群。對他來說，將自己嵌入這些環境之中造成了關鍵的差異，使自己的結局不是死掉或關進監獄，而是成為今日的全球計畫領導者。

並不是所有來自弱勢背景的人，都像米雪兒及亞爾文那般幸運，能夠找到那些可以幫助自己力爭上游的網絡及社群。有些人就那麼困在沒有前途的人際關係或工作裡頭，他們或許還面臨根據種族、性別、性別取向、收入差異出現的嚴重體制性挑戰。加入「正確」社群或群體的能力，具有重大的社會正義成分。我們生來所處的群體，對於我們的基礎機緣潛力擁有巨大的影響。我們在特定的家庭、特定的鄰里中長大，諸如此類的事情決定我們所做決定的水準，決定了我們最初面對焦慮、疲憊、壓力的等級，這些事物全部都和機緣力有關。不過，隨著時間流逝，我們可以對這些群體進行調整或改造，由此擴展我們的機緣力領域（但這必須是我們有做下去的動機和動力才行）。＊社交網絡的

＊ 我人生的大部分時間，都是處在資源極為受限的環境之中，而我卻曾在最具挑戰的環境當中，親眼目睹、親身經歷機緣力。不過，確實有些限制——例如殘障或結構性貧窮——會讓事情近乎沒有可能。這是世界各地許多人所面對的現實情況，他們打一開始的基礎機緣潛力就非常低落。

相關研究，可以幫助我們了解該怎麼去執行這件事情。

別當陌生人

社交網絡可以幫助我們開發出有生產力的利益 —— 亦即我們的「社會資本」（social capital）—— 例如取得資源或機會的管道。[1]社交網絡可以幫助我們增進自己的福祉。但相對於條件好的人，那些與他人缺乏關係或連繫的人們、那些無法銜接或連結社會資本的人們，卻比較容易淪落為機緣力低落的基礎水準。

《科學》期刊曾經刊登一份綜合性研究，該研究檢視英格蘭全境的人口調查資料，關注英格蘭地區社群的社會經濟福祉。[2]研究者取得的資料，是英格蘭全境通訊網絡有史以來規模最龐大的資料，資料來源是全境90％以上的手機。研究者發現，擁有範疇更加多樣的人際關係，與經濟發展愈有強烈的相關性。如果你是在英國弱勢地區成長的人，整體來講，你和多樣群體接觸的機會 —— 以及隨之而來的契機 —— 便會少得多。

但是，這種情況未必代表你就沒有社會資本，這種情況只是表示你的社會資本處於**隱藏狀態**。我們所擁有的社會資本，其實可能比我們所設想的還要更豐富。或許你的老師其實認識當地的議員？或許你的精神領袖認識當地特易購超市經理？或許轉角商店老闆的表親是市長的個人助理？

強納生・羅森（Jonathan Rowson）和他的同事們，與布里斯托和倫敦新十字門站（New Cross Gate）的社群相合作，調查並察看社交網路如何改良提升。他們所呈現的是，「熟悉的陌生

人」——例如郵差——在傳播地方新聞或資訊這件事情上特有效率。尤其在低收入的環境背景中，熟悉的陌生人可以為社會其他人提供有趣的連結。[3]

隱藏連結的難題在於，我們通常看不見隱藏的連結，因而無法將其納為我們社交機會空間的因素。經常有大門向我們敞開或可以為我們敞開，可是我們卻錯過了那些門後的機會。你是否曾和本地的教士說過自己的夢想呢？你有沒有跟本地拉比（rabbi）聊過自己人生下一步希望怎麼做呢？你有沒有跟伊瑪目（imam）談到人生的方向呢？即便是在資源極其受限的地區，這些當地的超級連結者經常能夠傳遞資訊和機會，問題在於你必須知道他們身在何處。瑜珈老師、體操教練、教授、學校老師、地方議員、國會議員這些人，都會與大量的人們見面及談話，他們全部都是潛在的社會資本「倍增人士」（multiplier）。要不要發展或善用這些隱藏的社會資本，其實操之於我們手中。

擴而充之

你有沒有想過去描繪出自己的職業人際網絡，以便辨別出你的潛藏社會資本呢？這正是沙盒網絡社群前任經理布萊德・費區（Brad Fitchew）所做的事情。布萊德繪製出一張訊息圖，其中每一個點或「節點」都代表著一位聯絡人。一個節點愈大，意味這個聯絡人擁有的關係愈多，他能為你帶來機會、傳播點子、提供見解的潛力也就愈高。這些人就是所謂的「倍增人士」。

要在倫敦政經學院的人際網絡（或任何網絡）內獲得點子或

機會、或者傳達點子或機會，我們並不需要聯絡倫敦政經學院裡頭的每一個人。我們只要鎖定**關鍵的倍增人士**，也就是那些消息靈通、人際暢通的大節點，比起我們，這些人對於他們的同儕來講當然是可靠可信許多。這些倍增人士能夠協助傳播訊息、加速觀念及點子的流通，並使我們能與他人有所接觸或取得聯繫。

我們可以繪製出任何正式或非正式的人際網絡圖，來辨認出關鍵的倍增人士。這件事情對於組織團體內部來講尤其重要。我們對於自己的正規或正式網絡通常比較熟悉，例如公司的層級結構。每個人都知道，理論上誰負責什麼事情，或者至少知道要怎麼弄清楚這件事，然而就實際狀況而言，工作及事務經常是透過非正式網絡而完成的。不要只是問：「是誰負責這件事的？」更有效的問法是：「關於這種事情，大家一般都會先向誰尋求意見？」或者：「人們想要辦這件事情的時候，他們都會連絡誰？」繪製出這一類的人際網絡圖，例如透過「姓名產生器」（name generator）向人們詢問他們各自的人際網絡夥伴，這種做法可是增加你（或你的組織）機緣力分數的特效藥，而且還可以把事情辦成呢。

當然了，平衡的作為也是要有的。如果人們的用處只是在為你辦事的話，沒有人會喜歡待在你的通訊錄裡頭。所以，我們反過來應該培養有意義的人際關係，建立起自己的網絡。這件事情有很多種做法，例如對於他人所面臨的挑戰形成同理心，或者試著幫忙。

如果你能在自己對人際網絡有所需求之前，就已經組好人際網絡，這樣當然是好得多。還記得那位 TEDxVolcano 創辦者納

撒尼爾・惠特莫爾吧，納撒尼爾辦到近乎不可能的事情，因為他聯絡到幾位倍增人士。納撒尼爾並不是從零開始建立人脈網絡，因為那樣相當耗費時間與能量，他善加運用自己既有的人際網絡。納撒尼爾並不知道自己有朝一日實際上會需要這些，但他已和關鍵性人物建立起關係，例如他在 TED 的聯絡人。當機緣力降臨的那刻，他已然準備就緒。

納撒尼爾與人建立關係，並不是為了某天火山爆發導致自己困在倫敦作準備，納撒尼爾是出於提供幫助與自身的慷慨而與人建立關係，並不是心裡某個特定的利益或目標。也因此，納撒尼爾得以受益於那些有交情的倍增人士所給予他的信任，以這個例子來說，幫助他的人有位 TED 主辦者及一位沙盒網絡成員。根據幾位倍增人士的引介，納撒尼爾竟然可以動員數十位志願者，志願者的表現是彷彿已與納撒尼爾相識，那是因為志願者們相信那些引介的倍增人士，以及這些倍增者所代表的社群。[4]

這件事對我們來說意味著什麼呢？這意味著我們不需要認識每一個人，我們也不需要建立一個很大的人際網絡。反之，我們應該與倍增人士建立起有意義的關係，並且加入或耕耘「有意識的社群」（intentional community），這些社群會願意給予我們「代理信任」（proxy trust）。

合成你的機緣力得分

「社群」不僅是人際網絡而已。人脈網絡能以特定的人際關係幫助我們，至於社群——提供歸屬感與社會認同感的人際網絡

──則能夠改變我們的基礎機緣力等級。就像是米雪兒的例子，有能力的社群不只會小幅提升機緣力（線性觀點），它們實際上是大幅提升機緣力（指數觀點）。社群遵循著一套乘冪定律（power law），而我們該怎麼為此奠下基礎呢？那就是要去了解，有效的社群功能如何幫助我們探索社群。管理優良的社群，可以幫助我們從質的層面改變並提升自己的機緣體驗。我們可以自己發展以興趣或利益為基礎的社群，也可以加入既有的社群。

透過聯繫強化弱連結

歷史上，社群乃是建立於社會學家馬克‧格蘭諾維特（Mark Granovetter）所謂「強連結」（strong tie）──也就是我們所熟悉的人們──之上。[5] 想一想那些緊密的鄰里社區和以教會為基礎的社群吧，這些關係比較是地方性的、有信任感的、有行動力的。但是，它們影響所及的範圍並不大，而且它們本身的多樣性不會太高。要維持強連結關係，需要花費大量時間、投入諸多努力，而且我們還會受限於自己所能耕耘的人數，畢竟每一天的時間（和動力）就只有那麼多而已！

相對來說，「弱連結」比較能夠散布、比較多樣，而且具有廣泛流傳的潛力，不過弱連結的行動力通常不強。想想看你在Twitter上面認識的人，你跟他之間的交流可能只有短短幾次而已。在整體資訊交流和獲取機會方面，弱連結的效果相當好，但是你應該不會願意對弱連結的對象付出或犧牲太多，反之亦然。如果你只擁有強人際連結，你可能會獲得極大的情感支持，但是

你所接觸和取得的資訊及機會就會相當受限；假使你只擁有弱人際連結，你的支持系統恐怕會不夠強大。然而，用費比安・普福特穆勒的話來說，受到良好管理且以興趣為基礎的社群，會將「弱連結當成像強連結那般使用」。這些社群會將強連結和弱連結的優點相結合，代理信任可以透過聯繫強化弱人際連結。

在先前提到的例子當中，納撒尼爾面臨意料之外的情況而能夠行動，他擁有很棒的點子，他握有契機及一些主辦活動的經驗，但僅有如此仍是不夠的。納撒尼爾需要找尋地點、志願者、食物、講者、科技等等，找到辦起一場好會議所需的所有要素。他做了些什麼呢？納撒尼爾聯絡了倍增人士，並且涉足親近既有社群。他與 TED 聯繫，TED 為他提供品牌以及聯絡講者的管道。納撒尼爾聯絡了沙盒網絡，沙盒網絡為他提供志願者、物流及曝光機會。有人幫助納撒尼爾聯繫科技新聞網站 TechCrunch.com 的英國編輯麥克・布契（Mike Butch），這是一位科技及媒體領域的倍增人士，也是這次活動能夠舉辦的推手。

結果，這些與納撒尼爾交情不深或幾乎不認識的人，竟然將自身品牌交給對方，並且幫助他舉辦一場非常正規的會議。納撒尼爾將弱人際連結當成強連結一般使用，而這麼做之所以能成，乃是因為個別的倍增人士（TED）或與他同在一社群（沙盒）的成員。納撒尼爾事先並不知道自己會需要這些，但是因為既有的代理信任、這些社群的多元性以及他的志趣使然，納撒尼爾動員這些社群成員的態度，好像他們原本就是朋友一樣。

並不是每一個例子都如這個案例那般特異。舉例來說，當沙盒網絡的某個成員去旅行的時候，他經常會聯絡其他城市的沙盒

成員，即便他們之間素不相識；反過來說，這些沙盒成員也大多願意為這位旅人提供沙發，即便他們從未謀面。在一個網絡化程度日益高漲的世界當中，任務及組織的界線其實是流動的、有滲透性的，於此，我們更需要仰賴位於自己日常勢力範圍之外的人士。我們需要弱人際連結，而有效的意識社群則可以將弱人際連結視為強連結一般運用。

無論成員是兩人、十人或是數百人，有效的意識社群都能夠提供一個孕育有意義交流及信任的環境。而你該怎麼做，才能夠培養出這樣的環境呢？

建立交織緊密的社群

首先，你要思考的是，社群內的成員們為什麼要聚到一起呢？是因為他們的背景、興趣、利益、熱情，或是共有的價值觀呢？「共同點」（common denominator）的問題，乃是各種社群——無論是足球、繪畫、還是創新社群，隨便你舉例——建立時的核心問題。一個群體規模愈大，我們就愈需要暗自或公開闡明這個共同點。舉例來說，大型的意識社群多會運用言詞（如「家族」）、儀式（如擁抱）或者特定的線上或線下歡迎方式（如在下次晚餐會進行介紹）。

不過，太過緊密的社群反而可能會對我們造成壓抑，尤其是這類社群欠缺多元性的時候。特定社群的「過度鑲嵌」可能導致狹隘本位主義和同溫層的問題。你可以想像 Facebook 的共和黨或保守黨選民，跟民主黨及工黨選民的動態消息有多麼不一樣

嗎？我們往往生來就處在這類的社群之內，也經常出於方便或必要性而保持貼近自己的根。

　　肯亞經濟學家羅伯特・穆迪達（Robert Mudida）是奈洛比（Nairobi）斯特拉斯莫爾大學（Strathmore University）「競爭力中心」的負責人。在我和穆迪達於此大學所從事撒哈拉沙漠以南非洲族群網絡的研究當中，曾經出現一種極端的案例，那些地方部落關係的力量，至少像是美國或英國的政治派系那麼強大，有很多人寧願待在他們同質偏好（「跟我很像」）的人際網絡之中，罕有發展人際弱連結的機會，也因此喪失機緣力的重要因素。

　　相反地，在我們的研究當中，那些成功、有企業心的個案則發展出跨族群的網絡。他們重新定義了「內團體」（in-group），使內團體不再以族群性界線劃分，而發展為有共同興趣的網絡，例如以體育或宗教為重心。我們的研究個案之中，有位肯亞的企業家曾在教堂裡面與另一部落的總督坐在隔壁，這件事情使他──以及任何觀察者──警覺他們其實是有共通之處的。其他環境的相關研究，也反映類似的結果。[6]

　　這件事情在你人生裡頭是怎樣的情況呢？你是否在內團體──也許是一個親密的友誼團體或者穀倉化的部門──的封閉圈子內活動呢？你和其他群體的人之間，是否有可以加以運用的共同點呢？。

　　要向其他群體保持開放態度，可以從小行動做起。若群體能將觀點多元的人們聚在一起，這樣的群體就更可能孕育機緣力。然而這之中必須要有共同點存在，以促使人們彼此信任，並且擁

有和彼此分享點子的誘因及動機。如果沒有可以將人們湊起來的黏著力，多元性或多樣性本身並不能產生作用。[7]

成長同時不失去聯繫

　　社群需要受到啟發而不是遭到控制，而能夠塑造對話的定位點有助於促進此事。這就是為什麼訴諸倍增人士的方法，對於大型社群或組織來講特別有效。

　　沙盒社群之所以能在短短幾年之間拓展到二十幾個國家，主要原因在於我們推行「大使」體制。我們會找出短暫待在沙盒據點所在城市的人，這些人之所以在那裡也許是為了求學，我們會在這些人要返家的時候，提名他們擔任「大使」。

　　這是怎麼辦到的呢？沙盒的創辦人們，將我們所知具有啟發性的人，全部都列在一份共用的維基檔案上，對於誰是適當人選形成共識，然後再聯繫他們。一開始的時候，多數人是基於友情的緣故而參與其中，到後來，他們則愈來愈是出自振奮之情。正如同諸多社群一樣，人們參與的誘因不是錢，而是地位或曝光等等因素，這些因素可以為人暗中合成機緣力，因為參與者成為活動的中心人物，人們因此比較容易將最新的點子告知他們。[8]當大使角色與他們其餘活動——尤其涉及其專業領域——結合在一起的時候，大使經常會是最積極主動者。相較於華爾街的商人，一個以籌辦活動為生的人其實更有可能在其他群體裡面扮演著類似的角色。

　　這些大使們通常以二至四人為一組，他們會合辦地方活動，

並且找出他們各自城市裡的潛在成員。我們會運用滾雪球方法，請他們推薦其他能鼓舞人心的人。大使會聯繫潛在成員，為他們舉辦活動，並且發展出可供實驗的地方空間，例如「挑戰之夜」便是讓成員提出當前挑戰或計畫項目的一個空間。我們作為中央團隊，會為大使提供最佳實作教學與內部 Facebook 群組等等協助，並且幫他們將一切事情串聯起來。*

下頁圖表顯示的是一個樞紐結構，其中大使團隊構成了「樞紐節點」（H），成員是比較小的點，而中心（C）則是提供平臺與人際連結的支援。†

發展出這些超級節點之後，沙盒非常迅速地創造出一個交織緊密的全球社群，成員人數超過一千。起初我們將地方樞紐成員的人數限制在八十至一百三十人之間，立下這項規定是因為我們只與相對少數的人們，培養真正有意義的關係。‡ 至此，人們有了強大的地域基地，無論他們旅行到什麼地方，他們都可以進入其他的樞紐，或者直接與其餘成員線上聯繫。

---

* 後續，隨著候選者的人數增加，我們對於申請程式採用了更有架構的做法。但在很多時候，這些倍增人士的出現經常是非正規的情況，我們可能是根據他們較高的參與程度而辨識出來，然後再將他們「正當化」。更廣泛來說，展示彼此協助的成員範例，乃是對他人有樣學樣的激勵，行動畢竟比言語更有分量！

† 這是一個簡化的版本，個人成員會在樞紐內或跨樞紐與其他成員建立人際連結。

‡ 這就類似於鄧巴數（Dunbar's number）的邏輯：羅賓・鄧巴（Robin Dunbar）認為，人際關係最大值的人數範圍大約是在一百至兩百五十人之間（Hernando et al., 2009）。

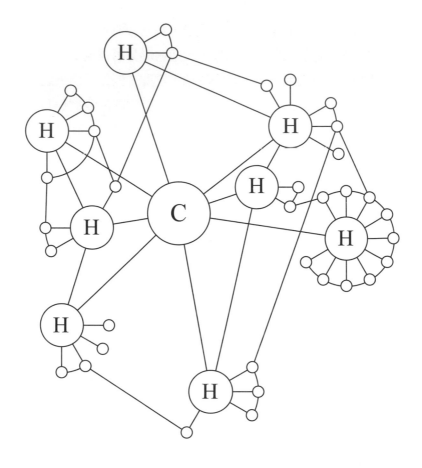

　　這種連結當地倍增人士的做法，結合上全球性的平臺，讓沙盒、Nexus、全球塑造者、TED/TEDx 等等社群，得以靠極小的核心團隊及有限的資源，在全球各地立足。地方倍增人士會帶入社會資本，幫忙改造全球性架構以適應地方傳統。

　　這些值得信賴的環境核心之處，正在於可以孕育有意義交流的活動。

培養有意義的交流

在多年組建社群的時光當中，我經常碰見人們這麼說：「太好了！讓我們來辦場人脈社交活動吧」，或是「讓我們在會議當中安排社交突破活動吧。」讓我感到惴惴不安的是「人脈社交」（networking）一詞，它缺乏**有意義人際關係背後的深層意涵**，也就是信任。你有沒有認識過那種非常喜歡社交場合的人呢？把注意力放在人際交往，經常會吸引到錯誤的人，吸引到那些心裡有算盤的人。這麼做會把人們放到一種尷尬而難堪的處境，導致談話變得做作而膚淺。這就像是在參加一場速配（speed-dating）的活動：你只會吸引那些專注於特定結果的人們而已。

想要體現你的理念或社群宗旨，策劃完善的活動是種很有力量的做法。在沙盒，我們舉辦的是非正式晚餐會，成員們可以來到一個放鬆的環境，與他人分享故事、培養關係。這種輕鬆自在的場合，尤其是對那些不習慣以非正式形式與身旁陌生人互動的人們來說，可以導引出更為開放的心態、更加互信的心境。「玫瑰、花苞、刺」（rose, bud, thorn）一類遊戲會問這樣的問題：「你今天／本週／本月／今年的精采時刻是什麼？」（玫瑰）；「你今天／本週／本月／今年有哪些事情出了差錯？」（刺）；「你對明天／下週／隔月／明年有些什麼展望？」（花苞）。這一類的遊戲及問題，能夠幫助人們反省自己真正的挑戰是什麼，而不是一直在誇耀自己有多行（或感覺自己有多行）。

如果人們願意分享自己的興趣與熱情，就比較可能發展出良好的人際關係。當人專注於發展有意義的關係，而不僅是接觸聯

繫，這種狀況便能很自然地發生。在我所參加過的所有沙盒會議當中，無論地點是在倫敦、蘇黎世、紐約、新加坡、墨西哥市、奈洛比或北京，我都曾聽見別人高喊：「這真是太巧了！」（事實上，有時的狀況是，對某人來講極其意外的事情，對另外一人卻是意料中事。這種情況可以引用哲學家伯特蘭・羅素（Bertrand Russell）的比喻來說明，有隻火雞被餵養了好幾個禮拜，卻驚訝地發現自己竟然在聖誕節前一天被宰殺了。[9]）

過度安排設計的人脈社交，或者說過度設計安排的機緣力，經常會事與願違，造成反效果。倫敦政經學院的哈利・巴克瑪（Harry Barkema）與我近日發表的一篇論文，所呈現的是育成機構如何創造出機緣力的環境。研究團隊知道，標準化的計畫支持點子與事業的程度有限，尤其是因為啟發事業的點子與需求經常變化，過度結構化的活動乃會扼殺、而非促進機緣力，由此，研究團統認知到，必須布置出一個可以「設計」機緣巧合的環境。

這件事情的做法包括，讓多元——例如不同文化或職業背景——且有共通價值觀的人們能夠坐到一塊兒，此外，還可以設置一間咖啡廳促進偶然巧遇，創造出肯定、支持、投入機緣力的氣氛。相對於那些了無新意的活動，一場規劃良好的活動，可以讓人們以更加自然的方式湊在一起。[10]

讓彼此都可靠

即使是非常緊密的群體，都有可能淪為「公地悲劇」

（tragedy of the commons）的犧牲者。以值得信賴的平臺為例，共用的資源可能耗竭而最終毀滅，因為沒有人願意負責。有許多社群最終的死亡，就是因為這類的忽視釀成，另外還有很多社群裡頭白吃白喝的人，這些人享受群體的利益，卻不願付出任何努力維護群體。好幾百萬個線上社群最後終於沉寂，你是不是也曾經加入過那樣的社群呢？團隊裡頭可能會有種人存在，他沒有真正的貢獻，但卻還是去沾別人成果的光，或者你的團隊裡頭也曾經有過這樣的人吧？

這就是為什麼「橫向問責」（lateral accountability）── 對自己與同儕負責 ── 會是許多以興趣為基礎的成功社群之核心所在。[11] 對比之下，階層式控制既困難又所費不貲；相反地，橫向問責經常是緊密合作的正向外部性。在群體其餘成員的眼光之下，個人就會出現莫要辜負同儕的動力，由此，他們會培養出一種「明智的自我利益」。

在我曾經共事過的某些公司企業裡面，我們會運用整個群體都可以看得見的每週目標：每位團隊成員 ── 包括企業創辦人與執行長 ── 每七天就要更新一次他們的目標，並解釋自己是否有達到目標，且與他人分享自己在過程中的學習心得。對於大家的士氣、動力和自我紀律來說，每週目標的效果相當不錯。這麼做也能夠幫助我們更有效率地將「點」連起來，因為我們對於別人正在做些什麼，有了更清楚的理解。

這對我們的關係來說算什麼

　　成功人士往往是有力社群的一分子，或者，他們會圍繞著自己而發展出一個「部落」（tribe），與其中成員共度人生。理想上，這些支持及學習的社群，會包含處在類似人生階段、享有共同價值觀、但來自不同背景的人們。例如像「青年總裁協會」（Young Presidents Organization）一類的群體，便利用這些「圈子」讓成員們能夠開始有互信基礎的對話。以青年總裁協會為例，他們會讓五個成員定期交流互動，並且在成員面對各自的挑戰時彼此支持。

　　此外，當然了，我們的浪漫愛情關係也需要更具有自覺的方法。克利斯蒂安・貝利（Christian Bailey）是波士頓的一位社群打造者兼企業家，他和他的妻子娜塔莉雅（Naralya）列出三個問題，他們會在早晨的時候彼此詢問，「你今天想達成什麼？」「我能幫你什麼？」然後在晚上的時候問「你今天學到了什麼？」早晨所問的問題呈現出「以他人為重」，打從一天開始之際，便能有幫助對方以及成為對方生命一分子的感覺。晚上的那個問題，則是著重於學習、著重於經驗分享。這對夫妻是我所見過的伴侶當中，最能夠信任彼此的一對，他們建立起一個美麗的家庭，也打造出環繞自身的部落。我有不少朋友也採用了他們的做法。

　　當然啦，一開始的時候，你必定會覺得詢問伴侶這些問題的感覺很奇怪。雖然在經過一段時間之後，你或許不會再問一模一樣的問題，但是「以他人為重」的思維卻會留下來，確定對方在

自己的人生當中扮演積極活躍的角色。我曾經在不同的關係當中試過這項做法，結果各有不同，但可以肯定的是，這麼做總是能增進兩人對自我及對他人的認識。

不過，在此更重要的一點是，各種類型的關係都可以獲益於促進有意義交流互動的「自覺慣例」（conscious ritual）。你在自己的人際關係或群體當中，能不能加入些什麼必做的慣例規矩，以求同時促進信任感與開放的心靈呢？確切的慣例做法，會比習慣或你自己所創造的意識還要更加重要。

留意社會動力學的危害

人際網絡和群體可以成為機緣力的加速器，然而群體及人際關係也有其黑暗的一面。如同我們已論證過的，機緣力經常仰賴於有意義的連結，而不是隱密不可告人的理由。有位女性企業家曾經與我分享道，男人——經常是有權有勢的男人——會利用這些對話，企圖勾引她或跟她上床。這些擁有潛在威脅性的情況，不只限制了機緣力的潛能（如果那是一個我想逃離的處境，我為什麼要去將點連起來呢？），而且還汙染其餘對話的所有課題。隱密的動機、不可告人之事、偏見、不平等，其實到處都存在著。

機緣力有可能會扭曲我們的認知，甚至惡化不平等的情況。舉例來說，大多數的民主社會都會限制員警在街上攔截檢查人們的權力，即便員警臨檢這項策略也許能發覺一些犯罪活動，甚至可能嚇阻他人犯法，但這項策略卻有可能適得其反，因為那些被臨檢的無辜人民會受到不良影響，影響尤其惡劣的就是那些被臨

檢的人民，竟然是被員警根據無關乎犯罪的標準——例如種族——所挑選。

在英國，二〇一六至二〇一七年的財政年度之間，有三十萬件攔截搜索民眾的事例，[12] 其中，黑人被員警攔下來的機率，比白人高出了八倍。如果員警搜查的人數夠多，他們總是能夠「很巧地」發現一些不法情事，然因為如此，這種類型的機緣力其實會導致各種負面作用及「自我增強」（self-reinforcing）效果，其中包括使員警更有理由臨檢有色人種，造成將黑人與犯罪連結的社會創傷。*

愛爾蘭小說家威廉・波伊（William Boyd）將負面機緣力的現象，稱為「反機緣力」（zemblanity），也就是「經由人為設計造成不快、倒楣、意外的力量」，[13] 而這種反機緣力也是會合成增長的。美國聯邦總務署（General Services Administration）的理查・貝克勒（Richard Beckler），據說曾向川普的交接團隊保證，任何來自特別檢察官羅伯特・穆勒（Robert Mueller）辦公室的紀錄要求，都會直接轉交給交接團隊的律師。唯一的問題是什麼呢？唯一的問題是，不久之後他便送醫住院，之後死亡。這項「令人不悅的驚奇」，加重了川普政府的問題。

此外還有地方文化及信仰體系的問題。[14] 舉例來說，在具有高度「權力距離」（power distance）的環境當中，地位低落的人

---

* 這種負面機緣力及其所造成的社會動力，經常會連結上種族偏見或權力結構。在某些環境背景下，黑手黨類型的結構造成表面上的援助計畫（例如小額金援）變得毫無意義可言。

們接受且也期望權力分配不均，在此等環境中想要觸動機緣力非常困難，因為階級界線更加難以跨越。在比較重視年齡或資歷的文化當中，要在老人及年輕人之間點燃機緣力的火花，難度是更高的。在對不可預測性容忍程度較低的環境之中，風險管理以及人們對於「唯一真相」的肯定，可能會損害潛在的機緣力，舉例來說，倘若某個老師或高級主管的意見被人們視為理所當然，出人意料的解決方法就比較沒有成形的空間。

當然了，還有其他可能損及機緣力的條件狀況，以及我們並不需要或不想要機緣力的情況存在。在受到緊密控制的系統——例如核子反應爐或太空船——之中，人的專注力應當要放在執行、而不是新意。

我們對（擴充）機緣力的責任所在

不平等出現的形式有很多種，即便我們認為自己已擁有應付的能力。舉例來說，一位來自城市貧困地區、條件比較不好的女孩子，即便她幸運地進入一間好學校學習，所學的東西與另外一位來自中產階級背景的孩子完全相同，但前者所能擁有的正向巧合還是很可能不及後者。

為什麼會這樣子呢？首先，因為家裡條件比較不好的女孩，可能較為缺乏潛在能觸發或促進機緣力的因素，例如晚餐過後與父母談論自己在學校所學。而她所遇到的人，也比較沒有辦法讓她體驗機緣力或有意外收穫。到最後，由於這個女孩的支持系統非常有限，她必須非常努力地去「創造屬於自己的運氣」。

於是呢，學校體制、實習體制等等的設計者必須謹記，重點在於要協助打造社會機會空間，此事之重要性更勝過機會的內容或直接的機會。做到這件事的方法之一，就是去改造社會剝奪（social deprivation）的領域，例如納入可以讓人們聚在一起（並且在過程中降低犯罪）的藝術組織。這個概念就是要消除社會群體的隔離狀態 —— 部分人們「害怕遭到偵查而拉上窗簾」，這確實是一種人際阻絕與社會脫節的徵象。

如果人們不交流、不互動，刻板印象的問題就會擴散惡化，這個道理適用的範圍相當廣泛，社會、種族、部落、性別群體都是一樣的。不過，在公共服務領域進行的實驗已經呈現出樂觀可期的徵兆，有些城市政府會安排年輕人和議會成員，進行某種專業的「速配」，讓他們與自己平常不會交流的人們互動連結。這種活動會讓參與者看見，「意外的」機會確實存在可行，而且這種活動還可以將參與者連結到廣大的點子庫（相關方法詳見下一章）。

以結構更縝密的方式將人們與心靈導師配對，也是很有效的做法，這些導師比較貼近人們生活的現實情況，但是又與其他類型的人際網絡有所接觸。如果我們能讓維珍（Virgin）公司創辦人理察・布蘭森，花一個小時去拜訪佩卡姆（Peckham）地區的高中，這確實是一件很棒的事情；不過，人們其實對於一個起步環境、困難與自己類似的人，更能夠感到心有戚戚焉。也許有人出身貧困，如今卻是成功企業的老闆，這樣子的人物便可以使人們彷彿真的看見自己在走類似的道路。

或許還有一種方法，會比一小時的閒聊更好，那就是讓人們

跟隨自己的偶像榜樣幾天，真實看看他們每天在做些什麼。這就是為什麼有許多宗教領袖會有信徒弟子的原因，重點在於從過程中學習，學到學校學不到的、沒有形諸文字的玄妙知識。我們必須親身接觸、需要看到不同人們的行動，這可以幫助我們理解，其實我們可以過的生活方式有很多種可能，我們可以選的道路有很多條。

就教育計畫——包含學校及育成中心——而言，思想、人們的「支點」、時間變遷等因素都需要加以整合納入，這樣一來，它們才不會過度專注於結構化的內容或特定的導師（如各個學科領域）；反過來說，幫助它們發展機緣心思維才是關鍵所在，這可以讓它們最有效地善用意外巧合，尤其是在它們已經開始遠離最初的學科領域時。教育計畫項目不應該將變化視為一個學生或企業家的弱點，而是應該將此視為根據新資訊而來的智慧徵兆。

這種方法也還可以納入的是，幫助個人培養其社交技巧而銜接不同的群體。就此而言，將各種背景的人們（包括老師及導師等等）湊在一塊兒合作，也是一種很有效的做法。[15]

因此⋯⋯

複合機緣力的運作就像是複利一樣：基礎等級愈高、加速度就愈快。但是，即便我們是從低等級的機緣潛能出發，我們每個人其實都可以更了解，如何連結上最好的群體或人們。我們可以開始了解自己現有的社會資本，有趣的是，使用社會資本並不會減少社會資本，反而可能更加強化這些人際關係，此外，我們也

能夠開始連結上人生當中的倍增人士。我們可以去加入更大的以興趣、利益為基礎的社群，並善加利用它們託付給我們的代理信任。

假如我們可以自己開發出社群，我們便能以多種方式發展代理信任，例如透過儀式、引入同儕可靠性、分享經驗等等。至此，弱人際連結會逐漸變成強連結，或者，弱人際連結會開始以強連結之姿運作。面對可能阻撓我們的群體界線，我們要加以克服並與其他群體搭上線；我們可以透過彼此的共同點，或是成立自己的小「部落」，來達成這樣的改造。這麼做有助於形成凝聚力及多元性之間的平衡，而這種平衡正是機緣力的動力引擎。這個世界並不公平，但是我們能夠發展出社會機會空間，使他人能夠辨識並將點連起來，藉以面對、處理社會不平等問題。

至今為止我們已聚焦探討過，作為個人，我們可以做些什麼來促進自己與他人生命中的機緣力。但是就促進組織、政策條件一事而言，還有一個重要的角色存在。在下一章當中，我們將會從企業主管及決策者的角度來關注這件事情，為了避免它不合你的胃口，或許你可以跳過下一章，直接進入第九章，第九章探討的重點是你要如何增加自己的機緣力得分。

不過在此之前呢，本章的機緣力練習會專注在，我們該如何增進自己的機緣力基礎等級。

機緣力練習：職涯之躍

1. 從現有的聯絡對象當中，找出五個你想要增進人際關係的人，並同時做點事情。也許這會是個讀書會，或是有相同興趣課題的人際圈。[16] 與其深究這件事情的性質究竟是什麼，還不如著手開始做。一開始，你可以邀請他們一道喝咖啡或吃早午餐。在此期間當中彼此詢問，如果你現在想要變得更幸運，你需要哪些條件呢？如果聚會順利、相處愉快，去詢問他們願不願意下次再聚。就從這兒開始做起吧。

2. 尋找以興趣為基礎的社群，這種社群可以幫助你銜接上你還沒有聯繫的不同群體。或許你可以在週末的時候，去參加當地的 TEDx 組織團隊。

3. 下次團體（例如地方社群團體）會議期間，請人們分享他們所遇到的一些挑戰及新挑戰。或者，如果這是非正式的晚餐場合，可以玩玩「玫瑰、花苞、刺」的遊戲，我們個人的經歷，經常會與他人的經歷非常相似，一旦有共同接觸點浮現，彼此的信任便可以建立。

4. 描繪出你的職業人際網絡。你身邊是否有倍增人士存在，只是你從來沒有想過呢？想一想，要怎麼和那些人發展出有意義的關係，例如邀請當地的老師一起喝杯咖啡，讓雙方彼此更加了解。把注意力放在發展有意義的

關係、而不是特定的交易或利益交換。

5. 如果你要籌辦活動的話，問問自己，在這裡，真正重要的共同點到底是什麼呢？不要訴諸「社交突破」的話，有什麼方法可以讓人們自然地彼此交流呢？

註釋

1. Busch, 2014.
2. Eagle et al., 2010.
3. Rowson et al., 2010. 亦可參見 Bacon et al., 2008。
4. Busch and Barkema, 2019. 完整故事請參見 www.youtube. com/watch?v=M1qsexQYAscandt=9s。
5. Granovetter, 1983.
6. Busch and Mudida, 2018. 亦可參見 Busch and Barkema, in press。
7. 對於社群建構者來說，這就會提出社群邊界的問題。在一個人人皆可成為會員的群體中，很難培養出信任或者代理信任。一個社群的強大程度，就如同它「最脆弱」的環節（以非達爾文主義的方式來說）。如果有太多不值得信任的害群之馬存在，整個社群的動能就會陷入危機，尤其若無有效處理衝突的機制（例如社群委員會或申訴委員會）存在的話。出於諸多理由，信任和歸屬乃是核心所在，而且對於更廣大的議題如處置「孤獨」傳染病來說相當重要（https://hbr.org/cover-story/2017/09/work-and-the-loneliness-epidemic）。
8. www.gsb.stanford.edu/insights/how-invest-your-social-capital. 感謝 Mustard Seed's Alex Pitt 提供此意見！
9. Russell, 2012 (1912). 後來諸如 Karl Popper 等學者，將此當作一個有用的譬喻來討論，即使有正確的假設也可能導致錯誤的結論，就此案例來說是如此沒錯，火雞覺得自己每天早上同一時間都被餵食，但卻

沒有注意到自己會在聖誕節前被宰（Chalmers, 1982）。Taleb 後來用這個比喻去討論「黑天鵝」時刻（Black Swan moment）──位於我們一般期望範圍之外的意外時刻，卻對我們人生帶來極端影響，且只能在事情發生之後才有辦法加以解釋（於此是以火雞的觀點、而不是屠夫的觀點來講）。

10. Busch and Barkema, 2019.

11. Busch and Lup, 2013.

12. 參見 e.g. www.independent.co.uk/news/uk/home-news/police-stop-search-cannabis-marijuana-smell-drug-policy-guidance-hmic-report-a8105061.html。

13. Boyd, 1998.

14. 參見 e.g. Hofstede, 1984; House et al., 2004。

15. 舉例來說，有些學校顯然專注於整合歧異多樣的社會階層，而這確實是少數真正能增進測驗分數的事情之一。

16. 「幸運圈」（luck circle）尤其有趣。幸運的突破往往來自於偶然相識，所以幸運圈確實可能很有用：www.artstrategies.org/downloads/CCFMaterials/LuckCircle.pdf。

第八章

孕育「機緣力」條件

你面對意外的方式，恰恰能夠定義你這個人。

——百思買執行主席修伯特・喬里

　　無論是孕育機緣力、抑或是抑制機緣力，我們的文化——那些引導人們及其交流互動的集體價值觀、信仰、原則——都能夠扮演極為強而有力的角色。[1]我們的文化是一種集體心靈的意識，如果我們期望個人擁有開放的心靈，我們必須擁有與之相應的文化才行。我們該怎麼改變組織團體的潛在機緣力基礎等級呢？我們該怎麼開發出一種可以持續有進步與學習的環境呢？

　　我在先前曾經提過「飲水機試驗」。當我拜訪一個新組織的時候，我會企圖找出人們休息時段彼此交際閒聊的空間。我會在（假裝）使用筆記型電腦的同時，聆聽人們的對話，經過一段時間以後，對話當中所浮現的模式便能具體而微地反映這個組織的文化。在某些組織當中，人們對話的傾向是在談論人，且通常是在談論誰做錯事情（「彼得真是個聒噪的報告人，公司幹嘛僱用這種人呢？」）當然，有時候，適量的八卦可以達成重要的社交功能，這麼做可以讓人發展社交紐帶、交換資訊、保持愉快。但

是，八卦也有可能成為人們對話與思考的主要部分，在一個自己隨時可能成為他人品頭論足對象的環境中，機緣力當然比較無法作用。如果人們知道自己可能就是八卦流言的下一個目標，他們就會變得比較謹慎保守。

在其他的團體組織裡面，人們的對話或許會比較正向：「我剛開完一場關於新計畫項目的會議，我們何不也來做個相關的東西呢？」「佩特拉提到在墨西哥市開闢新子公司的點子，我剛剛想到那裡有個老朋友，或許他會有興趣加入呢。」這些交流的重點在於發開點子，或者展望共同的未來。這件事情總是讓我想起一句格言，據傳是愛蓮娜·羅斯福（Eleanor Roosevelt）所說：「偉大的心靈探討思想；平常的心思討論事件；狹隘的心胸好談人們。」

促成型文化（enabling culture）的核心在於分享知識與思想的意願，此外尚有一種認知是，犯下特殊的錯誤並沒有關係，你不會因此淪為老闆怒氣或茶水間言語暴民的受害者。近期研究顯示，在人們不會歸咎指責的環境當中，以及在人們較為開放接受各類思想的環境中，機緣力就會比較高昂；相反地，倘若開放性討論受到壓抑的話，機緣力就會比較低落。[2]

我們該如何在組織、企業之中，孕育出屬於機緣力的文化呢？

心理安全第一

在所處的環境裡面——無論是與朋友或家人相處、或是工作

場所——我們的**安全感**有多高這件事情，對於機緣力有著重大的影響。一個安全的環境可以鼓勵人們起而談論意料之外的事物，例如看似特意或瘋狂的巧遇或發現，或者是思考尚未透澈的點子或計畫。

這件事情實和心理安全有關，心理安全所指的是，在無需擔憂危及自身形象、地位、生涯等負面效果的情況下，自我表現或自我展現的能力。[3]哈佛大學教授艾美‧艾德蒙森（Amy Edmondson）數十年的傑出研究成果表明，**心理安全正是健全合作文化及人們優良表現的核心重點。**[4]她的研究在一九九〇年代大有斬獲，研究成果顯示，比較會探究錯誤的團隊，其實是表現較為優良的團隊。起初，她對於這樣的結果感到訝異，難道比較有效率的團隊是比較會犯錯的團隊嗎？當然不是了。她了解到，那些團隊並不是犯的錯比較多，它們只是對於檢討犯錯的態度更坦然，更願意從錯誤當中學習。

表現低落的團隊經常會文過飾非，把錯誤掩蓋起來。我自己就在許多曾共事過的組織當中親眼目睹這個現象，失敗的計畫項目被人默默地掩藏埋葬，隨之葬送的，就是他人從中學習獲益的機會。然而，鼓勵人們去討論自己從行不通的事情當中學到什麼教訓，能夠催生出真正的知識分享、學習，並且增進相互的信任。

近年來有不少研究——其研究對象包含 Google 等企業——確認，心理安全的程度，是高效能團隊與低效能團隊之間的主要差異處。我們稍後將會看見，心理安全度可以解放人們潛藏的才能，也可以促進機緣力。心理安全並不是要讓人人都感覺自在，也不是要不論公平、一概笑臉迎人。反之，正如艾美‧艾德蒙森

所強調的，**心理安全的要義是要人直接了當，在事情不順的時刻願意說出來並指出原由。**

我們先前已經看到，百思買執行主席修伯特・喬里辦到了這件事，對他來講，擁有尋求協助的能力及意願，是探索今日世界急遽變遷的核心重點。當然，這件事情與我們的直覺往往相違，我們自然的直覺通常是自己單獨去做、推諉卸責、在他人面前表現良好一面，同意別人的意見並表現隨和從眾。

這種情況經常導致我們自我審查，從而釀成次佳的結果。艾德蒙森曾探討過知名金融服務公司富國銀行（Wells Fargo）的案例。二〇一五年，富國銀行投入積極的交叉銷售（cross-selling）策略，它企圖對既有客戶推銷額外的產品與服務例如房貸。

結果，事實證明許多富國銀行的客戶，其實負擔不起這麼多項服務。基層員工已經察覺這股趨勢，但是公司頂層主管卻不願意聆聽基層員工的聲音。反過來，公司高層向員工施壓，要他們盡可能推銷，否則就有被開除的危機。你能夠想像這件事情造成的心理壓力有多大嗎？銷售人員開始跨越道德的底線以追求競爭力，他們向顧客撒謊，他們甚至捏造假客戶來欺騙管理層。到最後，成功的幻象終於破滅，但至此已經白白浪費大量時間及精力，員工與管理層之間、企業與消費者之間的善意消磨殆盡。

除了扭曲的動機之外，此處發生的問題在於，人們對於收手並不感覺安全。在心理安全的環境當中，管理層會問的是：「是什麼事情使人猶豫不前？讓我們來問問他們吧。」但是在富國銀行的環境裡，盛行的想法比較貼近於：「人們不夠努力嘗試，我們得給他們更多壓力才行。」

反過來，皮克斯公司所創造的環境，可以接納有批判性的回饋與坦白態度，其中甚至連皮克斯共同創辦人暨前任總裁艾德文・卡特姆（Ed Catmull）都能公開承認自己的錯誤。卡特姆展現出謙遜態度，承認自己也會犯錯，而他的好奇心富有傳播力量。為了支持這件事，卡特姆對於會議進行安排，讓人們比較容易給予批判及坦誠的回饋，例如在會議之初承認「我們過去製作的電影真的都不好。」這種做法能夠人們感覺到，自己可以回應及詢問犀利的問題，並且對於自己這麼做感到安全放心。這種做法也使人們願意快速承認錯誤，將損失降到最低並且從中學到教訓，而不會淪為「承諾升級」（escalation of commitment）的犧牲品。（所謂「承諾升級」所指的趨勢，是當事者為了表現一致，而將額外資源投入於不看好的事務上。[5]）

所以，我們該怎麼增進心理安全度呢？對此，艾美・艾德蒙森推薦三步驟：「設定舞臺」（setting the stage）、「邀請參與」（inviting participation）、「有效回應」（responding productively）。

設定舞臺

「設定舞臺」的意思是，形成共有的期望與意義。設定舞臺的重心，在於讓所有人認知自己的聲音是成功的關鍵，藉此消除抑制人們發聲的因素。這件事情的重點是要讓人們知道情況相當複雜，沒有任何個人能夠全盤釐清，所以每個人的貢獻都相當關鍵。舉例而言，如果你經營一家醫院，你就會知道執行醫療保健業務是件很容易出錯的事情，管理層很有可能會犯錯，所以讓人們勇於發聲，這實際上是可以拯救生命的。

艾美‧艾德蒙森的研究顯示，由於多數情況下，我們都自認為知道該怎麼做，我們會專注於執行與達成目標。然而在現實上，我們往往不知道正確的衡量指標應當為何且該如何隨著狀況進行調整。艾德蒙森認為，如果只是給予一套指標，假裝這是做事的唯一方法，這實在是太過執著或獨斷，用她的話來說：「這也太脫離現實了吧。」如果這是組織團體新領域之所在，問題會尤其嚴重。反之，我們必須對事物加以測驗與迭代。[6]

如果你認為表現出同理心、好奇或聆聽的能力，是一種軟弱的徵兆，那麼《哈佛商業評論》選出的幾十位年度執行長——我們「有志領袖」的研究對象——便會被你視為「軟弱」。正如布芮尼‧布朗的著作所清楚闡明，表現出脆弱其實必須擁有勇氣。

邀請參與

「邀請參與」是要賦予人們信心，讓他們相信自己的意見是受歡迎的，其方法是承認差距的存在、實際詢問、建立結構或程序——例如設置討論的指導方針。邀請參與包括詢問問題及實際聆聽回答。「你的想法是什麼？你從這裡看到了什麼？我能提供你什麼幫助？」細心聆聽反映的是真正的興致，細心聆聽能夠給予人們空間並顯示你是關心的。

邀請參與一事包含詢問簡潔問題，讓人們可以自在地說出或處置更大的課題。舉例來說，某位兒童醫院的執行長曾經在面臨潛藏的品質掌控問題時，詢問他的員工：「想想上週與病患相處的經驗。每件事情是否都像你們所期望的那樣安全呢？」

這樣子的做法可以讓各個問題變得更容易辨認，尤其是對那

些感覺事情一向良好的人來說。這樣的做法還可以呈現，其實改進的空間永遠都存在。邀請參與所著重的在於處理問題及學習，而不是突顯錯誤並找人歸咎。根據艾德蒙森的研究報告所示，這位兒童醫院的執行長將他的辦公室變成了「告解室」，人們紛紛前來排隊要和他討論事情怎麼辦會比較好。這項做法有助於所有人將重心放在「能怎樣」，而不是現況。

有效回應

　　「有效回應」是種透過表達感謝、減少歸咎、制裁違規的做法，朝向持續學習的導向。舉例來說，一旦我們聽聞有錯誤發生，我們該怎麼回應呢？艾德蒙森認為應當要發出訊號，訊號的重點在於向前進、而不是停留於責備。確保人們在向著前方邁進、而不是停滯，真是一件很重要的事情。

　　設想一下噩夢成真的情景，某人被迫承認：「我認為自己無法在期限內完成工作。」對此，潛在的回答可能是：「謝謝你將問題揭露出來。我們該怎麼讓事情回到正軌呢？」當某人把事搞砸了，我們的目標 —— 至少第一次應當如此 —— 是要幫助他；假使他一而再、再而三地搞砸事情，那我們就必須給予更有結構的支持，諸如培訓或是教導。或者乾脆就承認，這項工作畢竟不適合他。

　　這種接納的做法，對於那些社會階級嚴密而使員工難以發聲的社會來講，也是可以適用的。在階層較為嚴密的社會例如日本，平等管理等等概念乃是奠基於一個最基本的觀念上，也就是整個組織內部的任何聲音都是重要的。艾美・艾德蒙森強調豐田

企業在這方面的實際經驗，也就是讓員工隨時在出錯時啟動的拉繩或按鈕，亦即所謂的「安燈繩」（Andon cord）。啟動拉繩或按鈕，便能立刻停止所有生產活動，並由此對問題予以處置。擁有一套近似安燈繩的系統，讓任何員工都能啟用，是一種降低人們貢獻門檻的微妙做法。這是一項設計上的小改變，頗有助於呈現心理安全度，並且成為使人感到自身看法有其分量的信號。事實上，一九八〇、九〇年代的日本企業乃是革新領域的領銜者，它們相當鼓勵員工表達自己的預感、知識及直覺。[7]

再往前邁進一步，近來的研究顯示，承認小缺點乃至於主動說出來，可能是非常具有生產力的做法。有一項傑出的研究，是將關注重點放在進行腦力激盪的群體成員。研究人員發現，若群體成員一開始便讓大家知道自己的糗事，到頭來這個群體的生產力將會非常高。事實上，若群體人員在開始腦力激盪之前，先對彼此敞開心胸的話，他們所想出的點子可以多出 26％。[8] 尷尬的糗事可以使人際關係破冰，凝聚起互相信任的氣氛，至此沒有人會感覺自己遭到攻擊或處於弱勢。

同樣的道理，也適用於非凡特異的觀念被轉化為實際行動之際。管理學方面的研究顯示，擁有開放誠實文化的群體 —— 透過彼此分享糗事所孕育出來 —— 在實現新點子方面更加有成功的可能。[9]

這個原理還可以推展到其他的環境中，通常這會以一小步接著一小步的方式開始。舉例來講，雪梨奧運「北面儲藏隧道」（Northside Storage Tunnel）的計畫項目聯盟領導者團隊（Project Alliance Leadership Team）想要更加創新，他們所設計的組織文

化將重點放在如何組成一個以不歸咎為原則的文化。[10] 在我們個人的生活之中，我們也可以一步一腳印地締造心理安全。在提出問題之前，先說出一段簡短的理由（「我知道這有點突然，但是……」），這會讓別人意會到，你並不是一個「威脅」。其實多數人都願意和我們互動交流，但我們必須把障礙給移除才行。在討論會當中，我經常會用下列臺詞：「反正這裡有個瘋狂的德國人，你們就藉機問問隔壁的陌生人一個問題吧！」這麼說的作用，會使人們願意詢問自己一般不敢問的問題或更重要的問題，這麼做可以消除他人 —— 在不認識的人向自己詢問私人問題時 —— 潛在「受侵犯」的感覺。當我們要回答問題的時候，積極聆聽並重複他人所提及的關鍵詞，會是很有幫助的做法，這麼做可以讓人感覺自己的想法受到重視，並且鼓勵他們願意說更多。

有時需要辦場葬禮

出人意料乃至於令人困惑的見解，常常是最有價值的想法，但如果我們自始便採取防禦態度，或者擔心特殊的主張可能遭到曝光或嘲笑，那麼這類見解就比較不可能出現、也比較不可能流傳。

有一種能幫助我們增進心理安全度與機緣傾向的方法，叫做「葬禮計畫」（project funeral）。雖然這個名稱聽起來令人毛骨悚然，但是它的內容其實描述了一個極其正向的程序。在計畫項目壽命已盡時，讓曾經參與其中的人能夠敞開心胸，表達自己對此感受如何、學到什麼、獲得什麼、有什麼遺憾？很重要的是，

這場葬禮也應該納入非計畫人員的人士前來表示敬意，例如其他團隊的專案經理。

在我們有志領袖的研究報告當中，有間大型營養暨化學企業的執行長曾經描述道，葬禮計畫如何能夠孕育信任與機緣力、有時甚至能促成重生。這家企業研發出一種無反射的有框玻璃塗層，這項產品真是美麗，但卻比一般有框玻璃的成本高出六倍，該公司意識到，雖然這是一項很棒的科技，但它卻缺乏市場。[11]在「葬禮」上，當這個項目被「埋葬」之際，有人問道，他們是否考慮過將這項科技的效果運用到太陽能板上，因為這種塗層幾乎不會反射玻璃上的光線。根據推測，這麼做將會有很高的效益，太陽能板多產出的電力價值應該會比塗層的成本更高。

專案經理回答道，他們從來沒有考慮過這件事。於是，他們把這個點子拿去跟太陽能板專家討論並開始進行試驗，結果發現效益非常之好。專家們把此事加以實踐，如今這家公司在太陽能方面的業務蒸蒸日上。用那位執行長的話來說：「這件事情毫無規劃，但是有許多好事情湊到了一塊兒。現在，別人可能說：『所以這純粹是走運吧。』但那其實是機緣力的作用。」

實驗過這項做法的企業或大或小，這項做法並不是在慶祝失敗，而是要從失敗中學習，並且在安全的環境當中進行知識移轉。這麼做不僅是在促進機緣力，而且是在促成真正的學習，真正的學習成效其實經常發生在事情失敗之際，然我們必須對自己及他人坦誠，這之中究竟發生了什麼事。不過，為了達到此等成效，企業及社群必須對於新資訊和新點子抱持開放態度，否則的話，人們對於注意或善用意外資訊一事將會缺乏敏銳度。

我們也許曾對於周遭的人裝成自己很清楚狀況的模樣，試圖創造出一種安全感，但這麼做卻是適得其反。增進信任的最佳方式，通常是結合自信及方向感，同時真正面對現實情況。我們可能比較喜歡講述的故事內容，是理性的歷程造就正面的成果，不過若我們願意呈現真相，也許得到的結果會更好──此即好點子往往源自於陌生的角落、意外的遭遇、搞砸的事情。在人類的歷史之中，科學和科技的進步過程充滿著意外、失誤、溢漏的情況。顯而易見的是，去了解哪項因素造就意外成果是一件很重要的事情，[12] 不過有許多最有趣的機緣發現，確實只是因為人們笨手笨腳而出現。

　　約翰・韋斯利・海厄特（John Wesley Hyatt）原本想要製作撞球，結果卻發明了賽璐珞（celluloid），伊萊爾・德夏多內（Hilaire de Chardonnet）不小心灑出化學物質，結果發明了人造絲。以上僅是「聰明的錯誤」（Intelligent mistake）導致突破的兩個例子。* 同理，微波爐之問世，當初並不是某人在尋找一

＊「聰明的錯誤」與物理學家德爾布呂克（Max Delbruck）所謂「有限的草率」（limited sloppiness）原則，以及薩爾瓦多・盧瑞亞（Salvador Luria）「控制的草率」（controlled sloppiness）相關。就像是即興爵士樂這樣的藝術創作，我們可以透過某種準備，來進行沒有規劃的交流互動。這麼做可以塑造出一種環境，既容許預料之外的事情發生，也肯定這類事情的發生。透過這種聰明的草率，聰明的錯誤得以造就。有一類常見的喜劇畫面，是位瘋狂的教授站在爆炸後的瓦礫碎片當中，充滿喜悅地宣布自己的偉大發現，這裡頭確實反映出某種真相（de Rond, 2014; Mendonça et al., 2008; Mirvis, 1998; Napier and Vuong, 2013; Root-Bernstein, 1988）。

種更快速有效的烹飪方式。二次大戰期間，有兩位科學家發明了磁控管，也就是可以產生微波的管子，這項科技本來是提供給英國雷達系統偵測納粹戰機位置所用。出於意外，珀西·斯賓塞（Percy Lebaron Spencer）發現，微波能量可以用來煮熟食物，因為他口袋裡面的巧克力棒居然被雷達波融化了。斯賓塞將「點」連結起來，往後的實驗也顯示，微波加熱比傳統爐灶更能快速提高多種食物的溫度。

在製藥產業當中，新點子經常來自於來來又回回、出錯與試驗的複雜過程。諾和諾德（Novo Nordisk）企業前執行長拉爾斯·索倫森（Lars Sorensen），曾當選二〇一五、一六年《哈佛商業評論》年度 CEO，他解釋道，自己曾向員工描述過，將新點子發展成為商業產品的真正挑戰何在，這樣員工們就會知道自己身在其中時得預期些什麼。拉爾斯承認，假裝一切事情都規劃得很好確實是種誘惑，「因為這樣管理層看起來很聰明，但事情其實不是這樣的。」拉爾斯探討過，像是諾和諾德這種非常有規範、階層分別、受流程驅動的企業，為了要讓新藥物能夠合格，在開發的過程當中必須掌握大量需要加以組織的訊息。然而，由於跨組織的項目工作龐大，人們傾向組成非正式的人際網絡，從中獲得動力、激勵與確認。

拉爾斯給予人們空間，讓他們可以透過這些非正規網絡做事，同時又對這個過程進行時間管控，以此案例而言，其涵蓋範圍從點子到藥物產品皆有。讓清楚的指引與程序之間產生交互作用，加上讓現場團隊的真實經驗以非正規的方式開展，拉爾斯由此成為全球最成功的執行長之一。*

以上一切都向我們指明，機緣力的重要層面之一是，它經常源於團隊合作而出現。

你不能每個角色都要當

雖然我們會將靈光乍現的「尤里卡」時刻歸功於英雄人物，但人類進步有很大一部分來自於群體的事業。欲將觀察及將「點」連結起來一事加以理解和最終的利用，往往需要數人的資源及技能方才可能。在這個世界上，我們鮮少知道接下來會發生什麼事，或者我們可能需要那些人或資源，因此，想要應對我們所面臨的挑戰，多樣化的群體會是更好的選擇。[13]

以盤尼西林為例吧，發現盤尼西林的用處及重要性，乃是團體合作的成果。牛津大學的團隊絕對不只是「英雄」亞歷山大‧弗萊明一人而已。在此歷程之中，恩斯特‧柴恩（Ernst Chain）和霍華德‧弗羅瑞（Howard Florey）等人，補足了弗萊明的成果。所以當之無愧地，弗萊明、柴恩、弗羅瑞共同獲頒諾貝爾獎。而且，如果沒有劍橋大學提供的研究室和資金，弗萊明恐怕也是無法有此等發現吧。[14]

我們在第三章曾提到華特‧艾薩克森，他發現即便是最成功、最有創意的人，也不可能獨自達到其成就；反之，這些人會

＊ 亦可參見 Sharp, 2018. 機緣巧合的是，在我們的訪談過程中，拉爾斯提到自己有興趣更深入教育領域。我那位來自哈佛的同事莉絲‧夏爾普表示，自己正在找尋特邀講者。結果，一年之後，拉爾斯到哈佛大學進行了一場演講。

組織擁有各種風格、各種才能的團隊。艾薩克森舉出班傑明・富蘭克林的例子，這位美國建國國父的最大貢獻，並不在於他是其中最聰明的人——一般認為那是傑佛遜（Thomas Jefferson）和麥迪遜（James Madison）——或最有熱情的人——一般認為那是約翰・亞當斯（John Adams），他的分量也無法比肩華盛頓；但是，富蘭克林知道該如何組成一個團隊。

有一個著名的例子是，賈伯斯曾經被人問到，他覺得自己所推出的產品當中，最成功的是什麼？賈伯斯的回答竟然不是 Mac 或 iPhone。不！組成一個能夠持續推出 Mac 和 iPhone 的團隊，那才是困難的部分。如果沒有強尼・艾夫（Jony Ive）的創意、精神及氣質，若無提姆・庫克（Tim Cook）的商業敏銳度，蘋果絕對不可能成為今日的蘋果。用賈伯斯的話來說：「你不可能扮演每一種角色，所以問題在於，你如何在自己身邊造就出正確的團隊呢？」[15]

同理，科學方法論之父法蘭西斯・培根（Francis Bacon）對於心目中理想研究組織的構想是，它必須包括進行新實驗的先驅者（pioneer）、能跟上其他團體研究成果的光之嚮往者（merchant of light）、蒐集前人實驗而進入技藝狀態的神祕者（mystery men），此外還有引導實驗的提燈者，以高超效率執行實驗的接種者（inoculator），將前人發現化為公理的詮釋者（interpreter）。[16] 培根意識到，對於觀察所得——以及觀察現象和其他事物的連結——之了解（及最終的使用），往往需要數人的資源和技能才能達成。

以「貝爾賓模式」（Belbin Model）為例吧，長期以來的領

導研究和管理模型業已指出，如果只關注於功能層面，例如尋找行銷人員或人資人員，其實會錯失最重要的因素：能彼此互補的特徵、風格、應用領域，可以造就出魔法般的奇蹟。如果你擁有一個賈伯斯般的夢想家，你就需要史蒂夫‧沃茲尼克（Steve Wozniak）般的執行者來協助前者達成；假如你有如納克森‧米姆蘭般的外向者，你便需要阿里耶‧米姆蘭般的內向者去與前者反省發現成果的潛在價值。只接受3%申請者的特斯拉汽車明確表示，即便是它的汽車工廠，該公司所尋找的並不是硬技能，而是軟技能與文化契合度。

作為團隊的一員，點子閃出的靈光或意外連結的那一刻，其實只是整個過程的最開始而已，整個過程才能讓機緣力成為真正且有價值的力量。管理學研究者所謂的「吸收能力」（absorptive capacity），也就是能面對新資訊並使其轉變為相關的知識與行動，對於團隊組織來講，吸收能力可說是至關重要。[17] 然而，現有文化及相關程序可能導致引入新觀念一事相當困難，且經常成效不彰。除了官僚體制及其他潛在障礙之外，我們有時會因為忙於達成工作，而不願有太多機緣力作用。我們真的是太過專心於忙碌了啊！

即使我們真的碰見新點子或新見解，我們也需要將它整合到現有知識流、既有做法、現存權力結構之中。然而一旦既得利益、權力動力學、對變化的恐懼大為猖獗，或者人們對於好點子歸誰擁有一事產生歧異，那些點子就有可能遭到壓抑或打擊。[18] 再者，更重要的是，機緣力往往與變化及不確定性相關，而有很多人對於改變感到不舒服。所以，當我們出現新點子的時候，我

們經常需要克服阻力及抗拒。我們該怎麼辦到這件事呢？

如免疫系統般的組織團體

在這個變遷迅速的世界上，能擁有開放群體心靈（communal mind）不只是很不錯的事，甚至是必要的事。寶僑企業執行長大衛・泰勒負責掌管全球最大的日用品公司，服務含蓋人數高達五十億人。對大衛來說，事情的變化顯然經常超出規劃。停滯不動就意味著走向淘汰，「每個員工都需要思考哪些地方可以改進。」而這個想法的落實，就是訓練經理們不要處在「評估模式」，而是進入「開發模式」。這麼做的意義是創造一個環境，其中人們是在企圖學習，而不是讓自己顯得很對。在大衛看來，假使你不需要隨時隨地都表現正確，那重點就會變成「建立連結」：「試圖向他人學習，然後幫助他人，然後建立起連結，找出先前無解問題的解決方法。」如果事情行不通，但卻可以啟發未來可能行得通的事物，大衛就認為那是一門對未來革新的投資，並不算是失敗。

這件事情在組織之內會怎麼作用呢？

我們也許會假設，人們害怕新點子以及與其相關的變化。但是，人們並不是在本質上反對改變，他們抗拒的是潛在的不穩定性、風險、模糊性，以及對他們地位及影響力的威脅，這些因素攸關重大，需要加以處置。已有研究結果顯示，人們比較會去思考嘗試帶來的潛在成本、而非其潛在的正向成果。利益可以創造動機，但是人性本質通常專注於風險及「無效意外」的潛在成

本。這些潛在成本會導致人們不願採取行動，即便其中利益可能不小。[19]

這件事情與「損失規避」（loss aversion）方面的精采研究有關，損失規避的內涵是，我們經常關注於不要輸，其程度更勝於重視關注要贏。加州聖塔克拉拉（Santa Clara）奇點大學（Singularity University）創始理事薩利姆‧伊斯梅爾（Salim Ismail），將損失規避與免疫系統相比擬：當你試圖在大公司內打破某事的時候，該公司的免疫系統就會來攻擊你。[20]

這些成本代價很高程度取決於環境背景，在製造業公司內我們會試圖讓變數與實驗極小化，然而在平面設計公司中我們可能希望讓變數及實驗極大化。我曾經共事過的公司，以說明「不改變」為什麼實際上比「改變」成本或風險更高的方式，來面對這樣的挑戰。他們將變化加以重新定義，如此一來，不改變才是比較嚴重的威脅所在，這不是要讓人們孤立於變化之外，而是幫助人們面對改變，並且清楚說明變化對於他們的影響。

這麼做可以避免狀況變得模糊不明，而模糊所造成的問題在於每個人都會設想最糟的狀況，謠言因而盛傳。提供協助的方法包括為個人勾勒出結果的樣貌，並且制訂清楚的行動步驟。我們當然可以盡可能去推理，但是到最後，我們必須得克服自我滿足的偏見，去了解人們真正關心的是什麼，並且訴諸於他們可能輸掉或可能贏得的東西。我曾共事過的諸多高層主管，是將他們對於新作為的決策，奠基於他們對關心之人的觀察上（例如他們女兒的經驗），而非來自某個顧問的看法。他們永遠不會公開承認這件事情，反之，他們會為自身決策提供許多慣常的正當理由，

但事實並不會因此改變：當點子變成個人問題，而我們一旦感覺這件事情該這麼做才對，點子才會化為真實。

此事可以連結上「情感性偏見」（affective bias）的研究，情感性偏見所指的是，人們傾向相信或重視自身的想法更勝過他人。耐人尋味的是，管理層人士高估自身想法的程度達 42％，第一線員工低估自身想法達 11％。[21] 在點子開發過程的早期，相關人士——尤其是倍增人士及關鍵「贊助者」——可以協助克服這類偏見。

再次回到我們先前談過的便利貼範例吧。[22] 3M 研究員史賓賽·希爾佛原本是在研發強力的黏合劑，他意識到自己的發現應當有些用處，關於其用途問題，他詢問過 3M 內部的其他人。起初公司內部對於他的發現興趣缺缺，但他得到了幾位持相反意見的研究者，也獲得包含副總裁在內的公司高層人士支持。發現那種弱黏膠的人是希爾佛沒錯，但是這還是靠著集體努力與 3M 的吸收能力，才讓希爾佛的偶然發現的成果出現價值，將這個東西連結上數種潛在用途，並且在公司自身流程及策略當中找到其定位。

無論在什麼地方，找到最初的這些接納者（獲得「接受意見的意願」）都是關鍵。我最喜愛的 Youtube 影片之一是《跳舞的人》（*The Dancing Guy*）。[23] 影片裡的畫面是個假日的公園，人們坐在一起吃喝聊天，背景有音樂播放。突然間，有個「怪人」開始在公園中間跳舞，人們盯著他看，彷彿他是個外星人。接著，有第二個人加入他的行列，擁抱他並開始跳舞。第二個人又邀請另外兩個人加入，然後他們又邀進了更多人。很快，周圍

大多數的群眾都跑到這個圈子裡。「外團體」竟然變成了「內團體」，反過來，內團體變成外團體。現在，你如果只是坐在一旁，你會覺得很無聊。多數的點子起初都看似瘋狂或怪異，然而，一旦有關鍵的群眾加以支持之後，這些點子就會有力量成為「新常態」（new normal）。

除了先前所談到的文化因素以外，企業還有什麼方法可以精簡這個過程呢？有些公司的做法是降低新點子的風險，例如將計畫或問題拆成較小的數個步驟，容許其進行迅速且有成本效益的迭代。或者，它們會使用可以重複使用的柔韌材料，或者盡可能進行數位化，讓實驗的成本得以更便宜。[24] 或者，它們可以從外面找來更多人，以擴充潛在機會空間。

拉爾思・波・傑培森（Lars Bo Jeppesen）、卡里姆・哈卡尼（Karim Lakhani）兩位研究者對於群眾外包（crowdsourcing）企業 InnoCentive 的研究顯示，許多內部無法處置的問題，最終竟是靠公司之外的個人所解決。為什麼呢？相較於任何內部團隊，多元的群體可以開闢出更廣闊的潛在解決之道。這種做法可以導致更多的「需求−解決方案配對」（need–solution pairs）。[25] 此外，它們還能受到屏障，居於組織的政治局面之外，管理的歷史上充滿這類安排的範例，容許人們在比較不嚴厲的環境中進行實驗，然後再將想法整合到組織內，用業界的行話來說，這被稱作「臭鼬工廠」（skunk works）。

然而，講到最後，其實有很多事情還是得回到時機。以危機時刻為例，反曲點（inflection point）是實施點子的極佳背景。耐吉（Nike）公司由於某些供應商不合標準的做法，在一九九〇

年代面臨消費者強烈抵制，耐吉於是利用此事件，將其當作一個增進供應鏈可靠度的著力點。耐吉引進更嚴格的行為守則，以及更嚴格的第三方工廠檢查制度。二〇一三年時，耐吉甚至放棄生產利潤，跟數家孟加拉的供應商結束關係，因為後者的工廠並不安全。不久之後，達卡（Dhaka）有一間工廠倒塌，但是耐吉並沒有因此遭到譴責。短期的損失之所以能換來長期利益，箇中要訣在於善加將危機轉化為實現想法的機會。同時，你有可能會想起前文提及修伯特‧喬里的範例，百思買是如何善用它們面對颱風的反應，以及如何善用他們協助員工與他人之事來展現自身的價值，正向的長期效果隨之而來。危機使我們可以展現本色，我們在人生中的本色、在組織內的本色。

加速交流

近年來，癮君子已經被禁令逼到辦公室後面的樓梯上抽菸，但他們依然持續組成自身的團體，超越部門、階級或專業的藩籬。我認識許多抽菸的人，他們可以作證，就在抽根菸的時間內，他們產生了——沒抽菸就會錯過的——有趣的人際關係。癮君子的角落通常是八卦流言的溫床，也可能是點子和精闢觀點的搖籃。

當然，沒有任何負責任的企業會主動鼓勵員工吸菸，考慮周到的公司甚至會找出別的方法去複製那個癮君子的角落，根據共有興趣去找出理由隨機讓人們相識交流。培養此等共同活動（散步團或下棋俱樂部等等）的企業，會比較有可能促進機緣力。

通常，那些處在問題解決過程前線的人，可能會擁有價值巨大的觀點。研究顯示，第一線的工人經常使用非正規的聯絡人資訊、反覆試驗、啟發法（務實的學習技巧），同時，組織的管理層更加仰仗於情報文件、演繹法、正規報告，潛在具有阻撓機緣巧合的傾向。[26]

在合併或者收購之後，整合跨組織職責一事變得尤其重要。舉例來說，如果有人在總公司與子公司擔任雙重角色，這有助於不同部分的連結，使這些人在總公司擁有必要的定位，可以為源於被收購公司的點子進行遊說。我們知道，在收購行動中，有超過 50％以上的價值都是意外出現的，舉例來講，收購方也許會碰見他們先前並不知曉的特殊科技。[27]

挪威最大的國際企業 DNV GL，在一百多個國家都有業務活動，該公司執行長雷米・埃里克森（Remi Eriksen）告訴我，公司讓人員流動非常頻繁，以追求「將組織的 DNA 傳遞下去」。這件事情的基礎認識是，不是每一件事都能夠預先規劃，所謂策略就是讓人有能力可以主動應對意外。

但是，倘若人們並不想要跟公司內部或外部的人員有所交流互動，上述這一切都是不會有幫助的。我們要怎麼誘導人們練習人際網絡情報（networked intelligence），使人們的生活擁有更多機緣力呢？LinkedIn 創辦人里德・霍夫曼等人使用的方法是補貼午餐；HubSpot 共同創辦人達梅許・沙阿（Dharmesh Shah）則給予員工「學習午餐」（learning lunch）的預算。標準只有一項，去和組織外部的某個聰明人吃頓午餐，最有價值的資訊往往就在那兒。

那類做法可以創造機緣發現，開創新機會並培養人際關係。那類做法也能增進人們自主的感受，這對於工作場所的快樂程度有正面提升作用。近來研究顯示，在工作場所，個人的自主程度愈高，員工流失率愈低、工作滿意度愈高、工作投入程度也愈強，還能夠減緩人們的負面情緒。[28]「學習午餐」可以成為一種新型的高爾夫球約會，對於那些像我這樣不打高爾夫球的人特別有幫助。

無論就人們或就我們自己的觀點來看，多樣性都非常重要。我在自己的事業當中會善用多樣性，以求獲得新穎的觀點。舉例來說，在某些事業活動裡，我們不會一整天和團隊待在辦公室工作，早晨的時候，我們會在安靜的辦公環境裡進行比較繁重、概念性的工作，接著轉移地點，下午的時候在咖啡廳工作，傍晚的時候又轉移到酒吧。將比較輕鬆、比較需要交流的活動或工作，在一個可以讓我們有喘息空間的環境中進行，可以讓我們更能接受新刺激與新點子。

多樣性可以滋養機緣力，為什麼呢？因為將點連結起來的「異類連結」，是依賴於先前無關訊息或觀念之結合。隱藏的關係或相似處因而顯現，我們因此擁有了「新的觀看方式」。[29]

接著，「隱喻跳躍」（metaphorical leap）會出現，揭開某事件或某訊息的真正潛力。看看蘋果從樹上掉下來的例子吧，如果我們只是在注意這棵樹，我們看見的就是蘋果掉下來；但是，如果我們以更廣闊的脈絡去看，我們可能會意識到「蘋果」代表且顯示萬有引力對「任何物體」的作用。我們自己很有可能永遠無法意識到此一關聯，而需要來自其他領域的人，幫助我們了解

意外狀況或巧合更廣泛的關聯性。

　　資訊在組織內部愈加分散，這些連結就會愈難出現。我們在前面已經看到，只注意多樣性、只把人們湊到一塊兒，最終經常會以失敗告終。我們需要找到**共通點**，誘發人們將點相連起來。詩人兼哲學家歌德（Johann Wolfgang von Goethe）在其著作《親和力》（*Wahlverwandtschaften*）之中，巧妙地將化學反應的道理應用到社會人際關係上。歌德奠基於希臘哲學家恩培多克勒（Empedocles）之上，利用熱情與興趣受到化學親和性制約的隱喻：「彼此相愛的人，就像是水與酒一般結合。彼此厭惡的人，就像水與油一般分開。」

　　為了有效結合，人們需要共同點，例如共同的理念、興趣、經驗，乃至於共同的敵人。兩個以上的人們雖然觀點不同，但依然願意彼此連結交流，這就是異類連結頻繁出現的情境。[30]人們很容易就會低估，交流想法所需要的信任是何等重要。

　　無須訝異，當今傑出管理學思想家如亨利・明茲伯格（Henry Mintzberg）等人，對於「社群力」（communityship）的興趣已漸漸高於「領導力」（leadership）。到最後，如果想要做出大事，社群意識正是關鍵所在。發展出能打造專業、傳遞知識、協助人員上進的內部社群及外部社群，已經成為至關重要的事情，對於大型組織來講尤其如此。

　　你可能會想，這些聽起來都很好、都很棒，但是，如果我們現有的企業文化就是很競爭，那該怎麼辦呢？這會不會講得太過漂亮而陳義過高呢？從以競爭及索取為基礎的文化，轉變為以合作且以明智自我利益為基礎的文化，當然不是件容易的事情。在

一個混帳當道的環境裡，變成社群導向、慷慨而合作真的會是件值得的事嗎？

在高度競爭根深蒂固的背景中，人們可能假裝自己很關心，然後在現實問題出現時往競爭對手背後捅一刀。研究呈現，在這些情況下，企業最好組織新的執行團隊，跳脫阻礙吸收新思考的既有政治圈或程序。在這些團隊當中，我們可以將給予和合作設定為關鍵原則，我們可以確定團體目標、而非僅有個人目標，此外還可以同時根據集體及個人成就設定獎勵基準。

最為重要的是，我們不僅能夠獎勵合作，還能消除阻礙人成為正向貢獻者的不利因素。人們將自己的能力或見解視為個人資產、個人獨特價值所在一般在加以保護，且想要從中獲得報酬，這已經是司空見慣的現象。能夠鼓勵個人奉獻自己所能，並使人了解該文化深知此等奉獻之價值的文化，正是機緣力蓬勃作用的所在。這種文化能使人們面對各種狀況，無論情況何等出人意料。

在《無照律師》影集之中，主角哈維・史貝克特（Harvey Specter）和亦敵亦友的路易士・里特，一同經歷了競爭及合作的階段。這兩位明星律師如果意識到雙方的友誼，或是值得奮鬥的崇高理念（例如幫助朋友脫離牢獄之災），他們就會彼此幫忙，但他們不同的個性卻又會讓兩人相互攻訐。每當兩人彼此較勁的時候，那可真是脣槍舌劍的惡鬥。許多組織文化確實在相互競爭，但在另一種環境設定中，它們是可以合作的。有效率的文化可以激發合作（某種程度也會刺激隨之而來的競爭），[31] 例如強調團隊成果、或者某人如何對他人有所貢獻。

這件事情對我們個人來說有什麼重要的呢？大量的研究成果顯示，**施比受有福**，相較於獲得，給予會讓我們感到更快樂。英屬哥倫比亞大學（University of British Columbia）研究員伊莉莎白‧鄧恩（Elizabeth Dunn）與其同事，研究了六百三十二位美國人的收入等級、如何花錢與快樂程度。此番研究的成果發表在《科學》期刊上，研究人員發現，不管收入高低，把錢花在別人身上的人，顯然比把錢只花在自己身上的人來得快樂許多。[32]

然而，我們卻往往發展出與前述正好相反的結構。成果豐碩的環境提醒人們，要激發明智的自我利益，並提供可使機緣力茁壯的土壤。不過，文化經常只是第一步而已，我們應該善加利用物質空間及虛擬空間的設計，以求加速機緣力。

為機緣力塑造實際及虛擬的空間

不計其數的研究顯示，物質環境對於機緣巧合發生的可能性，有著重大的影響。[33] 還記得皮克斯辦公室的設計嗎？它的設計可以促進主管、動畫人員、電腦科學家之間的交流互動。或者，我們舉英國皇家文藝協會為例，皇家文藝協會將它的中央空間重新設計為一間咖啡屋，這個設計深受維也納咖啡館所啟示，後者曾經啟發無數大大小小的點子。在這些例子之中，尺寸問題確實很重要。研究顯示，坐在咖啡桌旁的員工人數若是以十二人一組——因為這更可能形成巧合對話和更廣大的人際網絡，它的效益會比四人一組的咖啡桌來得更高。[34]

善用這些潛在利益的企業如 Google 及 IBM 的「加速發現實

驗室」（Accelerated Discovery Lab），將它們的總部以能夠強化人們及數據跨越學科「異花授粉」（cross-pollination）的方式進行設計。Google 的革新設計如 Google 街景和 Gmail，都是源起於「正向的碰撞」，[35] 事實上，Google 之所以設計它在加州山景城（Mountain View）的園區，目的就是為了「將偶然的碰撞最大化」。園區建築類似於彎曲的矩形，身處於複合建築物內的員工們，彼此之間絕對不會超過三分鐘的步行距離。補足此等設計的，還有屋頂上的咖啡館。這樣的做法，將彼此通常缺乏聯繫的群體之間的好點子連結上，並將各個團隊之間的結構性漏洞給封住了。[36] 現代網絡能分析利用現存的資料，可以去辨識並找出孤立的團隊，據此進一步去調整空間及結構。

有哪些小小的設計改變，就可以造成重大的影響呢？對於初學者來說，在空間之內設置多種類型的座位，便可以促進輕鬆的對話。在門道附近設置沙發，會讓人們比較可能出現巧遇。不久之後，感應器將會使我們有能力開發出一種辦公室，得以根據系統偵測出的結構漏洞，每天自動重新布置座位。[37]

有一種更加結構化的變化，與辦公室的設計有關：和興趣領域頗為相關、但觀點頗為不同的共享辦公室，乃是促進機緣力的好辦法。Seats2meet.com 是一間荷蘭的共同工作空間公司，它的情況顯示這件事情是可以大力推行的。Seats2meet.com 和某家金融服務公司合作，將它們的空間進行重新安排，以求使不同觀點的人們能夠彼此連結。如果你有一處很大的接待空間，卻沒有在使用它，那麼為何不將這處空間提供給企業家或他人，讓他們有機會在這裡從事工作呢？這個做法有助於地方社群培養接受意見

的意願，並且使各種領域的專家都能派上用場，新的人際連結於焉浮現。

員工們能以「隨意約會」的方式和外部人員有所交流，根據研究顯示，這是一種真正培養有趣點子和有意義關係的極佳方法。[38] 共同活動能夠讓訪客們表達想法，彼此連結、醞釀合作。Seats2meet.com 透過數位平臺，使人們得以分享自己所需與自身所能提供者，從而促進互動交流。

運用類似的途徑，RLabs 和銀行及政府合作，重新思索它們的閒置空間可以如何供培訓、共同工作等目的使用，以求盡力善用手邊所有，並開發出有效率的社群空間。然而，就算是社群空間，也經常不讓人覺得像是社群。這便是為什麼自覺企業家共同空間兼社群 Impact Hub，會設置「主人」來讓你覺得賓至如歸，「主人」會將你引介給其他人。如果你樂意，你甚至可以在那裡一起做午餐，與大家在一起比較不會孤單。

關於「電腦支持協同工作」（CSCW）方面的研究顯示，我們可以在虛擬世界當中複製許多前述的精湛見解。例如 InnoCentive 這樣的平臺，能夠自我敞開而接受頗不尋常的解決方案，亦即創造出乎意料的連結。類似於「物理接近性」（physical proximity）有助於增進機緣巧合的可能性，在虛擬的環境當中，我們可以在多樣的人與點子之中創造更多的接近性。讓網路線上溝通變得更容易些，或者讓人們接收同事社群媒體活動的更新消息，確實能夠提升機緣交會的契機。[39]

至此，篩選的重要性再度出現，虛擬環境尤其是如此，篩選法可以超越這些空間的「噪音」困擾，並且專注在有價值的點子

上。虛擬空間可以補足物質空間，然重要的是機緣力往往是發生在實際地域內，而不是虛擬空間中。Yahoo 等等企業曾經試圖讓員工回歸辦公室，它們主張，使機緣力得以作用的時機乃是即興的會面，而不是你回家穿睡衣躺在沙發上的時候。

　　事情怎麼會是那樣呢？人類有一種強烈的傾向，就是想要進行面對面的交流。紐約大學的葛雷格・林塞（Greg Lindsay）精準地觀察到，離開人們視線的事物，往往就會離開人們的心思。好幾十年前的研究便已表明，與我們距離六呎遠及六十呎遠的兩個人，我們和前者溝通交流的可能性高於後者四倍，而我們幾乎永遠不可能和其他建築物或樓層裡的人們有交流。[40] 此事也呈現於我們的大腦當中，當人在活動並與他人見面的時候，他會感到最有創造力，而不是坐在桌前伸懶腰的時候（此為創作者日程的反面）。

網絡化的機緣力

　　在一個快速變遷的世界當中，事務與方法的變動本質意味著，我們需要重新思考自己的工作方法。曾經，我們可能躲在自己的辦公室或小隔間裡，避免與他人互動；今日，即便是在較為穩定的產業如製藥業，進步經常是依靠我們發展且善用人際網絡所造就。對於公司來說，這件事情代表著，從以組織為中心的行動轉變為社會及經濟的社群及網絡（「生態系統」）。[41]

　　舉例來講，在我們針對三十一位全球頂尖執行長的研究當中看到，他們所面臨的一大關鍵挑戰，就是如何應對不確定性以及

日益增加的改變速度。PayPal 執行長丹恩・舒爾曼告訴我，當
PayPal 無法立即因應每個需求的時候，他們是如何和其他公司結
伴合作的，唯有透過如此整合的方法，他們才有可能達到價值最
大化。而誰又能想得到，BMW 和賓士（Mercedes）兩家昔日競
爭對手竟然會設置聯合汽車共享服務呢？

　　或者舉海爾為例吧，海爾公司從一個由產品驅動的企業，轉
變成一套「平臺生態系統」（platform ecosystem）。這樣的轉變
是許多領銜企業正在經歷的變化，它們期望在自己被推翻之前，
就先進行自我顛覆。在一個無法預測未來的世界之中，這些組織
已然意識到，他們必須變得更像海星、而不是更像蜘蛛。[42]

　　這是什麼意思呢？設想一下，一個中央化的組織就像是蜘
蛛，如果蜘蛛的頭被砍掉，它就會死去。相反地，一個去中央化
的組織，就像是沒有頭的海星，你砍掉海星的一隻腳，它會直接
重生，或者因此出現一隻全新海星。面對今日這種快速變遷的商
業環境，海星式的組織其實比較能夠適應。

　　海星式組織可以培養機緣力，它所依靠的並不是中央統一規
劃，而是讓諸多小部分可以試驗各式各樣的解決方案。基地設於
加州的綜合農業兼食物加工企業晨星公司（Morningstar），就是
一個類似於海星的組織，其中各個自我管理的團隊必須繳出高效
能表現，這種做法固然極端，但是將人際網絡置於企業核心已儼
然成為業界普遍的關鍵做法，[43] 網絡化革新便是在此等情況下揮
發成效的。

　　歷史教導我們，新點子、創新乃至於更廣泛的社會進步，經
常源自於將既有觀念或科技加以重新組合，這樣的整合經常是經

由群體網絡而發生的。[44] 將探索類似未知區域的人們的知識湊在一塊兒，這件事情的發生真的是充滿機緣巧合。[45]

在傳統的革新模式之下，最重要的創新往往來自規劃革新的中心生產者。在今日急速變遷的世界之中，我們並不知道明天人們會想要什麼或者需要什麼，而以消費者為中心的模式大行其道。[46] 科技方面的進步，諸如「物聯網」（Internet of Things）和「大數據」（Big Data），使人們甚至得以根據極為細微的個人偏好，創造出完全客製化的產品。因此，對於所有旨在好好適應未來的組織而言，能夠探索預期之外的事物乃是一項核心能力。

我和勞和喬治管理公司（Lloyd George Management）王艾莉絲（Alice Wang）以及雷丁大學（Reading University）的吉兒‧吉爾根森（Jill Juergensen），一起深入研究了海爾企業的精采轉型變化。[47] 海爾所做的是善用「網絡效應」（network effect），所謂網絡效應就是指，隨著我們將新的（相關）人士加入組織（即「節點」）之後，網絡的價值便會變得愈來愈高。[48] 網絡效應所描述的是，某一商品或服務的使用者達到臨界最大值之後的指數價值曲線，由於網絡提供了超越那一點的功效，使用者獲得事物的代價大為降低，因此，貨物或商品的價值也大為提升。對於電話系統用戶而言適用的事情，也同樣適用於社群媒體平臺如Facebook，如果你是 Facebook 的唯一用戶，那事情就變得不有趣了，不是嗎？

海爾經過重整而進入一套平臺生態系統，激勵公司內部及外部的人接觸新數據及新點子。大約有一千家以上的微型企業，與

海爾公司有接觸交流。這些微型企業乃是對於全新產品或現存產品例如智慧型冰箱有想法、有點子的團隊。海爾利用這種模式將賭注分散放置，他們知道，自此以降的十年之後，今日的大部分科技將會落伍，所以他們必須為意想不到的情況做好準備。

相較於大型的組織，獲得授權的企業家們面對終端用戶的需求，其敏捷及貼近程度乃是前所未見，這種以使用者為中心的視角，可以促成更迅速的改良。[49] 這往往意味著，我們需要重新思考組織結構應當是什麼模樣。舉例來說，在荷蘭電子業巨頭飛利浦（Philips）內部有一個核心問題，就是要怎麼樣組織事業單位。飛利浦執行長萬豪敦（（Frans van Houten）與我們的研究團隊分享道，飛利浦的想法是將專注於解決方案的傳統結構（例如斷層掃描），轉變為專注於需求的結構（例如精準診斷），後者可以用各種類型的解決方案來予以處置。以各種形式為飛利浦帶來挑戰的時候，不同的商業模式可以具有更貼近真實顧客需求的潛力，並且開闢出潛在的「機會空間」，其得以容納新穎的解決方案問世。科技導向改變為以需求為基礎的聚類（clustering），它正在被重新建構。

我們在類似的領域如「創作者運動」（makers movement）可以看出類似的發展。「創作者空間」通常包括一套數位物件庫，得以供「創作者」利用 3D 列印技術將東西化為具體物件。在高度模組化的 3D 科技環境中，使用者人數之多導致先前沒有預想到的變數出現。於此，迷人的事情在於，數位工具可以幫助我們將原子變成位元。如果我們並不需要改變整個物質結構，只需要在電腦上更改一些東西，那麼運輸和共享之事就會變得簡單

許多，成本也會降低。

如此一來，創作者空間、創新事業單位及整個企業生態系統，就會與生物學上的生態系統有許多共同處。它們可以「適應」（adapt），也就是根據最初功能而進行的改變，它們也可以「擴展適應」（exapt），也就是善用為其他用途（或完全沒有功能）演化出的特性，將其納入當前的角色之中。[50] 擴展適應可以驅策機緣力，而公司企業愈來愈以容許擴展適應的方式，去建構研究與開發方面的投入。舉例來說，在有利革新環境當中工作的創作者，會以能夠促進機緣力的方式，養成蒐集、組織、儲存知識的習慣。像是 IDEO 這樣的公司，就能夠蒐集累積有趣的點子，即便他們並不清楚日後的實際用途是什麼。有相關事物出現的時候，這些想法的組織及被搜尋的情況是鬆散的；[51] 很自然地，儲存大量顧客資料有其挑戰性，尤其是和隱私及知情同意相關的部分。

這些為什麼都有關聯呢？

在過去，一致性、可預測性、大規模生產，是企業組織得以成功的要素。這些組織乃是透過規模經濟而獲得競爭力，為了以最低的可能價格滿足最大的可用市場，個體差異在此是可以犧牲的事情。然而，今日的消費者已經更加精明，他們要求自己要被當作個人看待，並利用所有機會來量身訂製自己的經驗，且常常與組織企業一起進行共同創作。[52]

現在，光是顧客調查已不足夠。人們的行為，總是與他們自

己所說的不一樣，這就是為何如今設計方法論的非侵入式研究會這麼流行，不過，在一個迅速變遷的世界當中，即時的回應才是關鍵所在。當我們將消費者與其演變中（經常出人意料）的需求置於核心處，我們便可以設計安排機緣巧合的發生。例如海爾公司的維修人員，當他們前往進行修理工作時，發現人們常常抱怨海爾的洗衣機會積累灰塵和廢物，他們了解到，有些鄉村的消費者將洗衣機用來清洗根莖類蔬菜。海爾維修人員並沒有將此情況斥為無稽而不予理會，反之，海爾看出此事的潛在價值，並開發出一台可以處理並過濾蔬果殘渣及灰塵的清洗機。洗馬鈴薯機因此誕生，其所根據的正是積極聆聽的做法，並且讓公司內的個人可以針對意外事件採取行動，把點連結起來並將其轉化為機會。

在一套「生態系統」之中，各種不同的人是怎麼樣凝聚到一起的呢？在海爾，成為生態系統「結締組織」的乃是事件及超級節點的結合。海爾為它的微型企業家們，創辦了一個訊息 app 微信（WeChat）的群組，促進不拘形式的談話及專業討論。海爾還開發出 U+ 這個軟體平臺，透過人工智慧和機器學習，讓消費者、供應商、員工、企業家可以群聚一處。

結合企業、市場、人際網絡原理的這些生態系統，可以成為有力的資源分配載體。然更重要的是，這些生態系統可以提供空間進行討論辯證，將合作及競爭 —— 即「競合」（co-opetition）—— 的想法相結合而形成新見解，由此提升機緣力。我們眼中相反的事物並列而形成強烈對比，機緣力核心處常常發現的「創意性摩擦」（creative friction）因此得以出現。有一個基本假設

是，所有事情及每一個人都有可能是錯的，但也都有可能改良。

　　諸如海爾等企業從此等競爭合作之中受益，因為競合讓企業成為顛覆性改變的一部分。微型企業擁有相對的獨立性，它們彼此競爭，即便身在海爾生態系統內部也在彼此競爭，微型企業經常自同一生態系統中汲取，並且和其他的企業群體或海爾總部相合作。在這個生態系統之內，一個靈感可以在數週之內，成為數百萬消費者使用過的產品，對於一個孤立的初創企業來說，這件事情可能需要花上好幾個月、甚至好幾年的時光。透過內部的大學、培訓中心及內部科技平臺，又可更加推進上述的活動。*

　　以感應器為基礎的工廠，可以按照要求生產任何需求的產品，而且是在同一間工廠內完成。我們可以在 BMW 看到這種情況，BMW 在牛津地區的現代汽車架構工廠，可以根據需求，在同一條生產線上有彈性地製造不同類型的車輛，例如燃油車或電動車。為什麼呢？因為我們並不知道未來一年之後，各地——例如俄國——對 BMW 的需求會是什麼。這樣子的靈活性也深入管理層的思維：他們所受的訓練，就是要對波動性和不確定性加以應對。彈性的工作安排讓他們得以在條件艱難的時期，依然能夠留住員工。

---

* 很自然地，誰擁有公司的智慧財產權、誰擁有公司資料，是最先出現在多數高層主管心中的問題。業界領銜的瑞典北歐斯安銀行（SEB）執行長約翰・托格比（Johan Torgeby）將他的想法告訴我們，那就是將「行為風險準則」整合到財務狀況表中的想法，這可以激勵人們採取負責任的做法。社會物理學作家亞歷克斯・彭特蘭（Alex Pentland）主張，應該要樹立個人資訊的財產權（Pentland, 2015）。

其他的領先企業，例如中國科技公司百度、中國投資綜合企業騰訊，也使用類似的平臺途徑進行實驗。騰訊創辦人馬化騰鼓勵員工在內部競爭，創造出行動通訊服務事業，微信服務便如此出現了。有些投資人擔心，這種做法會導致重複做工，但是馬化騰的方法乃是根基於打造組織的渴望，在企業被顛覆之前便自我顛覆。[53]

這些方法能促進人們對隨機出現的點子下注之做法，並且透過提供新連結來強化工作。除此之外，這些方法還可以成為低成本的風險控制辦法。但是，對於那些必須施壓員工要求持續表現的人員來說，這些做法也可能有其挑戰性。[54]

環境背景很重要

孕育機緣力、接受不確定性、擁有靈活的開放性目標，對於創業的企業以及專注於創新、學術研究或科學研究的事業部門而言，特別具有價值。以製藥產業為例，在擁有長遠計畫眼光、比較穩定的環境背景中，企業往往需要提前十年規劃。然而，正如我們在諾和諾德公司的案例所見，在那些產業之中仍然可以發現某種程度的機緣力。[55]

期待並善用意外事物這件事情的適用範圍其實很廣，可以適用於我們需要成功的一切人生領域。在一個由嚴謹及效率所宰制的世界中，若想要避免將潛在價值結果給葬送，關鍵的做法是，克服把機緣力視為管理失去控制的感受，而將機緣力視為感受開放心靈及正向合作企業文化的徵兆。有人或許會問：「作為一個

組織，我們是否有動機去激勵員工，使他們的人生擁有更多的機緣力呢？這樣子做的話，一旦他們遇到了什麼『改變人生』的大事，不就出現離開公司的潛在問題嗎？」

有句關於學習及發展的老話是這麼說的：「我們培訓人家，結果他們又離開公司呢？那要怎麼辦？」對此，一種強而有力的反駁是：「如果我們不培訓他們，他們就會留下來嗎？」如果我們想要好好適應未來，我們或許沒有別的選擇可言。對一個組織來講，這件事情的淨收益是很高的，其中包括更有動力的員工、更多且更好的點子等等。這件事情就像是婚姻，如果你一直擔心伴侶會離你而去，恐怕這是有應該處置的系統性問題存在了。阻礙伴侶、不讓他提升為最好的自我，這已經是在反其道而行了。

目前為止，在這一章裡頭，我們已經檢視過機緣力對於組織、在組織內的角色。但是，機緣力在我們生活的其他地方，例如所在的城市及國家內，要怎麼發揮其角色呢？對於政府或決策者而言，機緣力有什麼意義呢？

從矽谷到倫敦矽谷、草原矽谷，再到智利谷，然後倒轉

地方首長、政府部長及有關公民們已日益理解，在這個不知明天會發生什麼的世界裡面，我們需要發展有韌性的社群及社會，使其能夠面對意外的發生。[56] 約翰・海格爾（John Hagel）、約翰・布朗（John Seely Brown）、薩利姆・伊斯梅爾（Salim

Ismail）所進行的有趣研究，課題正是機緣力對於組織及城市的重要性問題。[57] 他們將觀點從 —— 我們所知道的 —— 知識儲存轉變為知識流，而知識流的重點在於隨時隨地的學習、隨時隨地的更新、隨時隨地的發現。我們需要從許多人的身上，將他們的點子和知識給抽取出來。於是，問題變成這個樣子：如果我們不知道事情會變怎樣、如果我們不知道自己要尋找什麼，那我們怎麼能夠找到東西呢？

世界各地的計畫與項目層出不窮。在東京，TEDxTokyo 籌辦者兼 EDGEof 創辦人陶德・波特（Todd Porter），持續投入為機緣力打造出一套程式生態系統。陶德・波特從一間八樓的俱樂部會所開始，企圖建造一個機緣力旺盛的相會空間，隔壁還有間公園內的鄉村旅館，且尚有其他以大自然為基礎的地點正在開發中。在智利，領銜技術及職業教育提供者 INACAP 發展出「創業智利」（Start-Up Chile），政府機構 CORFO 則開發出「自造實踐室」（Fab Lab）等計畫項目。

費利佩・萊拉（Felipe Lara）是 INACAP 創新暨企業中心經理，他告訴我，機緣力是如何成為他設計原則的核心。為了發掘出智利革新生態系統的潛能，費利佩與他的團隊將全國各地的人才網羅到一塊兒。這其中包括發展出一套遍及全智利各地實驗室的網絡，這套網絡的目的在於跨學科合作並有所成就。鞋類和服裝網絡零售商 Zappos 創辦人謝家華，投資了三・五億美金，嘗試將拉斯維加斯市中心變成一座創新中心。這個計畫有它的得失起伏，然而謝家華曾在二〇一六年告訴 CNBC，如果他能夠重新來一遍，他會將「碰撞」（能驅動革新的個人之間，擁有機緣巧

合的相遇）的優先程度，放到共同學習及連結性之前，甚至在投資報酬之前。[58] 現今，謝家華正積極地專注於創造「碰撞報酬」（return on collision）。

可是，這些項目卻經常以失敗告終。怎麼會這樣呢？就初學者而言，有許多城市和區域集群企圖複製像矽谷（Facebook、Google 等科技公司總部所在地的北加州地區）這樣的集群，他們認為只要照章複製就行了。這種想法低估了潛在文化的重要性。舉例來說，如果你把矽谷和德國的創新集群相比較，顯然美國傾向激進徹底的革新，德國則傾向比較漸進的革新。不過，兩者都需要擁有創新思維的人才，以及相輔相成的機構如學校等等。

如果沒有史丹佛大學（Stanford University）——和最初的政府支持——矽谷的企業不可能如此蓬勃發展。如果僅僅複製某生態系統的某種因素，事情往往會失敗，我們所需要的是互補元素諸如文化及承諾等等。類似於我們怎麼樣看待企業，我們應該將城市及國家視為生態系統，可以滋養、孕育它們的居民或公民，我們必須演進，如此我們才能永續。這件事情也代表，我們需要能夠孕育有意義人際關係、而非買賣交易的空間。有豐碩的研究成果顯示，要養成人們接納意見的意願確實需要時間，例如初期投資公司創業的情況。

史丹佛大學的凱瑟琳・艾森哈特（Kathleen Eisenhardt）、華盛頓大學（University of Washington）的班傑明・哈倫（Benjamin Hallen）這兩位管理學研究者發現，如果公司的主管人員願意從事研究者所謂的「隨意約會」（casual dating），企業往往能有

效地建構起人際關係。這種做法包含在建立正式關係之前,審慎地以非正式的做法與幾位潛在夥伴重複會面,同時不要把談話重點只放在投資方面。這種途徑可以幫助投資者熟悉創業投資活動,同時避免正式關係之下常見的對立談判。需要建議的創業投資主管人員,會因此和投資者關係更密切,同時培養出接納意見的意願。[59]

這聽起來有沒有覺得似曾相識呢?某種程度上,這就像是真實人生裡的約會一樣。如此,我們就可以開發出一種環境,有助於滋養關係,同時又沒有必須交易買賣的壓力,例如去開發出一個能讓各種群體的人同聚的非正式空間。

決策之際的機緣力量

塑造人類歷史的重大政治事件,經常是機緣巧合的結果,而有許多現代社會的設定,就是為了大規模地接受意外事件,無論好壞。以民主制度為例吧,民主的根據是,所有公民都可以自由選擇他們的領袖以及社會組織起來的方式。這項制度導致每次選舉的時候,人民的反應都不一樣,總統也好、首相或市長也罷,很多時候根本無法預測下一屆領袖人物會是什麼。此外,當英格蘭銀行的貨幣政策委員會或美國聯邦準備會提高利息利率的時候,要預測人們 —— 投資者、執行者、債權人及債務人 —— 會怎麼反應,也是近乎不可能的任務。

我們可以根據過往去評估未來可能發生什麼事,但是人民的反應在性質上乃是依據我們無法預測的變數。在迅速變遷的世界

中，我們常常不知道自己應該問什麼問題、自己需要什麼人或什麼資源，才足以面對不斷演化的複雜問題。上述道理對個人而言是如此，對組織而言是如此，對政府而言尤其是如此。

世界各地的政府都希望被人們認定為更加「創新」—— 更有動能且更以消費者為中心 —— 但他們經常想要把每件事情都給計畫好。可是，最佳的結果常常出自意外，有效率的政府會去協調人民的反應，而不是企圖壓制不確定性。所以，有什麼方法可以讓我們將機緣力注入政策當中呢？

「社區新政」（New Deal for Communites）是英國政府企圖幫助貧困社區的更新計畫，以此為例，這一類的傳統辦法傾向專注於改進特定的地方社群，也因此將心力放在特定的地理區域。這樣做也許可以強化地方認同並培養地方社會資本，但是它也可能強化孤立狀態，削弱與社群外部連結的能力及意願。這種做法限制了「銜接紐帶」（bridging tie）以及與社群外部的關係，而銜接紐帶恰是機緣邂逅及人生機會的關鍵所在。

這正是為什麼近來研究主張，決策者若能將重心多放在銜接經濟及社會差距、少放在僅僅振興地方，就會獲得更大的收益。這件事包含跨委員會的文化活動，以及發展超越地域的共同興趣社群、學習社群、跨區支持的社群。[60] 共同創造 —— 而不僅僅是移交 —— 公共服務的最初嘗試，諸如警民合作團體或「公園之友」群體，已經很不錯的表現，前景看好。[61] 而在世界上其他地區，也還有別的靈感或啟示出現。

在針對肯亞及南非的研究當中，我們找出許多可供決策者培養有效生態系統的方法。首先，政策制訂者與支持組織傾向根據

一套中央規劃去設計援助計畫。像多數人一樣,他們企圖事先規劃好所有的事情。然而,當地社群人員往往是最了解情況的人,知道當地需要什麼、何時需要。發展出援助的基礎建設,能夠將責任置於當地人手上,讓他們在整個過程的初期就可以參與其中。舉例而言,有些政府會多次舉辦跨部門、有針對性的圓桌會議,讓行動者參與其中,並圍繞著這些人組成有效率的社群。讓社群的地方成員在受詢問之下告知他們當前的需求,並且承諾他們如何造成貢獻的遠大前景,理想上,這麼做將會整合他們當前的活動,讓整個計畫項目更能夠維持下去。這種做法也有助於在地方層級上,培養更加普遍的社群意識,以下狀況尤其如此:有些地區感覺到自身與都市中心的連結中斷,或者各地的不平等情況很嚴重。

第二種有效的辦法是,找出地方的非正規領袖,透過政府公文使他們獲得合法地位。舉例而言,在印度最貧困的比哈爾邦(Bihar),有一個非政府性質的教育組織叫做「吉安沙拉」(Gyan Shala)。吉安沙拉的關懷在於改善教育基礎建設。一個像吉安沙拉這樣以地方為基地、以地方人士組成、貼近地方需求的組織,可以在數月之間便訓練好一位教師,這速度比政府訓練還要快上許多。這些類型的行動會持續創新,以求能夠接近於地方社群的情況。如此,政府也可以自其中受益,因為就某方面來說,它把實驗的風險分散出去了,換句話說,這些風險是難以對選民說明的東西(畢竟其中會有失敗嘛!)。但是,政府可以將行得通的有趣部分加以揀選,暗暗地將這些部分擴充到國家計畫或區域計畫當中。在印度,這種做法的受益者成千上萬,低收入

社群尤其受惠。[62]

　　地方社群及全球性社群在滿足人類核心需求方面的角色，對於我們思考何謂安全網一事有重要的提示。目前的討論往往著重於經濟性考量，例如保證最低收入或者人工智慧等等課題。但是，全球社會企業運動「成理」（MakeSense）共同創辦人克里斯欽‧瓦尼澤特（Christian Vanizette）在他的工作當中親眼見證，在一個全球化的世界當中，以興趣或利益為基礎的社群乃是使人們做好準備面對突發意外的關鍵。這件事情與財務需求較無相關性，而更加關乎能使個人振奮蓬勃的社群。至此，政府並不需要處理好每一件事，但政府可以從「成理」這類的運動當中學習，得悉當人們如果擁有相同的興趣時，他們可以獲得何等的動能。

因此……

　　在這個充滿驟變的世界裡頭，我們往往不知道下一刻會發生什麼，以及我們可能需要什麼樣的人或資源。因此，我們需要讓自己、我們的公司及城市，做好準備面對意外的出現。接受機緣力的概念，並且讓機緣力成為我們（組織）生活裡可接受的一部分，已儼然成為一項核心的能力。

　　想要讓機緣力更常發生並且帶來更好的結果，個人以及團隊需要在他們的職涯之中感到自由及安全，以便追尋意料之外及不尋常的事物，並且獲得可以這麼做的正當性。要做到這件事情，我們可以表明，沒有一個人可以弄懂這一切，並邀請人們積極參

與，探討有什麼地方可以改進。由此，人們會對於意外巧合變得更有警覺性且敏感，比較不會有自我審查的想法。[63] 組織團體可以強調或者讚揚意外的事物，對於那些遇到機緣力的人予以肯定，並且提倡一種表彰「追求不尋常事物其實很安全」的文化。如計畫項目葬禮這類的儀式，可以激勵人們更坦然分享，他們認為那些東西行不通、為什麼行不通，由此讓人們得以從中學習並獲取機緣力。

每當我們需要在組織內部克服障礙之際，「降低風險」（de-risking）的重要性就會呈現，諸如數位化或利用可重複使用的資源。我們可以透過「抑制拿取」和「激勵給予」，來培養更能夠合作的文化。我們可以開發出更能造就機緣力的物理空間及虛擬空間，例如重新設計大廳空間等等。制訂政策者可以更著重於提供滋養的環境，例如授權給地方倍增人士，並且協助他們擴大其計畫。

這一切的根本處在於，不要將機緣力視為失去控制，而要將機緣力視為正向組織文化的徵兆。當這件事成為真實，正向的影響便會隨之而來，而這一次，這可就不是意外導致的了。

由此，這一章的機緣力練習重點，是如何發展出一個滋養機緣力的環境。

機緣力練習：滋養機緣力

1. 激勵定位機緣力的作為。在每週會議上詢問：「你上個禮拜有沒有遇到什麼意外的事情呢？」如果有，這件事情有沒有對於我們的前提假定（例如我們的策略）有什麼影響呢？

2. 捕捉並記錄機緣力發生率，並且加以強調之。讓人們看見潛在的軌跡。在你的下一封通訊或下一場活動當中，標出其中四項。

3. 強化心理安全度。在你的下一場會議中提醒大家，情況很複雜，若想要讓事情走上正軌，他們的想法很重要。告訴你的團隊：「想想上個禮拜，事情是不是如同它應有的狀況那麼好呢？」讓想要回應你的人可以輕鬆開口，無論是在會議內，或是會後的個別談話。

4. 實驗一場計畫項目的葬禮，比如近來你覺得潛力很大卻沒行得通的計畫。

5. 在你的組織內安排一場「隨機咖啡試驗」或者「隨機午餐」，例如將收購企業的人員與被收購公司的人員配對與會。請人們分享他們在活動及業務通訊方面的經驗。重複做四遍，看看效果如何。

6. 如果你在營運一家公司，邀請一組年輕人跟著你和同事們的活動。之後，詢問年輕人他們觀察到些什麼，有

沒有什麼習慣或慣例似乎過於膚淺、乃至有害呢？公司與其產品有什麼可改進之處，或者說，有哪些可能「毀掉」你、但你卻沒意識到的東西存在嗎？

7. 如果你擁有一個（機緣）點子，在組織內部或外部找到三個會肯定這個點子的人。在你的公司之內，思考一下非正規的權力結構，誰有可能會推進這個點子呢？會一會這些人，進行輕鬆的談話，探索有哪些可能性。接著，找到三個有可能阻礙這個點子的人，思考該怎麼樣獲取他們的支持，或者可以用什麼聰明的方式繞過他們。尋找公司外部的人並拜訪倍增人士所在的地方，例如共同工作空間。

8. 如果你是個教育者或決策者，在你的領域之中開發出機會空間。舉例來說，你能不能將某個關係夠密切的導師與他人聯繫上呢？

註釋

1. De Rond, 2005; Pina e Cunha et al., 2010. 在全球化的世界當中，有時我們所認定的人們相似程度，比人們實際上的相似程度更高，有許多陷阱會限制我們無法觸及機緣力，因為事情在轉譯當中迷失了。這就是國族背景開始作用的時候，這是一大塑造的力量。（國族）文化塑造我們的價值觀，這些價值觀又反過來塑造我們的態度和行為。這是一套共有基本假設的模式，之後轉譯為價值觀及可觀察的事物，例如

行為、服裝、標誌和象徵、物質結構（如開放的辦公空間）、術語行話、儀式禮儀等等。但重要的是，文化雖然是同一社會群體（學校、組織、家庭、國家、職業團體等）大多數或全部成員所共享，但文化並不是靜態的、也不是統一的。文化誤解隨時隨地都在發生，即便我們對此並無意識。我們可以怎樣訓練自己呢？舉例來說，我們可以增加認知知識，並發展自我監視的後設認知能力，且根據經驗進行修正與調整，由此增進自己的文化智能。

2. De Rond, 2005; Napier and Vuong, 2013; Pina e Cunha et al., 2010.

3. Kahn, 1990.

4. Edmondson, 1999. 亦可參見 https://hbr.org/ideacast/2019/01/creating-psychological-safety-in-the-workplace。

5. Catmull, 2008.

6. https://hbr.org/ideacast/2019/01/creating-psychological-safety-in-the-workplace.

7. Nonaka, 1991.

8. https://hbr.org/2017/10/research-for-better-brainstorming-tell-an-embarrassing-story.

9. Meyers, 2007; Sutton, 2001.

10. Clegg et al., 2002; Pitsis et al., 2003.

11. Gyori, Gyori and Kazakova, 2019.

12. Merton and Barber, 2004.

13. Busch and Barkema, 2019.

14. Meyers, 2007; Pina e Cunha et al., 2010.

15. Isaacson, 2011. 亦可參見 https://heleo.com/conversation-the-one-key-trait-that-einstein-da-vinci-and-steve-jobs-had-in-common/17410/。

16. Yaqub, 2017.

17. Zahra and George, 2002.

18. Czarniwaska, 2008.

19. Austin et al., 2012.

20. https://deloitte.wsj.com/cio/2015/06/02/singularitys-ismail-on-dis-ruptive-exponentials/.

21. Sting et al., 2019.

22. Pina e Cunha et al., 2010.

23. www.youtube.com/watch?v=fW8amMCVAJQ.

24. Austin et al., 2012.

25. Jeppesen and Lakhani, 2010; von Hippel and von Krogh, 2016.

26. Regner, 2003.

27. Graebner, 2004.

28. https://work.qz.com/1174504/why-its-smart-to-let-employees-lunch-with-competitors-and-pay-for-it/.

29. Hargadon and Bechky, 2006; Napier and Vuong, 2013.

30. Foster and Ford, 2003.

31. Bunge, 1996.

32. Dunn et al., 2008.

33. 這包含了工作任務環境,以及工作本身的類型(McCay-Peet and Toms, 2010)。

34. www.nytimes.com/2013/04/07/opinion/sunday/engineering-seren dipity.html.

35. Ibid.; Silverman, 2013.

36. Burt, 2004.

37. www.nytimes.com/2013/04/07/opinion/sunday/engineering-seren dipity.html.

38. Hallen and Eisenhardt, 2012.

39. Guy et al., 2015; McCay-Peet and Toms, 2018.

40. ww.nytimes.com/2013/04/07/opinion/sunday/engineering-serendipity.html; Lindsay is a visiting scholar at the Rudin Center for Transportation Policy and Management at New York University and co-author with John Kasarda of Aerotropolis: *The Way We'll Live Next*.

41. E.g. Adner and Kapoor, 2010; Kapoor and Agarwal, 2017; Nambisan and Baron, 2013.

42. Brafman and Beckstrom, 2006.

43. 關於均衡的觀點,參見 https://hbr.org/2016/07/beyond-the-holacracy-hype。

44. www.wsj.com/articles/SB118841662730312486.

45. Hagel et al., 2016.

46. Baldwin and von Hippel, 2011; Stanek et al., 2017.

47. The Economist Intelligence Unit, 2016.

48. Alstyne et al., 2016.然而，規模與凝聚力兩者之間可能需要有所權衡；我們往往只會和少數人培養信任感，這顯然就是規模與凝聚力之間的權衡取捨問題。

49. 過往關於創新的研究大多提出兩種類型的創新：「漸進式創新」（incremental innovation）往往獲益於與母組織之間的強連結，「激進式創新」（radical innovation）往往獲益自與母組織切斷關係，並於自身網絡中加入更多新的、異質的聯繫。由於兩者所需要的資源並不同，中央組織的角色變成為漸進創新者提供幫助，在企業內部利用資源，同時幫助激進革新者利用企業外部的資源。較弱的連結通常有益於生成點子或機會，強連結則對於資源利用較為有益（Elfring and Hulsink, 2012）。負面的網絡效應例如阻塞，會在貨物或服務的使用者過多時出現。

50. Gould and Vrba, 1982.

51. Ibid. 亦可參見 Andriani and Cattani, 2016; Austin et al., 2012。

52. Ernst and Young, 2016. 很自然地，創新也可能是反過來由公司所驅動，但是在急速變遷的世界裡，通常是消費者在驅策創新。

53. Chen, 2016.

54. 實驗方法也可以適用於整個市場。全球最大民生消費品公司之一 AB InBev 的執行長 Carlos Brito，與我們的有志領袖團隊分享道，關於特定市場的品牌成長，其實往往是消費者告訴他們要投入什麼：「你必須聆聽。他們比我們還要更懂。」這件事往往取決員工定位事物的能力，用阿南德‧馬恆達的話來說：「關於組織行為，我學到的第一個教訓就是，你可以畫出所有的盒子，但你所放進去盒子的人將會塑造它。那個人會重新定義那個工作。我從來就不認為，組織是像我們所認為的那般階級化。組織永遠都是非常有彈性的，可以讓那個塑造的樣子浮現出來，它不是一成不變的，而是一直有持續的運動。」

55. 在某些容錯率極低的環境當中，例如核子反應爐，例行常規的存在是有原因的。但即便是在那樣的環境當中，機緣力也可能相當重要，危機時刻尤其如此。同樣的道理也適用於其他的文化：某些文化當中

的階級制度比其他文化更重要，在那樣的背景中，員工期望收到指示、而不是自己採取行動。同樣，在比較「男性化」的社會中，也會有特殊的性別期望存在（Gesteland, 2005; Hofstede, 1984; House et al., 2004）。

56. 亦可參見 www.centreforpublicimpact.org/the-serendipity-of-impact/。
57. Hagel et al., 2012.
58. www.cnbc.com/2016/08/09/zappos-ceo-tony-hsieh-what-i-regret-about-pouring-350-million-into-las-vegas.htm.
59. Hallen and Eisenhardt, 2012; Westphal and Zajac, 1998.
60. Rowson et al., 2010.
61. Chanan and Miller, 2010.
62. www.centreforpublicimpact.org/the-enabling-state-how-governments-can-achieve-more-by-letting-go/.
63. Meyers, 2007; Pina e Cunha et al., 2010.

第九章

評估「機緣力」

最好的教育，就是可以讓你為自己投入未知的冒險，做好準備。

—— 李·卡羅爾·布林格（Lee C. Bollinger），
哥倫比亞大學校長

　　原本任職公關工作的海倫·奎利（Helen Quilley）被開除了，她離開辦公室的時候，在電梯上掉了一只耳環，有個男人幫她把耳環撿起來。海倫跑去趕倫敦地鐵，然後恰好趕上地鐵，或者，剛好錯過了。場景由此分別形成兩段故事線，兩個平行的宇宙，故事的展開全然不同，最初根據便是海倫有沒有趕上那一班地鐵。葛妮絲·派特洛（Gwyneth Paltrow）在電影《雙面情人》（*Sliding Doors*）所飾演的海倫，經歷了兩種非常不一樣的人生。

　　你想過多少次「如果」呢？「如果我不是意外地在某天遇到今生所愛的人，後來的我會變成怎樣？」「如果我不是湊巧聽到那段讓我得到新工作的談話，後來的我會變成怎樣？」

　　有一種看待機緣力 —— 以及機緣可塑程度 —— 的奇妙方式，就是去設想反面的事實：「如果事情不是這樣發生，那會怎

樣？」

　　如果所有發生的事，都是各種可能歷史之中的某一種場景，那麼，在一個實現的世界裡面，運氣只不過多種選項當中可能發生的一種選項而已。[1]如果我們回到過去，再次面對同樣的情況，歷史變得不一樣的機率有多高呢？是什麼讓我們的行為成為可能呢？因為幸運罕見，所以人們很容易會低估，人生開展是否可能有所不同一事。[2]去設想原本可能發生的不同歷史，是一件很有趣的事情，在其中作用的究竟是聰明的運氣（機緣力），抑或是盲目的運氣（抽籤運）呢？如果你可以模擬出不同的選項，你可能會看到，實際上發生的事情，竟然是所有可能結果之中一個不太可能出現的異常值。最初情況之中的細微差別，就可以導致非常不一樣的結果。接下來發生的事情經常是複合的，而「路徑依賴」（path dependence）便浮現了。[3]

　　這件事情告訴了我們什麼呢？讓我們以技能的差異為例吧。一開始，某人也許只不過是在對的時間，出現在對的地點罷了。[4]這個道理適用於社會不平等問題，也同樣適用於體育領域。舉例而言，有一個著名的研究計畫，研究了各個菁英隊伍中的加拿大冰上曲棍球球員，而這些研究對象有 40％以上，是在一月到三月之間出生的。[5]由於新冰上曲棍球的年齡截止日訂在一月一日，所以在一月到三月之間出生的球員，通常會有較高的生理成熟度。這就會讓這段時間出生的人，比較容易被選上，獲得比較多的比賽經驗，潛能上可以得到較好的訓練，最終則能得到較好的隊友。[6]

　　這些人的關鍵優勢，並不是他們比較擅長冰上曲棍球，而是

他們在一開始的時候比較強壯，經年累月之下，因為已經走在通往成功的道路上，他們最終成為較佳的球員。他們最初的走運被路徑依賴所放大，長期下來造成了巨大的差異。

如果歷史倒退，年齡截止日改成八月一日，那麼幾乎可以肯定的是，聯盟內冰上曲棍球球員的分布情況會大為不同。在其他版本的歷史中，原本算是較早出生的球員可能不會獲得相同的技能，最終他可能成為會計師，而不是冰上曲棍球員，這件事反過來說也是一樣。[7]

我們可以在社會流動性及社會成就的問題上，看到類似的效果，案例一開始僅是郵遞區號的不同，隨著時間演進，結果卻大相逕庭。假設有個中產階級家庭的女孩，她的家庭可以高價請來私人家教，家教啟發女孩研讀了特定的科目，女孩最終獲得諾貝爾獎。而在一個「反事實」的歷史中，女孩的父親丟掉工作，付不起學費，結果女孩並沒有遇上那位家教、也沒習得與前例相同的技能，又或者請來了不同的家教，而女孩並沒有得到相同的激勵和啟發。[8] 只是因為這番邂逅 —— 由於邂逅所啟動的路徑依賴 —— 長期結果居然可以有巨大的差異。當然，在這整本書裡面我們也看到了，如果這女孩能夠擁有機緣力思維，無論發生什麼事，她還是可能有很傑出的表現，她將會成為無花果樹上一顆不同的無花果。

這個道理也適用於其他的領域，無論是科技應用、財富累積、或是社會階層等等，一個最初的畸變，長時間下來因為路徑依賴而導致非常不同的結果。[9] 如果你從你父親那邊繼承了四億美金 —— 或者像川普所說「一筆百萬美元的小貸款」 —— 那怕你

只是把錢放在銀行享受複利而已，你也很難不成為億萬富翁吧！
這也就是為什麼，對於別人極為出類拔萃的表現，我們不要太過
大驚小怪，他們通常享有早期的抽籤運，出色的表現往往反映出
隨機的背景。然後，從一個良好的基礎線開始，他們達到不成比
例的成功。這就是「富者愈富而貧者愈貧」的動態現象，被稱為
「馬太效應」（Matthew Effect）。馬太效應的基礎就是累積優
勢這個概念：擁有較多的人 —— 或許是地位、或許是金錢 —— 比
較可能處在能獲得更多的狀況中。*

　　然而，從會議、課堂、爺爺的晚餐桌上所聽到的故事，有一
個最大的問題就是，人們的感覺或敘述，往往無法恰如其分地呈
現出這種盲目的運氣或機緣力。所以試圖去仿效那些人的成功行
為，反而有可能適得其反。那些成功真實的表現也許關係不大，
而且可能只是因為環境因素而奏效。

　　跨學科的研究已經呈現人們有種傾向，那就是編造故事以強
調他們的智能與意志，並且在有意或無意之間忽視困難、不確定
性與偶然性。[10] 但是呢，我們也知道，一個好的故事，其實經常
比一個令人滿意的故事更加不可思議。

---

* 這個詞彙乃是社會學家羅伯特·墨頓（Robert K. Merton, 1968）的發
　明，採用的典故是《聖經》當中根據才幹接受責任的寓言（〈馬太福
　音〉25:14-30）。此外，像是川普那樣擁有抽籤運的人，要嘛就能幹
　大事、要嘛就回家去。事情發展到極端狀況時，經常沒有中庸路線可
　循，除非我們願意接受風險、或者也有類似的抽籤運，否則向這些人
　學習成功的策略，其實學不到什麼。

獲得運氣，以及倖存者的欺瞞

將盲目運氣誤認為技能，這種事情發生的狀況，其實比我們想得還要更頻繁，人們之所以會將盲目運氣誤認為技能，往往是基於「倖存者偏差」（survivor bias）。我們並不會看見納西姆‧塔雷伯（Nassim Taleb）所謂的「沉默的墓地」（silent grave），也就是大量博彩卻沒中獎者的所在地。人們有種自然的傾向，就是關注倖存之人而漠視失敗者。[11] 我們想從幸運的倖存者那邊學來教訓，但這麼做可能很危險，因為他們所處的環境背景與我們並不相同。如果我們將成功的原因，過度歸諸於成功人士所為，而不是偶然性或盲目走運的話，我們其實會學到錯誤的東西。我們研究贏家，然而，君不見這背後還有多少輸家，他們的行為跟成功者類似，只是幸運度不足以成功罷了。

聽從會議場故事有可能會使人挫敗，然而在其他的環境裡，這可會變成致命毒藥。舉例來說，災難經常是許多僥倖躲過之後發生的──所謂僥倖躲過是指避開失敗的成功結果，然隨即真正的大難便臨頭而來。人們往往不去考慮造就正向成果的決定，其實也可能釀成災難。這種態度經常導致冒風險的行為及錯誤的安全感，正如二〇〇三年哥倫比亞號太空梭災難事件，太空梭在返回大氣層時解體了。[12] 這次災難之前的幾次太空任務，就有出現過泡棉碎片自太空梭脫落的情況，不過，脫落的泡棉從來沒有擊中太空船的敏感部位。但由於從來沒出過亂子，美國航太總署（NASA）的官員，居然把僥倖當作成功，把泡棉脫落當成尋常問題，不會導致嚴重的後果；他們居然將異常視作正常了。先前

沒有出錯，那是他們「幸運」，然他們的幸運也只能維持到出事的那一刻，那次的錯誤導致七位人員罹難身亡。

我們常常會把僥倖脫險視為成功，而不去釐清僥倖可能會轉變成災難。此事的重要性何在呢？對這類僥倖脫險的偏差反映意味著，經歷此事的組織和體制依然是脆弱的，它們應該要將僥倖當成警訊，知道有事應當矯正。[13] 對此，我也是背負著罪惡感。十八歲時，我獲得了自己的第一輛車，我有過好幾次、好幾次差點出事的經驗，例如刮到車或撞到垃圾桶等等，但我卻將這些事情當作自己不會真正出錯的象徵。其實我當時應該要意識到，這麼做可能會把命也送上。確實，我最後差點送命了。

我們能做些什麼，來避免這種情況呢？研究顯示，採納外部觀點及想像另一種歷史（alternative history），會是很有效的做法。一旦我們能警覺到自己的隱性偏見（implicit bias）並開始模擬另一種歷史，我們就可以改進風險管理，改良學習及「正確的」行為。[14]

最近我開始在騎腳踏車這件事情上，將上述做法付諸實現，成功的程度大小不等。當我驚險地越過一條街，我會試著告訴自己，沒錯，這次什麼事都沒有，但下一次未必會這麼幸運。如果真的出事，例如被車給撞上，對外部觀察者來說這似乎是運氣不佳，但有鑑於先前那麼多僥倖脫險的事例，真正出事的機率其實已經夠高的了。（我隨手跳過這一部分，沒把書稿寄給我的家人看。＊）

謹防高成就者

如果你曾受到蜜雪兒‧歐巴馬、理察‧布蘭森、比爾‧蓋茲、歐普拉‧溫佛瑞等大人物所啟發，那很棒，但最終結果可能會令你失望。就算你能夠完全一模一樣複製他們採行的步驟，你也無法複製他們最初的條件，也不可能精確複製他們的道路是如何展開。極端表現者往往是離群異常者，也就是說，追隨者不太可能成功地亦步亦趨，因為機會或特權極有可能在其中扮演著重要角色。[15]（舉例來講，一個從事流行軟體的億萬富翁，本是出身有錢家庭，家長給他電腦、送他到私校，讓他發展出設計軟體的愛好，接著他的父母又安排他和大公司總裁接觸，後來他便收到該公司的合同。）

這就是為什麼，重視型態模式 —— 而非個人故事 —— 以及重視貼近我們生活現實狀況的榜樣，才是比較有利的做法。例如一位能鼓舞人心的商店老闆，或是波士頓諮詢公司裡有原則的顧問。這種做法有助於吾人了解可能的軌跡路線。這件事情在較為「線性」的環境當中尤其真切，諸如銀行業、法律業或諮詢行業，因為這些產業的職業軌跡相對清晰明白。[16] 相較於先前有多次失敗而最終在正確時機推出正確產品的企業家，諮詢公司內資

---

* 這件事情奠基於「可能性思維」（probabilistic thinking），可能性思維的主張是，這個世界是受到可能性的結果、而非命定的結果所主導。我們對未來的預測實在不甚確定，但我們可以將機率多多少少歸諸於可能的事件。當你在過馬路時，試圖思考自己被車撞到的機率時，你可能就已經在那麼做了。

深夥伴的反事實歷史，可能還比那些企業家們更貼近於可能的另一種歷史。或者，誰可能承擔了過多的風險。

管理學者劉正威（Chengwei Liu）和馬克・德隆（Mark de Rond）在其研究當中，非常有說服力地提出，表現者愈為極端，人們可加以學習效法的程度愈低。為什麼呢？因為異常值更可能表示不可靠，例如過度的冒險或作弊，而且其發展結果很可能會非常不同。[17]唐納・川普在一九九〇年代負債累累，他（可憎）的名言是連流浪漢的淨資產都比他高。考量川普的極端冒險行為，他的另一種歷史可能讓他被債務壓垮，而不是成為美國總統。想要從川普的「進步」之中學習，所獲得的成功機率很可能跟失敗機率等同。這是不登天便吃土的極端案例。

事實上，第二名的表現者經常是我們最能學習的對象。傑出表現者比較可能被平均值的人所依循，因為極端的表現常常和極端的運氣相關聯。然而，極端運氣不太可能長久，極端表現往往會退回到平均值。[18]到那個時候，人們又經常試圖找出某種解釋去說明表現上的轉變，而不是警覺到，那只不過是極端表現者的盲目運氣耗盡罷了！這本書要協助你的是，不要依賴盲目運氣的孤注一擲，而是要發展出高昂的機緣力基礎水平，無論發生什麼事都能維持在相當水準。

所以，我們是否從根本上就錯了呢？

以上所言，將會把我們引領到最為迷人的現象，也就是「歸因偏差」（attribution bias）。人們傾向把事情的結果，歸因於四

種因素之一，這四者分別為：運氣、努力、技能、任務困難度。人們愈認為成果的原因屬於外來且難以控制，人們愈發會將此成果歸因於運氣。[19] 本書所關注的，是我們該如何靠著培養機緣力思維及相關的機緣力領域，以開創出自身的聰明運氣，這件事情本身便是一項技能。然而，確實有的狀況是，好運或厄運完全是無稽之談，但我們卻經常錯誤地歸因於運氣。

我們常常認為失敗是因為運氣不好，同時我們將成功歸因於努力或技能。這種情況導致我們對（假性）成功產生過度的學習，而對於失敗則有不足的學習，這麼做會為我們帶來一種掌握情況的幻覺。[20] 然而，研究卻顯示，人們很容易錯誤解釋含有隨機性的成果。舉例來說，這在先前的章節當中已經談過，我們或許自以為看到了模式，但實際上根本沒有模式可言，接著我們又將幸運的結果歸因於個人特質及個人努力、而非純粹走運。[21]

這麼做很容易出現反效果，尤其是在我們評價他人或受他人評價之際。以表現評估為例吧，我們經常根據績效回饋去調整自己的期望，然後根據自身表現高於預期或低於預期去解釋成功或失敗，這也就是為何評估是件非常重要的事。評估所根據的是最終結果，而不是下決定那一刻的脈絡或品質。此時，根本歸因謬誤（fundamental attribution error）── 將成功過度歸因於技能而非如運氣等等視情況而定的因素 ── 便會開始產生作用。[22]

諾貝爾獎得主丹尼爾・卡內曼已經表明，處在此等情況當中的人會傾向運用「認知捷徑」（cognitive shortcut）。例如，將一個困難的問題如「此人沒被注意到的技能水準為何」，以簡單的問題如「此人沒被注意到的表現水準如何」加以替代。[23]

這種捷思法可以節省時間，它也很可能是正確的，因為整體而言表現好的人技術確實比較高，除非他們是獲利於盲目運氣的極端異常者。[24] 但是，由於錯誤的代價不菲，所以這種特殊的捷思法未必值得推薦。它取決於兩種潛在錯誤的代價之差異，第一種潛在錯誤是「偽陰性」（false negative），例如將技能誤認為運氣；第二種則是「偽陽性」（false positive），例如將運氣誤認為技能。[25] 在評估績效時，人們很容易會犯偽陽性的錯誤，我們常常將運氣歸因於技術。* 這對於激勵員工來說可能是好事，因為這讓人感覺自己近來的成功是基於技能而非運氣，因而更有動力冒險並進一步發展技能。[26]

但是，如果犯下偽陰性錯誤代表無所作為，那通常會比有所作為的代價更高，有所作為表示我們可能造成更多偽陽性的錯誤。這也許會導致代價極高的錯誤，例如某種程度上由於回報交易商運氣或過度冒險所釀成的金融危機，或者又像是哥倫比亞號大空梭難事，那場災難其實是人們將幸運脫險視為「成功」的後果。這些錯誤可能會迅速惡化到失控的地步。[27] 這也可能導致我們對於為什麼某人得以成功的問題，獲致錯誤的結論。也許，「討厭的老闆」之所以能成功，不只是因為他很討厭而已？很有可能還有許多其他因素在作用，有時甚至包括抽籤式的運氣。

不過，更常出現的狀況是，責備和讚美——以及相關的升遷及報酬——是與我們或他人行為的無意結果相關聯。我們可能會

---

* 這在社會層面上有可能造成反效果，基於每個人必須為自身命運負責的信念，這可能導致社會支出減少，導致社會流動性低落。

進行事後合理化並編造故事，但在現實上，很多事情的發生都是無心插柳。有志向當然很好，但是無法預測的因素經常導致結果與我們最初的意圖並無關係。

技能充足的管理人應當要獲得提拔，但是技能等級之間的差異往往很小，乃至於是負值。由於許多傑出表現其實是隨機的，獲得升遷的人其實可能只是走運好幾回，這種人因為這樣而吸引到目光，但那些技能較高卻看似普通的人卻無法獲得青睞。[28]

處置這種情況的方法之一是抑制雜訊。舉例來說，我們可以自外部事件或者關注特定領域——擁有極高的隨機干擾可能性——的高度主觀評估，將績效薪資給抽取出來。或者，我們可以從古代希臘共和國或威尼斯共和國處得到啟示，他們將隨機選舉當作一種「平等化機制」（leveller），政治領袖是隨機挑選來的。[29] 這些人其實未必比較差勁，根據最近的研究呈現，在金融市場與政界，隨機選擇的成效竟然比更複雜的管理體制更高，因為隨機挑選更能防止裙帶關係、更加健全、更能克服刻板印象、讓人感覺更公平。[30] 不過，這種做法可能會削弱人們對領導者能力的信心，也可能對於人們的動力造成負面效果。這該怎麼辦呢？有研究建議，潛在的候選人應當要從清楚界定且表現優良的競選者群之中事先選出。[31] 將績效與隨機選擇混合起來做，應該有助於讓競爭環境變得更加平等化。

非預期結果的力量

可是，即便我們企圖讓競爭環境變得更加平等化，好的意圖

未必就能造就好結果，尤其是涉及社會問題的時候。我曾經在開發計畫期間親身目睹這種狀況。相關的結果往往是不確定的，並且會出現事前無意造就的後果。

設想你在奈洛比的基貝拉（Kibera）貧民窟教導一個十四歲的男孩，若把這件事情寫在論文上面，讀起來一定覺得很棒。你的組織會受到捐獻者們的讚揚——你在幫助一個年輕人學習知識呢！你也感到非常振奮，直到你最終發現自己對於個人的關注，可能反而毀掉一個家庭或社群結構。也許，那個男孩是這整個家唯一能賺錢的勞動力，結果呢，你現在整天帶著他「受教育」，變成他的妹妹得去賺錢。而在那樣的赤貧地區，女孩想要賺錢回家的選項可不太多。

另一種做法則是好好去考量，你的行動對於那整個家庭會有什麼影響。也許你會決定，先幫助那個家庭發開出新的收入來源，才是比較優先的要務，此外，你應該考量如何教育整個家庭，而不是某一位家庭成員，因為那麼做不只會對那個家庭造成經濟困境，甚至可能激起怨氣：如果那個男孩變得比其餘家人「聰明許多」，他們的關係可能會因此疏遠。

舉一個稍微有些挑釁意味的例子，這是一個資深主管人員與我分享的故事，他說：「我曾經與非洲某國總統開會，對方說：『你們這些西方小白臉所援助的該死食物，根本沒有幫上忙。從前，在我的國家，人們至少會死。現在呢，你們用你們的碳水化合物和愚蠢的食物等等玩意兒，讓這些人繼續活著。這些食物富含碳水化合物，卻缺乏維他命和礦物質，結果我的人民變成會生病卻很難死。於是，我的國家每年變得愈來愈窮。真是太感激你

們了！」這是好意沒錯，但其糟糕的結果卻是始料未及的。這位執行長與那位非洲總統的機緣相會，確實讓前者的企業反省了公司策略，如今該公司專注於更加考慮全盤情況複雜性的做法。

　　無論好意的最終結果是好是壞，人們都傾向以成敗論英雄，根據結果來予以歸咎或讚揚。由於外在環境不受掌控，爛決定居然可能造成意外的有益成果，動機不良或無能的管理者也因為他們的「成就」而獲得獎賞；反之，好意的行動或有能力的主觀，卻由於外力同樣不受掌控之下所導致的失敗而遭到究責。有時，人們對於那些抱持善意但運氣不佳的人，甚至會給予道德批判。[32] 對此，我也曾有過親身體驗。

　　人們之所以會那樣子，是因為我們會從運氣不好的例證當中，推論某人可能有疏忽或者想法有誤。[33] 由於人做決定常常是出自於直覺，所以人們會將不好的後果歸咎於決策者「不夠審慎」，即便他們可能比另一個獲得好果實的人還要嚴謹許多。

　　與此尤其攸關的，是獎賞一位成功因素超出其人所能控制的成功者，這件事情不只是個公平問題，而且會使人的自我驅策力降低。[34] 舉例來說，主管往往有警覺，當績效下跌的時候，他們就有可能成為代罪羔羊，即便問題大多是外部因素造就，所以極高的薪資福利就常常被認知成出事時的一種保險。我們傾向將其行動促成成功的主管視為英雄，這就是所謂的「光環效應」（halo effect），反之，我們則將那些行為導致失敗的主管視作壞蛋，即便上述兩種人的決策其實一模一樣！[35]

　　讓我們舉大型的失敗案例為證，諸如核電廠災害、金融危機、漏油事件等，大多會歸咎於主管人員，雖然事件爆發通常

是外部因素打擊脆弱體制所釀成。以一九七七年的特內里費（Tenerife）機場兩架飛機相撞的空難為例，這是航空史上造成最嚴重傷亡的單一事件，這種事情的發生往往是諸多當下的因素碰在一塊兒，在此案例中，這些因素包括糟糕的天氣、機場的條件和恐怖主義（附近一座機場遭到恐怖攻擊，導致兩架飛機轉往特內里費機場）。[36]

我們經常從事情結果的品質，去認定一個人的品質。問題在於，當「不幸運」的人被開除了之後，整套系統依然是脆弱的，下一次意外的發生只不過是遲早的事。[37]

舉例而言，在我參與過的一個社群組織裡頭，我們曾經在危機之後激烈地撤換領導團隊，但卻沒有處置核心的問題，例如社群及公司之間的錯位失調。這個情況導致我們重蹈覆轍，相同的緊張及問題屢次出現，只不過呈現的型態有別而已。[38]如果能夠修復問題的源頭，而不是對付症狀和領導層，其實有許多衝突是可以避免的。失敗或成功的「程度」，所反映的其實更多是體制的特質，而不是主管人員的技能與運氣。[39]

當然，在釀成錯誤或避免錯誤這件事上，個人技能也是影響的因素。技能貧乏的主管可能火上加油而讓情況更加惡化，使得整套體制更容易崩潰。反過來，細心的主管可以在額外傷害出現之前，便將韌性培養成緊密配合的系統。[40]

人們為什麼將嚴重的失敗歸咎於運氣不好、為什麼將成功歸功於技能呢？其實有一個更簡單的解釋是，人們享受那種將自身技能與良好績效相連、厄運與低落表現相連的感覺。所以呢，禮貌的做法就是將功勞歸給那樣的人，雖然這個原因並不怎麼光明

正大。

我們本來就知道，這個世界本來就不一定公平，努力確實可能造就正面成果，但是環境因素如盲目運氣、繼承財富或偽裝成技能的社交關係等等，也有可能達成正面成果。[41] 然而，這正是「降臨」於我們的盲目運氣，和我們所能塑造的聰明運氣兩者的差異所在。一旦我們培養出機緣力思維，這就不再是一場運氣和技能的對決，培養機緣力本身就成為一套人生技能。

鑑於未來數年當中許多最重要的技能都和機緣力思維有關，個人和雇主都可能會關注自己的機緣力得分。我們要怎麼計算出機緣力分數呢？

計算我們的機緣力得分

過去在資訊科學、心理學、管理學等相關領域的研究，已經開始尋找並證實有助於我們發展機緣力得分的方法。很重要的是，我們可以注意進程（機緣力觸發點、將點連結、睿智、韌性）的每一個步驟，並且找出有助於衡量此事的問題。下頁的問題乃是取材於近期的研究。[42]

你可以開始為自己打分數，範圍為一到五分，五分代表強烈同意，一分代表強烈反對。

1. 我在公共空間如超級市場或銀行排隊時,有時會和陌生人聊天。

2. 我會企圖了解問題背後的驅動力是什麼。

3. 我通常可以看出意外訊息或巧遇的價值所在。

4. 我對於廣泛的各類議題都感到很有興趣。

5. 我對於自己的目的地何在具有強烈的意識。

6. 我面對棘手問題時不會輕易就感到挫折。

7. 我遇到問題時頗能專心致志。

8. 我會企圖了解人們內心深層的動力是什麼。

9. 好事似乎往往發生在我身上。

10. 我經常聽從直覺感應。

11. 我相信自己所做的判斷。

12. 人生當中我想要的,我會努力爭取。

13. 我預期自己所遇到的人,大多應該很好、很友善、很樂於助人。

14. 我傾向去看人生的光明面。

15. 我相信錯誤應該能透過矯正而產生正面意義(例如學習)。

16. 我不會執著於發生在自己身上的壞事。

17. 我會試圖從自己過去所犯的錯誤中學習。

18. 我認為自己算是幸運。

19. 我總能在對的時間遇到對的人。

20. 我經常參加那種會跟陌生人講話的活動。

21. 我在自己所處的群體或組織當中，算是個人脈廣闊
的人。

22. 我是三個以上性質不同的群體的成員。

23. 我經常招待別人。

24. 如果有人跟我說了個問題，我會思考自己或別人能
不能幫上忙。

25. 我會以設身處地的方式理解情況。

26. 我對生命中的小事感到感激。

27. 我經常反省自己的行為及其對他人的影響。

28. 我使圍繞自己身邊的人，都可以讓我很自在地去探
索想法。

29. 我身邊的人覺得可以和我分享他們的點子和挑戰。

30. 我會在需要的時候向他人求助。

31. 我經常在課題和點子之間追蹤有趣的人際關係。

32. 我對於想法的貫徹懷抱毅力，即便耗日費時。

33. 我對於不確知的情況仍感到自在。

34. 我相信沒有什麼事情是毫無商議餘地的。

35. 我經常耍幽默去緩和對話的氣氛。

36. 我覺得自己並不需要隨時隨地都保持完美。

37. 我會問很多很多問題。

38. 我覺得自己在過一個忠於自我價值的人生。

總得分

滿分總共是一百九十分，你得了多少分呢？你的分數和別人差多少並不重要，重要的是，你今天的機緣力得分和一個禮拜或一個月之後的得分相比如何。記得要持續定期回答上述的問題。

　　我會在研討會或討論課期間使用上述的問題，結果才過一個禮拜，就開始有人向我回報說，他們改變做法之後，機緣力變得頻繁出現了，例如研討會參與者的「冷郵件」獲得收信的名人回應，或者人們意外遇見他們暗中覺得自己需要遇到的人（「我剛剛遇到自己從沒料想到會出現的好朋友」），或者人們感到更加喜悅而覺得「人生重新充滿熱情」。

　　這種做法最優先且最重要的是作為一種個人練習，但這也可以在團體中執行，舉例來說，讓人們彼此問問題是種有趣的做法，可用以培養人際關係、機緣力意識、社會性挑戰之革新及解決方案。根據環境背景的差異，上述有些問題對於內部運作如績效評估或招聘能夠有所幫助，且強化專注於僱用或獎賞能夠讓組織更幸運的人才，還有助於面對這個快速變遷的世界。

　　這件事情為何重要呢？因為它一開始作用，便像是一個自我完成的預言：我們愈專注於某事，我們便會從中學到愈多，我們也就會愈有意願去執行它。類似 Zappos 這類的企業汲取了這個點子，並且在面試時納入「一到十分，你覺得你有多興趣？」這類的問題。創辦人謝家華解釋道，Zappos 的目標在於「僱用能將好運帶給 Zappos 的幸運之人。」[43] 以 Zappos 的案例而言，這是受到李察・韋斯曼研究運氣之啟發，其研究指出，自我評價為幸運的人，比較可能抓到蛛絲馬跡的靈感，且通常在未來會比那些自認為不幸運的人更加幸運。

謝家華所理解的這件事情，重點其實不在於人們的生活本來幸運與否，而是在於聰明運氣，聰明運氣者能夠在情況或任務出現時保持超然，對於機會保持開放態度。

不幸運的人往往歸咎命運，幸運的人在生命歷程中往往目光開闊。我也曾經在自身的工作中親眼目睹此事：在某個機緣力工作坊召開約一週之後，參與者常常會給予回饋，表示「自從我睜開雙眼望見機緣力，機緣力便無時無刻在作用！」

因此……

省思「反事實」有助於讓我們了解，反事實是一種可能導致我們幸運與否的情況。這件事情是我們個人的努力、抑或僅僅是盲目的運氣呢？如果這是努力付出的成果，我們是不是可以重複執行呢？我們如果試圖了解長期而非短期的結果，那就可以避免非預期結果的問題。個人及組織有一項核心的挑戰，就是去評估誰在未來會比較幸運，而不是找到那種只是盲目走運的人。機緣力得分表可以幫助我們評估自己在這趟旅途中身在何處，並且讓我們對於自己能夠專注於什麼事物更有自覺。事情絕對不是毫無轉圜餘地的。

機緣力練習：反省和得分

1. 回想在你人生當中曾塑造你的事件。事情如果不這麼發生，可能會變成怎樣呢？你自己在這些事件之中扮演了什麼角色呢？那些事件算是聰明運氣抑或盲目運氣的例證呢？你可以從中學到什麼呢？
2. 在你的人生當中，什麼人在他們所到之處便能創造聰明運氣呢？找出你從他們身上能學到的三件事情。
3. 在你的組織當中所建置的評估系統如何呢？你可以改善此系統，由此對隨機事件進行摘要，並專注於真實的努力付出嗎（人們「如何」達到其目標）？
4. 每個月重複做一次機緣力得分練習以進行複查。善用本書內的機緣力練習，有哪些範圍是你可以改進的呢？

註釋

1. Durand and Vaara, 2009; Liu and de Rond, 2014.
2. Byrne, 2005; Kahneman and Miller, 1986.
3. Denrell et al., 2013; Liu and de Rond, 2014.
4. 參見 Pritchard, 2005; Pritchard and Smith, 2004; Teigen, 2005。
5. Barnsley et al., 1985; Gladwell, 2008.
6. Pierson et al., 2014.
7. Liu and de Rond, 2014; Pierson et al., 2014.

8. 參見 Liu and de Rond, 2014。

9. Gould, 2002; Lynn et al., 2009; Samuelson, 1989.

10. March, 2010.

11. Denrell, 2003.

12. Madsen and Desai, 2010; Tinsley et al., 2012. 亦可參見 Liu and de Rond, 2014.

13. Liu and de Rond, 2014.

14. Cornelissen and Durand, 2012; Durand and Vaara, 2009; Tsang and Ellsaesser, 2011.

15. Liu and de Rond, 2014.

16. Levy, 2003.

17. Liu and de Rond, 2014.

18. Harrison and March, 1984; Liu and de Rond, 2014.

19. Liu and de Rond, 2014. 關於歸因理論的作品,參見 Hewstone, 1989; Weiner et al., 1971。

20. Camerer and Lovallo, 1999; Hogarth and Makridakis, 1981. 關於自我服務的偏見及類似的歸因偏差,參見 Miller and Ross, 1975。

21. Ayton and Fischer, 2004; Maltby et al., 2008; Tversky and Kahne-man, 1974.

22. Gilbert and Malone, 1995; Liu and de Rond, 2014.

23. Kahneman, 2011.

24. Goldstein and Gigerenzer, 2002.

25. 參見 Liu and de Rond, 2014. 然而,如同我們所見,這也許當然不是兩者擇一的問題。

26. Benabou and Tirole, 2006; Gromet, Hartson and Sherman, 2015; Liu and de Rond, 2014.

27. Dillon and Tinsley, 2008; Hilary and Menzly, 2006; Liu and de Rond, 2014.

28. Barnett, 2008; March and March, 1977.

29. Zeitoun, Osterloh and Frey, 2014.

30. Biondo et al., 2013; Pluchino et al., 2010; Thorngate et al., 2008.

31. Liu and de Rond, 2014.

32. Liu and de Rond, 2014; Pritchard, 2006; Williamson, 1981.

33. Young et al., 2010.

34. Bebchuk and Fried, 2009; Wade, O'Reilly and Pollock, 2006.

35. Dillon and Tinsley, 2008. 關於光環效應，參見 Rosenzweig, 2007。

36. Liu and de Rond, 2014. 亦可參見 Perrow, 1984。

37. Liu and de Rond, 2014. 常態意外理論（Normal Accident Theory）認為出錯的主管人員常常被過度歸咎（Perrow, 1984）。

38. Merrigan, 2019.

39. Alesina et al., 2001; Liu and de Rond, 2014. 亦可參見 Dillon and Tinsley, 2008; Vaughan, 1997。

40. Langer, 1989; Weick and Sutcliffe, 2006.

41. Piketty, 2014.

42. 機緣力是一個複雜的歷程，而這份機緣力得分當然不是衡量機緣力的最後定案，它只是我們機緣力旅程上一顆指引的明星而已。有許多研究者都很惶恐地看待衡量機緣力這項挑戰：要衡量一個歷程是非常困難的事情。事實上，學生們常常被告知，不要去深究機緣力，因為它「太複雜了」。然而，就像是我剛開始攻讀博士時，覺得商業模式圖似乎「太廣了」，機緣力領域也是一樣的，它很難探索、但不是不可能加以探索，乃至於測量。我希望這本書可以啟發未來有成效的測量或者操作方法。關於最初試圖將機緣力及其相關概念加以概念化以及（或者）衡量者（我整合了其中一些做法），參見 Erdelez, 1995; Makri and Blandford, 2012; McCay-Peet and Toms, 2012; Wiseman, 2003. 未來的量表可以汲取靈感自吸收能力（e.g. Zahra and George, 2002）、原創力（e.g. Koh et al., 2007）、有趣程度（Andre et al. 2009）、新穎性（Toms, 2000）。這有些是客觀的，有些是感知的。

43. Tjan, 2010.

第十章

培養「機緣力」的技巧與科學

我是運氣的虔誠信仰者，而我發現自己愈努力工作，我
就得到愈多運氣。

—— 弗來德·艾默遜（F. L. Emerson），鄧恩
麥卡錫（Dunn and McCarthy）公司總裁

　　機緣力是喜悅與驚奇的深刻來源，是讓生命有意義且有意思
的奇蹟時刻之泉源。機緣力可以成為我們旅程的關鍵部分，一段
充實且成功的人生旅程。簡單來說，機緣力能讓我們找回人生的
熱情和衝勁，機緣力能夠將意外從潛在威脅轉化為喜悅的源頭。
若說好人生就是由好日子累積而成，機緣力則能使我們的日子充
滿意義及喜樂。

　　在這個極端化的時代當中，這本書的目標是給人希望，告訴
人創造好生活的策略。此書提供了一套如何塑造自身聰明運氣
的共通敘述，不只是世界上那些理察·布蘭森、J. K. 羅琳、歐
普拉·溫佛瑞、蜜雪兒·歐巴馬、比爾·蓋茲、史蒂夫·賈伯斯
們才可以做到，不只是那些能夠為他人創造幸運環境的人可以做
到，我們所有人都可以用自己的方式做到。

盲目走運雖然是人生的要角之一，但我們還有很多方法可以塑造自身命運，並為自己及他人創造條件，使得「聰明」運氣隨著時間更容易出現，並帶來更好的結果。於是，你所錯過的航班，變成了一個機會，一個愛情的機會、遇見投資者的機會、交朋友的機會，隨便你怎麼說——只要你願意向旁邊的人開口對話。

　　對於那種認定成功抑或來自盲目運氣、抑或來自技巧的舊想法，該是放手的時候了。反之，我們可以努力培養思維和條件，讓積極的運氣、聰明的運氣得以浮現。

　　要發展出一套機緣力思維，重點就在於我們建構世界的方式，也就是要建立起核心動機、看見「點」並將其連結、將「點」化作機會並（潛在）使其加速並擴增。同時，要時時留意我們每個人都會有的潛在偏見或偏差。（這本書其實也不是例外。雖然我企圖把偏見降到最低，但我確定自己還是會時不時出現倖存者偏差的觀點。我今天這樣講述某個故事，但再過個二十年，我講述同一個故事的方式也許會非常不同。）

　　在這個時代，不確定性逼迫許多人將教條當作依靠，然這本書提供了另一種選項：培養機緣力思維及相關機緣力領域，幫助我們面對一切人生加諸於己之事物。這會將人際關係和意義感、歸屬感置於吾人存在之核心。也許對你來說，這是一種看待世界的新方式。如果是這樣的話，我相信這套架構確實有提出重要的問題，在你回答這些問題的時候，它會幫助你和你周遭的人活出更喜悅、更充實、更成功的人生。這是一個過程、而不是一個目的地；這是一套動態的技能、而不是一種靜態的解決方案。就像

是肌肉一樣，在適當的訓練之下，它可以一天比一天更強壯，並且成為你生命自然之道的一部分。即使你一直以來便出於直覺在這麼做，這本書還是為你提供了調整策略、反省並搞懂你原有人生態度的機會。如此，我希望這本書可以為你的人生之道供應額外的正當性——尤其是你如果有時必須編造「直線型故事」來顯得自己可信的話。我希望這本書可以給予你一套積極的說詞，並呈現有孕育機緣力的動能存在，這並不是失去控制，而是破除幻覺感的唯一途徑。

但是，請留意「最佳化的困境」（optimizer dilemma）！如果我們太過執意爭取某件事物，我們可能永遠都達成不了。就像是快樂和愛情，機緣力絕對不是可以強摘的果實；相反地，機緣力是我們可以做好準備等待的事物。類似於「錯過的恐懼」（FOMO），我們最好也要避免「錯過機緣力的恐懼」（FOMS）。不過，如果你有正確的心境和思維、你有意願且做好準備、你對於意外事物抱持開放態度，那麼，各式各樣的機緣力（包括真愛）都會更可能發生。屆時，我們要擁抱「驚訝」，而不要撲滅了「驚訝」的魔法。

從定義上來說，我們無法知道或預測機緣力成果，否則那就不叫作機緣巧合了呀。[1] 但是我們可以做的，是讓那些無法預見的事找上我們，並且使它出現更好的結果。箇中重點不在於出席露面，而是關乎我們「怎麼」出席露面。如果你上健身房的時候，遇到了（可能成為）你人生摯愛的對象，但你當時卻好幾天沒洗澡、情緒惡劣，那你們兩人最終在一起的機率當然會比較低。如果我們想要有個快樂結局，那往往取決於我們何時終止故

事，從哪種（和誰的）觀點去看這個故事，以及我們當下的感受如何。這樣的話，一段以分手告終的感情關係，依然可以被視作「成功」。

對於組織而言，培養出一套「集體思維」（collective mindset）——甚至於動態能力[2]——至關重要，此有助於整合、建構、重新配置內部及外部能力，以造成一種可以促成及孕育意外發現的環境。

我們就是無法知道，到明天的時候，人們會想要什麼或需要什麼，甚至人們本身其實也不知道。汽車時代拂曉之際的亨利‧福特（Henry Ford），所說的或許不錯，他表示，如果問人們想要什麼，人們會回答他們想要跑更快的馬；結果，福特給人們的是汽車，而人們感到很高興。在組織團體當中，我們需要意識到，我們無法預測未來，而我們應當獎賞那些可以創造條件使機緣力發生的人。

社會問題及環境問題尤其難以釐清，且干預的後果往往不可能預測。這意味著，我們需要發展出的政策，不只要圍繞吾人（裝作）已知者、也要圍繞吾人未知者而形成。我們需要更專注於社會機會空間，而少放心思在慣例的想法，這意味的是投資於機緣力思維的基本科學及訓練。具有啟發性的心靈，可能因為宣揚個人可以改變其環境的訊息而招致批評。批評者反過來主張，我們需要的是「體制性改革」。但猜猜怎麼著？體制性改變背後經常是來處出人意料的個人。等待政府去把各個問題給解決，表示人們屈服於消極心態。只要我們牢記於心，有需要加以處置的系統性問題存在，我們也不要自欺只要小小改變就能解決真正問

題，如此，人生還有很多可以做的事情存在，彷彿人生是我們可以掌控的一般——無論你的出身背景是什麼。

想在二十一世紀之中開發結構性適應力、社會流動性與革新，重點並不在於企圖規劃所有的事情。我們能做的最佳選擇，**就是讓自己及他人去創造出條件，無論發生什麼事都能確保使它發揮最大價值**。機緣力成為解放人類潛能的強力機制。正如西門子（Siemens）公司執行長喬伊・凱瑟（Joe Kaeser）告訴我們有志領袖團隊的話：「未來是不確定的。未來的變化會非常快速，所以我們必須創造出具有適應力的思維。而這種適應力其實是積極推進變化的正確要素。」

不過，當然了，培養機緣力並不是顆萬靈丹。結構性動力學的存在——尤其是有關於權力結構者——會使某些人比其他人更容易發展出這種思維及相關的機緣力領域，並且自結果獲益。出生樂透籤導致人們所獲得的財富、教育、技能並不平等，而且確實有難以克服的複雜結構性問題存在著，例如貧困。

但是，孕育機緣力確實是一條強而有力的道路，能跨越不同社會階層和文化背景，使人得以解脫「命運」的限制，並倚靠自己為追求成功做好準備，創造出自己的運氣。對於教育機構——就此而言還包含父母親——來說，支持孩子發展機緣力思維及相關的機緣力領域，乃是創造能駕馭不確定世界的下一代人之要義。這套思維和技能組，正是我們人類與機器人的差別所在。這件事情如今已不僅止於教導知識，而是教導人如何處在一個人與機器有別的世界當中。

我當然沒有這些問題的全部答案。人們對機緣力討論很多，

但所做的研究卻不多。目前已進行的雛型研究，散布在許多不同的學科領域中。我盡可能地試圖加以整合，並在我們證據尚不充足的領域採取類比性思考。我沒有提出很多因果關係的主張，而且我們還需要進行實驗，需要學習的地方還有很多，這本書也有它自身必須面對的挑戰和難題。如果我是在十年前或十年後寫這本書，我的意義建構過程也許會非常不一樣。在這裡真的有很多倖存者偏差，以及其他諸多如確認偏差（confirmation bias）等等的問題。[3] 但目前為止，我已經盡力了，而我期望將此視為與你一同共創及學習的旅程。

我希望這本書只是一趟旅程的起點，還希望它能成為一場運動的開端。我很盼望能加入你個人的機緣力旅程。對我來說，這本書是質疑自己所持信仰及偏見（這些東西還不少）的絕佳理由，也是重新思考成功與我視為理所當然事物的絕妙理由。

我們可能想要問，未來會不會有什麼情緒的、物理的或精神的「基本要素」出現，沒有它我們就無法培養機緣力呢？人們可以加以專精嗎？我們有多大程度要仰賴於機緣力思維，又有多大程度需要依賴其他比較「可預測」的學習及探索型態呢？這本書乃是奠基於「理性樂觀主義」（rational optimism）之上，也就是呼籲你即便被憤世嫉俗者包圍，但依然要保持樂觀。維克多・法蘭克的見解是，我們需要從做樂觀主義者出發，之後才能成為真正的務實者，這項觀點是受到歌德的啟發，歌德認為，如果我們接受人們目前的樣子，我們會使人們變得更糟糕，但如果我們以人們所能成為的樣子看待他，我們就在使他成為他能夠成為的人才。我希望，這本書可以幫助我們發展自我、自己的友誼和組

織，使自己成為自己真正能夠成為的那個人。這裡所指的並不是特別的終點或特殊的「最佳自我」，而是嘗試完整自我的各種變化。帶著可以引導我們進行這趟旅程的架構，來探索我們可以成為誰的潛能吧。

　　這個世界有很多部分都是由社會建構的，一旦我們開始質疑既有的結構或思想，我們就會為自己及他人開闢出一個全新的世界。也許，這可以塑造出嶄新的、更健全的、以「開明自我利益」為基礎的資本主義型態，而我們乃會成為塑造者之一，在這樣的資本主義型態之中，那些出生籤運比較好的人，會為那些起初沒那麼好運的人開闢機會空間。這可以讓每個人都成為自身聰明運氣的動能，而不會淪為消極的接收者。這本書是一個提醒，提醒我們不需要把所有事情都弄清楚，一套機緣力思維便可讓我們得以在未來之海航行。

　　於是，「我活著是在幹什麼？」這個問題的解答可以是「我正在為機緣力作準備。」

註釋

1. Van Andel, 2014.
2. Busch and Barkema, 2019; de Rond et al., 2011.
3. 贊同、搜尋、詮釋與回憶——確認既有信仰——資訊的傾向（e.g. Plous, 1993）。我使用為質性方法所開發出的質量標準，企圖把這個問題降到最低的程度（參見 e.g. Flick, 2009）。

致謝

　　這本書站在巨人們的肩膀上，所謂巨人所指的既有精采的研究論文，也有分享其故事及觀察的美麗心靈。這本書是我過去十五年人生的集錦，許多我最親愛的人也是此歷程之一部分。我的編輯叫我寫短一點，所以我會專注於那些了不起的心靈和靈魂，沒有他們的愛、支持及耐心，這本書根本不可能問世。任何的致謝辭都不足以回報他們對我的信任，但我希望這能算是一個開始。

　　Ulla Busch、Rainer Busch、Malte Busch 是我人生的磐石，他們使我感覺每件事都有可能，讓我奠下自覺且喜悅的人生基礎。我的祖母 Leni 雖然在成書之前離世，但她是我的榜樣，尤其是關於毅力韌性、及面對人生而物盡所用等等事情。

　　Grace Gould 讓我在經歷一段困頓時期之後能夠再度相信自己，對於她的鼓勵，我無論怎麼感謝都不為過，她讓我充滿歡笑，提醒我再度專注於那些自己最熱愛的事情。在我人生最困難的時候，Sophie Johnsson 大多在我身旁，我非常感謝她願意當我的情感基石。

　　在這整趟旅程中，Gail Rebuck 是個真誠的引導者、啟發者兼參謀，對於她的智慧、鼓勵與到位的建議，我實在不勝感激。

　　代理商 Gordon Wise 及 Kristine Dahl 真的是排除萬難。Penguin Life 出版社的 Emily Robertson 和 Marianne Tatepo，Riverhead 出版

社的 Jake Morrissey 運用了他們的編輯幹才，幫助我將我的想法化作一本可讀的書籍。公關商 Julia Murday 和 Shailyn Tavella 則讓這本書得以公開上市。

我在紐約大學全球事務中心和倫敦政經學院馬歇爾研究所（Marshall Institue）的同事們，為我提供了我所能期望的最佳基地。我的學術研究夥伴，尤其是 Harry Barkema、Saul Estrin、Susan Hill，教導我體會將學科及有意義影響力兩者結合起來的喜悅。我的有志領袖團隊成員，尤其是 Christa Gyori、Tatjana Kazakova、Leith Sharp、Maya Brahman、Nicole Belleslie，始終為我提供充沛的能量。

Stephan Chambers、Michael Hastings、Gerry George、Steven D'Souza、Michael Mayernick，以及我在沙盒網絡的共同創辦人，在過去數年間對我有極大的啟發。Phil Kaye 和 Fabian Pfortmüller 讓我獲得啟示而變得敏感，尤其是關乎潛在的結構性動能，例如──會在日常生活中呈現的──種族偏見等隱性偏見。

Carolin Krenzer、Tuukka Toivonen、Paolo Rigutto、Karin King、Noa Gafni、Tatjana Kazakova、Matthew Grimes、Jim de Wilde、Marlon Parker、Steven D'Souza、Tim Weiss、Arieh Mimran 和 Nachson Mimran、Willem Büchler、Christoph Seckler、Christopher Ankersen、Edward Goldberg，在我撰稿初期過程中付出許多時間和心神。我非常感謝他們持續的回饋意見及建議。Simon Watkins 和 Shane Richmond 大力協助我構思點子和內容。Brad Gyori 讓我開了眼界，發現藝術在理解和安排機緣力一事中的角色。

對於我的想法和點子，機緣力者化身 Jessica Carson 始終是

一面啟發與滋養的鏡子。

The Sandbox Network、Nexus Summit、World Economic Forum、Performance Theatre、MakeSense、Royal Academy of Arts 和 Global Shapers communities 一直是我的靈感源頭。Simon Engelke 和促進機緣連結的平臺 Seredy.org 將我介紹給不可思議的人物。

Alice Wang、Alexa Wright、Jill Juergensen、Kelsey Beuning、Michael Junga 在資料蒐集與分析方面，幫上我很大的忙。

最後提到但一樣重要的是，我衷心感謝那些曾經與我分享想法及故事的聰慧心靈。我們雖然無法將全部的故事都放到這本書裡面，但我期望用其他方式來將其中最鼓舞人心的部分公諸於世。

這本書所匯集的點子、思想、見解，來自各式各樣的美麗心靈及靈魂，而我盡可能地如實呈現，我確定自己一定有什麼地方沒做好，無法忠實表達那些點子的天才。我絕對會好好磨練自己，將此視為一場對話的起點。還有很多與我親近的人曾經表示支持，我會找到其他方式好好感謝他們的。

這本書乃是密集追尋意義的成果。當然，想起我所遇見的人和想法，我真的很幸運。然而，能將這些片刻轉化為連貫整體的事物，絕對比單純的機率遠為奇妙許多，而這正是機緣力。謝謝你能夠成為這趟旅程的一部分。

參考書目

Adamson, R. E. and Taylor, D. W., 1954. Functional Fixedness as Related to Elapsed Time and to Set. *Journal of Experimental Psychology*, 47(2): 122–6

Adner, R. and Kapoor, R., 2010. Value Creation in Innovation Ecosystems: How the Structure of Technological Interdependence Affects Firm Performance in New Technology Generations. *Strategic Management Journal*, 31(3): 306–33

Aknin, L. B., Dunn, E. W., Sandstrom, G. M. and Norton, M. I., 2013. Does Social Connection Turn Good Deeds into Good Feelings? on the Value of Putting the 'Social' in Prosocial Spending. *International Journal of Happiness and Development*, 1(2): 155–71

Alesina, A., Glaeser, E. and Sacerdote, B., 2001. Why Doesn't the US Have a European-Style Welfare System? Brookings Papers on Economic Activity, 3(1): 1–66

Allen, T. J. and Marquis, D. G., 1964. Positive and Negative Biasing Sets: The Effects of Prior Experience on Research Performance. *Administrative Science Quarterly*, 35(4): 604–33

Alstyne, M., Parker, G. and Choudary, S., 2016. Pipelines, Platforms and the New Rules of Strategy. *Harvard Business Review*, 22 April

Altshuller G, 1998. *40 Principles: TRIZ Keys to Technical Innovation*. Worcester, MA: Technical Innovation Center

Amabile, T., Conti, R., Coon, H., Lazenby, J. and Herron, M., 1996. Assessing the Work Environment for Creativity. *Academy of Management Journal*, 39(5): 1154–84

Andre, P., Cazavan-Jeny, A., Dick, W., Richard, C. and Walton, P., 2009. Fair Value Accounting and the Banking Crisis in 2008: Shooting the Messenger. *Accounting in Europe*, 6(1): 3–24

Andriani, P., Ali, A. and Mastrogiorgio, M., 2017. Measuring Exaptation and Its Impact on Innovation, Search and Problem Solving. *Organization Science*, 28: 320–38

Andriani, P. and Cattani, G., 2016. Exaptation as Source of Creativity, Innovation and Diversity: Introduction to the Special Section. *Industrial and Corporate Change*, 25(1): 115–31

AoK Fehlzeiten Report, 2018 (WIdO, Universitaet Bielefeld, Beuth Hochschule fur Technik); www.wiwo.de/erfolg/beruf/fehlzeiten-report-sinnlose-arbeit-macht-krank/22993760.html

Arnon, R. and Kreitler, S., 1984. Effects of Meaning Training on Overcoming Functional Fixedness. *Current Psychological Research and Reviews* 3(4): 11–24

Asch, S. E., 1951. Effects of Group Pressure Upon the Modification and Distortion of Judgments. In H. Guetzkow (ed.), *Groups, Leadership and Men*. Pittsburgh, PA: Carnegie Press, pp. 222–36

Austin, R. D., Devin, L. and Sullivan, E. E., 2012. Accidental Innovation: Supporting Valuable

Unpredictability in the Creative Process. *Organization Science*, 23(5): 1505–22

Ayton, P. and Fischer I., 2004. The Hot Hand Fallacy and the Gambler's Fallacy: Two Faces of Subjective Randomness? *Memory and Cognition*, 32(8): 1369–78

Bacon, B., Daizullah, N., Mulgan, G. and Woodcraft, S., 2008. *Transformers: How Local Areas Innovate to Address Changing Social Needs*. London: NESTA

Baldwin, C. and von Hippel, E., 2011. Modeling a Paradigm Shift: From Producer Innovation to User and Open Collaborative Innovation. *Organization Science*, 22(6): 1399–417

Bandura, A., 2006. Toward a Psychology of Human Agency. *Perspectives on Psychological Science*, 1(2): 164 80

Barber, B. and Fox, R. C., 1958. The Case of the Floppy-Eared Rabbits: An Instance of Serendipity Gained and Serendipity Lost. *American Journal of Sociology*, 64(2): 128–36

Barber, R. K. and Merton, E., 2006. *The Travels and Adventures of Serendipity: A Study in Sociological Semantics and the Sociology of Science*. Princeton, NJ: Princeton University Press Barnett, W. P., 2008. *The Red Queen Among Organizations: How Competitiveness Evolves*. Princeton, NJ: Princeton University Press

Barnsley, R. H., Thompson, A. H. and Barnsley, P. E., 1985. Hockey Success and Birth-Date: The Relative Age Effect. *Canadian Association for Health, Physical ducation and Recreation Journal*, 51(1): 23–8

Baron, Robert A., 2008. The Role of Affect in the Entrepreneurial Process. *Academy of Management Review*, 33(2): 328–40

Beale, R., 2007. Supporting Serendipity: Using Ambient Intelligence to Augment User Exploration for Data Mining and Web Browsing. *International Journal of Human-Computer Studies*, 65: 421–33

Bebchuk, L. A. and Fried, J. M., 2009. Paying for Long-Term Performance. *University of Pennsylvania Law Review*, 158: 1915–59

Bedard, Jean and Michelene T. H Chi, 1992. Expertise. *Current Directions in Psychological Science*, 1(4): 135–9

Beitman, B., 2016. *Connecting with Coincidence: The New Science for Using Synchronicity and Serendipity in Your Life*. Boca Raton, FL: Health Communications

Benabou, R. and Tirole, J., 2006. Incentives and Prosocial Behavior. *American Economic Review*, 96(5), 1652–78

Benjamin, D. J., Heffetz, O., Kimball, M. S. and Szembrot, N., 2014. Beyond Happiness and Satisfaction: Toward Well-Being Indices Based on Stated Preference. *American Economic Review*, 104(9): 2698–735

Bindl, U. K., Parker, S. K., Totterdell, P. and Hagger-Johnson, G., 2012. Fuel of the Self-Starter: How Mood Relates to Proactive Goal Regulation.*Journal of Applied Psychology*, 97(1): 134–50

Biondo, A. E., Pluchino, A., Rapisarda, A. and Helbing, D., 2013. Reducing Financial Avalanches by Random Investments. *Physical Review*, 6 September

Birdi, K. S., 2005. No idea? Evaluating the Effectiveness of Creativity Training. *Journal of*

European Industrial Training, 29(2): 102–11

Borja, M. C. and Haigh, J., 2007. The Birthday Problem. *Significance*, 4(3): 124–7

Boyd, W., 1998. *Armadillo: A Novel*. New York: Vintage

Bradley, S. E. K. and Casterline, J. B., 2014. Understanding Unmet Need: History, Theory and Measurement. *Studies in Family Planning*, 45(2): 123–50

Brafman, O. and Beckstrom, R., 2006. *The Starfish and the Spider: The Unstoppable Power of Leaderless Organizations*. New York: Penguin

Bridgman, T., Cummings, S. and Ballard, J., 2019. Who Built Maslow's Pyramid? A History of the Creation of Management Studies' Most Famous Symbol and Its Implications for Management Education. *Academy of Management Learning and Education*, 18(1): 81–98

Brown, S., 2005. Science, Serendipity and Contemporary Marketing Condition. *European Journal of Marketing*, 39: 1229–34

Bunge, M., 1996. *Finding Philosophy in Social Science*. New Haven, CT: Yale University Press

Burgelman, R. A., 2003. Practice and You Get Luckier. *European Business Forum*, 1(16): 38–9

Burt, R., 2004. Structural Holes and Good Ideas. *American Journal of Sociology*, 110(2): 349–99

Busch, C., 2012. Building and Sustaining Impact Organizations. TEDxLSE; www.youtube.com/watch?v=mfGb1qZ7bW0

——, 2014. Substantiating Social Entrepreneurship Research: Exploring the Potential of Integrating Social Capital and Networks Approaches. *International Journal of Entrepreneurial Venturing*, 6(1): 69–84

——, 2018. How to make serendipity happen at work. Geneva: World Economic Forum; www.weforum.org/agenda/2018/07/how-to-make-serendipity-happen-at-work/

——, 2019. Fit for the Future: Integrating Profit and Purpose at Scale. In B. Gyori, C. Gyori and T. Kazakova (eds.), *Leaders on Purpose CEO Study 2019: Purpose-Driven Leadership for the 21st Century–How Corporate Purpose is Fundamental to Reimagining Capitalism*, London: Leaders on Purpose, pp. 43–8

Busch, C. and Barkema, H. G., 2016. How and Why Does the Network of Social Entrepreneurs in Low-Income Contexts Influence Performance? *Academy of Management Proceedings*, 2018(1)

——, 2017. Scaling Bricolage in the Context of Deep Poverty. *Academy of Management Proceedings*, 2017(1)

——, Planned Luck: How Incubators Can Facilitate Serendipity for Nascent Entrepreneurs through Fostering Network Embeddedness. *Entrepreneurship Theory & Practice* (forthcoming)

——, 2019. Social Entrepreneurs as Network Orchestrators. In G. George, P. Tracey, T. Baker and J. Havovi (eds.), *Handbook of Inclusive Innovation*. London: Edward Elgar, pp. 464–86

Busch, C. and Lup, D., 2013. The Role of Communities in Social Innovation. Paper presented at the International Social Innovation Research Conference, Said Business School,

University of Oxford

Busch, C. and Mudida, R., 2018. Transcending Homophily: Navigating Institutional Change in Ethnically Fragmented Societies. *Academy of Management Proceedings*, 2018(1)

Busenitz, L. W., 1996. Research on Entrepreneurial Alertness. *Journal of Small Business Management*, 34(4): 35–44

Byrne, D., 2005. Complexity, Configurations and Cases. *Theory, Culture and Society*, 22(5): 95–111

Cain, S., 2013. *Quiet: The Power of Introverts in a World That Can't Stop Talking*. New York: Broadway Books

Camerer, C. and Lovallo, D. A. N., 1999. Overconfidence and Excess Entry: An Experimental Approach. *American Economic Review*, 89(1): 306–18

Carpenter, E., 2015. *Art of Creation: Essays on the Self and Its Powers* (Classic Reprint). London: Forgotten Books

Catmull, E., 2008. How Pixar Fosters Collective Creativity. *Harvard Business Review*, September

Chalmers, A., 1982. *What is This Thing Called Science?* (2nd edn). St Lucia: University of Queensland Press

Chanan, G. and Miller, C., 2010. The Big Society: How It Could Work: A Positive Idea at Risk from Caricature. PACES; www.pacesempowerment.co.uk/pacesempowerment/Publications. html

Chen, L. Y., 2016. Tencent Using Internal Competition in App Push; www.bloomberg.com/ news/videos/2016-09-14/tencent-using-internal-competition-in-app-push

Chopra, D., 1994. *Seven Spiritual Laws of Success*. San Rafael, CA: Amber-Allen

Christoff, K., Gordon, A. M., Smallwood, J., Smith, R. and Schooler, J. W., 2009. Experience Sampling During fMRI Reveals Default Network and Executive System Contributions to Mind Wandering. *Proceedings of the National Academy of Sciences*, 106(21): 8719–24

Churchill, J., von Hippel, E. and Sonnack, M., 2009. Lead User Project Handbook: A Practical Guide for Lead User Project Teams; https://evhippel.files.wordpress.com/2013/08/lead-user-project-handbook-full-version.pdf

Cialdini, R. B., 1984. *Influence: The Psychology of Persuasion*. New York: HarperBusiness

Clegg, S. R., Vieira da Cunha, J. and Pina e Cunha, M., 2002. Management Paradoxes: A Relational View. *Human Relations*, 55(5): 483–503

Coad, A., 2009. *The Growth of Firms: A Survey of Theories and Empirical Evidence*. Cheltenham: Edward Elgar

Cohen, M. D., March, J. G. and Olsen, J. P., 1972. A Garbage Can Model of Organizational Choice. *Administrative Science Quarterly*, 17(1): 1–25

Conboy K., 2009. Agility from First Principles: Reconstructing the Concept of Agility in Information Systems Development. *Information Systems Research*, 20(3): 329–54

Conrad, Klaus, 1958. *Die beginnende Schizophrenie. Versuch einer Gestaltanalyse des Wahns* [The Onset of Schizophrenia: An Attempt to Form an Analysis of Delusion]. Stuttgart:

Georg Thieme Verlag

Copeland, S. M., 2017. Unexpected Findings and Promoting Monocausal Claims, a Cautionary Tale. *Journal of Evaluation in Clinical Practice*, 23:5, 1055–1061

——, 2018. 'Fleming leapt upon the unusual like a weasel on a vole': Challenging the Paradigms of Discovery in Science. *Perspectives on Science*, 26(6): 694–721

Cornelissen, J. P. and Durand, R., 2012. Moving Forward: Developing Theoretical Contributions in Management Studies. *Journal of Management Studies*, 51(6): 995–1022

Cosmelli D. and Preiss, D. D., 2014. On the Temporality of Creative Insight: A Psychological and Phenomenological Perspective. *Frontiers in Psychology*, 5(1184): 1–6

Crant, J., 2000. Proactive Behavior in Organizations. *Journal of Management*, 26(3): 435–62

Crawford, Lawrence, 1984. Viktor Shklovskij: Differance in Defamiliarization. *Comparative Literature*, 36(3): 209–19

Czarniawska-Joerges, B., 2014. *A Theory of Organizing*. Cheltenham: Edward Elgar

D'Souza, S. and Renner, D., 2016. *Not Knowing: The Art of Turning Uncertainty into Opportunity*. London: LID Publishing

Dane, E., 2010. Paying Attention to Mindfulness and Its Effects on Task Performance in the Workplace. *Journal of Management*, 37(4): 997–1018

Danneels, E., 2011. Trying to Become a Different Type of Company: Dynamic Capability at Smith Corona. *Strategic Management Journal*, 32(1): 1–31

David, S., 2016. *Emotional Agility: Get Unstuck, Embrace Change and Thrive in Work and Life*. New York: Avery

Davis, M. C., Leach, D. J. and Clegg, C. W., 2011. The Physical Environment of the Office: Contemporary and Emerging Issues. In G. P. Hodgkinson and J. K. Ford (eds.), *International Review of Industrial and Organizational Psychology*, 26. Chichester: Wiley, pp. 193–237

Davis, M. S., 1971. That's Interesting! Towards a Phenomenology of Sociology and a Sociology of Phenomenology. *Philosophy of the Social Sciences*, 1: 309–44

De Bono, E., 1985. *Six Thinking Hats: An Essential Approach to Business Management*. London: Little, Brown

——, 1992. *Serious Creativity: Using the Power of Lateral Thinking to Create New Ideas*. New York: HarperBusiness

——, 2015. *Serious Creativity: How to be Creative Under Pressure and Turn Ideas into Action*. London: Random House

De Rond, M., 2014. The Structure of Serendipity. *Culture and Organization*, 20(5): 342–58

De Rond, M., Moorhouse, A. and Rogan, M., 2011. Make Serendipity Work For You; https://hbr.org/2011/02/make-serendipity-work

De Rond, M. and Morley, I., 2009. *Serendipity*. Cambridge: Cambridge University Press

Delanty, G., Giorgi, L. and Sassatelli, M. (eds.), 2013 (reprint). *Festivals and the Cultural Public Sphere*. London: Routledge

Denrell, J., 2003. Vicarious Learning, Undersampling of Failure and the Myths of

Management. *Organization Science*, 14(3): 227–43

Denrell, J., Fang, C. and Liu, C., 2015. Chance Explanations in the Management Sciences. *Organization Science*, 26(3): 923–40

———, 2019. In Search of Behavioral Opportunities from Misattributions of Luck. *Academy of Management Review* (in press)

Denrell J., Fang C. and Winter, S. G., 2003. The Economics of Strategic Opportunity. *Strategic Management Journal*, Special Issue 24(10): 977–90

Denrell, J., Fang, C. and Zhao, Z., 2013. Inferring Superior Capabilities from Sustained Superior Performance: A Bayesian Analysis. *Strategic Management Journal*, 34(2): 182–96

Denrell J. and March J., 2001. Adaptation as Information Restriction: The Hot Stove Effect. *Organization Science*, 12(5): 523–38

Derrida, J., 1982. *Margins of Philosophy* (1st British edn). Belfast: Prentice Hall/Harvester Wheatsheaf

Dew, N., 2009. Serendipity in entrepreneurship. *Organization Studies*, 30(7): 735–53

Diaz de Chumaceiro, C. L., 2004. Serendipity and Pseudoserendipity in Career Paths of Successful Women: Orchestra Conductors. *Creativity Research Journal*, 16(2–3): 345–56

Dillon, R. L. and Tinsley, C. H., 2008. How Near-Misses Influence Decision Making Under Risk: A Missed Opportunity for Learning. *Management Science*, 54(8): 1425–40

Doidge N., 2007. *The Brain That Changes Itself: Stories of Personal Triumph From the Frontiers of Brain Science*. New York: Viking

Duckworth, A., 2016. *Grit: The Power of Passion and Perseverance*. New York: Scribner

Dunbar, K. and Fugelsang, J., 2005. Causal Thinking in Science: How Scientists and Students Interpret the Unexpected. In M. E. Gorman, R. D. Tweney, D. Gooding and A. Kincannon (eds.), *Scientific and Technological Thinking*. Mahwah, NJ: Lawrence Erlbaum, pp. 57–79

Duncker, K., 1945. On Problem Solving. *Psychological Monographs*, 58(5), i–113

Dunn, E. W., Aknin, L. B. and Norton, M. I., 2008. Spending Money on Others Promotes Happiness. *Science*, 319(5870): 1687–8

Durand, R. and Vaara, E., 2009. Causation, Counterfactuals and Competitive Advantage. *Strategic Management Journal*, 30(12): 1245–64

Dweck, C., 2006. *Mindset: The New Psychology of Success*. New York: Random House Eagle, N., Macy, M. and Claxton, R., 2010. Network Diversity and Economic Development. *Science*, 328(5981): 1029–31

Edmondson, A., 1999. Psychological Safety and Learning Behavior in Work Teams. *Administrative Science Quarterly*, 44(2): 350–83

Eisenstein, S., 1969. *Film Form: Essays in Film Theory by Sergei Eisenstein*. New York: Harcourt

Elfring, T. and Hulsink, W., 2003. Networks in Entrepreneurship: The Case of High-Technology Firms. *Small Business Economics*, 21(4): 409–22

Emirbayer, M. and Mische, A., 1998. What is Agency? *American Journal of Sociology*, 103: 962–1023

Engel, Y., Kaandorp, M. and Elfring, T., 2017. Toward a Dynamic Process Model of Entrepreneurial Networking Under Uncertainty. *Journal of Business Venturing*, 32: 35–51

Erdelez, S., 1999. Information Encountering: It's More Than Just Bumping into Information. *American Society for Information Science*, 25: 25–9

Ericsson, K. A. and Staszewski, J. J., 1989. Skilled Memory and Expertise: Mechanisms of Exceptional Performance. In D. Klahr and K. Kotovsky (eds.), *Complex Information Processing: The Impact of Herbert A. Simon*. Hillsdale, NJ: Erlbaum: 235–67

Ernst and Young, 2016. The Upside of Disruption: Megatrends Shaping, 2016 and Beyond; https://assets.ey.com/content/dam/ey-sites/ey-com/en_gl/topics/disruption/ey-megatrends-final-onscreen.pdf

Fan, J., Zhang, J. and Yu, K., 2012. Vast Portfolio Selection with Gross-Exposure Constraints. *Journal of the American Statistical Association*, 107:498, 592–606

Felin, F. and Zenger, T. R., 2015. Strategy, Problems and a Theory for the Firm. *Organization Science*, 27(1): 207–21

Ferre, J., Brown S. D. and Rius F. X., 2001. Improved Calculation of the Net Analyte Signal in Inverse Multivariate Calibration. *Journal of Chemometrics*, 15(6): 537–53

Fildes, R., Goodwin, P., Lawrence, M. and Nikolopoulos, K., 2009. Effective Forecasting and Judgmental Adjustments: An Empirical Evaluation and Strategies for Improvement in Supply-Chain Planning.*International Journal of Forecasting*, 25(1): 3–23

Fine, G. A. and Deegan, J. G., 1996. Three Principles of Serendip: Insight, Chance and Discovery in Qualitative Research. *International Journal of Qualitative Studies in Education*, 9(4): 434–47

Fisher, R., Ury, W. L. and Patton, B., 2011. *Getting to Yes: Negotiating Agreement Without Giving In*. New York: Penguin

Fleming, L. and Sorenson, O., 2004. Science as a Map in Technological Search. *Strategic Management Journal*, 25(8–9): 909–28

Flick, U., 2009. *An Introduction to Qualitative Research* (4th edn). London: Sage

Foster, A. and Ford, N., 2003. Serendipity and Information Seeking: An Empirical Study. *Journal of Documentation*, 59(3): 321–40

Frank, R., 2016. *Success and Luck: Good Fortune and the Myth of Meritocracy*. Princeton: Princeton University Press

Garriga, H., von Krogh, G. and Spaeth, S., 2013. How Constraints and Knowledge Impact Open Innovation. *Strategic Management Journal*, 34(9): 1134–44

Garud, R., Hardy, C. and Maguire, S., 2007. Institutional Entrepreneurship as Embedded Agency: An Introduction to the Special Issue. *Organization Studies*, 28(7): 957–69

Gentner, D. and Markman, A. B., 1997. Structure Mapping in Analogy and Similarity. *American Psychologist*, 52(1): 45–56

German, T. P. and Barrett, H. C., 2005. Functional Fixedness in a Technologically Sparse Culture. *Psychological Science*, 16(1): 1–5

German, T. P. and Defeyter, M. A., 2000. Immunity to Functional Fixedness in Young Children.

Psychonomic Bulletin and Review, 7(4): 707–12

Geroski, P. A., 2005. Understanding the Implications of Empirical Work on Corporate Growth Rates. *Managerial and Decision Economics*, 26(2): 129–38

Gesteland, R. R., 2005. *Cross-Cultural Business Behavior*. Copenhagen: Copenhagen Business School Press

Ghemawat, P. and Levinthal, D. A., 2008. Choice Interactions and Business Strategy. *Management Science*, 54(9): 1638–51

Gick, M. L. and Holyoak, K. J., 1980. Analogical Problem Solving. *Cognitive Psychology*, 12(3): 306–55

Gilbert, D. T. and Malone, P. S., 1995. The Correspondence Bias. *Psychological Bulletin*, 117(1): 21–38

Gilbert, J. and Knight, R., 2017. *Dirt is Good: The Advantage of Germs for Your Child's Developing Immune System*. London: St Martin's Press

Gilchrist, A., 2009. *The Well-Connected Community* (2nd edn). Cambridge: Polity Press

Gilhooly, K. J. and Murphy, P., 2005. Differentiating Insight from Non-Insight Problems. *Thinking and Reasoning*, 11(3): 279–302

Gladwell, M., 2008. *Outliers: The Story of Success*. London: Allen Lane

Glaser, B. G. and Strauss, A. L., 1967. *The Discovery of Grounded Theory*. Chicago: Aldine

Goldstein, D. G. and Gigerenzer, G., 2002. Models of Ecological Rationality: The Recognition Heuristic. *Psychological Review*, 109(1): 75–90

Gould, R. V., 2002. The Origins of Status Hierarchies: A Formal Theory and Empirical Test. *American Journal of Sociology*, 107(5): 1143–78

Gould, S. J. and Vrba, E. S., 1982. Exaptation–a Missing Term in the Science of Form. *Paleobiology*, 8 (1): 4–15

Graebner, M. E., 2004. Momentum and Serendipity: How Acquired Leaders Create Value in the Integration of Technology Firms. *Strategic Management Journal*, 25(89): 751–77

Granovetter, M. S., 1973. The Strength of Weak Ties. *American Journal of Sociology*, 78(6): 1360–80

Grant, A., 2014. *Give and Take: Why Helping Others Drives Our Success*. New York: Penguin

——, 2015. No, You Can't Pick My Brain, But I'll Talk to You Anyway; www.huffingtonpost.com/adam-grant/no-you-cant-pick-my-brain_b_8214120.html

——, 2017. *Originals: How Non-Conformists Move the World*. New York: Penguin

Gromet, D. M., Hartson, K. A. and Sherman, D. K., 2015. The Politics of Luck: Political Ideology and the Perceived Relationship Between Luck and Success. *Journal of Experimental Social Psychology*, 59: 40–46

Gronbak, K., 1989. Rapid Prototyping with Fourth Generation Systems: An Empirical Study. DAIMI Report Series 17, No. 270

Gummere, R. M., 1989. *Seneca Epistulae Morales*. Boston: Loeb

Guy, J. H., Deakin, G. B., Edwards, A. M., Miller, C. M. and Pyne, D. B,2014. Adaptation to Hot Environmental Conditions: An Exploration of the Performance Basis, Procedures and

Future Directions to Optimise Opportunities for Elite Athletes. *Sports Medicine*, 45(3): 303–11

Gyori, B., 2018. Creating Kismet: What Artists Can Teach Academics About Serendipity. In M. D. Goggin and P. N. Goggin (eds.), *Serendipity in Rhetoric, Writing and Literacy Research*. Louisville, CO: Utah State University Press, pp. 247–56

Gyori, B., Gyori, C. and Kazakova, T. (eds.), 2019. *Leaders on Purpose CEO Study 2019: Purpose-Driven Leadership for the 21st Century–How Corporate Purpose is Fundamental to Reimagining Capitalism*. London: Leaders on Purpose

Gyori, B., Gyori, C. and Kazakova, T., 2019. The CEO Study; www.leadersonpurpose.com/the-ceo-study

Gyori, C., Sharp, L., Busch, C., Brahmam, M., Kazakova, T. and Gyori, B. (eds.), 2018. *Leaders on Purpose CEO Study 2018: Purpose-Driven Leadership for the 21st Century–North Star*. Washington DC: Leaders on Purpose

Hadjikhani, N., Kveraga, K., Naik, P. and Ahlfors, S. P., 2009. Early (M170) Activation of Face-Specific Cortex by Face-Like Objects. *Neuroreport*, 20(4): 403–7

Hagel III, J., Brown, J. and Davison, L., 2012. *The Power of Pull*. New York: Basic Books

Hall, E. T., 1976. *Beyond Culture*. New York: Anchor Books/Doubleday Hallen, B. L. and Eisenhardt, K. M., 2012. Catalyzing Strategies and Efficient Tie Formation: How Entrepreneurial Firms Obtain Investment Ties. *Academy of Management Journal*, 55(1): 35–70

Hannan, M. T., Polos, L. and Carroll, G. R., 2003. Cascading Organizational Change. *Organization Science*, 14(5): 463–82

Hargadon and Bechky, 2006. When Collective of Creative Becomes Creative Collectives: A Field Study of Problem Solving at Work. *Organization Science*, 17(4): 484–500

Hargadon, A. and Sutton, R. I., 1997. Technology Brokering and Innovation in a Product Development Firm. *Administrative Science Quarterly*, 42(4): 716–49

Harrison, J. R. and March, J. G., 1984. Decision Making and Postdecision Surprises. *Administrative Science Quarterly*, 29(1): 26–42

Heinstroem, J., 2006. Psychological Factors Behind Incidental Information Acquisition. *Library and Information Science Research*, 28: 579–94

Henderson, A. D., Raynor, M. E. and Ahmed, M., 2012. How Long Must a Firm be Great to Rule Out Chance? Benchmarking Sustained Superior Performance Without Being Fooled by Randomness. *Strategic Management Journal*, 33(4): 387–406

Hernando, A., Villuendas, D., Vesperinas, C., Abad, M. and Plastino, A., 2009. Unravelling the Size Distribution of Social Groups with Information Theory on Complex Networks. *The European Physical Journal B*, 76(1): 87–97

Herndon, T., Ash, M. and Pollin, R., 2014. Does High Public Debt Consistently Stifle Economic Growth? A Critique of Reinhart and Rogoff. *Cambridge Journal of Economics*, 38(2): 257–79

Hewstone, M., 1989. *Causal Attribution: From Cognitive Processes to Collective Beliefs*.

London: Wiley-Blackwell

Hilary, G. and Menzly, L., 2006. Does Past Success Lead Analysts to Become Overconfident? *Management Science*, 52(4): 489–500

Hofstede, G., 1984. *Culture's Consequences: International Differences in Work-Related Values*. Beverly Hills: Sage

Hogarth, R. M. and Makridakis, S., 1981. Forecasting and Planning: An Evaluation. *Management Science*, 27(2): 115–38

House, R. J., Hanges, P. J., Javidan, M., Dorfman, P. W. and Gupta, V., 2004. *Culture, Leadership and Organizations: The GLOBE Study of 62 Societies*. Thousand Oaks: Sage

Hsieh, C., Nickerson, J. A. and Zenger, T. R., 2007. Opportunity Discovery, Problem Solving and a Theory of the Entrepreneurial Firm. *Journal of Management Studies*, 44(7): 1255–77

Huldtgren, A., 2014. Design for Values in ICT. In J. van den Hoven, P. Vermaas and I. van de Poel (eds.), *Handbook of Ethics, Values and Technological Design*, Dordrecht: Springer, pp. 1–24

Huldtgren, A., Mayer, C., Kierepka, O. and Geiger, C., 2014. Towards Serendipitous Urban Encounters with Soundtrackofyourlife. *Proceedings of the 11th Conference on Advances in Computer Entertainment Technology*. New York: ACM

Isaacson, W., 2011. *Steve Jobs*. New York: Simon and Schuster

Isen, A. M., Daubman, K. A. and Nowicki, G. P., 1987. Positive Affect Facilitates Creative Problem Solving. *Journal of Personality and Social Psychology*, 52(6): 1122–31

International Electrotechnical Commission, 2006. *Fault Tree Analysis (FTA), International Standard IEC 61025*. Geneva: IEC, Geneva

Iyengar, S. S. and Lepper, M. R., 2000. When Choice is Demotivating: Can One Desire Too Much of a Good Thing? *Journal of Personality and Social Psychology*, 79(6): 995–1006

Jaekel, P., 2018. Why We Hear Voices in Random Noise; http://nautil.us/blog/why-we-hear-voices-in-random-noise, retrieved August 2018

Jeppesen, L. B. and Lakhani, K. R., 2010. Marginality and Problem-Solving Effectiveness in Broadcast Search. *Organizational Science*, 21(5): 1016–33

Jung, C. G., 2010. *Synchronicity: An Acausal Connecting Principle*. In *The Collected Works of C. G. Jung*, vol. 8, Princeton: Princeton University Press

Kahneman, D., 2011. *Thinking, Fast and Slow*. London: Penguin

Kahneman, D. and Miller, D. T., 1986. Norm Theory: Comparing Reality to Its Alternatives. *Psychological Review*, 93(2): 136–53

Kapoor, R. and Agarwal, S., 2017. Sustaining Superior Performance in Business Ecosystems: Evidence from Application Software Developers in the IOS and Android Smartphone Ecosystems. *Organization Science*, 28(3): 531–51

Kasarda, J. and Lindsay, G., 2012. *Aerotropolis: The Way We'll Live Next*. London: Penguin

Katz, D. M., Bommarito II, M. J. and Blackman, J., 2017. A General Approach for Predicting the Behavior of the Supreme Court of the United States. *Plos One*, 12(4): 1–18

Kazakova, T. and Gyori, C., 2019. The New Business Logic–Linking the CEO Agenda with the Global Agenda. In B. Gyori, C. Gyori and T. Kazakova (eds.), *Leaders on Purpose CEO Study 2019: Purpose-Driven Leadership for the 21st Century–How Corporate Purpose is Fundamental to Reimagining Capitalism*, London: Leaders on Purpose, pp. 13–34

Khan, W., 1990. Psychological Conditions of Personal Engagement and Disengagement at Work. *Academy of Management Journal*, 33(4): 692–724

Kirzner, I., 1979. *Perception, Opportunity and Profit*. Chicago: University of Chicago Press

Klein, G. and Lane, C., 2014. *Seeing What Others Don't*. Grand Haven, MI: Brilliance Audio

Kolb, B. and Gibb, R., 2011. Brain Plasticity and Behaviour in the Developing Brain. *Journal of the Canadian Academy of Child and Adolescent Psychiatry*, 20(4): 265–76

Kornberger, M., Clegg, S. R. and Rhodes, C., 2005. Learning/Becoming/Organizing. *Organization*, 12(2): 147–67

Krishnaji and Preethaji, 2019. *The Four Sacred Secrets*. New York: Simon and Schuster

Krumholz, H. M., Curry, L. A. and Bradley, E. H., 2011. Survival After Acute Myocardial Infarction (SAMI) Study: The Design and Implementation of a Positive Deviance Study. *American Heart Journal*, 162(6): 981–7

Kurup, U., Bignoli, P. G., Scally, J. R. and Cassimatis, N. L., 2011. An Architectural Framework for Complex Cognition. *Cognitive Systems Research*, 12(3–4): 281–92

Laird, J. D., Wagener, J., Halal, M. and Szegda, M., 1982. Remembering What You Feel: Effects of Emotion on Memory. *Journal of Personality and Social Psychology*, 42(2): 646–57

Laloux, F., 2014. *Reinventing Organizations: A Guide to Creating Organizations Inspired by the Next Stage of Human Consciousness*. Millis, MA: Nelson Parker

Langer, E. J., 1989. *Mindfulness*. Cambridge, MA: Addison-Wesley Reading

Laursen, K. and Salter, A., 2006. Open for Innovation: The Role of Openness in Explaining Innovation Performance Among UK Manufacturing Firms. *Strategic Management Journal*, 27(2): 131–50

Lederman, L. and Teresi, D., 1993. The God Particle: If the Universe is the Answer, What is the Question? Boston: Houghton Mifflin

Lehrer, J., 2011. Steve Jobs: 'Technology Alone is Not Enough'. *New Yorker*, 7 October

Lessig, L., 2008. *Remix: Making Art and Commerce Thrive in the Hybrid Economy*. New York: Bloomsbury Academic

Levinthal, D. and Posen, H. E., 2007. Myopia of Selection: Does Organizational Adaptation Limit the Efficacy of Population Selection? *Administrative Science Quarterly*, 52(4): 586–620

Levy, M., 2003. Are Rich People Smarter? *Journal of Economic Theory*, 110(1): 42–64

Lewis, W. S., 1965. Foreword to T. G. Remer (ed.), *Serendipity and the Three Princes, from the Peregrinaggio of 1557*. Norman: University of Oklahoma Press

Liang, R. H., 2012. Designing for Unexpected Encounters with Digital Products: Case Studies of Serendipity as Felt Experience. *International Journal of Design*, 6(1): 41–58

Liu, C. and de Rond, M., 2014. Good Night and Good Luck: Perspectives on Luck in

Management Scholarship. *Academy of Management Annals*, 10(1): 1–56

Lorenz, J., Rauhut, H., Schweitzer, F. and Helbing, D., 2011. How Social Influence Can Undermine the Wisdom of Crowd Effect. *Proceedings of the National Academy of Sciences*, 108(22): 9020–25

Luke, D., 2011. Experiential Reclamation and First Person Parapsychology. *Journal of Parapsychology*, 75, 185–99

Lynn, F. B., Podolny, J. M. and Tao, L., 2009. A Sociological (De)Construction of the Relationship Between Status and Quality. *American Journal of Sociology*, 115(3): 755–804

Macmillan, L., Tyler, C. and Vignoles, A. 2011. Who Gets the Top Jobs? The Role of Family Background and Networks in Recent Graduates' Access to High Status Professions. Department of Quantitative Social Science, Institute of Education, University of London

Madsen, P. M. and Desai, V., 2010. Failing to Learn? The Effects of Failure and Success on Organizational Learning in the Global Orbital Launch Vehicle Industry. *Academy of Management Journal*, 53(3): 451–76

Makri, S. and Blandford A., 2012. Coming Across Information Serendipitously–Part 1. *Journal of Documentation*, 68(5): 684–705

Makri, S. et al., 2014.'Making My Own Luck': Serendipity Strategies and How to Support Them in Digital Information Environments. *Journal of the Association for Information Science and Technology*, 65(11): 2179–94

Maltby, J. et al., 2008. Beliefs Around Luck: Confirming the Empirical Conceptualization of Beliefs Around Luck and the Development of the Darke and Freedman Beliefs Around Luck Scale. *Personality and Individual Differences*, 45(7): 655–60

Mandi, A., Mullainathan, S., Shafir, E. and Zhao, Z., 2013. Poverty Impedes Cognitive Function. *Science*, 341(6149): 976–80

March, J. C. and March, J. G., 1977. Almost Random Careers: The Wisconsin School Superintendency, 1940–1972. *Administrative Science Quarterly*, 22(3): 377–409

March, J. G., 2010. *The Ambiguities of Experience*. Ithaca, NY: Cornell University Press

Marsh, C., 2019. How *Chef's Table* Turned Food TV into Mouthwatering Art. Vulture, 1 May; www.vulture.com/2019/05/chefs-table-food-tv-mouth-watering-art.html

Marx, K., 2009. *Das Capital: A Critique of Political Economy*. Washington, DC: Regnery Publishing Inc

Marx, K. and Engels, F., 1998. *The German Ideology*. Amherst, NY: Prometheus Books

Mason, M. F. et al., 2007. Wandering Minds: The Default Network and Stimulus-Independent Thought. *Science*, 315(5810): 393–5

McCay-Peet, L. and Toms, E. G., 2010. The Process of Serendipity in Knowledge Work. Association for Computing Machinery, Information Interaction in Context Symposium, August

——, 2012. The Serendipity Quotient. *Proceedings of the American Society for Information Science and Technology*

——, 2018. Researching Serendipity in Digital Information Environments. *Synthesis Lectures on Information Concepts Retrieval and Services*, 9(6): 1–91

McCay-Peet, L., Toms, E. G. and Kelloway, E. K., 2015. Examination of Relationships Among Serendipity, the Environment and Individual Differences. *Information Processing and Management*, 51: 391–412

McGahan, A. M. and Porter, M. E., 2002. What Do We Know About Variance in Accounting Profitability? *Management Science*, 48(7): 834–51

McGrath, R. G., 1999. Falling Forward: Real Options Reasoning and Entrepreneurial Failure. *Academy of Management Review*, 24(1): 13–30

Mckinney, E. H., 1966. Generalized Birthday Problem. *American Mathematical Monthly*, 73(4): 385–7

McNally, A., Prier, C. K. and Macmillan, D. W. C., 2011. Discovery of an α-Amino C-H Arylation Reaction Using the Strategy of Accelerated Serendipity. *Science*, 334: 1114–17

Mendonca, S. et al., 2008. Unsought Innovation: Serendipity in Organizations. Paper presented at the Entrepreneurship and Innovation–Organizations, Institutions, Systems and Regions Conference, Copenhagen, 17–20 June

Merrigan, T. W., 2019. How a Global Social Network Seeks Connection in Decentralization. Stanford E-corner, Stanford University: https://ecorner.stanford.edu/articles/how-a-global-social-network-seeks-connection-in-decentralization/

Merton, R., 1949. *Social Theory and Social Structure*. New York: Free Press

——, *Social Theory and Social Structure* (enlarged edn). New York: Free Press

Merton, R. K. and Barber, E., 2004. *The Travels and Adventures of Serendipity: A Study in Sociological Semantics and the Sociology of Science*. Princeton, NJ: Princeton University Press

Miller, D. T. and Ross, M., 1975. Self-Serving Biases in the Attribution of Causality: Fact or Fiction? *Psychological Bulletin*, 82(2): 213–25

Mintzberg, H., Pascale, R. T., Rumelt, R. P. and Goold, M., 1996. The 'Honda Effect' Revisited. *California Management Review*, 38(4): 78–9

Mirvis, P. H., 1998. Variations on a Theme: Practice Improvisation. *Organization Science*, 9(5): 586–92

Mishara, A., 2010. Klaus Conrad, 1905–1961: Delusional Mood, Psychosis and Beginning Schizophrenia. *Schizophrenia Bulletin*, 36(1): 9–13

Miyazaki, K., 1999. Building Technology Competencies in Japanese Firms. *Research Technology Management*, 42(5): 39–45

Mulnix, J. W., 2010. Thinking Critically About Critical Thinking. *Educational Philosophy and Theory*, 44(5): 464–79

Nambisan, S. and Baron, R. A., 2013. Entrepreneurship in Innovation Ecosystems: Entrepreneurs' Self-Regulatory Processes and Their Implications for New Venture Success. *Entrepreneurship: Theory and Practice*, 37(5): 1071–97

Napier, N. K. and Vuong, Q.-H., 2013. Serendipity as a Strategic Advantage? In T. J. Wilkinson and V. R. Kannan (eds.), *Strategic Management in the 21st Century*, vol. 1: *Operational*

Environment, Oxford: Blackwell, pp. 175–99

Navas, E., Gallagher, O. and Burrough, E. (eds.)., 2014. *The Routledge Companion to Remix Studies*. London: Routledge

Nelson, R. R., 2008. Bounded Rationality, Cognitive Maps, and Trial and Error Learning. *Journal of Economic Behavior & Organization*, 67(1): 78–89

Nonaka, I., 1991. The Knowledge-Creating Company. *Harvard Business Review*, November–December

Owens, B. and Hekman, D., 2006. Modeling How to Grow: An Inductive Examination of Humble Leader Behaviors, Contingencies and Outcomes. *Academy of Management Journal*, 55(4): 787–818

Pariser, E., 2012. *The Filter Bubble: What the Internet is Hiding from You*. New York: Penguin

Parker, S. K., Williams, H. M. and Turner, N., 2006. Modeling the Antecedents of Proactive Behavior at Work. *Journal of Applied Psychology*, 91(3): 636–62

Pascale, R. T., 1996. Reflections on Honda. *California Management Review*, 38(4): 112–17

Patterson, C. J. and Mischel, W., 1976. Effects of Temptation-Inhibiting and Task-Facilitating Plans on Self-Control. *Journal of Personality and Social Psychology*, 33(2): 209–17

Pejtersen, J. H., Feveile, H., Christensen, K. B. and Burr H., 2001. Sickness Absence Associated With Shared and Open-plan Offices–A National Cross-sectional Questionnaire Survey. *Scandinavian Journal of Work, Environment & Health*, 37(5): 376–82

Pelaprat, E. and Cole, M., 2011. 'Minding the Gap': Imagination, Creativity and Human Cognition. *Integrative Psychological and Behavioral Science*, 45(4): 397–418

Pentland, A., 2015. *Social Physics: How Social Networks Can Make Us Smarter*. New York: Penguin

Perrow, C., 1984. *Normal Accidents: Living with High Risk Technologies*. New York: Basic Books

Pershing, R., 2015. Quantum Mechanics Reveals How Human Mind Can Influence the Physical World. Learning Mind; www. learning-mind.com/mind-influence-physical-world

Pierson, K., Addona, V. and Yates, P., 2014. A Behavioural Dynamic Model of the Relative Age Effect. *Journal of Sports Sciences*, 32(8): 776–84

Piketty, T., 2014. *Capital in the Twenty-First Century*. Cambridge, MA: Harvard University Press

Pina e Cunha, M., 2005. Serendipity: Why Some Organizations are Luckier Than Others. Universidade Nova de Lisboa, FEUNL Working Paper Series

Pina e Cunha, M., Clegg, S. R. and Mendonca, S., 2010. On Serendipity and Organizing. *European Management Journal*, 28(5): 319–30

Pinker, S., 2017. What Scientific Term or Concept Ought to be More Widely Known? *The Edge*, January

Pirnot, M. T., Rankic, D. A., Martin, D. B. C. and Macmillan, D. W. C., 2013. Photoredox Activation for the Direct β-Arylation of Ketones and Aldehydes. *Science*, 339: 1593–6

Piskorski, M., 2011. Social Strategies That Work. *Harvard Business Review*, November

Pitsis, T. S. et al., 2003. Constructing the Olympic Dream: A Future Perfect Strategy of Project Management. *Organization Science*, 14(5): 574–90

Plous, S., 1993. *The Psychology of Judgment and Decision Making*. New York: McGraw-Hill

Pluchino, A., Rapisarda, A. and Garofalo, C., 2010. The Peter Principle Revisited: A Computational Study. *Physica A: Statistical Mechanics and Its Applications*, 389(3): 467–72

Porges, S. W., 2009. The Polyvagal Theory: New Insights into Adaptive Reactions of the Autonomic Nervous System. *Cleveland Clinic Journal of Medicine*, 76: S86–S90

——, 2011. *The Polyvagal Theory: Neurophysiological Foundations of Emotions, Attachment, Communication and Self-Regulation*. New York: W. W. Norton

Pritchard, D. H. and Smith, M., 2004. The Psychology and Philosophy of Luck. *New Ideas in Psychology*, 22(1): 1–28

Pritchard, D., 2005. *Epistemic Luck*. Oxford: Oxford University Press

——, 2006. Moral and Epistemic Luck. *Metaphilosophy*, 37(1): 1–25

Procter, W., 2012. What is a Reboot? Pencil, Panel, Page; https://pencil panelpage.wordpress.com/2012/10/04/what-is-a-reboot

Race, T. M. and Makri, S. (eds.), 2016. *Accidental Information Discovery: Cultivating Serendipity in the Digital Age*. Cambridge: Elsevier

Regner, P., 2003. Strategy Creation in the Periphery: Inductive Versus Deductive Strategy Making. *Journal of Management*, 40(1): 57–82

Ritter, S. M. and Dijksterhuis, A., 2015. Creativity–the Unconscious Foundations of the Incubation Period. *Frontiers in Human Neuroscience*, 8(215): 1–10

Ritter, S. M. et al., 2012. Diversifying Experiences Enhance Cognitive Flexibility. *Journal of Experimental Social Psychology*, 48(4): 961–4

Roese, N. J. and Vohs, K. D., 2012. Hindsight Bias. *Perspectives on Psychological Science*, 7: 411–26

Root-Bernstein, R. S., 1988. Setting the Stage for Discovery. *The Sciences*, 28(3): 26–34

Rosenzweig, P., 2007. Misunderstanding the Nature of Company Performance: The Halo Effect and Other Business Delusions. *California Management Review*, 49(4): 6–20

Rowson, J., Broome, S. and Jones, A., 2010. Connected Communities: How Social Networks Power and Sustain the Big Society. RSA; www.thersa.org/discover/publications-and-articles/reports/connected-communities-how-social-networks-power-and-sustain-the-big-society

Rumelt, R. P., 1991. How Much Does Industry Matter? *Strategic Management Journal*, 12(3): 167–85

Runde, J. and de Rond, M., 2010. Assessing Causal Explanations of Particular Events. *Organization Studies*, 31(4): 431–50

Russell, B., 2012. *The Problems of Philosophy*. Createspace Independent Publishing Platform

Ryan, R. and Deci, E., 2000. Self-Determination Theory and the acilitation of Intrinsic Motivation, Social Development and Well-Being. *American Psychologist*, 55(1): 68–78

Sagan, C., 1995. *The Demon-Haunted World–Science as a Candle in the Dark*. New York: Random House

Samuelson, P. A., 1989. The Judgment of Economic Science on Rational Portfolio Management. *Journal of Portfolio Management*, 16(1): 4–12

Sanger Institute, 2019. Breaking the Mould–the Story of Penicillin. Sanger Institute Blog

Sarasvathy, S. D., 2008. *Effectuation: Elements of Entrepreneurial Expertise*. Cheltenham: Edward Elgar

Schon, D. A., 1983. *The Reflective Practitioner: How Professionals Think in Action*. New York: Basic Books

Schooler, J. W. and Melcher J., 1995. The Ineffability of Insight. In S. M. Smith, T. B. Ward and R. A. Finke (eds.), *The Creative Cognition Approach*, Cambridge, MA: MIT Press, pp. 97–133

Schultz, H., 1998. *Pour Your Heart into It: How Starbucks Built a Company One Cup at a Time*. New York: Hyperion

Schwartz, S. H., 1990. Individualism-Collectivism: Critique and Proposed Refinements. *Journal of Cross-Cultural Psychology*, 21(2): 139–57

Schwenk, C. and Thomas, H., 1983. Effects of Conflicting Analyses on Managerial Decision Making: A Laboratory Experiment. *Decision Sciences*, 14(4): 447–612

Seckler, C., Fischer, S. and Rosing, K., 2019. Who Adopts an Error Management Mindset? Individual Differences and Its Impact on Performance in Professional Service Firms. Professional Service Firms Annual Conference, Boston, 15 August

Sharp, L., 2019. Leading Organizational Agility and Flow to Deliver on Organizational Purpose. In *Purpose-Driven Leadership for the 21st Century: How Corporate Purpose is Fundamental to Reimagining Capitalism*, London: Leaders on Purpose, pp. 49–60

Shermer, M., 2007. The (Other) Secret. *Scientific American*, 296(6): 39

Shklovsky, V., 2016. *A Reader* (ed. and trans. Alexandra Berlina). London: Bloomsbury

Silverman, D., 2013. *Doing Quantitative Research*. London: Sage

Simon, H. A., 1977. *The New Science of Management Decision*. Englewood Cliffs, NJ: Prentice-Hall

Simonton, D. K., 2003. Scientific Creativity as Constrained Stochastic Behaviour: The Integration of Product, Person and Process Perspectives. *Psychological Bulletin*, 129(4): 475–94

——, 2004. *Creativity in Science: Chance, Logic, Genius and Zeitgeist*. Cambridge: Cambridge University Press

Sio, U. N. and Ormerod, T. C., 2009. Does Incubation Enhance Problem Solving? A Meta-Analytic Review. *Psychological Bulletin*, 135(1): 94–120

Smith, R. P. and Eppinger, S. D., 1997. Identifying Controlling Features of Engineering Design Iteration. *Management Science*, 43(3): 276–93

Sommer, T. J., 1999. 'Bahramdipity' and Scientific Research. *The Scientist*, 13(3): 13

Spradlin, W., 2012. Are You Solving the Right Problem? *Harvard Business Review*, September

Stanek, W., Valero, A., Calvo, G. and Czarnowska, L., 2017. *Thermodynamics for Sustainable Management of Natural Resources*. New York: Springer International

Sting, F., Fuchs, C., Schlickel, M. and Alexy, O., 2019. How to Overcome the Bias We Have Towards Our Own Ideas. *Harvard Business Review*, May

Stock, Charles A. et al., 2017. Reconciling Fisheries Catch and Ocean Productivity. *Proceedings of the National Academy of Sciences*, 114(8): E1441–E1449

Stock, R. M., von Hippel, E. and Gillert, N. L., 2016. Impacts of Personality Traits on User Innovation Success. *Research Policy*, 45(4): 757–69

Surowiecki, J., 2004. *The Wisdom of Crowds: Why the Many are Smarter Than the Few and How Collective Wisdom Shapes Business, Economies, Societies and Nations*. New York: Doubleday

Sutton, A. et al., 2001. A Novel Form of Transcriptional Silencing by Sum1-1 Requires Hst1 and the Origin Recognition Complex. *Molecular and Cellular Biology*, 21(10): 3514–22

Svoboda, E., 2007. Facial Recognition–Brain–Faces, Faces Everywhere. *New York Times*, 13 February; www.nytimes.com/2007/02/13/health/psychology/13face.html

Taleb, N., 2012. *Antifragile: Things That Gain From Disorder*. New York: Random House

Teigen, K. H., 2005. When a Small Difference Makes a Large Difference: Counterfactual Thinking and Luck. In D. Mandel, D. Hilton and P. Catelani (eds.), *The Psychology of Counterfactual Thinking*, London: Routledge, pp. 130–46

The Conversation, 2015. Stealth Attack: Infection and Disease on the Battlefield; https://theconversation.com/stealth-attack-infection-and-disease-on-the-battlefield-42541, retrieved August 2018

The Economist Intelligence Unit, 2016. *Connected Capabilities: The Asian Digital Transformation Index*. London: The Economist Intelligence Unit

Thomke, S. H. and Fujimoto T., 2000. The Effect of 'Front-Loading' Problem-Solving on Product Development Performance. *Journal of Product Innovation Management*, 17(2): 128–42

Thompson, L., 2014. *The Mind and Heart of the Negotiator* (4th edn). New York: Pearson

Thoo, A. C. et al., 2007. Adoption of Supply Chain Management in SMEs. *Procedia–Social and Behavioral Sciences*, 65: 614–19

Thorngate, W., Dawes, R. and Foddy, M., 2008. *Judging Merit*. New York: Psychology Press

Tinsley, C. H., Dillon, R. L. and Cronin, M. A., 2012. How Near-Miss Events Amplify or Attenuate Risky Decision Making. *Management Science*, 58(9): 1596–1613

Tjan, A., 2010. Four Lessons on Culture and Customer Service from Zappos CEO, Tony Hsieh. *Harvard Business Review*, July; https://hbr.org/2010/07/four-lessons-on-culture-and-cu

Toms, E. G., 2000. Serendipitous Information Retrieval. *Proceedings of the 1st DELOS Network of Excellence Workshop on Information Seeking, Searching and Querying in Digital Libraries*. Sophia Antipolis, France: European Research Consortium for Informatics and Mathematics, pp. 11–12

Toms, E. G., McCay-Peet, L. and Mackenzie, R. T., 2009. Wikisearch: From Access to Use.

In M. Agosti et al. (eds), *Research and Advanced Technology for Digital Libraries*, Berlin: Springer Verlag

Topolinski, S. and Reber, R., 2010. Gaining Insight into the 'Aha' Experience. *Current Directions in Psychological Science*, 19(6): 402–5

Tsang, E. W. and Ellsaesser, F., 2011. How Contrastive Explanation Facilitates Theory Building. *Academy of Management Review*, 36(2): 404–19

Tversky, A. and Kahneman, D., 1974. Judgment Under Uncertainty: Heuristics and Biases. *Science*, 185(4157): 1124–31

Tyre, M. and von Hippel, E., 1997. The Situated Nature of Adaptive Learning in Organizations. *Organization Science*, 8(1): 1–107

Van Andel, P., 1992. Serendipity; Expect Also the Unexpected. *Creativity and Innovation Management*, 1(1): 20–32

——, 1994. Anatomy of the Unsought Finding. Serendipity: Origin, History, Domains, Traditions, Appearances, Patterns and Programmability. *British Journal for the Philosophy of Science*, 45(2): 631–48

Van der Kolk, B., 2014. *The Body Keeps the Score: Brain, Mind and Body in the Healing of Trauma*. New York: Viking

Van Gaal, S., de Lange, F. P. and Cohen, M. X., 2012. The Role of Consciousness in Cognitive Control and Decision Making. *Frontiers in Human Neuroscience*, 6(121): 1–15

Vaughan, D., 1997. *The Challenger Launch Decision: Risky Technology, Culture and Deviance at NASA*. Chicago: University of Chicago Press

Volkema, R. J., 1983. Problem Formulation in Planning and Design. *Management Science*, 29(6): 639–52

Von Hippel, E., 1986. Lead Users: A Source of Novel Product Concepts. *Management Science*, 32(7): 791–805

Von Hippel, E. and Tyre, M. J., 1996. How Learning by Doing is Done: Problem Identification in Novel Process Equipment. *Research Policy*, 24(1): 1–12

Von Hippel, E. and von Krogh, G., 2016. Identifying Viable 'Need–Solution Pairs': Problem Solving Without Problem Formulation. *Organization Science*, 27(1): 207–21

Voss, J. L., Federmeier, K. D. and Paller, K. A., 2012. The Potato Chip Really Does Look Like Elvis! Neural Hallmarks of Conceptual Processing Associated with Finding Novel Shapes Subjectively Meaningful. *Cerebral Cortex*, 22(10): 2354–64

Wade, J. B., O'Reilly, C. A. and Pollock, T. G., 2006. Overpaid CEOs and Underpaid Managers: Fairness and Executive Compensation. *Organization Science*, 17(5), 527–44

Walia, A., 2018. 'Nothing is Solid, Everything is Energy': Scientists Explain the World of Quantum Physics. Collective Evolution; www.collective-evolution.com/2018/11/18/nothing-is-solid-everything-is-energy-scientists-explain-the-world-of-quantum-physics

Walters, K., 1994. *Re-Thinking Reason*. Albany: SUNY Press

Weick, K. E. and Sutcliffe, B. T., 2006. *Managing the Unexpected: Assuring High Performance in an Age of Complexity*. London: John Wiley

Weiner, B. et al., 1971. *Perceiving the Cause of Success and Failure*. New York: General Learning Press

Westphal, J. D. and Zajac, E. J., 1998. The Symbolic Management of Stockholders: Corporate Governance Reforms and Shareholder Reactions. *Administrative Science Quarterly*, 43(1): 127–53

Wharton Business School, 2017. Authors@Wharton: Adam Grant in Conversation with Walter Isaacson. Wharton Business School Online: https://knowledge.wharton.upenn.edu/article/leonardo-da-vinci-steve-jobs-benefits-misfit/

White, R. E. and Carlson, S. M., 2015. What Would Batman Do?Self-Distancing Improves Executive Function in Young Children. *Developmental Science*, 19(3): 419–26

White, R. E. et al., 2016. The 'Batman Effect': Improving Perseverance in Young Children. *Child Development*, 88(5): 1563–71

Williams, M. et al., 1998. Seasonal Variation in Net Carbon Exchange and Evaportransportation in a Brazilian Rain Forest: A Modelling Analysis. *Plant, Cell and Environment*, 21(10): 953–68

Williamson, B., 1981. *Moral Luck*. Cambridge: Cambridge University Press

Wiseman, R., 2003. *The Luck Factor*. London: Random House

Xiao, Z. and Tsui, A. S., 2007. When Brokers May Not Work: The Cultural Contingency of Social Capital in Chinese High-Tech Firms.*Administrative Science Quarterly*, 52: 1–31

Yaqub, O., 2018. Serendipity: Towards a Taxonomy and a Theory. *Research Policy*, 47(1): 169–79

Yin, R. K., 2003. *Case Study Research: Design and Methods* (3rd edn). Thousand Oaks: Sage

Young, L., Nichols, S. and Saxe, R., 2010. Investigating the Neural and Cognitive Basis of Moral Luck: It's Not What You Do But What You Know. *Review of Philosophy and Psychology*, 1(3): 333–49

Zahra, S. A. and George, G., 2002. Absorptive Capacity: A Review, Reconceptualisation and Extension. *Academy of Management Review*, 27(2): 185–203

Zeitoun, H., Osterloh, M. and Frey, B. S., 2014. Learning from Ancient Athens: Demarchy and Corporate Governance. *Academy of Management Perspectives*, 28(1): 1–14

Zenger, T. R., 2013. What is the Theory of Your Firm? *Harvard Business Review*, June

人生顧問 453

機緣力：創造好運的技巧與科學
The Serendipity Mindset: The Art and Science of Creating Good Luck

作者	克里斯汀・布胥
譯者	韓無垢
主編	王育涵
校對	陳樂樨
責任企畫	郭靜羽
美術設計	江孟達工作室
內頁排版	張靜怡
總編輯	胡金倫
董事長	趙政岷
出版者	時報文化出版企業股份有限公司
	108019 臺北市和平西路三段 240 號 7 樓
	發行專線｜02-2306-6842
	讀者服務專線｜0800-231-705｜02-2304-7103
	讀者服務傳真｜02-2302-7844
	郵撥｜1934-4724 時報文化出版公司
	信箱｜10899 臺北華江橋郵政第 99 信箱
時報悅讀網	www.readingtimes.com.tw
人文科學線臉書	http://www.facebook.com/humanities.science
法律顧問	理律法律事務所｜陳長文律師、李念祖律師
印刷	勁達印刷有限公司
初版一刷	2022 年 6 月 24 日
定價	新臺幣 520 元

時報文化出版公司成立於一九七五年，並於一九九九年股票上櫃公開發行，於二○○八年脫離中時集團非屬旺中，以「尊重智慧與創意的文化事業」為信念。

版權所有　翻印必究（缺頁或破損的書，請寄回更換）

The Serendipity Mindset by Christian Busch
Copyright © 2020 by Christian Busch
This edition is arranged with Curtis Brown Group Limited
through Andrew Nurnberg Associates International Limited.
Complex Chinese edition copyright © 2022 by China Times Publishing Company
All rights reserved.

ISBN　978-626-335-542-2｜Printed in Taiwan

機緣力：創造好運的技巧與科學／克里斯汀・布胥著；韓無垢譯 .
-- 初版 . -- 臺北市：時報文化出版企業股份有限公司，2022.06｜424 面；14.8×21 公分 .
譯自：The Serendipity Mindset: The Art and Science of Creating Good Luck
ISBN　978-626-335-542-2（平裝）｜1. CST：成功法｜177.2｜111008245